NOUVEAU VOYAGE AUX ISLES DE L'AMERIQUE.

CONTENANT

L'HISTOIRE NATURELLE DE CES PAYS, l'Origine, les Mœurs, la Religion & le Gouvernement des Habitans anciens & modernes.

Les Guerres & les Evenemens singuliers qui y sont arrivez pendant le long sejour que l'Auteur y a fait.

Le Commerce & les Manufactures qui y sont établies, & les moyens de les augmenter.

Avec une Description exacte & curieuse de toutes ces Isles.

Ouvrage enrichi de plus de cent Cartes, Plans, & Figures en Tailles-douces.

TOME QUATRIEME.

A PARIS, RUE S. JACQUES,

Chez GUILLAUME CAVELIER, fils, près la ruë de la Parcheminerie, à la Fleur de Lys.

───────────────

M. DCC. XXII.

Avec Approbation & Privilege du Roy.

TABLE
DES CHAPITRES,
contenus en la quatriéme Partie.

CHAP. I. *L'Auteur est attaqué du mal de Siam. Effet prodigieux du Tonnerre. De l'Oiseau appellé Colibry. Des Burgans de teinture, & des Liannes à sang & à eau,* page 1

CHAP. II. *De la Cochenille. Des Pommes de Raquettes. De la Lianne percée,* 31

CHAP. III. *Du Châtaignier & de son fruit. Du Figuier sauvage, & des Pistaches,* 50

CHAP. IV. *Descente d'un Corsaire Anglois à la Cabesterre de la Martinique. Allarme causée par un Serpent,* 63

CHAP. V. *Arrivée du Superieur general de nos Missions, & de l'Archevê-*

que de Saint Domingue. Eclipse totale du Soleil, 75

CHAP. VI. *Il arrive un nouveau Superieur general des Missions des Freres Prescheurs. Danger où l'Auteur se trouva d'être mordu par un Serpent. Diverses remarques sur ce sujet*, 92

CHAP. VII. *Des Esclaves Noirs, dont on se sert aux Isles. Du Commerce de leur païs. Leur Religion. Leurs mœurs, Leurs danses. Comment on les achete. Comment on les traite. Comment on les instruit*, 110

CHAP. VIII. *Plan du Convent que l'Auteur fit bâtir à la Martinique. Mort du Superieur general de leurs Missions*, 207

CHAP. IX. *Ce que c'est, qu'un Boucan de Cochon*, 214

CHAP. X. *Maladie dont l'Auteur est attaqué. Son remede. Differentes especes d'Ipecacuana*, 223

CHAP. XI. *Assassinat Commis à la Martinique. Punition & Mort très-Chrétienne de l'assassin*, 239

CHAP. XII. *Nombre extraordinaire de Fols à la Martinique. Mort de plusieurs Religieux*, 248

CHAP. XIII. *De la Famille de Messieurs de la Guarigue*, 259

DES MATIERES. v

CHAP. XIV. L'Auteur s'embarque pour la Guadeloupe. Il séjourne à la Dominique. Description de cette Isle, 299

CHAP. XV. Diverses Coûtumes des Sauvages. Préjugez sur leur origine. Leurs differens langages, & leur maniere de se battre, 315

CHAP. XVI. Leur maniere de faire du feu. De la plante appellée Caratas. Ses differens usages. Adresse des Caraïbes pour nager, & se battre contre les poissons. De l'Espadon, & de la Baleine, 343

CHAP. XVII. De l'Epian maladie ordinaire des Caraïbes. Remedes qu'ils y apportent. De leur Religion, & de quelques autres de leurs Coûtumes, 358

CHAP. XVIII. L'Auteur arrive à la Guadeloupe. Monsieur le Chevalier Reynau & Monsieur de la Boulaye visitent les Isles par ordre de la Cour. Projet pour fortifier la Guadeloupe, 377

CHAP. XIX. Voïage de l'Auteur à la Grenade. Il passe à la Barbade, à S. Vincent, & à Sainte Alousie. Description de la Barbade, 384

CHAP. XX. L'Auteur part de la Barbade, & arrive à la Grenade. Description de cette Isle, 418

CAAP. XXI. L'Auteur part de la Gre-

TABLE

nade, des Isles de Bequia, S. Vincent,
& Sainte Aloufie, 440

CHAP. XXII. L'Auteur retourne à la Guadeloupe. Procès intenté à leur Mission par l'Abbé du Lion, 464

CHAP. XXIII. Du Tabac. 476

Fin de la Table des Chapitres.

MEMOIRES DES NOUVEAUX VOYAGES FAITS AUX ISLES FRANÇOISES DE L'AMERIQUE.
QUATRIE'ME PARTIE.

CHAPITRE PREMIER.

L'Auteur est attaqué du mal de Siam. Effet prodigieux du Tonnerre. De l'Oiseau appellé Colibris. Des Burgans de teinture, & des Liannes à Sang & à Eau.

J'Ay fini la troisiéme Partie de mes Memoires par un Traité du Sucre, & de tout ce qui regarde une Habitation, je reprens à present mon Journal, dont une si longue digression m'a éloigné.

Tome IV.   A

1697.

Quelques affaires m'obligeant de faire un voyage au Fort S. Pierre au commencement de Mai 1697. j'écrivis au Superieur de nôtre Mission, pour le prier de venir tenir ma place au Fonds S. Jacques pendant quelques jours. Il le fit de bonne grace, & vint. Je partis aussi-tôt qu'il fut arrivé. J'achevai en trois ou quatre jours ce que j'avois à faire; mais lorsque je me disposois à m'en retourner à ma residence, je me sentis attaqué d'une violente douleur de tête & de reins accompagnée d'une grosse fiévre; simptomes assurez du mal de Siam. Je fus d'abord saigné au pied, & puis au bras. Cette derniere saignée fit desesperer de ma vie,

Accident arrivé à l'Auteur.

parce que je m'évanoüis, & malgré tout ce qu'on put faire, je demeurai près d'une heure sans connoissance. Je revins enfin comme d'un profond sommeil; quelques heures après, il me prit un crachement, ou plûtôt un vomissement de sang très-fort, & qui me faisoit tomber dans des especes de convulsions, quand au lieu de sang pur & liquide, j'étois obligé de jetter des grumeaux d'un sang épaïs & recuit. Cela dura près de vingt-quatre heures. Pendant ce tems-là mon corps se couvrit de pourpre depuis la tête jusqu'aux pieds, les tâches qui étoient de la grandeur de la main, & de differentes couleurs, s'élevoient sensiblement au-dessus de la peau. Je souffris de grandes douleurs le troisiéme, & le quatriéme jour. Le cinquiéme je fus surpris d'une léthargie, ou sommeil involontaire qu'on ne pouvoit vaincre. J'avois reçû les Sacremens le jour precedent, ce qui fit que je priai le Religieux qui étoit avec moi de me laisser en repos, & de dire aux Medecins de laisser agir la nature, & qu'étant entre les mains de Dieu, j'attendrois avec une entiere resignation ce qui m'arriveroit. J'avois cependant une esperance certaine, & comme une assurance morale, que cette maladie n'auroit point de fâcheuses suites, je le dis à mon confrere, que je voyois tout consterné; il se r'assura un peu, & me laissa en repos. Je dormis près de vingt heures sans m'éveiller, & pendant ce tems-là, j'eus une crise ou sueur si abondante, qu'elle perça plusieurs matelas les uns après les autres. Je me reveillai enfin fort surpris de me trouver dans un autre lit, & d'en voir deux dans la chambre où il n'y en avoit qu'un, quand je m'étois endormi. Je demandai d'abord à manger. On voulut me porter dans l'autre lit, comme on me dit qu'on avoit fait plusieurs fois pendant mon sommeil ; mais j'assuray que je me sentois assez de force pour y aller. En effet, je me levai, on me changea de linge, & je me couchai dans l'autre lit, me trouvant sans autre incommodité qu'une faim canine qui me devoroit. On m'apporta un boüillon que j'avalai comme si c'eût été une goute d'eau ; mais il fallut pour avoir la paix, me donner du pain & de la viande, sans quoi je voulois me lever, pour en aller chercher. Je m'endormis après que j'eus mangé, & ne me reveillai que six ou sept heures après, avec la même faim, sans la moindre apparence de fiévre, ny de mal de tête. Il ne me restoit de ma maladie que les marques du pourpre, qui m'avoient rendu le corps marqué comme celui d'un Tigre.

Le huitiéme jour sur le soir, je commandai à deux Negres que j'avois amené avec moi de nôtre Habitation, de me tenir mon cheval prêt pour le lendemain trois heures avant le jour, & d'acheter deux ou trois volailles roties, avec du pain & du vin pour eux & pour moi, & sur tout de ne dire à personne que je voulois partir.

La raison qui me faisoit précipiter ainsi mon départ, étoit que j'étois mangé des fourmies. Je n'en avois pas une seule autour de moi au commencement de ma maladie, quoique dans ce tems-là, la basse terre en fût toute couverte. On regardoit comme un signe mortel, quand les fourmies fuyoient les malades comme elles m'avoient fuy ; mais ces insectes ayant reconnu après la crise, qu'elles s'étoient trompées, & que je ne devois pas mourir, elles étoient revenuës en si grand nombre, & avec tant de fureur qu'elles sembloient me vouloir devorer tout vivant, parce que je leur échapois par ma guerison. Cette incommodité ne se trouvant point chez nous à la Cabesterre, j'avois resolu d'y retourner, & pour n'avoir point de procès avec les Medecins, & mon Confrere, je voulois partir sans dire adieu à personne.

1697.
par les fourmies.

Mes Negres ne manquerent pas de me venir avertir sur les trois heures du matin. Je me levai aussi tôt, ils m'aiderent à m'habiller ; nous sortîmes doucement, & je montai à cheval, laissant toutes mes hardes dans la chambre, à la reserve de mon manteau, que je mis sur mes épaules, parce qu'il faisoit froid. La tête me tourna un peu quand je commençai à marcher, cela m'obligea de faire tenir un des deux Negres à côté de moi, pour me soûtenir dans un besoin, pendant que l'autre

A iij

alloit devant le cheval, pour l'empêcher de s'écarter, ou d'aller trop vîte.

Nous arrivâmes au Morne de la callebasse vers les sept-heures. Le travail du chemin, & le froid avoient tellement augmenté mon appetit qui n'étoit déja que trop grand, que je n'eus presque pas la patience d'attendre que les Negres eussent amassé quelques fougeres pour m'asseoir, & manger plus à mon aise. De deux chapons qu'ils avoient achetés, je leur en donnai un, & je mangeai l'autre, ou plûtôt je le devorai dans un moment. Je repris ensuite la moitié de celui que je leur avois donné, & je les avertis de manger promtement. Ils le firent aussi-tôt, & bien leur en prit : car pour peu qu'ils eussent tardé, ils n'auroient point déjeûné, & cependant après avoir tant mangé, j'avois encore un appetit aussi devorant que s'il y avoit eu trois ou quatre jours que je n'eusse mangé. Je remontai à cheval, & continuai mon voyage vers la grande ance, où j'arrivai sur les dix heures. Je surpris infiniment le Curé, & tous ceux que je rencontrai sur le chemin, qui virent avec étonnement que j'avois encore le visage & les mains toutes couvertes de pourpre. Je ne manquai pas de demander à manger en arrivant. On m'en apporta,

& je mangeai à peu près comme un homme qui meurt de faim: en attendant le dîner, je me mis dans un hamar où je m'endormis si bien qu'il fallut me reveiller pour dîner. J'arrivai sur le soir au Fonds S. Jacques, où le Superieur pensa tomber de son haut quand il me vit. Un moment après que je fus arrivé, il reçût une lettre du Religieux qui étoit au Moüillage, qui lui marquoit la peine où il étoit de ne sçavoir ce que j'étois devenu, qu'il supposoit cependant que j'étois retourné au Fonds S. Jacques, parce qu'on n'avoit trouvé ny les Negres, ny mon cheval, & que le Medecin l'avoit assuré, que je ferois un grand coup, si je pouvois y arriver en vie, & qu'en cas que cela fut, il falloit me garder à vûë dans une chambre bien close, jusqu'à ce que les marques du pourpre étant dissipées, on n'eût plus lieu de craindre une rechûte, à laquelle il n'y avoit point de remede. Je promis tout ce qu'on voulut, pourvû qu'on me donnât à manger ; mais dès le lendemain je montai à cheval, & m'en allai visiter les travaux qu'on avoit fait en mon absence, me trouvant entierement délivré d'une maladie si dangereuse sans prendre aucun remede depuis que je m'étois échapé de la Basse-terre, & sans autre

1697.
Suite de la maladie de l'Auteur.

mal que d'avoir changé de peau, & d'avoir souffert pendant plus de trois mois une faim canine si furieuse, que je n'étois pas maître de ma raison, & que j'aurois mangé jour & nuit sans me rassasier. Le Medecin, les Chirurgiens, & les Religieux de la Charité regarderent ma guérison & les suites qu'elle avoit euës, comme la chose la plus particuliere qu'ils eussent encore vûë dans cette maladie.

Nous reçûmes cinq Religieux de France dans les mois de Juin & de Juillet. Des deux premiers qui arriverent, on en mit un au Cul-de-sac de la Trinité à la place du Pere Estienne Astrucq, qui souhaitoit de se retirer en France, après avoir servi les Missions pendant plus de dix ans avec beaucoup de pieté, de charité & de zele, & avoir rempli toutes les charges de la Religion, avec toute la prudence, le désinteressement & le bon exemple qu'on pouvoit attendre d'un très-parfait Religieux. On envoya le second au Fonds S. Jacques, pour me soûlager du service d'une des deux Paroisses que je servois seul depuis six à sept mois. Ce Religieux nommé Jean Mondidier étoit de ma Province, & encore fort jeune. Le Superieur me chargea d'en avoir soin, de l'instruire, & de veiller sur sa conduite. Comme il étoit d'un bon naturel, fort sage, fort doux, & qu'il avoit été parfaitement bien élevé, il me donnoit assez de satisfaction ; il n'y avoit qu'une chose qui me faisoit de la peine, c'est qu'ayant aimé la chasse avant d'être Religieux, cette passion s'étoit reveillée si fortement que je ne pouvois lui faire entendre raison là-dessus. Je craignois sans cesse qu'il ne fût mordu de quelque serpent, ou qu'il ne fût cause que le petit Negre qui le suivoit, n'eût le même accident. Outre cela il usoit plus de poudre que quatre Chasseurs, & perdoit la plus grande partie de son tems à cet exercice. Je m'apperçûs un jour qu'il manquoit beaucoup de poudre dans un baril que j'avois acheté pour faire sauter des pierres de taille ; je me doutai aussi-tôt que mon chasseur avoit voulu s'en pourvoir d'une bonne quantité, pour n'être pas obligé de m'en demander si tôt. Je voulus m'en éclaircir avec lui, & je n'en pus rien tirer ; je croi que je l'ignorerois encore à present sans l'accident qui me le découvrit quelques jours après.

Le seize Août nous fûmes priez à dîner par le Pere Curé de la Grande Ance, où l'on celebroit ce jour-là la Fête de Saint Hyacinthe Patron de la Paroisse. Pendant que nous étions à table, il survint un

1697.
Effet du tonnerre.

grand orage, & le tonnerre tomba sur nôtre Maison du Fonds S. Jacques. Il perça le toît en plus de mille endroits, à peu près comme si on y eût tiré plusieurs coups de canon chargez de balles de mousquets. Il brisa tous les carreaux de ma chambre, sur lesquels étoit un coffre qui renfermoit encore environ quatre-vingt livres de poudre qui restoient du barril. Il fit encore bien d'autres fracas entre lesquels le plus extraordinaire fut de rompre en pieces le lit & le coffre de mon Compagnon, & de semer par toute la maison, la cour, & le jardin toutes ses hardes & ses meubles, sans laisser autres choses dans la chambre que quelques paquets de gros papier où étoient renfermées plus de vingt livres de poudre qu'il avoit ôté du barril. Le Rafineur envoya un Negre à cheval, pour m'avertir du désordre qui étoit arrivé dans la maison, où le tonnerre avoit mis le feu en se retirant. Je vins à toute bride, pour tâcher de remedier à ce malheur. Je trouvai que nos gens aidez par la grosse pluye qui avoit suivi le tonnerre, avoient éteint le feu presque aussi-tôt qu'il avoit été allumé; & je vis avec la derniere surprise que le tonnerre avoit calciné la poudre qui étoit dans ces paquets, & l'avoit réduit en une espece de charbon, ou de pierre noire, comme si c'eût été du charbon pilé & reduit en masse avec de la gomme, qui ne se froissoit qu'avec difficulté, auquel il ne restoit qu'une legere odeur de soulfre, & qui ne brûloit pas plus vîte que le charbon de terre, dont on se sert dans les forges. J'ay fait voir des morceaux de cette poudre calcinée, & j'en ay donné à plusieurs personnes qui ne pouvoient assez admirer ce prodige.

Ce coup de tonnerre fit beaucoup de peur à nos gens, & en auroit fait bien davantage à mon compagnon & à moi, si nous avions été dans nos chambres, & me causa bien de la dépense pour réparer la charpente, la couverture, & tout ce qu'il avoit brisé, mais il fit un bien dont j'eus lieu de remercier Dieu, qui fut de faire perdre la passion de la chasse à mon compagnon, qui n'y voulut plus retourner depuis la déroute de son magazin à poudre. Il s'appliqua avec succez à des choses plus convenables à son état, & pour se délasser un peu l'esprit, il entreprit d'élever & d'aprivoiser des Colibris.

Cet oiseau est sans difficulté le plus beau & le plus petit qu'il y ait au monde. Il y a des Auteurs qui l'appellent oiseau bourdonnant, parce que quand il vole, il

Description de l'oiseau appellé Colibris.

bourdonne comme les abeilles, ou comme ces grosses mouches qu'on appelle des bourdons. D'autres l'appellent l'oiseau mouche à cause de sa petitesse. Nos François le nomment Colibris qui est le nom que les Caraïbes lui ont donné. Il me semble qu'on s'y doit tenir : car il est permis aux gens de donner des noms à ce qui dépend de leur Domaine. Lorsqu'il est plumé, il n'est guéres plus gros qu'une noisette, je parle du mâle : car la femelle est encore plus petite. Il ne paroît quelque chose, que quand il est couvert de plumes. Elles sont en partie d'un verd doré tirant sur le violet changeant, & tellement nuancé qu'il est difficile de connoître parfaitement de quelle couleur elles sont. Ces plumes sont extrêmement fines & déliées, & couvertes d'un petit duvet surdoré, le plus fin qui se puisse imaginer. Les mâles ont sur la tête une huppe en maniere de couronne de très belles plumes, les femelles n'en ont point. Le bec de cet oiseau est long d'environ un pouce, fort délié, & un peu courbe. Il en sort une petite langue fine, longue, & divisée en deux, comme deux filets qu'il passe sur les fleurs, & sur les feüilles des plantes odoriférentes pour en enlever la rosée qui lui sert de nourriture. Ses aîles sont dans un mouvement si vif, si prompt & si continuel, qu'on a peine à les discerner. Il ne s'arrête presque jamais dans un même endroit, il est toûjours en mouvement, il ne fait autre chose, qu'aller de fleur en fleur, où ordinairement sans poser le pied, & voltigeant sans cesse autour, il y passe la langue, & en recuëille la rosée. Les enfans prennent ces petits oiseaux avec des baguettes frotées de glu, ou de gomme; ils s'approchent doucement des endroits où ils les voyent, en remuant en l'air leurs baguettes, ces petits animaux ne manquent pas de s'en approcher pour découvrir ce que c'est, ils y passent la langue, & demeurent pris. On leur enfonce aussitôt un petit brin de bois dans le fondement, on le tourne pour y faire attacher les intestins, & on les tire dehors, après quoi on les pend par le bec à la cheminée, où ils sechent entierement sans que leurs plumes se détachent. Le meilleur cependant est de les faire secher dans une étuve enveloppez dans de petits sacs de papier: car il est certain que la fumée, ou une chaleur trop vive, gâte toûjours un peu le brillant du coloris de leurs plumes. Leurs nids ne sont pas moins dignes d'admiration. Ils sont suspendus en l'air à quelque petite branche, ou même dans les maisons, ou autres lieux qui les mettent à couvert du vent, de la pluye & du Soleil. Ils sont environ de la grosseur de la moitié d'un petit œuf de poule, composez de petits brins de bois entrelassez comme un pannier, garnis de cotton & de mousse, d'une propreté & d'une délicatesse merveilleuse. Ils ne font jamais que deux œufs gros comme des pois communs, blancs, avec quelques petits points jaulnes. Le mâle & la femelle les couvent l'un après l'autre ; mais la femelle y est bien plus long-tems que le mâle, elle ne les quitte que quelques momens le soir & le matin, pour aller chercher sa nourriture. Le mâle tient sa place pendant ce tems-là, afin que les œufs ne se refroidissent point. Les petits étant éclos ne paroissent pas plus que deux mouches, qui se couvrent peu à peu d'un duvet très-fin, auquel les plumes succedent dans la suite.

Je montrai au Pere Mondidier un nid de ces petits oiseaux, qui étoit sur un appentis auprès de la maison. Il l'emporta avec les petits, lorsqu'ils eurent quinze ou vingt jours, & le mit dans une cage à la fenêtre de sa chambre, où le pere & la mere ne manquerent pas de venir donner à manger à leurs enfans, & s'aprivoiserent tellement qu'ils ne fortoient presque plus de la chambre, où sans cage, & sans contrainte ils venoient manger & dormir avec leurs petits. Je les ai vûs souvent tous quatre sur le doigt du Pere, qui chantoient comme s'ils eussent été sur une branche d'arbre. Il les nourrissoit avec une pâte très-fine, & presque claire comme de la boüillie, qu'il faisoit avec du biscuit, du vin d'Espagne & du Sucre. Ils passoient leur langue sur cette pâte, & quand ils étoient rassasiez, ils voltigeoient & chantoient. Leur chant est une espece de petit bourdonnement fort agreable ; il est clair & foible, étant proportionné à l'organe qui le produit. Je n'ay rien vû de plus aimable que ces quatre petits animaux qui voltigeoient de tous côtez dedans & dehors la maison, & qui revenoient dès qu'ils entendoient la voix de leur pere nourricier. Il les conserva de cette maniere pendant cinq ou six mois, & nous esperions de voir bien-tôt de leur race, quand le Pere ayant oublié un soir d'attacher la cage où ils se retiroient, à une corde qui pendoit du plancher pour les garantir des rats, il eût le chagrin de ne les plus trouver le lendemain matin. Ils avoient été devorez.

On pretend qu'il y en a de cinq ou six

1696.
Colibris privez leur nourriture.

1697.

Le Pere Raphaël Carme.

espéces qui ne different entre-elles que par la grosseur, & le coloris de leurs plumes. A l'égard de la grosseur, il m'a paru que cette difference étoit assez difficile à remarquer, & pour le coloris, je ne vois pas que cela doive faire une espece particuliere, veu le peu de difference qu'il y a entr'eux.

J'eus dans la fin du mois de Juillet deux Hôtes qui m'auroient fait plus de plaisir s'ils étoient venus m'aider quand j'étois seul. Le premier étoit un Religieux Carme de la Guadeloupe nommé le Pere Raphaël, qui s'étoit mis en tête d'établir les Religieux de son Ordre à la Martinique, en leur procurant les Paroisses des Culs-de-Sacs Robert & François, où nous n'avions pas de Religieux, parce que la maladie de Siam, nous en avoit enlevé un grand nombre. Après qu'il eût demeuré quelques jours dans nôtre Convent du Moüillage, il prit pretexte de vouloir voir la Cabesterre, afin de pouvoir negocier plus aisément avec les Habitans de ces deux quartiers dont quelques-uns le connoissoient, parce qu'il avoit été leur Curé à Mariegalante avant qu'ils en fussent chassez par les Anglois. Le Superieur de nôtre Mission me manda de l'observer de près, & de ne rien oublier pour faire échoüer son dessein, mais d'une manière qui ne lui donnât aucun soupçon que nous l'eussions découvert. Il vint chez nous au Fonds S. Jacques où je le retins près d'un mois, remettant tous les jours sous differens prétextes le voyage qu'il vouloit faire en ces quartiers-là, pour voir ses anciens amis, où je le voulois accompagner ; & afin qu'il ne s'ennuyât pas, je fis en sorte que nos Curez du Macouba, de la Basse-pointe, & de la Grande ance l'inviterent chez eux à quelques Fêtes, où ils le retinrent le plus long-tems qu'il fut possible. A la fin j'eus nouvelle qu'il nous étoit arrivé trois Religieux de France. Je n'eus garde de le dire à mon Hôte, mais feignant que rien ne me retenoit plus, & que j'étois en état de l'accompagner aux Culs-de-Sac-Robert & François, nous partîmes ensemble. J'eus le plaisir de voir tous les mouvemens qu'il se donna pour engager les Habitans de ces quartiers à demander des Religieux de son Ordre, pour servir leurs Paroisses, attendu l'impossibilité où nous étions de leur donner des Curez. J'affectai de lui donner toute la commodité qu'il pouvoit souhaiter pour faire ses brigues ; mais quand je vis qu'il s'étoit assez fatigué, & que les Habitans commençoient à goûter ses raisons, & les promesses qu'il leur faisoit dont j'étois bien informé, malgré toutes les précautions qu'il prenoit pour m'en ôter la connoissance, après dis-je, qu'il eût mis son affaire en bon train au Cul-de-Sac-Robert, il voulut pousser jusqu'au Cul-de-Sac-François, où il esperoit réüssir encore plus facilement. Lorsque nous étions sur le point de nous embarquer pour y aller, je demandai au Marguillier qui avoit la clef du Presbitere, s'il croyoit qu'il fût en état de loger le Religieux qui y viendroit dans deux ou trois jours. Cette demande surprit toute la compagnie qui ne s'y attendoit point du tout, & mon Carme plus que tous les autres. Quoiqu'il fût homme d'esprit, il ne put cacher le désordre où cette nouvelle le mit ; il me demanda qui étoit ce Religieux, je lui répondis que je ne le connoissois point, parce qu'il ne faisoit qu'arriver, & que le Superieur me marquoit seulement de voir si les maisons curiales étoient en état, parce que sur ce que je lui manderois, il envoyeroit deux Religieux pour desservir les Paroisses, ou les employeroit en d'autres endroits. Les Habitans témoignerent bien de la joye d'être sur le point d'avoir un Curé résident. Le Marguillier me dit que l'Eglise & le Presbitere étoient en état, & que le Religieux seroit content d'eux.

Je partis seul pour le Cul-de-Sac-François : car mon Compagnon voyant qu'il n'y avoit plus rien à faire pour son dessein, feignit d'être incommodé, & demeura au Cul-de-Sac-Robert où il m'attendit. Les Habitans du Cul-de-Sac-François parurent fort contens quand ils sçûrent que nous étions en état de leur donner un Curé resident dès qu'ils seroient eux mêmes en état de le recevoir, & me promirent que ce seroit dans très-peu de tems. Ce n'étoit pourtant pas l'intention de nôtre Superieur. Nous avions un besoin plus pressant de Religieux à la Guadeloupe & à S. Domingue, où la maladie avoit emporté presque tous les Curez. Je fis naître exprés un incident sur lequel il falloit avoir la décision de Mr l'Intendant, qui ne pouvoit manquer de produire une discussion assez longue pour nous donner le tems de recevoir d'autres Religieux de France. Cela arriva en effet comme nous l'avions pensé, & nous fûmes maîtres de faire desservir les deux Paroisses par le Religieux qu'on mit au Cul-de-Sac-Robert, sans que les autres eussent lieu de se plaindre, & par ce moyen d'envoyer un Religieux à la Guadeloupe,

& un à S. Domingue. Je retournai au Cul-de-Sac-Robert, où je trouvai mon Carme chez le sieur Gagneron, & je le ramenai au Fonds S. Jacques. Il n'y demeura pas long-tems, il s'en retourna au Moüillage, & de-là à la Guadeloupe aussi content des civilités que nous lui avions faites, qu'il l'étoit peu du succès de son voyage.

Le Pere Plumier Minime.

L'autre Religieux étoit un Minime Provençal, appellé le Pere Plumier. Il avoit entr'autres talens un genie merveilleux pour la Botanique, & une main admirable pour designer les plantes. Il avoit été envoyé aux Isles quelques années auparavant avec un autre Provençal Medecin de Profession & Chimiste. La Cour qui les entretenoit, avoit destiné le Minime pour faire les figures des plantes entieres & disséquées; & le Medecin Chimiste, pour en tirer les huiles, les sels, les eaux, & autres minuties dont on se sert aujourd'hui pour abreger la vie des hommes, sous prétexte de leur conserver la santé.

Medecin Chimiste nommé Surian.

Le Medecin appellé Surian étoit la copie la plus parfaite de l'avarice qui ait jamais été tiré d'après nature, ou pour parler plus juste, c'étoit l'avarice même. Il me suffira de dire, pour en donner une legere idée, qu'il ne vivoit que de farine, de manioc & d'anolis. Quand il partoit le matin pour aller herboriser, il portoit avec lui une caffetieres monacale, c'est-à-dire, une de ces caffetiere qu'on fait chaufer avec de l'esprit de vin. Mais comme cette dépense auroit été trop contraire à l'économie dont il faisoit une étroite profession, il ne garnissoit la sienne que d'huile de palma christi ou de poisson. Celle qui ne lui coûtoit rien étoit toûjours la meilleure. Un petit sachet de farine de manioc accompagnoit la caffetiere. Lorsqu'il étoit arrivé au lieu où il vouloit travailler, il suspendoit sa caffetiere à une branche, après l'avoir remplie d'eau de balisier ou de fontaine, selon l'endroit où il se trouvoit. Il cueilloit en travaillant, & goûtoit les herbes qui lui tomboient sous la main, & tuoit autant d'anolis qu'il croyoit en avoir besoin.

Je croi avoir déja dit que les anolis sont de petits lezards de sept à huit pouces de longueur y compris la queuë, qui est beaucoup plus longue que le corps. Ils sont de la grosseur de la moitié du petit doigt. On peut juger ce que leur corps peut être quand il est vuidé & écorché; quelle graisse, & quelle substance il peut fournir aux herbes avec lesquelles on le

Anolis, espece de Lezard, sa description.

fait cuire. Il faut pourtant avoüer que ceux qui ne chetchent dans les viandes que la tendreté, & la facilité de la digestion, la trouvent à coup sûr dans celle-ci.

Une heure ou environ avant le tems qu'il avoit destiné pour prendre son repas, il allumoit sa lampe, il mettoit les herbes hachées dans la caffetiere avec autant d'anolis qu'il jugeoit necessaire, pour donner à son eau & à ses herbes la graisse & le suc convenables pour en faire du boüillon. Quelques graines de bois d'inde écrasées, ou un peu de piment lui tenoient lieu de sel & d'épiceries, & quand ce venerable dîné étoit cuit, il versoit le boüillon sur la farine de manioc étenduë sur une feüille de balisier. C'étoit-là son potage, qui lui servoit en même-tems de pain pour manger ses anolis, & comme la repletion est dangereuse dans les païs chauds, sa caffetiere lui servoit pour le repas du matin & celui du soir, qui tous deux ne lui revenoient jamais à plus de deux sols six deniers. C'étoit pour lui un carnaval, lorsqu'il pouvoit attraper une grenoüille, elle lui servoit pour deux jours au moins, tant étoit grande la frugalité de cet homme. J'ay pourtant oüi dire à beaucoup de gens qu'il relâchoit infiniment de cette austerité de vie, quand il mangeoit hors de chez lui, ou aux dépens d'autrui. J'ai crû devoir mettre ici cette maniere de vie économique, afin que ceux qui voudront l'imiter sçachent comment ils s'y doivent prendre, & à qui ils ont l'obligation de l'invention. Il travailloit à amollir les os, & pretendoit de faire bonne chere sans rien dépenser, s'il pouvoit trouver ce secret ; mais par bonheur pour les chiens qui seroient morts de faim, si ce galant homme eût réüssi, la discorde se mit entre le Minime & lui, & les obligea de se separer. Ils revinrent en France après dix-huit ou vingt mois de travail, chargez de graines, de feüilles, de racines, de sels, d'huiles, & autres babioles, & de quantité de plaintes l'un contre l'autre. Il y a apparence que le Minime avoit plus de raison que le Medecin, ou qu'il fut mieux écouté, puisque celui-cy fut congedié, & que le Minime fut renvoyé aux Isles, pour travailler de nouveau. A l'égard du Medecin, j'ai sçû estant à Marseille, que continuant son travail de Botaniste, il avoit un jour apporté certaines herbes qui lui avoient paru merveilleuses pour purger doucement, il en fit faire de la soupe, qui fit mourir lui, sa femme, ses deux enfans & sa servante. Ainsi de-

1697.

Le Medecin Surian empoisonne...

vroient faire tous ſes Confreres, quand ils veulent faire quelque experience.

L'occaſion du renvoi du P. Plumier aux Iſles, fut auſſi ſinguliere qu'inutile. La voici. Un Medecin Anglois avoit publié un Livre de Plantes de l'Amerique, dans lequel il avoit fait graver plus de ſoixante eſpeces de Fougeres. On crut qu'il eſtoit de l'honneur de la Nation d'en découvrir davantage; & comme on ne connoiſſoit perſonne dans tout le Royaume plus capable de ſoûtenir le poids de cette grande affaire, que ce Minime, on lui en donna la commiſſion. Il y avoit environ ſix mois qu'il eſtoit arrivé à la Martinique, quand après avoir épuiſé toutes les Fougeres de la baſſe terre, des Pitons du Carbet, & du Morne de la Calebaſſe, il vint à la Cabeſterre pour y en chercher d'autres. Il avoit logé dans nôtre Convent du Moüillage tout le tems qu'il avoit demeuré à la Baſſe-Terre. Nôtre Superieur, qui eſtoit de ſon Païs, lui avoit donné gratuitement une chambre & la table, & me le recommanda quand il vint à la Cabeſterre. Cette recommandation, ſon merite perſonnel, & la gloire de la Nation, pour laquelle il travailloit, firent que je le reçûs avec toute la civilité poſſible, & que je l'aidai de toutes mes forces

forces à grossir son magazin de Fougeres.

Quelque temps avant qu'il arrivât au Fonds S. Jacques, j'avois reçû quelques Livres de France, entre lesquels estoit le Vitruve *in fol.* de M. Perrault. La lecture de ce Livre m'avoit fait connoître le Limaçon de mer, dont on se servoit autrefois pour faire la teinture de Pourpre, & particulierement celle de Tyr, qui estoit si estimée.

Je m'apperçûs un soir que nôtre chercheur de Fougeres estoit plus content qu'à l'ordinaire, je lui en demandai la cause; mais il estoit si caché & si particulier, qu'il n'y avoit pas moyen de rien sçavoir de ses affaires : toutes choses estoient misterieuses chez lui. Cependant à force de le presser, il me dit qu'il avoit trouvé un tresor. Je ne manquai pas de lui en témoigner ma joye, & de lui offrir nos cabroüets & nos bœufs pour l'aller chercher, & le faire apporter dans sa chambre. Il me dit que cela n'estoit pas necessaire, & qu'il l'avoit dans sa poche. Aprés bien des cérémonies, il en tira enfin un mouchoir, dont une partie estoit teinte de couleur de Pourpre, ou du moins en la couleur qu'on appelle Pourpre à present, car je ne voudrois pas jurer qu'elle soit la même que celle des anciens. Quesqu'il en soit ; voilà, me dit-il, le tresor. J'ai découvert en ce Païs-cy la Pourpre de Tyr : c'est pour l'enrichir plus que toutes les mines du Perou & du Mexique. Je consideraí le mouchoir, & je découvris aussi-tôt le principe de cette couleur ; mais je feignis de souhaiter qu'il me le dît. Mes prieres furent inutiles, & quoique je pusse faire, il ne voulut jamais m'apprendre ce que je sçavois avant lui.

Burgans de teinture, leur usage.

Le lendemain j'envoyai dire à un Pêcheur qui demeuroit au Bourg Sainte Marie, de me faire amasser des Burgans de teinture (c'est ainsi qu'on les appelle) il m'en envoïa, & je teignis un morceau de toile en Pourpre que je montrai le soir au Pere Minime, en lui disant que ce qu'il croïoit estre un secret & un tresor, estoit entre les mains de tout le monde. Je lui dis à mon tour que je voulois lui faire voir une couleur plus belle que la sienne, dont je ne lui dirois pas l'origine. En effet je lui montrai un autre morceau de toile teint en rouge très-vif & très-beau ; & pour lui faire voir que sa Pourpre n'estoit pas une nouvelle decouverte, je demandai en sa presence à plusieurs de nos Negres comment on avoit teint le morceau de toile, qui tous répondirent que c'estoit avec des Burgans de teinture, qu'on trouve tous les jours au bord de la mer.

Les Burgans de teinture sont de la grosseur du bout du doigt : ils sont comme les Vignots, ou les Limaçons ordinaires. Leur coque est assez forte, quoiqu'elle soit fort mince : elle est de couleur d'azur brun. L'animal qu'elle renferme est tout-à-fait semblable au Limaçon : sa chair est blanche, ses intestins sont d'un rouge très-vif, dont la couleur paroît au travers de son corps, & c'est ce qui donne la couleur à l'écume qu'il jette quand il est pris qui est d'abord d'un violet tirant sur le bleu. Pour obliger ces animaux à jetter une plus grande quantité d'écume, il n'y a qu'à les mettre dans un plat, les agiter & les battre les uns contre les autres avec la main ou avec des verges : dans un moment ils remplissent & couvrent le plat de leur écume ; laquelle estant reçûë sur un linge, y fait d'abord une tache bleuâtre, qui se change en rouge de pourpre, à mesure qu'elle se seche. Le secret qu'on a perdu, & qu'on n'a pas retrouvé jusqu'à present, est de fixer & de cuire cette couleur ; car lorsqu'elle n'est pas cuite, elle diminuë peu à peu, & se dissipe presqu'entierement, à mesure qu'on lave le linge qui en a esté teint.

Maniere d'extraire la teinture de pourpre.

Lianne à sang, & ses usages.

L'autre couleur rouge dont estoit teint la seconde toile, que je lui fis voir, venoit d'une lianne qu'on appelle lianne à sang. La feüille de cette lianne est presque de la même figure, de la même épaisseur, force & coloris que celle du lierre. Son écorce est fort brune, épaisse & spongieuse comme du liege. Le bois & l'écorce ont pour l'ordinaire trois à quatre pouces de diametre. Elle est fort souple, de couleur brune lorsqu'elle est seche ; mais quand on la coupe sur pied, elle paroît toute rouge, à cause d'une liqueur épaisse comme du sang de bœuf, & de la même couleur, dont elle est remplie. Les toiles que l'on y trempe deviennent d'un beau rouge, mais elles se déchargent facilement en les lavant. J'ay fait boüillir cette liqueur après y avoir fait dissoudre de l'alun, & j'y ai fait tremper de la toile, & des étoffes de laine & de cotton. La couleur qu'elles prenoient étoit plus vive & plus belle. Après les avoir fait mettre à la lessive & savonner cinq ou six fois, elle se déchargeoient peu, & ne teignoient point les autres toiles. Les étofes de laine & de cotton réüssissoient encore mieux.

Quoique j'eusse resolu de ne pas communiquer ce secret au Pere Minime, je me rendis enfin aux prieres qu'il m'en fit. Je le menai dans le bois, & lui montrai cette lianne, & une autre qui pouvoit lui être d'une très-grande utilité, à lui qui passoit quelquefois les journées entieres à parcourir les bois & les montagnes.

On s'en sert pour se désalterer lors- {Lianne d'Eau.} qu'on se trouve dans des lieux où il n'y a n'y ruisseaux, n'y balisiers. Cette derniere lianne a la feüille assez petite, tendre, mince, douce, & d'un beau verd. Son bois est ordinairement de deux pouces de diametre, on en trouve même de plus gros, il est flexible, liant, spongieux & pesant quand il est sur pied. Son écorce est grise & assez mince. Elle s'appuye, comme toutes les autres liannes, contre les arbres, & s'y attache par ses filets, & s'en sert pour s'élever, & quand elle est arrivée au sommet, ne trouvant plus rien pour se soûtenir, & ne cessant pas pour cela de croître, son poids la fait pencher & se replier vers la terre, où elle arrive en croissant toûjours. Dès qu'elle la touche, elle prend racine, & pousse des têtes qui s'attachent à tout ce qu'elles rencontrent, & souvent à la tige qui les a produit, & se cordonnent avec elle comme les tourillons d'un gros cable.

B iij

1697.
Maniere d'en tirer de l'eau.

Lor'qu'on se trouve dans le besoin de boire, & qu'on rencontre de ces liannes, ce qui n'est pas difficile : car il y en a quantité dans tous les bois, on en coupe une environ à un pied de terre, puis on accommode son chapeau dessous ou bien une feüille de cachibou ou autre chose, & on donne un coup de couteau à la même lianne quatre ou cinq pieds plus haut que la coupure, afin de donner lieu à l'air de s'introduire, & d'agir sur l'eau contenuë dans la lianne, & on la voit aussi tôt couler par la coupure d'embas. J'ay experimenté plus d'une fois, qu'il y avoit plus d'une pinte d'eau, dans un morceau de lianne de cinq pieds de long. Cette eau est très claire, & très saine, il n'y a point d'eau de pluye ou de fontaine qui en approche pour la bonté, mais ce qu'elle a d'admirable, c'est qu'en quelque exposition que soit la lianne, c'est à dire, qu'elle soit au Soleil ou à l'ombre, qu'on la coupe le jour ou la nuit, elle est toûjours extrêmement fraiche.

Je croi avoir déja dit comment on tire de l'eau du balisier, c'est pourquoi je ne le repreterai pas davantage.

Je fis voir encore au Pere Minime une autre lianne beaucoup moins grosse que les precedentes : son écorce est grise, &

on la prendroit pour la lianne grise dont j'ay déja parlé, si elle n'étoit beaucoup plus molle, & ses feüilles plus longues & plus moüelleuses. Ses fibres sont remplies d'une liqueur jaune, assez épaisse, & assez abondante, qui teint en beau jaune, les toiles qu'on en imbibe. Le défaut de cette teinture est de perdre presque toute sa beauté au blanchissage, & quoique la toile ou le drap qui en a été une fois teint demeure toûjours coloré, il s'en faut neanmoins beaucoup qu'il conserve la même vivacité.

1697.
Lianne jaune.

CHAPITRE II.

De la Cochenille, des Pommes de Raquettes. De la Lianne percée.

ON trouve par toutes les Isles où il y a des Acacias un petit insecte qui y prend naissance, & qui se nourrit du fruit des Raquettes. On l'appelle Cochenille. Je ferai part au Lecteur des remarques que j'ai faites sur cet insecte, après que j'aurai décrit la plante & le fruit dont il se nourrit.

Les Anglois appellent Poirier piquant ce que nous appellons Raquettes aux

1697.

Isles, on pourroit ce me semble, l'appeller figuier piquant, puisque le fruit qu'il porte a beaucoup de rapport à la figue ordinaire. Cependant je croi qu'ils ont raison, & que nous n'avons pas tort: car si le fruit ressemble un peu à une poire, comme ils le prétendent, il faut convenir que la feüille a assez la figure d'une Raquette, & le fruit celle d'une figue, mais garnies de si fortes épines, que rien au monde n'est plus piquant.

Terrain propre pour les Raquettes.

Cette plante ne vient bien que dans les terres sablonneuses, & dans les endroits secs & arides. C'est dans ces lieux là qu'elle profite à merveille. Il n'y a qu'à enterrer à moitié, une de ses feüilles ou pattes, comme on dit aux Isles, pour qu'elle prenne racine, & qu'elle produise beaucoup en peu de tems. Elle ressemble à un ovale un peu allongé d'un de ces bouts, à peu près comme nous voyons les Raquettes; quand cette patte est dans sa grandeur naturelle, & sa souche dans un terrain qui lui convient, elle a depuis sept jusqu'à neuf pouces de longueur, sur trois ou quatre pouces de largeur, & neuf à dix lignes d'épaisseur. La peau est verte, mince, & lice aux endroits qui ne sont pas chargez d'épines. La chair est blanchâtre, souple, de la consistance

Description de la Raquette.

d'une rave un peu fletrie, d'un goût qui seroit entierement insipide sans une petite amertume qu'il laisse dans la bouche quand on la mache. Les bords sont tous chargez de petits bouquets d'épines droites courtes, fortes & pointuës. Ses deux superficies le sont aussi, mais les bouquets sont bien plus gros, & les épines plus longues & plus fortes, ils sont éloignez d'un pouce les uns des autres, & posez en quinconce très-regulierement. Chaque bouquet est composé de sept, neuf & onze épines, celles qui approchent du centre sont longues d'un pouce ou environ, la longueur des autres diminue à mesure qu'elles s'en éloignent. Elles sont toutes extraordinairement fortes, roïdes & pointuës ; & quoiqu'à leur base, elles ne soient pas plus grosses que les plumes de l'aîle d'un Moineau, elles ne laissent pas de percer la semelle d'un soulier, ou d'une botte du cuir le plus dur, le plus sec, & le plus fort. J'en puis parler comme sçavant, parce que j'en ay fait l'experience. Je marchai un jour sans crainte sur une de ces pattes, ne pouvant m'imaginer qu'elle fût capable de me blesser, ayant des souliers tout neufs à double semelle, d'un cuir fort, très-dur, & fort sec, puisqu'il y avoit plus de six

1697.

Effets des Raquettes.

mois qu'ils étoient arrivez de France. Malgré cela, elle ne laissa pas de me percer la plante du pied en quatre ou cinq endroits, & ne donna pas peu de peine à tirer mon pied hors du soulier, qu'on fut sur le point de couper, & ensuite à retirer les pointes qui s'étoient rompuës dans la chair. Ces encloüeures sont non-seulement fort douloureuses, mais elles exposent encore à de grands dangers ceux qui sont blessez, parce que si on ne les retire promptement, il ne manque jamais de se faire une tumeur qui les cache entierement, qui degenere en abcès, & où souvent la gangrene se met en assez peu de tems.

Remede pour tirer des épines.

Le remede qu'il y a à cela est de prendre une patte de Raquette, la dépoüiller de sa peau & de ses épines, & après l'avoir fait amortir sous les cendres chaudes, l'appliquer sur la partie blessée avec une compresse & une bande, pour l'empêcher de tomber, sans la comprimer en aucune maniere. On prétend que la Raquette attire à elle les pointes des épines qui étoient demeurées engagées dans les chairs. Je n'ay point pratiqué ce remede, je ne le donne icy que sur la bonne foy de personnes sages, qui m'ont assûré en avoir une connoissance très-certaine.

On se sert encore des pattes de Raquettes préparées comme je viens de dire, & appliquée de la même façon pour la guerison des contusions quelques considerables qu'elles puissent être, & pour consolider les membres disloquez après qu'ils ont été remis.

Pour les contusions & dislocations.

Une patte de Raquette plantée comme je l'ay dit ci-devant, & ayant pris racine, pousse deux ou trois feüilles ou pattes à côté d'elle, & à son sommet, & celles-ci en produisent toûjours d'autres à mesure qu'elles croissent, & qu'elles s'éloignent de leur racine, qui devient comme une tige en maniere de bras, dont les premieres feüilles representent plusieurs mains, & les plus jeunes feüilles les doigts. Ces tiges deviennent à la fin fort grosses, & fort hautes; elles ne sont jamais rondes. J'en ay vû autour du Fort de l'Isle Saint Thomas, qui est une des Vierges, & qui appartient aux Danois, qui avoient plus de cinq pouces de diametre, si fortes, si roides, si pressées, & tellement garnies de grosses & de petites épines, qu'il étoit impossible de trouver un seul petit endroit, pour les toucher, sans se blesser. Je ne croi pas qu'un Rat eût pu passer entr'elles sans y laisser la plus grande partie de sa peau. Elles

Comme les Raquetes croissent.

Fort de l'Isle S. Thomas fortifié avec des Raquettes.

B vj

étoient entretenuës avec beaucoup de soin, arrêtées à la hauteur de sept à huit pieds. Elles servoient de fossé, & de palissades à ce Fort, dont elles faisoient la meilleure défense.

Lorsque les tiges ont deux à trois pieds de hauteur, leurs feüilles ou pattes poussent un fruit à leur extrêmité, dont la figure approche beaucoup plus de celle d'une figue, que d'une poire ou pomme. Il est verd & dur, quand il commence à paroître; il change de couleur à mesure qu'il croît, il rougit peu à peu, & devient enfin d'une couleur de feu vive & éclatante lorsqu'il est tout à fait meur. Il tient à sa tige par le bout le plus petit, & presente le plus gros tout droit en l'air. C'est dans le point de sa maturité qu'il sort de son centre un bouton composé de cinq feüilles, qui en s'épanoüissant, font une espece de tulippe de couleur orangée, ou d'un rouge pâle, qui n'ont pas assez de consistence, ni de force pour se tenir droites & unies, mais qui se renversent sur le fruit deux ou trois jours après qu'elles sont écloses, & qui se fannent, sechent & tombent en moins de deux fois vingt-quatre heures.

Le fruit s'ouvre alors comme une grenade, ou une figue qu'on a laissée trop long-tems sur son pied. Le dedans paroît rempli de petites graines ou pepins, dont le dessus est d'un très-beau rouge incarnat, le dedans qui est assez solide est blanc. Ces graines sont enveloppées dans une matiere épaisse comme de la gelée du plus beau rouge du monde, & d'un goût charmant, mêlé de douceur, avec une petite pointe d'aigreur, qui aiguise l'appetit, réjoüit le cœur, & rafraîchit extrêmement. Mais ces roses sont environnées de beaucoup d'épines : car la belle peau de ce fruit est couverte d'une infinité de petites pointes presque inperceptibles, si fines, si perçantes, si fragiles, & si adherentes qu'on se met les doigts tous en sang, dès qu'on y touche. Quelques gands qu'on mette, elles percent au travers sans qu'on s'en apperçoivent que lorsqu'on les sent, & elles causent une démangeaison insupportable, sans compter le risque qu'il y a de les laisser séjourner dans la chair. Cette peau est de l'épaisseur de celle des figues. Le dedans n'est pas tout à fait si rouge que le dehors ; elle n'est pas fort adherente, & se détache facilement d'une petite pelicule rouge, qui enveloppe les graines, & la matiere dont elles sont environnée.

Lorsqu'on les veut cuëillir sans risque

1697.

de se blesser, il faut les recevoir dans un coüy ou autre vaisseau à mesure qu'on les separe de leur tige avec le couteau, après quoi on leve avec le couteau une petite tranche de chaque côté, pour pouvoir prendre le fruit avec le poulce, & l'un des doigts de la main gauche, pendant qu'avec le couteau qu'on tient de la main droite, on enleve toute la superficie couverte d'épines. Quand il est ainsi nettoyé, on coupe la peau en croix, & on la détache facilement de la pelicule rouge, qui renferme ce qui est bon à manger. Lorsqu'il y a quelques jours que le fruit s'est ouvert de lui-même, & qu'il est par consequent au-delà de sa juste maturité, comme il n'a alors presque plus de consistence, & qu'il ressemble à une gelée liquide, on le mange avec une cuëillier.

Maniere de preparer le fruit.

Il faut prendre garde de laisser tomber du suc de ce fruit sur le linge, ou sur les habits, parce qu'il y fait une tache rouge, qui ne s'éface jamais bien, quelque éfort qu'on fasse en la lavant. On donne de ce fruit aux malades, non-seulement parce qu'il est fort rafraîchissant & fort sain, mais encore, parce qu'il semble nettoyer le cœur en le réjoüissant ; cependant en quelque état qu'on soit, il en faut manger avec discretion, parce que

Proprietés du fruit.

quand on en mange trop, il cause un peu de douleur au fondement à peu près comme de legers picottemens d'hemorroïdes.

Ce fruit a encore la proprieté de teindre les urines, & de les faire paroître comme si c'étoit du sang, à son épaisseur près qu'elles n'ont point. Quoique cela arrive sans le moindre danger, & la plus petite douleur, cela ne laisse pas d'éfraïer ceux qui ne sont pas instruits de cette vertu, qui croyent avoir quelque vaisseau rompu dans le corps quand ils voyent leurs urines ainsi colorées;

Cette plante porte du fruit, & fleurit deux fois l'année. Plus elle se trouve dans un lieu sablonneux, chaud & sec, plus son fruit devient gros, & plein de suc & de saveur.

On l'appelle pomme de Raquette aux Isles Françoises, quoiqu'il n'ait aucune ressemblance avec les pommes, & que le fruit dont il approche le plus pour la figure, & pour la chair, soit la figue.

L'insecte qu'on trouve dans ce fruit, soit qu'il y naisse ou non, car les sentimens sont partagez là-dessus, est à peu près de la taille d'une grosse punaise. Sa tête ne se distingue du reste du corps, que par deux petits yeux qu'on y remarque,

Insecte appellé Chenille.

& une très-petite gueule. Le dessous du ventre est garni de six pieds, trois de chaque côté, ils ont chacun trois articles, ils ne sont pas plus gros à une extrêmité qu'à l'autre, & ne passent pas la grosseur d'un cheveu fort délié. Le dos de l'animal est couvert de deux aîles, qui ne sont pas étenduës comme celles des mouches, mais qui sans exceder la longueur du corps, en embrassent & couvrent exactement toute la rondeur. Elles sont d'une finesse, & d'une délicatesse si grande, qu'elles sont presque inutiles à l'animal, qui ne peut s'en servir pour s'élever en l'air, mais seulement pour se soûtenir quelques momens en l'air, retarder sa chûte, & la rendre moins précipitée, quand il est obligé par la violence qu'on lui fait de quitter les fruits où il se nourrissoit, & où il prenoit la couleur qui le fait rechercher & estimer. Les aîles, les pieds, & l'extrêmité de la tête sont si délicates qu'elles ne peuvent pas supporter l'ardeur du Soleil sans être bien tôt consommez & reduites en poussiere, ce qui fait que dès qu'il est sec, il n'a plus la figure d'un animal, mais plûtôt d'une graine d'une mediocre grosseur, brune, & presque noire, chagrinée, luisante, & comme argentée, ou du moins légerement couverte d'une poussiere blanche inpalpable, & tout à fait adherente à leur peau.

J'ay élevé deux fois de ces insectes. La premiere fois, je les trouvai par hazard dans des pommes de Raquette, je les y laissai jusqu'à ce que je visse que les fruits commençoient à se passer, pour lors je les fis tomber sur une serviette, que j'avois étenduë sous les branches de la plante, en frapant dessus avec un bâton. Ces pauvres petits animaux contraints de quitter leur demeure, tâchoient de se sauver en s'élevant un peu en l'air avec leurs aîles ; mais leur foiblesse, & l'ardeur du Soleil, ne leur permettoit pas d'aller bien loin, elles tomboient sur la serviette, & aux environs. Ils étoient pour lors, c'est-à-dire, lorsqu'ils vivoient d'un très-beau rouge, ils devenoient noirs quelques momens après qu'ils étoient morts, & lorsqu'ils étoient secs, ils paroissoient bruns, & comme argentez, ainsi que je l'ay dit ci-dessus. Je les écrasois, & les reduisois en poudre, & je m'en servois au lieu de carmin pour laver des plans.

Une autre fois, je vis de petits insectes de la grosseur des plus petites puces, qui couroient sur des pieds d'acassias, qui

L'Auteur eleve des Cochenilles.

étoient environnez de Raquettes. J'en fis tomber sur une feüille de papier, & je les mis sur des pommes de Raquettes, qui commençoient à s'ouvrir. Ils s'y nourrirent, grossirent, & se trouverent être de la même espece que ceux que j'avois trouvez dans le fruit la premiere fois, d'où je conclus, que ces petits insectes ne prenoient pas naissance dans le fruit des Raquettes: car si cela étoit, on en trouveroit dans tous les fruits, & c'est ce qu'on ne peut pas dire, mais que le tems de jetter leur semence étant venu, ils la jettent indifferemment sur tous les arbres où ils se rencontrent, où étant éclos ils se retirent dans les fruits de Raquettes s'il s'en trouve à leur portée, où dans quelqu'autre sorte de fruit que ce puisse être, pourvû qu'il leur puisse fournir de la nourriture. De-là vient qu'on en trouve sur les Acajoux, les Goyaves, les Cerisiers, les Orangers, les Avocats, & autres semblables fruits ; mais qu'on ne recherche point, parce qu'ils n'ont point cette belle couleur rouge, qui fait tout leur prix & leur valeur. Car il est certain, que c'est le fruit qui nourrit la Cochenille, qui lui communique en même-tems sa couleur, de maniere que la couleur de l'insecte change, & est plus ou

Origine des Cochenilles

D'où la Cochenille tire sa couleur.

moins rouge à proportion que le fruit est plus ou moins coloré : de sorte qu'en ayant laissé exprès sur des fruits qui commençoient à changer de couleur, & à devenir jaunâtres, parce qu'ils étoient beaucoup au-delà de leur maturité, ces insectes prirent la même couleur ; & au lieu que je les avois vû très-rouges, ils devinrent enfin de couleur de feüille morte, comme le fruit devint lui-même en se flétrissant, & en pourrissant.

Experience de l'Auteur sur la couleur des Cochenilles.

Lorsque cet insecte a atteint un certain âge, & une certaine grosseur, il y a apparence qu'il acquiert la force de voler, ou qu'il change de figure comme les vers à soye, les vers de palmistes & autres insectes, & c'est pour lors qu'il jette sa semence, & qu'il se reproduit avant de mourir : car on le trouve toûjours de la même grosseur, au lieu que s'il demeuroit toûjours dans la même figure, il est certain, que ceux qui auroient plus d'une année seroient plus gros, que ceux qu'on trouve ordinairement deux fois par an, à peu près dans le tems de la maturité des fruits qui sont extrêmement petits, & comme ne faisant que de naître.

Comment il se reproduit.

Cet insecte multiplie infiniment : car on en trouve une quantité prodigieuse malgré ce que les fourmis, les vers, &

les poules qui le recherchent avec avidité, en consomment.

La meilleure maniere de les faire mourir quand ils sont sur le drap, où on les a fait tomber est de le arrouser d'eau froide, après quoi on les fait secher, & c'est en sechant qu'ils perdent leurs pieds, leurs aîles, & l'extrêmité de leur tête, & qu'ils deviennent comme des graines sans aucune figure d'animal.

Il est étonnant que M. Pomet, qui a si bien écrit de toutes les Drogues, semble être demeuré dans le doute au sujet de la Cochenille, & qu'il ait mieux aimé s'en rapporter au témoignage du sieur François Rousseau, qu'à celui du Pere Plumier, & de tous ceux qui ont frequenté l'Amerique, où qui en ont écrit. S'il a un peu d'égard pour le sieur Rousseau que j'ay connu assez particulierement à la Rochelle en 1708. il doit retrancher ses Lettres dans la premiere Edition, qu'il fera de son Ouvrage : car assûrement elles ne font point honneur à celui qui les a écrites. On voit que je rens ici justice au Pere Plumier parce qu'il le merite, quoique dans bien d'autres endroits, je me sois cru obligé de reprendre ce que sa trop grande credulité lui a fait écrire contre la verité.

Outre l'avantage qu'on peut tirer des Raquettes pour la nourriture des Cochenilles, qui seront le fond d'un très-riche commerce, qui donneroit lieu d'employer quantité de terres qui sont inutiles, parce qu'elles sont trop maigres, & trop usées, pour produire des Cannes, du tabac, de l'indigo, du rocou, du manioc & autres marchandises, il est certain, que des Habitans qui ont peu de forces s'y pourroient attacher, & devenir en peu de tems fort à leur aise, & en état de pousser plus vivement cette manufacture, ou en entreprendre d'autres.

Il y a des Raquettes de plusieurs especes. La meilleure pour la Cochenille est celle qui produit les plus gros fruits ; on peut laisser croître la plante ou tige jusqu'à la hauteur de sept à huit pieds, & laisser un espace de cinq à six pieds entre chaque tige, lorsqu'on les plante, afin qu'elles puissent s'étendre, & laisser entr'elles l'espace necessaire pour recueillir les insectes. Il faut avoir soin de tenir le terrain bien net, & n'y point souffrir d'herbes, pour plusieurs raisons. Premierement, pour la commodité de recueillir l'insecte, quand il est tems de le faire : car, quoiqu'on mette des draps autour des plantes, pour le recevoir, il vole quelquefois assez loin, pour tomber hors le drap, & se perdre. On ne court point ce risque quand le terrain est bien net, parce qu'on peut amasser la Cochenille par tout où elle est tombée. En second lieu, afin que le Soleil agisse également sur toutes les plantes, qui ne croissant pas toutes également, les plus grandes feroient ombre aux petites, & empêcheroient leurs fruits de croître & de meurir, & enfin pour éloigner autant qu'il est possible, les fourmis, les vers, & autres insectes, qui mangeroient les Cochenilles, que l'on trouve en bien plus grande quantité dans les lieux pleins de mauvaises herbes, que dans ceux qui sont propres & bien sarclez.

Gelée & pâte de pomme de Raquette.

On se sert des pommes de Raquette pour faire de la gelée, & de la marmelade, qui est très-saine, & très rafraîchissante. On en fait aussi des pâtes, & du sirop; & on en employe le suc ou jus pour donner une belle couleur au rossolis, & autres liqueurs qu'on veut colorer.

Elles servent pour couvrir les retranchemens.

Les Raquettes servent encore d'un bon retranchement, & d'une puissante barriere, pour empêcher le passage dans les lieux que l'on veut garder. J'en fis planter sept ou huit rangs devant les retranchemens que je fis faire à la Guade-

Tom. 4. pag. 47.

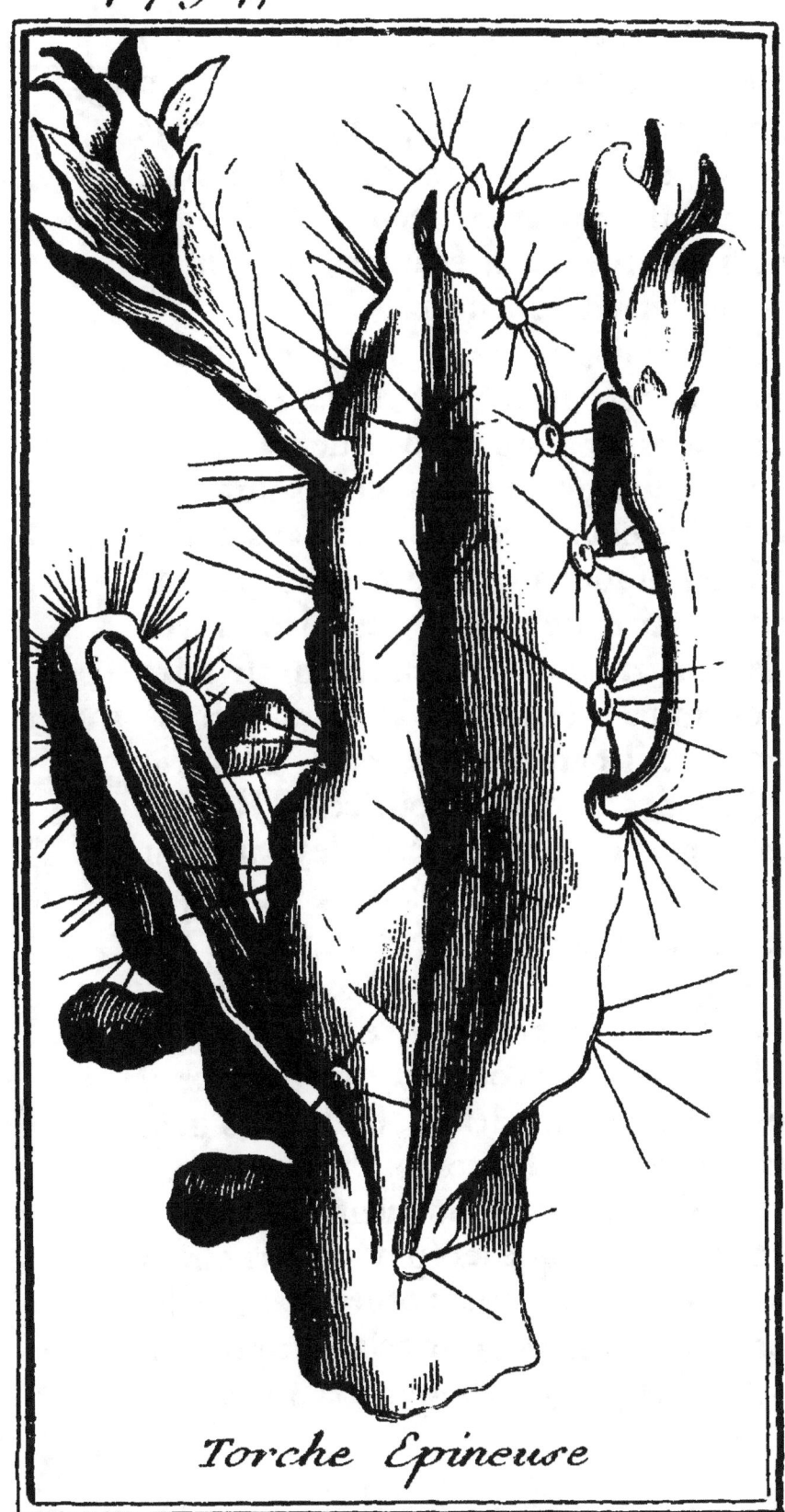

Torche Epineuse

loupe, lorsque je trouvai que le terrain y étoit propre. Pourvû qu'on ait soin de les tenir nettes, & exemptes d'herbes, elles croissent promptement, & deviennent si touffuës & si épaisses, qu'il n'y a rien qui les puisse forcer.

Il est vrai, que ceux qui viennent attaquer un retranchement peuvent les couper à coups de sabre ou avec des faux, ou jetter dessus de grandes clayes sur lesquelles ils pourroient marcher sans craindre leurs piqueures ; mais ce n'est pas une petite affaire de couper ces plantes, & de les mettre en monceaux pour se faire des chemins, & arriver ainsi au retranchement, il faut bien du tems, & sacrifier bien des hommes pour cela. Il n'y a guéres plus de possibilité de les passer en les couvrant avec des clayes, parce que n'étant pas toutes d'une égale hauteur, & d'une égale force, il est presque impossible que les clayes ne se renversent, & pour lors on doit compter que tous ceux qui se trouveront dessus, seront des gens encloüez & hors de combat, pourvû encore qu'ils ayent le bonheur de tomber d'une maniere, que les épines ne penetrent pas jusqu'aux parties nobles : car elles sont assez longues pour cela. Et pendant ce tems-là, croit-on que ceux qui sont

Difficulté de forcer un retranchement couvert de Raquettes.

derriere ces retranchemens demeureront les bras croisez? N'auron t-ils pas le loisir de faire bien des décharges, & tout à leur aise, sur ceux qui les viendroient attaquer.

1697.

Erreur du Pere Plumier sur la lianne percée.

Le Pere Plumier Minime dont j'ay déja parlé, fut averti par un Habitant que pour se garantir des serpens, dont il apprehendoit beaucoup la rencontre quand il alloit herboriser, il n'avoit qu'à porter sur lui une certaine lianne, dont la fëuille ressemble beaucoup à celles de la poirée qui n'est pas encore meure. En effet, c'est la seule difference qu'on y peut remarquer : car leurs fëuilles sont entierement semblables, soit pour la grandeur & la consistence, soit pour la grosseur & la situation des fibres, il n'y a que la couleur des fëuilles de la lianne qui sont toûjours d'un verd de pré, sans pâlir ou jaunir jamais, & que des deux côtez de la principale nervûre, elles sont percées de deux trous ovalles, d'environ deux pouces de long, sur un pouce de large. Ce bon Pere la nomma la *perforata* ou la lianne percée. Il m'apporta cette lianne avec empressement. Si je l'avois cru, j'en aurois chargé tous nos Negres, pour les garantir des serpens, dont nous avions une assez bonne quantité dans nos Cannes,

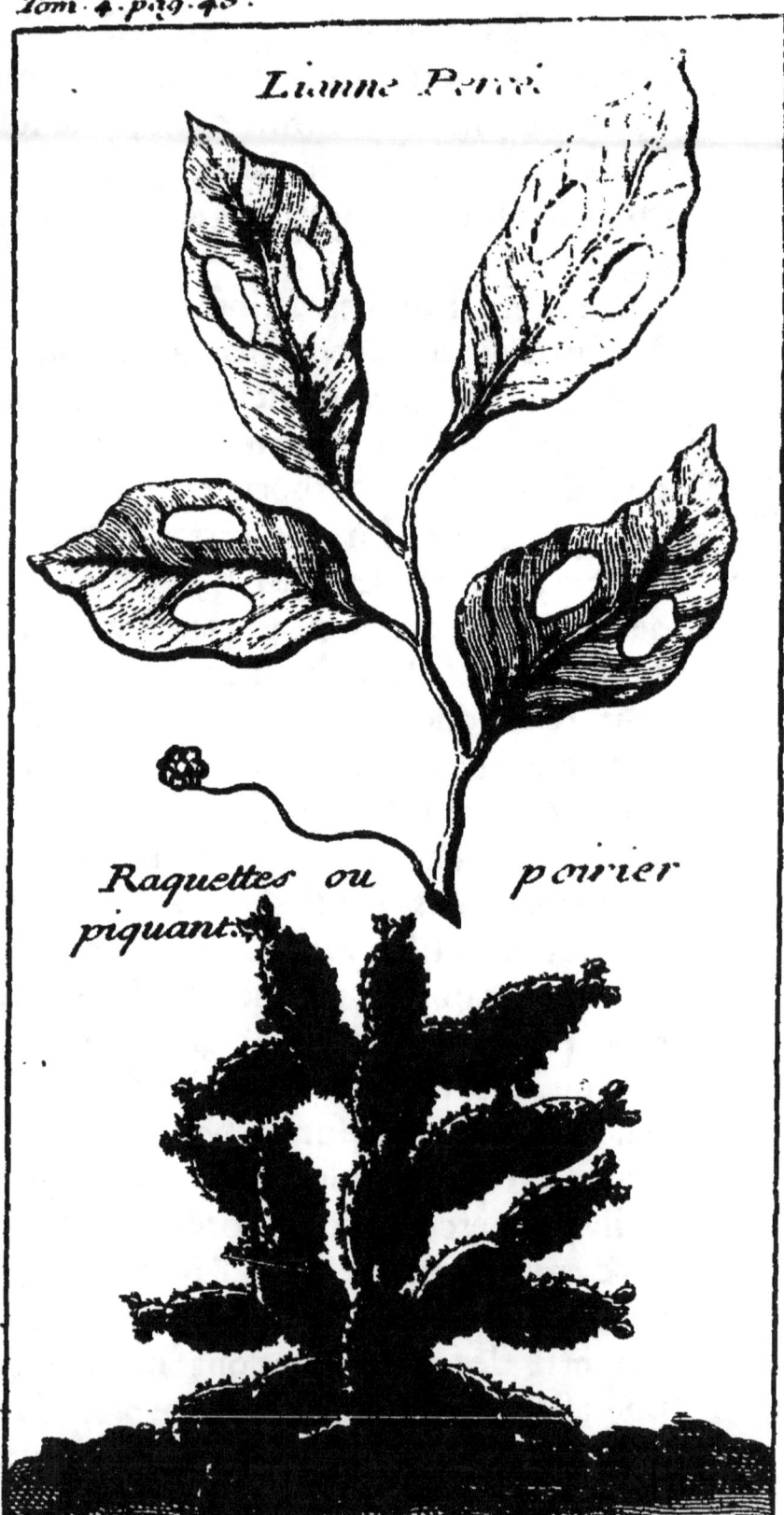

nes. Mais comme il vit que je n'ajoûtois pas beaucoup de foi à son rapport, il me pria de faire prendre un serpent afin de faire devant moi l'experience de sa lianne. Cela fut bien-tôt executé. On m'en apporta un qu'on avoit fait entrer dans un gros flacon de verre, il avoit environ deux pieds de long, & un pouce de diametre. Je mis le flacon entre les mains du Pere, pour voir comment il feroit mourir le serpent qui y étoit renfermé. Il jetta un morceau de cette lianne dans le flacon, & l'y laissa un tems considerable, sans que le serpent en ressentît, ou qu'il en témoignât aucune incommodité. Cette premiere épreuve commença à le faire douter de la vertu prétenduë de sa lianne percée. On mit ensuite le serpent hors du flacon, pour voir s'il s'enfuiroit à l'approche de la lianne; mais nos serpens sont trop braves pour s'enfuïr; non-seulement il n'en fit pas le semblant, mais n'ayant rien de meilleur à mordre, il mordoit la lianne, quand on l'approchoit trop près de lui, ou qu'on l'en touchoit. A la fin je le fis tuer, & le Pere Minime se desabusa des vertus de sa lianne, qu'il croyoit si sûres, qu'il les avoit déja écrites dans son Journal, après avoir fait avec sa diligence & sa propreté ordinaire la figure de la lianne, de la racine, & de ses feüilles avec plusieurs serpens étendus auprès d'elle. C'est ainsi que bien des Auteurs avancent une infinité de choses sur la foi d'autrui, sans prendre la peine de s'en éclaircir par eux mêmes, qui se trouvant dans la suite fausses, sont souvent très-funestes à ceux qui s'en servent sur leur parole.

CHAPITRE III.

Du Châtaignier, & de son fruit, du Figuier sauvage, & des Pistaches.

L'Emploi que j'avois m'obligeant d'aller tous les jours dans nos bois, pour faire abbattre des arbres, soit pour brûler, soit pour les bâtimens ausquels je faisois travailler; je remarquai que nos Ouvriers negligeoient le Châtaignier comme n'étant propre que pour brûler. Cela me fit de la peine: car c'est un des plus grands & des plus beaux arbres de l'Amerique; de son tronc sortent plusieurs grosses branches, chargées de quantité de feüilles longues de sept à huit pouces, épaisses, fermes, fortes, soûtenuës par des nervûres grosses & apparen-

Description du châtaignier.

tes: elles ont assez peu d'humidité, elles sont arrondies par les deux bouts en forme d'ovale, leur couleur est d'un verd foncé. La queuë qui les joint aux branches est d'environ trois pouces de longueur assez forte & roide, mais seche & cassante. L'écorce de cet arbre est brune, épaisse d'un pouce ou environ, tailladée & peu adherente hors le tems de la seve. L'aubier quoique un peu moins coloré que le reste du bois, ne laisse pas d'être très-bon. Le bois est d'un rouge sale, qui se décharge aisément en séchant. Ses fibres sont longues, pressées, grosses, droites, & fort roides. Il est gras, ne vaut rien en terre où il s'échauffe aisément & se pourrit ; l'eau lui est aussi contraire. Mais il est parfaitement bon à couvert, & capable d'une très-grande charge. Sa dureté, & la difficulté que nos Ouvriers paresseux trouvent à le scier, sont cause qu'ils ne veulent point s'en servir, & qu'on ne l'employe ordinairement que pour faire du feu, à quoi veritablement il est très-propre : car il fait un feu vif & ardent, & dure beaucoup. Il me déplaisoit de voir couper en pieces de belles billes de vingt & trente pieds de long, qui pouvoient porter plus de vingt pouces étant équaries, seulement pour les

Usage que l'Auteur fait de ce bois.

brûler. De sorte que malgré l'opposition de nos Ouvriers, j'en fis mettre une piece sur le hourt, & la fis debiter en madriers de deux pouces & demi d'épaisseur, que je trouvai très-beaux, & très-bons. Je m'en servis pour faire des Canots à terre, & à piler le Sucre, & pour couvrir un Pont que j'avois fait faire entre nôtre Maison & nôtre Sucrerie; & m'en étant bien trouvé, je m'en suis servi depuis en toutes sortes de charpente & autres ouvrages qui étoient à couvert.

On a donné à cet arbre le nom de Châtaignier, principalement à cause de son fruit, qui est enveloppé dans une gousse épaisse, forte, & dure, herissée de poils *Figure de la gousse & du fruit.* frisez, rude & piquante, de couleur grisâtre, mêlée d'un peu de violet pâle & de rouge. Cette gousse qui est ronde, ou ovale, s'ouvre d'elle-même quand elle est meure, & se divise en trois ou quatre lobes qui renferment autant de petites cellules où sont les fruits qu'on a appellé châtaignes fort improprement, puisqu'ils ressemblent bien plus aux Pignons, qu'aux Châtaignes ordinaires. L'écorce qui les couvre est une petite peau rouge & fort unie, lorsque le fruit sort de la gousse; mais qui devient sombre, noirâtre, & toute ridée, à mesure que le fruit seche.

Le dedans est une matiere blanche & oléagineuse, qui rend une quantité d'huile assez considerable, quand on veut prendre la peine de la broyer & presser, ou de la mettre dans l'eau chaude comme j'ay dit qu'on faisoit du Palma Christi.

Cet arbre fleurit au commencement des pluyes. Sa fleur est une espece de rose formée de plusieurs feüilles, depuis cinq jusqu'à sept. Elles sont étroites, allongées, pointuës, minces, de peu de consistence, de couleur de rose pâle. Il sort du centre un pistis en forme de piramide pentagone couvert de quantité de petits poils, qui se fortifient en croissant, & font enfin la gousse qui renferme le fruit dont je viens de parler, qui trompe souvent les nouveaux venus, qui s'en chargent inutilement, la croyant pleine de châtaignes comme celles d'Europe.

Fleur de Châtaignier.

Cet arbre a un défaut considerable, c'est d'être sujet à un vers gros comme le petit doigt, qui le ronge, & le pourrit. J'ay pourtant remarqué, que cela n'arrive que lorsqu'on le coupe quand il est plein de seve, soit que la seve en se corrompant dans les pores du bois le produise, soit que ce ver trouvant alors les pores du bois plus ouverts, & ses parties plus molles qu'en un autre tems, s'y insi-

C iij

nuë, s'y nourrisse, & y fixe sa demeure: ce qu'il ne peut faire qu'en consommant la substance de l'arbre, & en pourrissant les environs par le séjour qu'il y fait.

Je m'avisai encore de faire travailler un autre arbre, que l'on n'avoit jamais mis à aucun usage. On l'appelle figuier sauvage. Si la bonté répondoit à sa grosseur, & à sa grandeur, ce seroit une espece de prodige. J'en ai vû qui avoient plus de vingt pieds de circonference au-dessus des cuisses qui le soûtiennent : car quoique le corps de l'arbre soit fort gros, & autant garni de racine qu'aucun des autres arbres, qui à la verité en ont assez peu comme je l'ay remarqué dans un autre endroit, il est soûtenu par des cuisses, comme par autant d'arboutans qui l'appuyent de tous côtez, qui occupent tant de terrain que j'en ay mesuré, qui de l'extrêmité d'une cuisse à celle qui lui étoit opposée, y compris le diametre de l'arbre, faisoient plus de soixante & dix pieds de diametre. Quoique cette largeur paroisse exorbitante, la nature toûjours sage dans sa conduite, & dans ses productions a pourvû par ces puissantes cuisses au besoin qu'avoit cet arbre d'être fortement soûtenu, à cause de la quantité de très-grosses branches qu'il pousse

Description du figuier sauvage

qui sont si étenduës, & si remplies d'autres branches moyennes, couvertes ou plûtôt chargées de feüilles, que sans ce secours, il lui seroit impossible de resister aux vents même mediocres, bien loin de pouvoir se soûtenir dans ces tempêtes horribles, qu'on appelle ouragans.

Le bois & l'écorce de cet arbre sont presque entierement semblables au figuier franc, mais ses feüilles approchent plus pour la figure de celles du noyer que d'aucune autre, elles sont fortes, douces, lissées, d'un verd clair & luisant par-dessus, plus pâle par-dessous, & en si grand nombre, qu'elles font un ombrage impenetrable aux rayons du Soleil, quelques vifs qu'ils puissent être.

Les fruits sont de petites figues un peu plus grosses que des œufs de pigeon, qui ont un goût fade, qui fait qu'elles ne sont recherchées que des oiseaux : leur peau devient presque entierement jaune quand elles sont meures, ce qui n'arriveroit point, à ce qu'on prétend, si certaines mouches ne les piquoient. Je n'ai pas approfondi suffisamment ce fait, pour en instruire le Lecteur. Mon Confrere le Pere du Tertre qui l'avance, dit, qu'il naît dans chaque fruit deux ou trois mouches, qui étant sorties par un

Fruits de cet arbre, refutation du Pere du Tertre.

trou qu'elles font, vont piquer les autres, & les font meurir. S'il en naît dans toutes, que vont elles piquer ? il valoit mieux dire, qu'elles naiſſent ſeulement dans quelques-unes, & qu'étant ſorties, elles vont piquer les autres. C'eſt écrire des bruits populaires, que les railleurs débitent ſouvent pour ſe divertir aux dépens de ceux qui ſont aſſez credules pour ajoûter foi à leurs diſcours. Le dedans de ces figues eſt rempli de petites ſemences rouges, & d'une pulpre épaiſſe comme de la gélée, de la même couleur. J'ai eu quelquefois envie de me ſervir de ces fruits, pour nourrir des Cochenilles ; mais les affaires dont j'étois ſouvent accablé, plûtôt que chargé, m'en ont fait perdre l'idée, & enſuite l'occaſion.

J'avois fait abbattre quelques-uns de ces arbres pour brûler, quoique ce ne ſoit pas un fort bon bois pour chauffer ; mais ils occupoient un terrain, dont j'avois à faire ; j'obligeai enfin mes ſcieurs de long malgré toute leur repugnance, d'en ſcier quelques billes. Il eſt vrai, qu'il eſt difficile, parce qu'il eſt un peu cotonneux ; mais comme il eſt blanc, plein, & ſans nœuds, je voulus voir quel effet feroient les planches qui en ſeroient faites. Je ne me trompai pas ; j'en eus de fort belles, & on peut en tirer de quelque largeur qu'on en puisse souhaiter, attendu la grosseur de ces arbres. Elles sont legeres quand elles sont seches, & elles sechent promptement : elles sont très-propres à faire des lambris & autres ouvrages qui ne demandent pas de bois bien fort. Il seroit excellent pour la Sculpture, étant comme il est doux, liant, & sans nœuds. Nos Negres s'en servent pour faire des gamelles, c'est-à-dire, des sebilles, des plats, des assiettes, des cueilliers, & autres ustencilles de ménage, parce qu'il se coupe aisément, & qu'il n'est point du tout fendant. On dit que les poux de bois s'y attachent facilement, je le croirois bien : cependant je ne l'ai point remarqué dans celui que j'ai fait mettre en œuvre.

Lorsque le fruit de cet arbre est meur, c'est le rendez-vous de toutes sortes d'oiseaux, & sur tout des grives ou tourdes qui l'aiment, & qui s'en engraissent à merveille. Cet oiseau est très-bon. Il y en a de deux sortes; les unes ont les pieds gris, les autres les ont jaunes ; ces dernieres sont toûjours les plus grasses, & par consequent les plus tendres, & les plus délicates. Ces oiseaux veulent être seuls, & les maîtres des arbres où ils se

1697.

Usage qu'on ait de ce bois.

Les figues sauvages sont recherchées des oiseaux, & sur tout des grives.

rencontrent, sans permettre aux autres oiseaux de venir manger avec eux. Ils chassent à grands coups de bec, les ramiers, les merles, les perroquets & autres. Les enfans en prennent quantité avec des nœuds coulans qui sont faits de crin de cheval.

{Des fruits appellez pistaches.}

Pendant que je suis sur le Chapitre des fruits sauvages, il faut que je parle d'un qu'on n'a pas tant de peine à cueillir que le precedent, puisqu'il vient dans la terre, au lieu qu'il faut aller chercher l'autre dans la moyenne region de l'air. On l'appelle pistache très-improprement : car il n'a rien qui approche des veritables pistaches, ni pour le goût, ni pour la couleur, ni pour la coque qui le renferme, ni pour la maniere dont la nature le produit.

{Erreur du Pere du Tertre sur les pistaches.}

Il y a apparence que mon Confrere le Pere du Tertre n'avoit jamais vû de veritables pistaches, & n'en avoit jamais mangé lorsqu'il a écrit, que celles des Isles avoient le même goût que celle d'Europe. Cela lui est pardonnable, ce n'est pas une chose qu'on trouve chez les Religieux où il étoit entré fort jeune, & il peut s'être trompé aussi-bien que ce jeune Marchand Hollandois dont parle M. Tavernier dans ses Memoires qui les

Tom. 4. pag. 58.

Pistaches des Isles.

Piment ou Poivre d'Inde

1697.

celles du melillot, & des capucines qui sont jaunes avec un peu de rouge aux bords & à l'extrêmité. Elles durent peu, & leur délicatesse est cause qu'elles sont bien-tôt brûlées & consommées par l'ardeur du Soleil. Le fruit se trouve en terre où il faut le chercher. Il est attaché à des filets & aux chevelures que la racine pousse, & que la tige répand sur la terre, dans laquelle ils entrent, & produisent des gousses ou cosses de douze, quinze & jusqu'à dix-huit lignes de longueur, sur quatre, cinq, & six lignes de diametre. Elles n'ont guéres plus d'épaisseur qu'un bon parchemin, ou comme celles des amandes, qu'on appelle amandes tendres. Le dedans est revêtu d'une petite peau blanche, unie & lustrée ; le dehors est de couleur de bistre avec des rayes plus blanches, élevées au-dessus du fond, qui vont d'un bout de la coque à l'autre, & qui sont unies ensemble par d'autres petites lignes moins élevées, qui partagent toute la superficie en quantité de petites lozanges. Le fruit qui est renfermé dans ces cosses, a la figure d'une olive, quand il est seul, mais pour l'ordinaire il y en a deux ou trois dans chaque cosse, dont ils remplissent exactement la capacité, ce qui leur fait prendre differentes figures.

leur figure & leur couleur.

Ces fruits ou amandes sont couvertes d'une pelicule rougeâtre, quand on les tire de terre, dont la couleur change & devient grise lorsque le fruit est sec. Cette peau est peu adherente quand le fruit est nouveau, on n'a qu'à le presser entre les doigts pour l'en dépoüiller. Elle est plus adherente lorsqu'il est sec. La substance qu'elle couvre est blanche, compacte & pesante, & a un peu l'odeur & le goût du gland. Quand le fruit est roti dans sa cosse, cette pelicule s'en va en poussiere, & la substance blanche qu'elle renfermoit devient grise, & acquiert le goût, & l'odeur des amandes roties. Nos Esculapes prétendent que ces amandes sont bonnes pour l'estomach. Je n'en sçai rien. J'ai seulement remarqué qu'étant mangées cruës, outre leur mauvais goût, elles sont indigestes, & échauffent beaucoup. C'est peut être en cela seul qu'elles ressemblent un peu aux veritables pistaches. Elles sont moins mal faisantes étant roties, elles ouvrent l'appetit, elles excitent à boire ; on en fait des dragées, des massepains, on les met dans les hachés & dans les ragoûts en guise de marons : on s'en sert encore pour donner aux rossolis une odeur, & un goût d'amandes roties qui n'est pas désagreable. Cependant il faut convenir qu'à quelque usage qu'on les employe, elles sont toûjours indigestes & pesantes, & qu'elles échauffent beaucoup.

Le Pere du Tertre dit, qu'elles font mal à la tête à ceux qui en mangent beaucoup, que l'on en fait des cataplames qui guérissent les morsures des serpens, & que l'huile que l'on en tire, est estimée comme l'huile d'amandes douces.

Je n'ai point experimenté, ou entendu dire, que ce fruit ait causé mal à la tête à personne. Je suis très certain qu'on n'a jamais pensé à guérir les morsures de serpens, avec un pareil remede; & pendant le grand nombre d'années que j'ai demeuré aux Isles, je n'ai jamais entendu dire, qu'on se soit avisé de tirer de l'huile des pistaches, quoique nous en ayons eu assez souvent un besoin pressant.

Quand cette plante a été une fois dans une terre, on peut compter qu'elle s'y conservera long tems. Car quelque soin qu'on se donne en foüillant les fruits, il n'est pas possible qu'on les enleve tous, ou du moins qu'il ne reste en terre quelques filets, ou quelque cheveleure de la racine, & cela suffit pour en perpetuer la race à l'infini.

CHAPITRE IV.

Defcente d'un Corfaire Anglois à la Cabefterre de la Martinique. Allarme caufée par un Serpent.

LEs Anglois qui fçavoient que la Paix étoit prête d'être concluë, voulurent profiter du tems qui leur reftoit pour gagner quelque chofe fur nous. Ils mirent en mer autant de Corfaires qui leur fut poffible, & nous ne manquâmes pas de faire la même chofe de nôtre côté. Un des leurs nommé Georges-Roche, qui montoit une Barque de huit Canons & de foixante & dix à quatre-vingt hommes d'Equipage, vint la nuit du quatorze au quinze Octobre, faire une décente au Marigot. Ce petit Bourg n'étoit alors compofé que de fept ou huit maifons, avec autant de Magazins à Sucre. Il mit foixante & quelques hommes à terre dans deux Canots, avec d'autant plus de facilité, que les Habitans qui étoient de garde voyant la nuit fort noire, & la mer affez groffe, s'étoient retirez chez eux, croyant qu'il n'y avoit rien à crain-

Corfaire Anglois nommé George-Roche.

dre. Le Corsaire étant décendu, laissa deux hommes à chaque Canot pour les garder, & divisa sa troupe. Une partie investit sans bruit les maisons du Bourg, & l'autre qui étoit la plus grosse marcha vers les cases des Negres de la veuve du sieur de Verpré, pour les enlever, ce qui étoit la fin de leur entreprise. Par malheur pour eux, il y avoit dans la premiere case qu'ils voulurent forcer, un Negre armé, qui entendant que ceux qui forçoient sa porte, parloient Anglois, tira un coup de fusil, dont il tua un Anglois. Un autre Anglois lui répondit sur le champ, & fort mal-à-propos d'un coup de pistolet. Le Commandeur de cette Habitation, déja éveillé par l'abboyement extraordinaire des chiens, se leva, & ne doutant plus que les Anglois n'eussent mis à terre, tira un coup de fusil en sortant de sa maison, ce qui acheva de mettre l'alarme par tout. Les Anglois voyant une grande case à côté de celles des Negres, crurent que c'étoit la maison du Maître; ils l'environnerent, & après en avoir forcé la porte avec beaucoup de peine, ils trouverent que ce n'étoit qu'un Magazin rempli de Sucre. Ce nouveau contre-tems donna loisir à une partie des Negres de s'échaper, & de se blotir dans des halliers, & dans une petite ravine qui est à côté de leurs cases. Cependant un des enfans de cette veuve avec deux ou trois autres personnes ausquels le Commandeur s'étoit joint, coururent au bord de la mer, pour tâcher de prendre ou de briser les Canots qui avoient porté les Anglois à terre, pendant que ceux-ci étoient occupez à chercher les Negres. Les gens du Bourg s'étant aussi éveillez, prirent les armes, & firent feu sur les Anglois, qui étoient autour de leurs maisons. Deux Anglois furent tuez, & un Habitant legerement blessé. Ces coups de fusil étonnerent ceux qui étoient à la recherche des Negres, ils craignoient pour leurs Canots, qui n'étoient gardez que par quatre hommes ; ils jugerent qu'il étoit tems de se retirer, parce que la perte de leurs Canots entraînoit necessairement la leur, ne pouvant manquer en ce cas d'être exposez à la fureur des Habitans, dont ils ne devoient esperer aucun quartier, étant pris les armes à la main en venant les piller. Ils perdirent encore un homme en se retirant, & arriverent à leurs Canots justement dans le tems qu'un de ceux qui les gardoient, venoit d'être tué, & que les autres s'étoient jettez derriere de grosses roches, pour n'avoir pas le même fort. Les nôtres qui s'étoient partagez, pour chercher les Canots, parce qu'ils ne les avoient pas trouvé à l'embarquadere ordinaire, ne se trouvant que trois en cet endroit, n'étoient pas en état d'attaquer vingt ou vingt-cinq personnes, de sorte qu'ils furent contraints de les laisser embarquer avec deux Negres qu'ils avoient pris. Dès qu'ils les virent embarquez, ils firent feu sur eux, pour les obliger de prendre le large, & d'abandonner leurs camarades qui étoient à terre. Dans ce moment nos gens qui cherchoient les Canots s'étant réünis, & ayant été joints par quelques autres qui étoient sortis du Bourg trouverent une bande d'Anglois qui conduisoient sept ou huit Negres qu'ils avoient liez, & qui par la resistance qu'ils leur faisoient, retardoient beaucoup leur marche. Dès que les Anglois virent nos gens, ils abandonnerent leur prise pour se sauver: on fit feu sur eux, on leur tua encore deux hommes, & on en blessa un que l'on prit, & que l'on donna à garder aux Negres qu'on avoit déliez pendant qu'on poursuivoit ceux qui se sauvoient, qui furent favorisez de l'obscurité de la nuit, de maniere qu'on ne les pût joindre. Ils gagnerent ainsi le bord de la mer, jetterent leurs armes, & se sauverent à la nage en leurs Canots, qui tiroient de moment à autre, pour faire connoître le lieu où ils étoient. On ne sçait pas ce qu'ils perdirent dans leurs Canots, n'y si tous ceux qui se jetterent à la nage y arriverent; mais ils laisserent à terre sept morts & un blessé prisonnier, sans avoir gagné autre chose que deux vieux Negres qu'ils emmenerent, & en avoir blessé deux autres, avec un Habitant, tous trois assez legerement.

Mauvais succès des Anglois.

Le quartier fut bien-tôt sous les armes. L'alarme fut portée jusques chez nous au fond S. Jacques, quoique nous fussions éloignez d'une lieuë de l'endroit où les Anglois avoient fait leur descente. Je montai à cheval aussi-tôt avec nôtre Rafineur, & quatre ou cinq de nos Negres armez; & nous nous rendîmes au Marigot. Le prisonnier fut heureux, de ce qu'on trouva dans la poche d'un des morts la Commission du Corsaire: car sans cela, il auroit été pendu comme Forban, avant que ses compatriotes eussent eu le tems de le reclamer. Ce fut par la lecture de cette Commission que j'apris le nom du Corsaire que j'ai connu depuis très-particulierement.

Ce que cette descente produisit, fut

qu'on renouvela l'attention qu'on doit avoir pour garder la côte, & qu'on obligea tout le monde à monter la garde à son tour, ou à la faire monter. Quoique je n'eusse qu'un seul homme blanc dans nôtre maison, le sieur de Mareüil Lieutenant de Roi, & Commandant à la Cabesterre, m'envoya dire que les privileges dont nous joüissions ne devoient pas porter préjudice au bien commun, & que par conséquent j'étois obligé d'envoyer mon Rafineur faire la garde au Bourg Sainte-Marie. J'étois accoûtumé à ces sortes de prétentions qui ne tendoient qu'à nous dépoüiller peu à peu des privileges & exemptions dont les Rois, & avant eux les Seigneurs proprietaires des Isles nous ont gratifiez. J'allai trouver le sieur de Mareüil, & je lui fis voir l'impossibilité où le Corps de garde de Sainte-Marie seroit de secourir nôtre Habitation, si elle étoit attaquée; puisqu'elle en est éloignée de quinze à seize cent pas, separée par une riviere dangereuse, & souvent impraticable, & par un morne fort haut, qui empêchoit même qu'on ne pût entendre les coups de fusil qui se tireroient chez nous. Comme le bien de cet Officier, & de ses Parens étoit à Sainte-Marie, il avoit interêt

Differen de l'Auteur avec le Lieutenant de Roi pour la Garde

que la garde s'y fît exactement pour le conserver, sans s'embarasser du reste du quartier. Après bien des discours, je lui protestai que je ne me priverois point du seul homme blanc que j'avois à la maison pour l'envoyer garder son bien, pendant que le nôtre seroit exposé à être pillé, à moins que lui & les autres Habitans de Sainte-Marie ne s'obligeassent par écrit solidairement l'un pour l'autre, de nous payer les dommages que les Anglois nous pourroient causer. Ma proposition l'embarassa, & comme il me connoissoit assez ferme, quand j'avois raison, il vit bien que je ne souffrirois jamais qu'on donnât atteinte à nos privileges. Il me dit pour conclusion qu'il en écriroit au Gouverneur general, & qu'en attendant sa décision, je n'avois qu'à garder nôtre Habitation comme je pourrois, sans attendre aucun secours du quartier, si elle étoit attaquée, & c'est de quoi je ne m'embarrassois pas. Je le remerciai de son avis, & sur le champ je fis faire un Corps-de-Garde dans les raisiniers qui sont au bord de la mer, sur l'Ance du Fond Saint Jacques. J'y établis une Garde de douze Negres armez, avec six desquels je veillois depuis neuf heures du soir, jusqu'à une heure après minuit,

L'Auteur fuit garder l'Habitation de la Mission.

que j'étois relevé par le Rafineur avec les six autres Negres. Comme nous commençâmes cette Garde dans un tems ou nous ne faisions pas du Sucre, je me souciai peu de cette fatigue ; mais lorsque nous commençâmes à travailler, je loüai deux Ouvriers blancs de nos voisins qui y venoient toutes les nuits.

On vit seize jours après, que ma précaution n'étoit pas inutile. Le Corsaire qui avoit fait la descente au Marigot revint, ou pour avoir sa revanche, ou pour sçavoir des nouvelles des gens qui lui manquoient. Il arriva dans nôtre Ance un peu avant minuit, & broüilla ses voiles. Le Negre qui étoit en faction m'avertit aussi-tôt ; je fis prendre les armes, & j'envoyai un petit Negre que j'avois avec moi, dire au Rafineur de venir promptement avec les autres Negres, mais sans bruit, & en suivant le bord de la riviere. Cependant je m'embusquai avec mes gens derriere de grosses roches au bord de la mer. Je vis qu'il se détacha de la Barque un grand Canot, où il pouvoit avoir vingt-cinq à trente hommes, qui étoit suivi d'un autre qui me parut plus petit. Lorsque le premier fut à la portée de la voix, je demandai d'où étoit le Canot. Cette demande à laquel-

L'Habitation des Jacobins est attaquée par les Anglois.

le ils ne s'attendoient pas, les surprir, on me répondit cependant en bon François qu'ils étoient de la Basseterre. Je m'informai de quel Vaisseau ils étoient, & ce qu'ils cherchoient, ils me nommerent un Vaisseau qui étoit parti depuis quelques jours, & qu'ils cherchoient le moüillage de Sainte-Marie qu'ils ne connoissoient pas bien. C'en fut assez pour me convaincre qu'ils étoient ennemis, & pour les payer de la même monnoye, je leurs dis de venir à terre, & que je leur donnerois quelqu'un pour faire moüiller leur Barque. Ils ne me répondirent plus ; mais étant demeurez quelques momens comme à consulter ce qu'ils avoient à faire, ils se mirent à nager tout d'un coup de toutes leurs forces. J'avois un Negre auprès de moi qui tiroit très-bien, je lui dis de tirer sur celui qui gouvernoit, afin de faire venir le Canot en travers dans les brisans ; il tira, & ne manqua pas son coup : car je vis tomber l'homme qui étoit sur l'arriere du Canot. Nous tirâmes ensuite l'un après l'autre, & selon les apparences avec succès, puisque au lieu d'avancer, ils scierent en arriere. Heureusement pour eux ils n'étoient pas encore engagez dans les grosses lames : car s'ils avoient été quatre ou cinq toises plus près de terre, ils étoient perdus sans ressource. Je fis en cela une très-grande faute, & ma précipitation les sauva contre mon intention. Mais la nuit quoiqu'assez claire me trompa, & me les faisoit paroître plus près qu'ils n'étoient en effet, quand je commençai à faire faire feu. Nous rechargeâmes au plus vîte, & soit que nos coups qui avoient porté, les eussent mis en desordre, soit qu'il y eût de la contestation entr'eux pour avancer, ou pour reculer, nous fîmes trois décharges avant qu'ils se fussent déterminez. Cependant le Rafineur arriva avec le reste des Negres armez, qui furent suivis un moment après de tous les Negres de l'Habitation, même des femmes tous armez de sagayes & de bâtons. Je l'envoyai à un bout de l'Ance, où il me sembloit que le petit Canot avoit porté. Il l'y trouva en effet, mais arrêté au-delà des grosses lames ; il tira dessus, & le fit retirer. Le premier ayant voulu tenter encore une fois de venir à la charge, reçût nôtre décharge si à propos qu'il fut obligé de se retirer. Les deux Canot se joignirent, & se mirent à faire feu sur nous. J'ordonnai aux Negres qui n'étoient pas armez de se mettre ventre à terre, pendant que nous répondions de nôtre mieux

1697.
Faute de l'Auteur en cette rencontre.

Mauvais succès du Corsaire George-Roche.

mieux à leurs coups de fusil. Après sept ou huit décharges de part & d'autre, ils se retirerent à leur Barque, & firent servir leurs voiles. Je n'eus qu'un de nos Negres legerement blessé. A l'égard du Corsaire, j'ai sçû deux ans après, qu'il avoit cinq blessez & trois morts & que cette perte l'avoit entierement dégoûté de faire des descentes sur nos Côtes, comme il avoit resolu.

Le Lieutenant de Roi & les Officiers nous tinrent parole, & personne ne vint à nôtre secours. J'en fus charmé; car on voit par ce que je viens de dire, que je n'en eus pas besoin. Je ne laissai pourtant pas de me plaindre; tout ce que je gagnai, fut de n'être plus inquieté au sujet de mon Rafineur, & des autres Domestiques blancs quand j'en ay eu.

Il m'arriva quelque tems après cette affaire, une avanture qui mit l'alarme chez nous. Etant venu me coucher après avoir fait mon quart au Corps-de-Garde, je me mis à lire dans mon lit pour m'endormir. Lorsque je commençois à m'assoupir, je fus éveillé par nos chiens qui se mirent à abboyer dans la cour d'une maniere extraordinaire. Je fis lever un serviteur, qui couchoit dans ma chambre, pour voir ce que c'étoit. Dans le

1697.

Allarme causée par un serpent.

moment qu'il ouvrit la porte de la salle ; je l'entendis jetter un grand cris, & joüis en même-tems un trepignement dans la salle, comme si plusieurs personnes y fussent entrées avec impetuosité. La premiere pensée qui me vint, fut que le Corps-de-Garde s'étoit laissé surprendre, & que les Anglois étoient dans la maison. Je sautai du lit, je pris mon fusil qui étoit à côté de moi, & sortis de ma chambre avec la précipitation qu'on se peut imaginer, pour tâcher de repousser les ennemis, en me joignant à quelqu'un de nos gens. Comme je ne vis personne dans le cour, je demandai à ce serviteur ce qui l'avoit obligé de crier, mais il étoit si éfrayé, qu'il fut long-tems sans pouvoir proferer une seule parole. A la fin, il me dit qu'un serpent qui poursuivoit nos chiens, étoit entré après eux dans la salle, & étoit passé entre ses jambes. Je ne jugeai pas à propos de rentrer dans la salle sans bien regarder où je mettrois les pieds ; j'envoyai chercher un flambeau de bagaces à la lumiere duquel je vis le serpent qui s'étoit louvé à la porte de ma chambre, & nos chiens qui étoient sautez sur la table. Je regalai le serpent d'un coup de fusil, qui mit fin à la peur du serviteur, & de nos chiens, & à l'allarme qu'il m'avoit donné.

CHAPITRE V.

Arrivée du Pere Superieur General de nos Missions, & de l'Archevêque de Saint Domingue. Eclipse totale du Soleil.

LE Pére Paul Superieur General de nos Missions étoit à Saint Domingue, comme je l'ai dit dans un autre endroit, lorsque les Flibustiers, Volontaires & Négres que l'on arma, se joignirent au sieur de Pointis pour l'expedition de Cartagene. Il crut devoir les accompagner, parce qu'ils n'avoient personne pour leurs administrer les Sacremens. Il fut pris au retour par les Anglois, dans le Vaisseau qui servoit d'Hôpital, que sa charité l'avoit obligé de préferer à un autre Bâtiment, où il auroit été plus en sûreté, mais où il n'auroit pas eu l'occasion de secourir les blessez & les malades, qui étoit le but de son voyage. Sa prise ne lui causa aucun dommage, il ne perdit rien, parce qu'il n'avoit rien, & les Anglois eurent plus de respect pour sa vertu, que le sieur de Pointis qui en a parlé d'une maniere indigne, & tout à fait

1698.

éloignée de la verité dans la Relation qu'il a fait de son Voyage, que tous ceux qui connoissoient ce saint Religieux ont méprisée comme la calomnie du monde la plus noire, & la plus mal digerée.

Le Pere Paul demeure à la Jamaïque pour avoir soin des blessez.

Les Anglois de la Jamaïque le traiterent avec tout l'honneur possible, & l'auroient aussi-tôt renvoyé à Saint Domingue, où à Saint Thomas, s'il n'avoit prié le Gouverneur de le laisser avec les prisonniers blessez & malades, pour avoir soin d'eux. Cette action augmenta encore la veneration qu'on avoit pour lui, & lui donna le moyen de faire bien du bien à nos prisonniers. Enfin n'y étant plus necessaire, le Gouverneur l'envoya à Saint Thomas comblé d'honnêtetez, de caresses, & de provisions pour son voyage.

Son retour à la Martinique.

Nous l'avions cru mort, & bien des gens nous l'avoient assuré, nous l'embrassâmes avec joye le troisiéme jour de Janvier 1698. au Fort Saint Pierre où il fut apporté par une Barque Danoise de Saint Thomas. Le Superieur de nôtre Maison de la Martinique me l'ayant fait sçavoir aussi-tôt, je partis dans le moment pour l'aller saluer. La plûpart de nos Peres s'y trouverent aussi, & assurément nôtre joye ne fut pas petite : car nous l'estimions tous, & nous l'aimions tendrement. Nous nous crûmes obligez de lui dire, que sur le bruit qui avoit couru de sa mort, nous avions écrit à Rome, afin que nôtre General nommât un autre Superieur en sa place, & que nous avions avis que celui qui étoit nommé étoit arrivé à la Rochelle, & selon toutes les apparences déja embarqué pour les Isles. Nous le priâmes en même-tems de voir les mesures qu'il vouloit prendre, & ce qu'il souhaitoit que nous fissions en cette occasion.

Nous fûmes très-contens de la maniere dont il reçût ce que nous lui dîmes, après nous avoir remercié du zele & de l'attachement que nous avions pour lui, il nous dit, que nous avions bien fait d'avertir nôtre Pere General du bruit qui avoit couru de sa mort ; que la venuë d'un Successeur lui feroit plaisir, & que quand même sa Patente ne seroit que conditionnelle, il lui cederoit la Charge avec joye. Il nous parla encore de la même maniere quand nous fûmes assemblez au sujet de quelques affaires de nos Missions, & des comptes que je voulus rendre, afin de n'avoir rien à discuter avec le nouveau Superieur General, qu'on attendoit ; & que je ne connoissois point.

1698.

Arrivée de l'Archevêque de S. Domingue.

J'étois encore au moüillage le dixiéme de Janvier, quand nous fûmes avertis qu'il y avoit en Rade une Barque Danoise, qui portoit un Prélat Espagnol, qu'on disoit etre de nôtre Ordre. Le Pere Paul y fut aussi-tôt pour le saluer, & le prier de prendre son logis chez nous. Il trouva que ce Prélat étoit l'Archevêque de Saint Domingue, Religieux de l'Ordre de la Mercy, dont il portoit l'habit, ce qui avoit fait croire qu'il étoit de nôtre Ordre. Il s'appelloit Dom Ferdinand de Carjaval de Ribera. Il avoit été Procureur General de son Ordre. C'étoit un grand Theologien, qui s'expliquoit en Latin d'une maniere nette & facile, qui n'est pas ordinaire aux Espagnols. En qualité d'Archevêque de Saint Domingue, il est Primat de toutes les Indes Occidentales, il n'y a aucun Prélat au monde après le Pape qui ait une Jurisdiction si étenduë ; cependant il n'en est pas plus riche. Son Archevêché lui devroit valoir douze mille écus, mais comme ce revenu est fondé sur le droit d'ancrage des Vaisseaux qui viennent à S. Domingue, il s'est évanoüi, parce qu'il y a bien des années que les Flottes vont à droiture à la Veracrux, à la Havanne & à Cartagene, sans toucher à Saint

Domingue, où l'on ne voit d'autres Vaisseaux que ceux qui composent l'Armadille de Barlovento qui y passent tous les ans sans rien payer, parce que ce sont des Navires de Guerre, n'y ayant que le seul Navire de Registre qui soit obligé à payer les droits. J'expliquerai dans un autre endroit, ce que c'est que ce Navire. Ce défaut du droit d'ancrage est cause que le revenu de l'Archevêque ne consiste plus que dans ses droits de Visites, & dans les Offrandes qu'il reçoit quand il administre la Confirmation, dans le Greffe de sa Jurisdiction & autres bagatelles, qui ne lui produisent tout au plus que dix-huit cent écus par an, dont la plus grande partie est payée en Sucre, Cacao, Suif, Cuir, & autres denrées du païs. On pourra juger du peu de commerce qu'il y a dans la partie Espagnolle de Saint Domingue, puisque ce Prélat, & un Religieux de son Ordre qui lui servoit de Diacre, n'avoient pu trouver d'étoffes de laine blanche pour s'habiller; & n'étoient vêtus que de toile, qui n'étoit pas des meilleures. Il reçût très-bien le compliment de nôtre Superieur General, il accepta l'offre qu'il lui fit de nôtre Convent, & se fit débarquer aussi-tôt.

Revenu de l'Archevêque de S. Domingue.

1698.

L'Archevêque de Saint Domingue se sauve. Sa reception à Coroſſol. S. Thomas & à la Martinique.

Ce Prélat s'étoit ſervi d'une Barque Hollandoiſe de Coroſſol pour ſe ſauver de ſa Ville Archiepiſcopale, où le Preſident le tenoit comme en priſon, & le perſecutoit depuis long-tems avec toute l'inhumanité imaginable. Cette Barque l'avoit porté à Coroſſol, où le Gouverneur Hollandois l'avoit reçû au bruit du Canon, & avec tout le reſpect que les Catholiques les plus zelez euſſent pû lui rendre. Il lui avoit fourni une Barque pour le porter à Saint Thomas, où il avoit été reçû avec les mêmes honneurs par le Gouverneur Danois, qui lui en avoit donné une autre pour le porter à la Martinique, où le Prélat étoit bien ſûr de trouver tous les jours des Vaiſſeaux qui le paſſeroient en France, ou qui le mettroient à terre à Cadix, s'ils alloient en Provence.

Il loge chez nous.

Dès qu'on ſçût dans le Bourg que ce Prélat étoit debarqué, & logé chez nous, le Gouverneur l'envoya complimenter, & lui témoigner le chagrin qu'il avoit de n'avoir pas ſçû qui il étoit, pour lui faire rendre les honneurs qui lui étoient dûs. Il y vint lui-même quelques momens après, & le pria inſtamment de prendre un appartement chez lui, parce que nous étions encore alors fort mal logez. Le

Prélat le remercia beaucoup, & lui dit, 1598. qu'il étoit chez Freres, & qu'on trouveroit étrange dans le monde que l'Archevêque de Saint Domingue fût logé autre part que chez les enfans de Saint Dominique.

Dès le même jour qu'il fut arrivé, nous fîmes travailler à lui faire deux habits d'une très-belle étoffe blanche, & autant à son Diacre : & quand ils furent achevez, nous eûmes une Chaise à Porteurs, de laquelle il se servit pour faire ses visites au Gouverneur, à l'Intendant, & autres personnes considerables qui l'étoient venus visiter.

Je ne sçay comment les Peres Jesuites oublierent d'y venir : car ils sont trèsexacts, & très-civils, & sur le chapitre de la politesse, il n'est pas possible de leur rien enseigner. Ils y vinrent enfin ; mais c'étoit si tard, que le Prélat s'en montra offensé, il leur dit ; qu'il s'étonnoit qu'ils ne sçûssent pas que c'étoit lui qui les avoit introduit à Saint Domingue, & qui les y avoit Fondez, s'étant dépoüillé pour cela de ce qu'il avoit de meilleur malgré sa pauvreté ; qu'il en écriroit à leur General, & qu'ils pourroient sçavoir un jour qui étoit l'Archevêque de Saint Domingue. Il les congedia ensuite avec fort

Son different avec les Jesuites.

D v

peu de ceremonie contre son ordinaire, qui étoit d'en faire beaucoup à tous ceux qui le venoient voir.

Il s'étoit répandu un bruit aussi mal fondé qu'il étoit faux, que ce Prélat étoit un avanturier qui se faisoit passer pour l'Archevêque de Saint Domingue, quoiqu'il ne fût peut être rien moins que cela. On accusoit peut-être mal à propos le Pere Farganel Curé de la Paroisse de Saint Pierre d'en être l'Auteur. Ce bruit passa jusqu'au Gouverneur & à l'Intendant: celui-ci en dit quelque chose à nos Peres, & les pria d'insinuer au Prélat, qu'il seroit bon qu'il fît connoître, que ceux qui les répandoient avoient tort. C'étoit lui dire en bon François de faire voir ses Bulles, ce qui n'étoit pas difficile, puisqu'il les avoit, & qu'il nous les avoit fait voir. Mais quand il ne les auroit pas eues, auroit-on pu revoquer en doute les témoignages des étrangers dont il s'étoit servi pour se sauver de Saint Domingue ? & quand ceux là n'auroient pas suffit, il y avoit parmi nos Flibustiers & Matelots plus de cinquante hommes, qui ayant esté pris pendant la Guerre, & conduits à Saint Domingue, l'avoient vû Officier Pontificalement dans sa Cathedrale, lui avoient parlé, & en avoient reçû beaucoup de charité, & de marques d'amitié : car il aimoit naturellement nôtre Nation. Ces gens l'ayant vû dans nôtre Eglise étoient venus avec empressement le saluer, & le remercier des bienfaits qu'ils en avoient reçû, qu'ils ne cessoient de publier par tout. Malgré toutes ces preuves, nous resolûmes de lui en parler, & comme il vivoit avec nous dans une grande familiarité, & plûtôt comme un Pere avec ses Enfans, que comme un Archevêque avec des Religieux, nous lui en dîmes quelque chose, il devina aussi-tôt d'où cela venoit, & pour y apporter le remede convenable, il écrivit une Lettre à l'Intendant dans laquelle, sans lui faire connoître, qu'il sçût rien de ce qu'on avoit semé dans le monde, il lui marquoit la reconnoissance qu'il avoit des honnêtetez qu'il recevoit tous les jours de lui, & qu'en attendant qu'il la lui pût témoigner d'une autre maniere, il croyoit lui devoir faire connoître que c'étoit à l'Archevêque de Saint Domingue qu'il les avoit fait, dont les Bulles qu'il lui envoyoit lui répondroient. Il chargea un de nos Peres de cette Lettre, & un autre d'une petite cassette couverte de Velours, où étoient les Bulles,

1698.

Nos Peres porterent la Lettre & la Cassette à l'Intendant, dans le tems que le Gouverneur étoit avec lui, avec quantité d'Officiers, & d'autres gens de distinction, & lui remirent la clef de la Cassette. Il reçût l'un & l'autre ; mais il ne voulut jamais ouvrir la Cassette. Et après l'avoir remis à nos Peres, il écrivit au Prélat une Lettre de complimens, & vint quelques momens après lui rendre visite.

Il est visité par le Gouverneur general.

Le Gouverneur general qui étoit alors le Marquis d'Amblimont vint exprès du Fort Royal, où il fait sa demeure ordinaire, pour le voir, & pour le prier d'aller passer quelques jours avec lui au Fort Royal.

Nous crûmes nous devoir servir de cette occasion, pour faire recevoir le Sacrement de Confirmation aux Creolles, dont il n'y avoit que ceux qui avoient été en France qui l'eussent reçû. Car quoique ce Sacrement ait été conferé quelquefois dans les siecles passées par de simples Prêtres comme Ministres extraordinaires & Deleguez du Pape, la Cour de Rome n'a jamais voulu accorder cette permission aux Prefets Apostoliques des Missions, quelque instance qu'on en ait faite, parce que ce Sacrement n'est pas absolument

L'Archevêque donne la Confirmation.

nécessaire au salut, & pour d'autres raisons dont elle n'a pas jugé à propos de nous instruire. Nous parlâmes de nôtre dessein au Gouverneur general, & à l'Intendant, & il fut resolu qu'on en prieroit l'Archevêque; mais que comme on pourroit trouver mauvais en Cour, que ce Prélat eût fait quelque acte de Jurisdiction dans les Terres du Roi, on le suppliroit en même tems de vouloir donner un acte, par lequel il declareroit qu'il ne prétendoit en aucune façon, que cela tirât à consequence. Il agréa avec beaucoup de bonté les propositions qu'on lui fit, & signa l'acte tel qu'on le voulut dresser.

Précaution des Officiers du Roi sur ce sujet.

On fit avertir par toute l'Isle, que ceux qui n'avoient pas reçû la Confirmation, se préparassent à la recevoir, & vinssent pour cet effet, au Fort Saint Pierre, & au Fort Royal, les jours qui leurs seroient marquez par leurs Curez.

Il donna ce Sacrement dans nôtre Eglise à une infinité de personnes des deux sexes, & des quatre couleurs qu'on trouve dans le païs. Les PP. Jesuites soûhaiterent qu'il fît aussi cette ceremonie dans leur Eglise, & l'en firent prier par l'Intendant. Il eût de la peine à s'y resoudre; car quelques mauvais esprits les avoient deservis auprès de lui : il y consentit à la fin, en consideration de celui qui l'en prioit, & prit jour pour y aller. Mais soit qu'il ne fût pas content de la maniere dont on le reçût, soit pour quelque autre raison, il se contenta de Confirmer environ deux cent personnes, après quoi il dit tout haut, que ceux qui voudroient recevoir ce Sacrement vinssent dans l'Eglise de ses Freres.

Après qu'il eût Confirmé tous ceux qui se presenterent à la Basseterre, on lui envoya une Chalouppe armée pour le porter au Fort Royal. Malgré nôtre petit nombre, il fallut que deux de nos Peres l'accompagnassent avec son Diacre. Il fut reçû au bruit du Canon de la Forteresse, & des Vaisseaux. Le Gouverneur general le logea, & le traita magnifiquement. Il demeura dix jours au Fort Royal, & administra le Sacrement de Confirmation à tous ceux qui se trouverent en état de le recevoir. On le reporta au moüillage dans la même Chalouppe, où il arriva fort content des honneurs qu'on lui avoit faits.

Il va au Fort Royal.

On repara en cette occasion la faute qu'on avoit faite, lorsqu'il étoit arrivé dans l'Isle. Le Canon des Batteries & des Vaisseaux le saluerent quand il sortit de la Chalouppe.

Il eût encore la bonté de faire les Saintes Huiles dans nôtre Eglise. Cette ceremonie qui ne s'étoit jamais faite dans le païs, attira un monde infini.

1698.
Il fait les Saintes Huiles.

Il partit le 26. de Mars dans un Vaisseau du Roi, où il fut reçû au bruit du Canon, après que nos Gouverneurs, l'Intendant, les Officiers d'Epée & de Plume, & tout ce qu'il y avoit de personnes considerables dans l'Isle lui eurent souhaité un bon voyage, & l'eurent accompagné jusqu'au Vaisseau, après qu'il eût esté salué par le Canon de toutes nos Batteries, & des Vaisseaux qui étoient en Rade.

Comme nous sçavions qu'il n'étoit pas trop bien en argent comptant, nous le priâmes de recevoir deux bariques de Sucre raffiné, & une bourse avec vingt-cinq Loüis d'or. Il s'en défendit long-tems, mais il fut enfin obligé de ceder aux instances que nôtre Superieur general lui fit au nom de toute nôtre Mission Beaucoup de personnes lui firent des presens considerables, & quoique passant dans un Vaisseau du Roi il n'eût besoin d'aucunes provisions pour son voyage, on ne laissa pas de lui envoyer quantité de moutons, de volailles, de chocolat, de confitures, & autres rafraîchissemens.

Presents que lui firent les Jacobins de la Martinique.

Quelques jours avant le départ de ce Prélat, il étoit arrivé un Vaisseau au Cul-de Sac de la Trinité, qui avoit nombre de Caisses de vin de Florence, & des prunes & poires seches, les plus belles qu'on eût encore vûes aux Isles. Mes affaires ne me permettant pas de lui aller dire adieu à la Basseterre, je lui écrivis pour lui souhaiter un bon voyage, & lui envoyai deux de ces Caisses de vin, avec deux boëtes de chaque espece de ces fruits qui pesoient vingt-cinq à trente livres piece. Il m'écrivit sur le champ une Lettre de remerciment, & me fit encore le même honneur quand il fut arrivé en France, & en Espagne.

Il donne la Confirmation à la Guadeloupe.

Le Vaisseau du Roi qui le portoit s'étant arrêté quelques jours à la Guadeloupe, il y donna la Confirmation, comme il avoit fait à la Martinique. Il fit l'honneur à nos Peres de les venir voir chez nous, quoique nôtre Maison soit éloignée du Bourg d'une demie lieuë, & il y auroit logé, s'il avoit eu un plus long séjour à faire dans l'Isle. Nos Peres de la Guadeloupe lui firent un present semblable à celui que nous lui avions fait à la Martinique, auquel ils ajoûterent quelques pains de Sucre royal, & quelques barrils des meilleures confitures du païs.

Present que lui font les Jacobins de cette Isle.

Il fut aussi content de la Guadeloupe, qu'il l'avoit été de la Martinique, & arriva heureusement en France. Quelques Officiers du Vaisseau du Roi qui l'y avoit porté, étant revenus aux Isles, ne pouvoient assez se loüer des manieres honnêtes de ce Prélat, & en disoient tous les biens imaginables.

On vit bien-tôt en Amerique le crédit que ce Prélat & sa famille avoient à la Cour d'Espagne, puisque le President de Saint Domingue qui l'avoit persecuté, auroit été severement puni des excès qu'il avoit commis contre lui, s'il eût eu assez de vie pour arriver en Espagne, où il étoit conduit les fers aux pieds. Mais il eut le bonheur de mourir en chemin. Et nôtre Archevêque mourut aussi dans le tems qu'il étoit prêt de retourner en son Diocèse, après avoir obtenu de son Prince tout ce qu'il pouvoit souhaiter.

Le President de Saint Domingue conduit en Espagne les fers aux pieds, meurt en chemin.

Nous eûmes une Éclipse totale du Soleil le dixiéme jour d'Avril sur les trois heures après midi. Mes affaires m'avoient obligé de faire un voyage à la Basseterre. J'étois alors chez un Marchand à regler un compte avec lui, quand tout d'un coup nous nous trouvâmes dans une obscurité presque aussi grande que lorsqu'il y a un quart d'heure que le Soleil est cou-

Eclipse totale du Soleil.

ché. Nous crûmes d'abord que les contrevents des fenêtres s'étoient fermez, & le Maître de la maison appella un Negre pour les ouvrir. Mais nous entendîmes dans ce moment quantité de voix dans la ruë qui crioient misericorde. Nous sortîmes pour en apprendre la cause, & nous vîmes que le Soleil s'éclipsoit. L'Eclipse augmenta, & devint totale, de sorte que le corps de la Lune se trouva directement au milieu du disque du Soleil, qu'il cacha entierement à la reserve d'un cercle qui paroissoit tout au tour de trois à quatre pouces de large, selon que les yeux en pouvoient juger, & qui étoit de couleur d'or enflammé. L'obscurité n'étoit pourtant pas si grande hors les maisons, qu'on ne pût encore distinguer les objets ; mais ce peu de lumiere qui restoit avoit quelque chose de triste & d'éfrayant. Le Ciel étoit de la couleur, qu'il a coûtume d'être dans les nuits obscures, & tout aux environs du Soleil, c'est-à-dire, à vingt-cinq ou trente degrez au tour du Soleil on voyoit paroître les Etoilles comme en pleine nuit.

Depuis que je sortis pour voir l'Eclipse qui pouvoit être alors à sa troisiéme partie, jusqu'à sa fin, il se passa le tems de dire un *Miserere* tout entier. La lumière revenoit à mesure que les deux Astres se dépassoient, & le corps du Soleil sembloit sautiller ou trembler, & se mouvoir très-violemment à mesure que la Lune s'en éloignoit. Dès qu'elle fut entierement sortie du disque du Soleil, elle disparût aussi-bien que les Etoilles qui avoient paru. Le Soleil darda alors des rayons si vifs, si forts, & si brûlans, qu'il n'étoit pas possible de les supporter, il sembloit qu'il vouloit se dédommager du tems qu'il avoit esté caché, & faire sentir que son pouvoir n'avoit reçû aucune diminution.

Ceux qui passerent le Tropique le même jour virent cette Eclipse, & en furent épouvantez. Car il n'y a guéres de gens au monde plus susceptibles de préventions & de superstitions que les Matelots. On a toutes les peines du monde à les faire mettre à la voile le Vendredy. S'ils sçavent qu'il y a dans leur Vaisseau des Reliques considerables, ou un corps mort, ils n'ont point de repos qu'on n'ait tout jetté à la mer, leur attribuant tout ce qui leur arrive de fâcheux. Je ne finirois point si je voulois rapporter tout ce que je sçai d'eux sur cet article.

Deux de nos Religieux qui passoient le bois pour s'en retourner à la Cabestere, se voyant pris tout d'un coup de l'obscurité, sans voir l'Eclipse qui la causoit, parce que les arbres leur cachoient le Soleil croyoient que ce fût la nuit, & qu'ils seroient obligez de coucher sous les arbres, ce qui les chagrinoit fort. Le retour de la lumiere les consola, & leur fit connoître la cause de ce moment de tenebres.

CHAPITRE VI.

Il arrive un nouveau Superieur general des Missions des Freres Prescheurs. Danger où l'Auteur se trouva d'être mordu par un Serpent. Diverses remarques sur ce sujet.

LE nouveau Superieur general de nos Missions appellé le Pere Pierre la Fresche arriva au Mouillage le dixneuf Avril. Il étoit accompagné de six Religieux; entre lesquels étoient les Peres Bedarides & Giraudet, qui se sont acquis beaucoup de reputation dans nos Missions par leur merite, & par les services qu'ils y ont rendus. Le premier aprés avoir été Superieur de la Mission de S. Domingue, Vicaire general, & Prefet

Apostolique de nos Missions est mort plein de jours & de merites dans les fonctions de son ministere, regretté generalement de tout le monde. Le second, après avoir servi les Missions pendant douze ou treize ans pendant les tems les plus dangereux de la maladie de Siam, dont il avoit été attaqué très-violemment, & avoir gouverné la Mission de la Martinique deux ou trois fois avec beaucoup de prudence, de zele, & de charité, a été obligé de repasser en France, pour se rétablir des infirmitez considerables qu'il avoit contractées en assistant les malades.

1698.

La Patente que le Pere la Fresche avoit reçû de nôtre Pere General n'étoit point conditionnelle, parce qu'on avoit mandé la mort du Pere Paul comme une chose certaine ; & comme le Pere Paul n'y fit aucune opposition, comme il auroit pû faire, il fut reconnu pour Superieur general. Dès que j'avois sçû son arrivée, j'étois venu le saluer, & j'avois eu sujet d'être assez content de lui. Il avoit appris le besoin où nous étions de bâtir une maison au Mouillage, celle que nous habitions étant vieille, petite, & menaçant ruïne, il avoit voulu y contribuer quelque chose de sa part, en faisant faire un

1698. dessein en France, qu'il apporta, & qu'il me mit entre les mains pour avoir mon avis. Il ne me fallut pas beaucoup de tems, pour lui faire connoître qu'il ne convenoit nullement n'y au païs, n'y à nos usages. Il goûta mes raisons, & me chargea d'en faire un autre; & afin que rien n'en retardât l'execution, il retint trois Tailleurs de Pierre, que le Superieur de nôtre Mission de la Guadeloupe avoit fait venir, pour travailler à rétablir le Convent, que les Anglois avoient brûlé sept ans auparavant. En attendant qu'on fût en état de creuser les fondemens de l'Edifice qu'on projettoit, on les occupa à tailler huit à neuf cent quartiers de pierre, que nous avions amassez, & à en chercher d'autres. Je joignis à ces Ouvriers les deux jeunes Negres que j'avois destiné à être Maçons, & que j'avois fait travailler à la Purgerie & autres Bâtimens que j'avois fait faire au Fonds S. Jacques. Je m'en retournai à nôtre Habitation après que j'eus donné aux Ouvriers les panneaux, suivant lesquels ils devoient tailler un ordre dorique, dont la porte devoit être orné; & ceux des piés droits, lancis & écoinsons du reste du Bâtiment.

Nôtre nouveau Superieur general vingt

quelques jours après au Fonds Saint Jacques, il y conduisit deux des Religieux qu'il avoit amené de France, & en retira le Pere Mondidier, qu'il envoya à la Guadeloupe.

 Il pensa m'arriver dans ce tems-là un accident terrible. J'étois dans le bois à faire abbattre des arbres dont j'avois besoin pour quelque charpente, lorsque je vis un de nos Negres qui se retiroit avec précipitation du pied d'un arbre, où il coupoit des liannes. J'en voulus sçavoir la raison. Il me dit, qu'il y avoit un gros serpent entre les cuisses de cet arbre. La curiosité me porta à m'en approcher pour le voir, & comme il me montroit du bout du doigt le lieu où il étoit, je me trompai, je crus qu'il me montroit une cuisse plus éloignée, ce qui fit que j'avançai tout le corps sur le lieu où étoit le serpent, de maniere que mes bras, mon visage & ma poîtrine étoient à la discretion de cet animal, qui pouvoit me mordre où il lui plaisoit. On peut juger de ma peur quand je vis le danger où j'étois. Je me retirai bien plus vîte que le Negre, & j'appellai du monde pour tuer le serpent. On coupa deux perches fourchues avec lesquelles deux Negres le percerent en même tems, ce qui n'empêcha pas que

1698.

L'Auteur court risque d'être mordu d'un gros serpent.

l'un d'eux ne pensât être mordu, le serpent ayant glissé sa tête dans une ouverture, qui étoit à une des cuisses de l'arbre. On lui coupa la tête, & ensuite on tira le corps qui avoit près de neuf pieds de long, & plus de cinq pouces de diametre. C'étoit assurément le plus gros que j'eusse encore vû. Sa tête avoit au moins six pouces de large. Quand on eût tiré le corps hors des cuisses de l'arbre, & des liannes qui l'environnoient, nous nous apperçûmes que c'étoit une femelle qui étoit pleine, & en remuant le corps, nous vîmes sortir quelques petits serpens par les playes que les fourches lui avoient faite. C'étoit une trop bonne prise pour la negliger. Je fis fendre le ventre d'un coup de couteau, & j'eus le plaisir de voir comment ses petits serpens y étoient renfermez. Je vis donc que les œufs étoient attachez les uns au bout des autres par une espece de boyau ou de membrane. Ils étoient de la grosseur des œufs d'oye, mais plus pointus. Leur coque, comme celles des œufs de tortuë, étoit comme du parchemin moüillé. Les petits estoient dans ces œufs au nombre de treize, quatorze, ou quinze, longs d'environ six pouces, & de la grosseur d'un petit tuyau de plume à écrire. Ils étoient de toutes sortes de couleurs,

leurs. J'en vis dans un même œuf qui étoient jaunes, d'autres gris, noirs tâchetées. Cela me fit revenir de l'erreur où j'avois été jusqu'alors sur le rapport de bien des gens, que les couleurs faisoient différentes especes de serpens. Ces méchans petits animaux sortoient à mesure qu'on déchiroit la coque qui les renfermoit, ils se louvoient en même-tems, c'est-à-dire, qu'ils se mettoient en rond, la tête élevée sur leur lof, & mordoient un bâton avec lequel je les tuois, autant de fois qu'ils le pouvoient attraper. J'en tuai de compte fait soixante & quatorze qui étoient contenus dans six œufs. Un autre s'étoit rompu dans le tems qu'on tiroit le corps de la bête hors des broussailles, dont la plûpart des petits qu'il renfermoit s'étoient sauvez. Je fis porter trois œufs entiers à la maison, avec tous ceux que j'avois tué, & le corps & la tête de la bête.

1698.

Nombre de serpenteaux dans le ventre d'une femelle.

On voit par ce que je viens de dire, combien ces animaux multiplient. Il est certain qu'ils couvriroient le païs, & le rendroient inhabitable, s'ils ne se détruisoient pas, & ne se mangeoient pas les uns les autres. Les couleuvres qu'on appelle simplement couresses à la Martinique, leur font une rude guerre, & en devorent autant qu'elles en peuvent attraper. Les hommes ne leur donnent point de quartier ; les fourmis en ont fait mourir un très-grand nombre ; ils leurs mangeoient les yeux : & je croi qu'une partie des petits meurent de faim, avant qu'ils soient en état de pourvoir eux-mêmes à leur subsistance. Voilà, si je ne me trompe à quoi on est redevable du nombre assez mediocre de serpens qu'on voit aujourd'hui, en comparaison de ce qu'on en devroit voir, vû la prodigieuse multiplication de ces animaux.

Nos Peres nouveaux venus de France, virent tout cela avec frayeur, & n'osoient sortir de la Maison dès qu'il étoit nuit, craignant de rencontrer quelque animal semblable dans leur chemin.

Je fis tirer la graisse qui étoit dans le corps, où l'on trouva aussi quatre gros piloris à demi consommez.

Vertus de la graisse de serpent.

La graisse de serpent est specifique & admirable pour guérir les rhumatismes, les douleurs froides, les contractions & foulures de nerfs, & la sciatique. Elle se trouve dans le corps du serpent attachée au-dessous & des deux côtez des vertebres, elle est divisée en deux lobes plus ou moins gros, selon que le serpent a trouvé de quoi se nourrir : car quand le serpent a manqué de nourriture, on en trouve très-peu. On la fait fondre au Soleil, ou sur le feu, & on la verse dans un flacon où elle se conserve tant que l'on veut. Elle est jaune quand on la tire du corps de la bête, elle devient plus blanche, lorsqu'elle est fonduë, & figée. Elle n'a aucun mauvais goût, ni aucune mauvaise odeur.

Quand on s'en veut servir, on la fait fondre sur une assiette, & on y mêle ensuite de l'Esprit de vin, ou de l'Eau-de-Vie la plus forte. Celle de Canne est meilleure pour cela que celle de vin, & après qu'on a oint la partie malade & les environs, on la frotte bien avec des linges chauds, & on met une compresse bien imbibée de ce qui est resté sur l'assiette. J'ay remarqué que cette graisse fait plus d'éfet lors qu'avant de l'appliquer, on fait de fortes frixions avec des linges chauds & rudes sur la partie malade & aux environs, afin de rappeller les esprits, les mettre en mouvement, & ouvrir les pores. J'en ay vû des effets merveilleux, & j'en ay fait l'experience sur moi-même. Car ayant été moüillé un jour, dans le tems que j'étois tout baigné de sueur, sans avoir la commodité de changer de linge & d'habit, je me trouvai le lendemain, tellement roide, qu'on m'auroit plûtôt rompu l'épine du dos, que de me la faire ployer. Cette roideur s'étendoit encore dans les jointures des bras & des jambes, de sorte que le Chirurgien apprehendoit que cet accident n'eût des suites fâcheuses. Il me semble qu'on disoit, que c'étoit un teranos, auquel il est rare qu'on puisse remedier. Quoiqu'il en soit, je n'avois pas encore envie de mourir, & je resolus de travailler moi-même à ma guérison. Je fis apporter quelques poëles de feu dans ma chambre pour l'échaufer ; je bus un verre de vin de Canarie avec du theriaque & de la confection d'hiacinthe, & après que j'eus sué près de trois heures, je me fis frotter très-rudement avec de gros linges bien chauds, & ensuite avec de la graisse de serpent & de l'Eau-de-Vie de Canne, & frotter de nouveau jusqu'à ce que je sentisse de la douleur : car on fut fort long-tems avant que je sentisse rien, quoique je fusse écorché en plusieurs endroits. Dès que le sentiment fut revenu, je ne doutai plus de ma guérison. On me mit une serviette ployée en long imbibée de graisse & d'Eau-de-Vie le long de l'épine du dos, & d'autres linges imbibée de même au col, au bras, & aux jam-

bes, & on m'entretint chaudement sans pourtant me faire suer par artifice. On recommença cette operation au bout de douze heures, excepté qu'il n'étoit plus necessaire de me frotter si fort : car je sentois parfaitement bien, & sur tout aux endroits où j'étois écorché. Avec quatre frixions je fus entierement guéri.

Les Negres ont une superstition assez plaisante sur les serpens. Ils disent, que quand on les brûle après les avoir tuez, les autres serpens ne manquent pas de venir au lieu où leurs camarades ont été brûlez, pour mordre ceux qui les ont ainsi mal traitez après leur mort. Pour leur ôter cette imagination de la tête, je jettai dans les fourneaux les petits que j'avois tuez dans le bois, & ceux qui étoient dans les œufs que j'avois apportez à la Maison. Car pour la tête le Commandeur Negre me l'avoit demandé pour la reduire en poudre, parce qu'elle entre, comme je l'ai dit, dans le remede qu'on applique aux morsures de serpent. Je donnai le corps à quelques-uns de nos Negres qui s'en accommoderent bien. J'en aurois mangé tout comme eux : car c'est une nourriture fort saine, pourvû qu'on ne se fasse pas une habitude d'en manger souvent, parce qu'elle purifie & subtilise

Pensée ridicule des Negres touchant les serpens.

trop le sang, & feroit à la fin tomber en ptisie; mais je ne voulus pas éfrayer nos nouveaux venus.

Il arriva quelques jours après qu'on trouva deux serpens auprès de la Sucrerie. Nos Negres ne manquerent pas de me venir dire, qu'ils étoient venus pour se venger de ce qu'on avoit fait brûler les autres, & qu'assurement quelqu'un de la Maison seroit mordu. Je leurs dis, que pour empêcher les autres de revenir, il falloit jetter ceux ci tous vivans dans les fourneaux, & que s'il s'en presentoit d'autres, je les ferois rôtir tous vivans sur des charbons. Ces deux serpens avoient l'épine du dos rompuë, mais ils étoient encore tous vivans. Je les fis prendre en cet état, & je les fis mettre dans un évant des fourneaux où ils furent consommez dans un moment. Comme nous n'étions pas alors dans la saison où les serpens descendent à la mer pour se baigner, & changer de peau, on fut assez long-tems sans en voir. Nos Negres se persuaderent que j'avois trouvé le veritable moyen de les empêcher de venir rouler autour de nos maisons.

C'est dans le commencement de la saison des pluyes, que les crabes, les tourlouroux, les lezards, & les serpens, quittent les bois & les Cannes pour venir à la mer. Après que ces derniers s'y sont baignez, ils passent entre quelques bois qui ayent des crocs, ou des épines, & si acrochans par le col, ils y laissent leur peau toute entiere, & vont se cacher dans quelque trou, où entre des racines d'arbres jusqu'à ce que leur nouvelle peau soit endurcie suffisamment pour paroître à l'air. Dans le tems qu'ils sont obligez de demeurer ainsi en retraite, ils deviennent maigres, & sont fort foibles, & n'ont pas la force d'aller chercher de la nourriture. J'en ay trouvé quelquefois qui ne pouvoient pas se traîner. Leur foiblesse n'excite la compassion de personne, on ne leur pardonne jamais en quelque état qu'on les trouve.

Saison où les serpens quittent leur peau.

Le tems où ils sont plus dangereux, c'est lorsqu'ils sont en chaleur. On les entend alors siffler, & se repondre les unes aux autres. Il ne fait pas trop bon aller à la chasse.

Les Negres les sentent, & les éventent aussi-bien pour le moins que les chiens de chasse éventent les liévres & les autres bêtes. J'étois un matin dans le bois avec nos Charpentiers, un d'eux qui marchoit devant moi s'arrêta tout d'un coup, & me dit, mon Pere, regardez à vos pieds,

Les Negres éventent les serpens.

il y a ici près quelque serpent. Je lui demandai où il étoit ; il me repondit, je ne sçai pas, mais je le sens ; & m'ayant fait tenir en repos le visage tourné vers le lieu d'où lui étoit venuë l'odeur, il me dit, de sentir en retirant mon haleine. En effet, dans le moment je sentis une odeur fade & douçâtre, à peu près comme celle qu'on sent quand on entre le matin à jeun dans un Hôpital mal propre. Je lui dis ce que je sentois. Il me repliqua, c'est un serpent qui n'est pas loin d'ici, & il doit être gros : car l'odeur qu'il exhale est bien forte, & vous l'allez sentir encore davantage. En effet, il n'eût pas si-tôt jetté quelques pierres vers l'endroit d'où venoit l'odeur, que je la sentis plus vivement. C'étoit parce que le serpent s'étoit remué, ayant eu peur des pierres. Car c'est un animal fort craintif, & je serois assez porté à croire que quand il se jette sur une personne, c'est plûtôt la peur qui excite en lui ce mouvement que toute autre passion.

Sentiment de l'Auteur sur les mouvemens des serpens.

Nous découvrîmes un moment après le serpent que nous avions senti, & selon la coûtume nous le tuâmes. C'étoit une femelle pleine d'œufs, mais qui n'avoient encore rien de formé. Ils n'étoient guéres plus gros que des œufs de pigeon. Leur

Oeufs de serpens.

peau mince & tendre comme du parchemin moüillé, étoit remplie d'une matiere jaunâtre, comme le jaune d'un œuf de poule gâté, qui n'avoit pas bonne odeur, tant s'en faut, il faisoit mal au cœur. Cet animal avoit environ six pieds de long; & étoit gros comme le bas de la jambe.

J'en ai trouvé qui étoient accouplez. Dans cet état ils sont cordez ensemble, & paroissent comme les tourillons d'un gros cable. Ils se soûtiennent tous droits sur le tiers de leur longueur. Ils se regardent la gueule ouverte comme s'ils vouloient se dévorer, s'approchant la tête l'un de l'autre en sifflant, bavant, & écumant d'une maniere très-vilaine. Oh quels amours! c'est un effet de la providence divine, que ces mauvais animaux se dévorent les uns les autres, sans cela, ils rendroient inhabitables les Isles, où ils se trouvent. On n'en voit dans toutes les Antilles qu'à la Martinique, Sainte Aloufie où Lucie, & à Bequia, qui est un des Grenadins, qu'on appelle a cause de cela, la petite Martinique.

On ne voit dans les autres Isles que des couleuvres qui ne sont point venimeuses, & qui même sont utiles, en ce qu'elles font la guerre aux rats. Elles sont rares à la Guadeloupe, & même fort petites. Il y en a à la Dominique qui sont très-grosses, qu'on appelle des têtes de chien, parce qu'elles ont la tête grosse & courte, & qu'elles sont toûjours aussi disposées à mordre, que des mâtins qui gardent une basse cour. Mais elles n'ont point de venin. Elles font plus de peur que de mal à ceux qui ne sont pas accoutumez à les voir, ou à les entendre souffler, ou sifler quand on s'approche trop près d'elles. Elles n'en veulent qu'aux poules, aux rats, & aux oiseaux.

La graisse des têtes de chien est infiniment meilleure que celle des viperes, telles que sont les serpens de la Martinique, Sainte Aloüsie, & Bequia. On s'en sert pour les mêmes maux que celles des viperes, mais ce qu'elle a de particulier, c'est qu'on s'en sert avec un succès merveilleux pour la goutte. Je ne prétend pas de dire qu'elle guérisse ce mal radicalement, je tromperois mon Lecteur, & ce n'est pas-là mon caractere, ni mon dessein. Ce qu'elle opere est de faire transpirer l'humeur acre qui par ses picottemens sur les membranes des nerfs cause ces douleurs aiguës, qui rendent cette maladie une des plus douloureuse, & des plus incommodes que l'on puisse souffrir.

Ceux qui en sont attaquez se font oindre la partie affligée avec cette graisse la plus chaude qu'ils peuvent la souffrir, & se tiennent le plus chaudement qu'il est possible. Cela n'est pas difficile dans un climat comme celui des Isles, & il faut reïtirer les onctions de six en six heures. Il est inoüi que la goutte la plus opiniâtre ait tenu bon contre ce remede plus de vingt-quatre heures. On sçait que dès que l'humeur commence à se dissiper, la douleur cesse, & que l'usage de la partie revient dès que l'humeur est dissipée. Il est vrai, qu'elle revient dans ses periodes ordinaires, parce que cette graisse n'en détruit pas le principe, mais c'est beaucoup de pouvoir se délivrer en vingt-quatre heures, & souvent en bien moins de tems, d'une douleur aiguë, qui vous tient cloüé sur un lit une bonne partie de l'année. Sauf à recommencer les onctions, quand la douleur recommence à se faire sentir.

Je dois avertir le Lecteur, que cette graisse ne produit pas dans les païs froids, des effets aussi heureux, & aussi prompts qu'elle en produit dans les païs chauds, comme l'Amerique, & autres lieux semblables, parce que les pores sont plus serrez, & plus difficiles à ouvrir, ce qui

Maniere de s'en servir pour la goutte.

Précaution qu'il faut apporter dans les pays froids.

rend la transpiration plus laborieuse : il pourroit même arriver que le défaut de transpiration qui est necessaire non-seulement dans la partie affligée, où est le dépôt de l'humeur, mais encore dans le reste du corps, où elle se filtre & se dissipe peu à peu, la pouvoit fixer, & causer l'accident d'une goutte remontée, ce qui est pourtant facile à éviter, n'y ayant qu'à tenir le malade dans un lieu bien chaud, le faire suer, & lui faire sur le corps autant de frixions qu'il en pourra souffrir, avant de faire les onctions sur la partie affligée, sans oublier de lui donner de bons cordiaux qui aident à pousser par les pores déja ouverts l'humeur que le remede a mis en chemin de sortir.

{.sidenote}
Difference des serpens & des couleuvres.

Je croi avoir dit dans un autre endroit comment on distinguoit les serpens venimeux d'avec les couleuvres qui ne le sont point. Rien n'est si facile, pourvû qu'on ne se laisse pas d'abord emparer par la frayeur que cause la vûë & la rencontre de ces animaux à ceux qui n'y sont pas accoûtumez. La couleuvre a la tête longue & ronde comme une anguille, & le serpent l'a platte, large & triangulaire, à peu près comme un trefle. On peut voir la description que j'en ay faite dans un autre endroit, où j'ay encore dit, que le serpent ne mache point ce qu'il mange, mais qu'il l'avale tout entier.

J'ai eu une fois le plaisir d'en voir un qui avala devant moi un pilori. On doit se souvenir, que c'est une espece de rat naturel aux Isles, presque blanc, & bien plus gros que les rats ordinaires originaires d'Europe. Dès que le serpent eût mordu le pilori, il se retira à quartier : car selon les apparences il craignoit que le pilori ne se jetta sur lui, & ne le mordît, il grimpa ensuite sur les branches d'un arbrisseau, au pied duquel le pilori demeura un bon quart d'heure à se debattre ; il tomba à la fin, s'étendit & mourut. Alors le serpent étant descendu se mit à se rouler sur lui, & à achever de l'étendre à sa fantaisie en bavant dessus, de maniere qu'il lui mit les deux pattes de devant le long des côtez, & les deux de derriere le long de la queüe. Et après qu'il l'eût ainsi bien étendu & couvert de bave, il le prit par la tête qu'il engloutit, & en le suçant peu à peu, il le fit entrer tout entier dans son ventre, quoique avec assez de peine : car il étoit petit, & le pilori fort gros. Ce fut son dernier repas : car après que j'eus vû ce que je voulois voir, je le tuai.

marginalia: 1698. Un serpent tué, & avale un pilori.

CHAPITRE VII.

Des Esclaves noirs dont on se sert aux Isles, du Commerce de leur Païs. Leur Religion ; leurs mœurs, leurs danses. Comment on les achette, comment on les traite, comment on les instruit.

IL arriva à la Martinique à la fin du mois de Mai un Vaisseau chargé de Negres venant de la Côte de Juda en Guinée, pour le compte des sieurs Maurelet de Marseille, & leur Compagnie. J'en fus averti aussi-tôt par un Neveu des sieurs Maurelet nommé Boisson, qui avoit une Habitation à côté du Fonds S. Jacques.

Comme dans l'Assemblée que nous avions tenuë avant l'arrivée du nouveau Superieur general, j'avois été autorisé pour acheter le nombre de Negres que je jugerois à propos, & que je serois en état de payer, je partis sur le champ pour me rendre à la Basseterre, afin de conferer avec le Superieur general, sur l'occasion qui se presentoit d'avoir des Esclaves, dont nous avions un extrême besoin pour nôtre Habitation, & encore pour l'execution du Convent que nous avions resolu de bâtir, pour la fabrique duquel il étoit absolument necessaire d'avoir des Esclaves, à moins de vouloir discontinuer le travail de la Sucrerie.

Je fus surpris de ne point trouver le Superieur general au moüillage ; il en étoit parti pour venir conferer avec moi, mais au lieu de suivre le droit chemin, & de faire diligence, parce que ces sortes de ventes se font dans un jour ou deux: il s'en étoit allé voir les Curez de la Basse-pointe & du Macouba.

Le Pere Cabasson qui avoit été confirmé dans sa Charge de Superieur particulier de la Mission de la Martinique, me dit, qu'étant autorisé comme je l'étois par une Déliberation capitulaire, je ne devois faire aucune difficulté d'acheter des Negres, dautant que c'étoit l'intention du nouveau Superieur general qui n'étoit allé à la Cabesterre, que pour voir avec moi combien j'en pourrois acheter. Sur ces assurances j'en achetai douze, qui me coûterent cinq mille sept cent francs, que je devois payer en Sucre brut à raison de sept livres quinze sols le cent, dans le terme de six semaines. Je partis avec mes nouveaux Negres deux jours après les avoir achetez, ayant auparavant écrit au Superieur general, que ne l'ayant point trouvé, mais ayant été informé de les intentions, j'avois acheté douze Negres, qui le mettroient en état de faire le bâtiment du Convent sans discontinuer le travail de la Sucrerie. J'arrivai vingt-quatre heures après cette Lettre, & je le trouvai tout à fait en colere. Il me dit, que j'avois outrepassé mes pouvoirs, & qu'il étoit en droit de me casser de mon emploi. Ce preambule me fit de la peine : car je ne suis pas naturellement fort souffrant, sur tout quand je suis sûr d'avoir raison. Je lui répondis que la chose n'étoit pas si facile de son côté que du mien, puisque je pouvois quitter ma charge quand il me plairoit, mais qu'il n'étoit pas le maître de m'en destituer, & qu'ayant executé les ordres que la Communauté m'avoit donnez, j'étois bien sûr qu'elle me soutiendroit. Ma fermeté lui fit faire quelques reflexions, & quelques heures après, il envoya le Pere Giraudet me dire, qu'il ne sçavoit pas la Déliberation capitulaire qui m'avoit autorisé, qu'il avoit été porté à me parler de la sorte, pour satisfaire quelques-uns de nos Peres, à qui une si grosse emplette faisoit peur. Nous eûmes ensuite une conference qui nous rendit bons amis, parce qu'elle dissipa certains ombrages que les jaloux lui avoient inspirez contre moi,

Different de l'Auteur avec le Superieur general au sujet d'un achat d'Esclaves.

& nous devînmes si unis, que j'étois en tiers dans son amitié & dans son conseil avec le Pere Giraudet.

Nôtre Superieur general fit un petit voyage à la Guadeloupe, au retour duquel il declara publiquement qu'il vouloit m'y établir pour Superieur, & qu'il m'y conduiroit après la Toussaints, mais il ne fut pas en état d'exceuter son dessein: car il mourut avant ce tems-là. C'étoit le second Superieur general qui étoit mort dans cette disposition.

Ce petit orage étant passé, je ne songeai qu'à faire du Sucre, pour payer les Negres que j'avois achetez, & pour plus de mille écus de toiles, de viandes salées, de ferremens & autres choses, que je devois payer incessamment aux Marchands qui me les avoient fournis. Cela fit que pour profiter du travail de tous nos Esclaves, & n'être pas obligé d'en détacher pour aller commencer le bâtiment, je differai de jour en jour d'en donner le dessein. A la fin il y fallut venir, mais ce fut quand la saison du Sucre étant passée je n'avois plus besoin de tant de monde, & que j'en pouvois parconsequent detâcher le nombre qui étoit necessaire pour servir les Ouvriers sans faire tort aux travaux ordinaires de l'Habitation.

1678.

Motifs de la permission que Loüis XIII. donna aux François d'avoir des Esclaves.

Compagnies d'Afrique & de Senegal.

Je parlerai du Plan de ce Bâtiment, après que j'aurai dit d'où nous viennent les Negres Esclaves dont nous nous servons aux Isles, & plusieurs choses que j'ay remarquées sur ce sujet.

C'est une Loi très-ancienne, que les Terres soûmises aux Rois de France, rendent libres tous ceux qui s'y peuvent retirer. C'est ce qui fit que le Roi Loüis XIII. de glorieuse memoire, aussi pieux qu'il étoit sage, eût toutes les peines du monde à consentir, que les premiers Habitans des Isles eussent des Esclaves, & ne se rendit enfin qu'aux pressantes sollicitations qu'on lui faisoit de leurs octroyer cette permission, que parce qu'on lui remontra que c'étoit un moyen infaillible, & l'unique qu'il y eût, pour inspirer le culte du vrai Dieu aux Afriquains, les retirer de l'idolâtrie, & les faire perseverer jusqu'à la mort dans la Religion Chrétienne qu'on leur feroit embrasser.

Les Esclaves Negres que nous avons aux Isles, nous viennent pour la plûpart des deux Compagnies d'Afrique & de Senegal, qui sont autorisées par le Roi, pour faire seules ce Commerce, privativement à tout autre. J'ay dit pour la plûpart, parce que dans les tems de guerre, nous avons souvent des Negres qu'on prend sur les Vaisseaux ennemis, qui 1698. viennent d'Afrique, ou qu'on enleve dans les pillages de leurs Isles, & de leurs Habitations ; & pendant la paix, il nous en vient bien davantage par le trafic secret qu'on fait avec les Anglois, les Hollandois, & les Danois de l'Isle de S. Thoma.

Les Compagnies de Guinée & de Senegal sont obligées par leur traité avec le Roy, d'apporter tous les ans aux Isles un nombre assez considerable d'Esclaves, je croi que c'est deux mille, dont le prix se regle selon l'âge, le sexe, la force, la beauté, la complexion & le besoin qu'en ont les Habitans. *Obligations de ces Compagnies.*

Mais soit par impuissance, soit par quelque autre raison que je ne sçai pas il y avoit dès long-tems qu'on n'entendoit plus parler des Negres de ces Compagnies, quand j'arrivay aux Isles, tout ce qu'elles faisoient étoit d'empêcher en vertu de leurs Lettres patentes que les Marchands particuliers ne pussent aller traiter aux côtes d'Afrique à moins qu'ils n'en achetassent d'elle la permission, comme avoient fait les sieurs Maurelet.

Ces Compagnies ont des Comptoirs, & des Forts dans les endroits que le Roy leur a concedez par ses Lettres, celle de Senegal à les siens à la riviere de Senegal, *Comptoirs des deux Compagnies.*

de Gambie, & aux environs; & celle de Guinée à les siens à Benin, Juda, Arda, & autres lieux de cette côte.

Difference des Negres des deux Compagnies.

Les Negres de cette derniere Compagnie, sont les meilleurs pour le travail de la terre, & autres gros ouvrages, ceux du Cap-verd, & du Senegal, ne sont pas si forts, mais ils sont plus propres pour le service d'une maison, & pour apprendre des métiers.

Qui sont ceux que l'on vend comme Esclaves.

Dans tous ces endroits-là, il y a quatre sortes de personnes que l'on vend aux Compagnies, ou autres Marchands qui y viennent traiter.

Les premiers sont les mal-faiseurs, & generalement tous ceux qui ont merité la mort, ou quelque autre peine. Les Rois commuent ces peines, pour leur profit particulier, au bannissement perpetuel, c'est-à-dire à l'esclavage dans les pays des étrangers, auxquelles ils les vendent.

Les seconds sont des prisonniers de guerre, qu'ils font sur leurs voisins, avec lesquels ils sont dans une guerre continuelle, qui n'a point d'autre but que ces pillages ou enlevemens de personnes, qu'ils font par surprise, sans en venir presque jamais à une guerre ouverte, ou à une action d'éclat, ou de quelque decision.

Les troisiémes sont les esclaves particuliers des Princes, ou de ceux à qui les Princes en ont donnez, qui les vendent, quand la fantaisie, ou le besoin le leur dicte.

Les quatriémes enfin, qui sont le plus grand nombre, sont ceux que l'on derobe, soit par le commandement, ou le consentement des Princes, soit par certains voleurs surnommez Marchands, qui ne font autre metier, tantôt pour eux & tantôt pour leur Prince: car il arrive souvent que ces petits Rois s'engagent de fournir aux Marchands Européens un plus grand nombre d'esclaves qu'ils n'en ont en leur pouvoir, & quand ils se voyent pressez, ils envoyent ces sortes de Marchands dans les Villages de leurs voisins, & même dans ceux de leur dependance pendant la nuit, où ils enlevent tout ce qu'ils attrapent d'hommes, de femmes, d'enfans, & les conduisent au Vaisseau ou Comptoir du Marchand à qui on les doit livrer, qui les marque aussitôt avec un fer chaud, & ne manque pas de les mettre aux fers pour s'en assurer.

On peut dire que ces Marchands ou Chasseurs d'esclaves, sont de veritables voleurs de grands chemins qui ne font autre chose que voler par tout, princi-

1698.

Comment on enleve les Negres.

palement la nuit, pour chercher quelque proye ; s'ils rencontrent quelqu'un, & qu'ils se croyent les plus forts, ils se jettent dessus, le prenne, lui lient les mains derriere le dos, & lui mettent un baillon à la bouche, si c'est un homme ou une femme, pour l'empêcher de crier ; si ce sont des enfans, ils les mettent dans un sac ; & lorsque la nuit est venuë, ils conduisent les uns & portent les autres aux Comptoirs des Européens, qui les étampent aussi-tôt, & le font transporter dans leurs Vaisseaux, s'ils les ont en rade, ou les gardent bien enferrez jusqu'à la premiere occasion de les embarquer. Ce métier de voleur de Negres ne laisse pas d'être dangereux : car outre qu'il est permis à tout le monde de se deffendre, & même de les tuer, quand ceux qu'ils vouloient enlever se trouvent les plus forts, on peut les vendre eux-mêmes, si on peut s'en saisir, & leur faire ainsi souffrir la peine du talion : il est vrai qu'il faut éviter que le Prince en ait connoissance : car il feroit vendre à son profit, le Marchand voleur, sans rien donner à ceux qui s'en seroient saisis.

J'achetay un jeune Negre de qui j'appris dans la suite qu'il avoit été enlevé de cette maniere avec un sien frere, leur pere qui étoient Capitaine les avoit envoyez chercher quelque chose hors du Village, ils furent rencontrez par des Marchands qui les mirent chacun dans un sac, & les porterent aux Comptoirs de la Compagnie; qui les fit passer aux Isles: ce desordre est tellement commun, qu'on ne voit autre chose que des Habitans qui se derobent & se vendent les uns les autres.

On a proposé en Sorbonne les cas suivans.

1°. Si les Marchands qui vont en Afrique pour achetter des esclaves, ou les Commis qui demeurent dans les Comptoirs, peuvent achetter des gens qu'ils sçavent avoir été derobez, attendu que ce qui nous paroît un desordre, est une coûtume reçûë chez ces peuples, & autorisée par leurs Rois.

2. Si les Habitans de l'Amerique à qui ces Marchands les apportent, peuvent achetter indifferemment tous les Negres qu'on leur presente, sans s'informer, s'ils ont été volé, où s'ils ont été vendus pour une raison legitime.

3. A qu'elle reparation les uns & les autres sont obligez, quand ils connoissent avoir achetté des Negres qui ont été derobez.

Cas de conscience proposez & resolus en Sorbonne

La decision qu'un de nos Religieux apporta sur ces trois articles n'a pas été reçüe aux Isles, on y a trouvé des difficultées insurmontables, & nos Habitans disoient que les Docteurs qu'on avoit consultez n'avoient ni Habitation aux Isles ni interêt dans les Compagnies, & qu'ils auroient decidé tout autrement, s'ils eussent été dans l'un de ces deux cas.

Prix des Esclaves en Afrique.

Le prix des esclaves en Afrique se regle selon la quantité que les Princes où les Particuliers en ont à vendre, le nombre des Acheteurs, & les besoins des Vendeurs : on les paye en barre de fer, fusils, poudre, balles, toiles, papier, étoffes legeres, & autres marchandises, & sur tout en bouges, qui sont des coquilles que l'on apporte des Isles Maldives, qui servent de monnoye courante dans toute la côte.

Reponse du Roy de Juda au Pere Braguez.

Un de nos Religieux, appellé le Pere Braguez étant à Juda avec le Chevalier Damon qui commandoit un navire de la Compagnie de Guinée, se trouvant un jour avec le Roy de Juda, il lui dit qu'il s'étonnoit de ce qu'il recevoit des coquilles pour le prix de ses Esclaves, & de ses autres marchandises, au lieu de donner cours dans son Royaume aux especes d'or & d'argent, ce Prince lui repondit répondit que n'ayant pas chez lui ce qui étoit nécessaire pour faire de la Monnoye, il seroit sans cesse trompé par les especes fausses qu'on lui apporteroit, qui à la fin lui deviendroient inutiles, & ruïneroient son Commerce; au lieu qu'il ne couroit point ce risque en se servant des bouges, qu'il les recevoit, & les donnoit en payement, qu'il ne pouvoit être trompé que sur le poids, ce qui ne pouvoit pas être considerable, & qu'au pis aller plus les étrangers en apporteroient chez lui, plus il se trouveroit riche, puisqu'elles lui tenoient lieu, & lui procuroient les mêmes commoditez que l'or & l'argent monnoyé procurent aux autres.

On voit par-là, que ces Negres entendent assez bien leurs interêts, & qu'ils ont plus d'esprit, & plus de bon sens, que nous ne nous l'imaginons. Ce que je vais dire, en sera une nouvelle preuve & plus forte.

Le Chevalier Damon étoit à Juda dans le tems que ces Peuples faisoient la grande Fête pour consulter le serpent. Il fut invité par le Roi de s'y trouver avec ses Officiers. L'endroit où se devoit faire cette ceremonie étoit éloigné de trois à quatre lieuës du Bourg, Ville, ou Vil-

Fête pour consulter le Serpent.

lage où le Roi fait sa résidence ordinaire. C'étoit un vaste champ, autour duquel on avoit bâti des cases couvertes de feüilles de palme pour le Roi & pour sa suite. L'espace qui étoit au milieu étoit renfermé par une barriere.

La Maison du Roi partit sur le midy, & on peut dire physiquement sa Maison. Car les femmes qui le servent se chargerent de tous ses meubles, & de toutes ses marchandises sans rien laisser que les murailles. Elles alloient ainsi deux à deux escortées des Gardes du Roi. Ses enfans venoient ensuite ; les femmes favorites suivoient les enfans, & le Roi porté dans un Raiseau sur les épaules de quelques Negres terminoit cette longue file. Le Chevalier Damon, le Pere Braguez & les Officiers du Vaisseau & du Comptoir portez comme le Roi, suivoient Sa Majesté, & étoient escortez du reste des Gardes armez de sagayes, & de quelques fusils.

On arriva assez tard au lieu de la ceremonie. On ne songea tout le lendemain & les jours suivans, qu'à faire bonne chere, & à se divertir. Enfin, le jour étant arrivé, on fit placer le Chevalier Damon & sa Compagnie auprès de la barriere. Le Peuple à genoux, & en silence étoit fort éloigné de-là : le Roi seul avec le Prêtre du païs entrerent dans l'enceinte, où après beaucoup de prosternations, de prieres, & de ceremonies, le Prêtre s'approcha d'un trou où l'on supposoit qu'il y avoit un serpent. Il lui parla de la part du Roi, & lui fit les questions accoûtumées sur le nombre des Vaisseaux qui viendroient l'année suivante, sur la Guerre, la Moisson, & autres choses. A mesure que le serpent répondoit à une demande, le Prêtre portoit la réponse au Roi, qui étoit un peu éloigné du trou, à genoux, & en posture de suppliant. Ce manege s'étant fait plusieurs fois, on publia enfin, que l'année suivante seroit heureuse, qu'il y avoit beaucoup de traite, & qu'on prendroit bien des Esclaves. Le Peuple en témoigna sa joye par de grands cris, par des danses, & par des festins.

Le Pere Braguez s'étant trouvé auprès du Prêtre dans le festin que le Roi fit au Chevalier Damon & à sa Compagnie après la ceremonie, lia conversation avec lui. C'étoit un homme d'environ soixante ans, fort bien fait, d'une phisionomie sage & spirituelle. Entre autres questions que le Pere Braguez lui fit, il lui demanda pourquoi ils ne choisissoient pas

Maniere de consulter le Serpent.

Conversation du Pere Braguez avec un Prêtre Negre Idolâtre.

plûtôt une autre creature pour être l'objet de leur culte, & pour la consulter sur les évenemens dont ils avoient envie d'être éclaircis. Qu'il paroissoit qu'il y avoit quelque mistere dans ce choix, dont il souhaitoit d'avoir connoissance.

Ce Prêtre ne s'en fit pas beaucoup prier. Il lui dit, que le culte qu'ils rendoient au serpent, n'étoit qu'un culte relatif à l'être Souverain, dont ils étoient les Creatures. Que ce choix n'avoit pas été en leur disposition, mais qu'ils s'y étoient attachez par obéïssance aux ordres de leur Maître commun, qui sont toûjours fondez sur de très-bonnes raisons. Que le Createur connoissant parfaitement les dispositions des Creatures qui sont sorties de ses mains, sçavoit trop bien qu'elle étoit la vanité & la superbe de l'homme, pour ne pas prendre tous les moyens les plus propres pour l'humilier; qu'il n'en paroissoit point de plus efficace, que de l'obliger de ramper devant un serpent, qui est le plus méprisable, & le plus méchant de tous les animaux. Que si ce premier Estre eût choisi un homme pour être le dépositaire de ses secrets, & pour faire entendre ses volontez aux autres hommes; cet homme auroit bien-tôt oublié la bassesse de son

Belles moralitez d'un Prêtre Idolâtre.

extraction, il auroit peut-être voulu aller de pair avec son Souverain, ou tout au moins se mettre au dessus de tous les autres hommes. Mais que cet inconvenient & ce danger ne se trouvoient pas dans le serpent, dont les organes ne sont point disposées à pouvoir produire des sentimens d'orgüeil & de rebellion contre son Souverain, & que l'homme n'apprenant les volontez de son Createur, que par la bouche & l'entremise d'une Creature si abjecte, est forcé de reconnoître son neant, & combien il est éloigné de la moindre perfection de celui auquel il auroit la temerité de se comparer, s'il ne le tenoit dans un état d'humiliation continuelle.

Le Pere Braguez qui m'a rapporté cette conversation dont je ne donne ici qu'une petite partie, m'a dit, qu'il fut charmé des belles moralitez que ce Negre lui debita, mais qu'après tout, il ne pût jamais lui rien persuader des veritez de nôtre Religion, ni lui faire naître la moindre envie d'en être instruit plus à fond. Il semble que le demon les retient sous son esclavage par les salles voluptez où ils sont sans cesse plongez, & par cette vie libertine, indifferente & sensuelle, qui les conduit de pechez en pechez dans

Diverses raisons qui empêchent les Negres de se convertir.

des abîmes de desordres toûjours plus criminels.

Il faut aussi avoüer à la honte du nom Chrétien, que les Européens qui vivent parmi eux pour le Negoce, & pour conserver les Forteresses qu'ils ont bâties sur leurs terres, ne leur donnent pas une grande estime de nôtre Religion, parce qu'il n'y a rien au monde de plus affreux que la vie qu'ils y menent. C'est ainsi que j'en ai entendu parler tous les gens de bien qui y ont été. C'est ce que j'en ai appris par des Ecclesiastiques & des Religieux de differens Ordres, qui y étoient allez, pour tâcher d'établir la foi dans ces quartiers-là, qui tous m'ont assûré, qu'un des plus grands obstacles qu'ils ayent trouvé à la réüssite de leur pieux dessein, étoit le libertinage des Chrétiens qui y sont, & les scandales qu'ils y donnent. Il ne faut pas croire que ce que je dis ici, ne regarde que les Anglois, Hollandois, ou autres Peuples separez de l'Eglise Catholique. Les Catholiques qu'on appelle Romains, n'ont rien à reprocher aux autres sur cet article, quoiqu'ils ayent infiniment à se reprocher à eux-mêmes, que leur mauvaise conduite soit peut-être l'unique cause de la perte de toutes ces ames.

Je pourrois rapporter ici ce qui s'est passé à l'égard de quelques-uns de nos Religieux, mais l'occasion s'en trouvera dans quelqu'autre endroit.

Pour ce qui est des naturels du païs, il est certain que leur temperament chaud, leur humeur inconstante & libertine, la facilité & l'impunité qu'ils trouvent à commettre toutes sortes de crimes, ne les rend guéres propres à embrasser une Religion dont la justice, la mortification, l'humilité, la continence, la fuite des plaisirs, l'amour des ennemis, le mépris des richesses, &c. sont les fondemens. Il est vrai, qu'ils se convertissent aisément quand ils sont hors de leur païs, & qu'ils perseverent dans le Christianisme, tant qu'ils le voyent pratiquer à leurs yeux, par ceux avec qui ils vivent, & qu'ils ne voyent pas de sûreté à s'écarter de la Religion qu'ils ont embrassée; mais il est vrai aussi que dès que ces motifs ne les retiennent plus, ils ne songent non plus aux promesses qu'ils ont fait à leur Baptême, aux obligations qu'ils ont contractées, aux lumieres convainquantes qu'ils ont reçûës, que si tout cela ne s'étoit passé qu'en songe. De maniere que s'ils retournoient dans leur païs, ils se dépoüilleroient du nom de Chrétien aussi

Naturel des Negres & leurs dispositions sur la Religion.

facilement, que de l'habit Européen dont ils se trouveroient revêtus en y arrivant.

On a veu un exemple fameux de cette verité dans Aniaba fils d'un Roi de Juda. La Compagnie de Guinée l'avoit amené en France, & l'avoit presenté au Roi, qui l'avoit fait instruire dans la Religion, & dans tous les exercices convenables à un homme de sa qualité. Il lui avoit fait l'honneur de le tenir au Baptême, & de lui donner son nom. Il l'avoit entretenu avec sa magnificence ordinaire au College, à l'Academie, & l'avoit fait servir dans ses Armées comme Capitaine de Cavalerie, afin de le rendre parfait dans la science des armes, comme il lui avoit donné moyen de le devenir dans les autres. Enfin la Compagnie de Guinée ayant donné avis au Roi, que le Peuple de Juda le demandoit, pour occuper le Trône de son Pere, que son Oncle, dont ils n'étoient pas contens, avoit usurpé pendant son absence, Sa Majesté lui permit de retourner dans ses Etats. Elle voulut bien qu'il signalât la pieté dans laquelle on l'avoit élevé depuis tant d'années, en instituant l'Ordre de l'Etoile en l'honneur de la Sainte Vierge, & qu'un grand Tableau representant cet évenement, fût posé dans l'Eglise Nôtre-Dame à Paris, comme un monument de sa foi & de sa devotion. Elle lui donna deux Vaisseaux de Guerre pour le conduire chez lui, avec un superbe Equipage, des Officiers, des Meubles, des Provisions, & generalement tout ce qui pouvoit contribuer à faire respecter ce nouveau Roi.

Mais la suite fit bien connoître la verité du proverbe qui dit, que l'Ethiopien ne change point de peau quoiqu'on le lave. A peine eût-il mis pied à terre, qu'il quitta les habits François dont il étoit vêtu, il se mit tout nud comme les autres Negres, avec une simple pagne autour des reins, & se dépoüilla en même-tems des sentimens de Chrétien, & d'honnête homme qu'on lui inspiroit depuis tant d'années. Il oublia les obligations de son Baptême, & ne songea plus à faire aucun acte de sa Religion, il prit cinq ou six femmes idolâtres, avec lesquelles il s'abandonna à tous les excès les plus honteux ; & pour couronner son apostasie par un crime presque aussi grand, il eut la lâcheté & l'ingratitude de faire tous ses éforts pour exciter un soûlevement contre les François, en faveur des Hollandois & des Anglois, qui

1698.

voyoient avec leur jalousie ordinaire le profit que nous tirions du Commerce que nous faisions en cet endroit.

Son Oncle plus honnête homme que lui, eût horreur d'une si grande ingratitude; il jugea que son neveu étant capable d'en user ainsi avec ses bienfaicteurs, étoit encore plus disposé à lui joüer un méchant tour, s'il en trouvoit l'occasion; c'est pourquoi il le fit observer, & ayant découvert qu'il faisoit des cabales contre lui, il étoit prêt de le faire mourir, ou de le rendre comme Esclave aux Europeens, si les François par un effet de leur generosité naturelle, n'avoient obtenu sa grace. Il est vrai, qu'il n'est à present en rien distingué des autres Sujets de son Oncle, mais c'est encore beaucoup pour lui, de joüir de la vie & de la liberté, après de si grands crimes.

Regle des Negres de Juda pour la succession de leurs Rois.

Les Agens de la Compagnie devoient sçavoir qu'en ce païs-là, on n'est pas Roi pour être fils de Roi, parce que ces Peuples ne suivent pas la ligne directe de la succession de leurs Princes, mais la collaterale. De sorte que pour être sûrs que celui qu'ils font succeder à un Roi défunt, est du Sang Royal, ils ne prennent pas les enfans du défunt, à cause que sa femme pourroit les avoir eu d'un autre que de lui, mais les enfans de sa sœur. Par ce moyen ils sont assûrez, que ceux qu'ils mettent sur le Trône, sont du Sang Royal, au moins du côté de leur mere. Le prétendu Prince Aniaba n'étoit pas de cette sorte, il étoit fils du Roi défunt, & n'avoit par consequent aucun droit à la Couronne.

On pourroit dire, que l'exemple de cet apostat ne prouve pas que tous les Negres soient si faciles à changer de Religion, & qu'on voit les Royaumes d'Angolle & de Congo perseverer dans la foi depuis que leurs Princes ont été baptisez par les Missionaires que les Rois de Portugal y ont envoyez, & qu'ils y entretiennent encore à present.

Je répond, que si l'exemple d'Aniaba étoit seul, il ne prouveroit rien; mais je défie qu'on me trouve quelqu'un en toute la Côte des Negres, qui après être retourné en son païs, ait conservé la foi qu'il avoit reçûë, & dont il avoit fait profession, quand il en étoit absent.

Quant aux Negres de Congo & d'Angolle, il n'y a qu'à parler aux Missionnaires qu'on envoye chez eux, pour sçavoir qu'elles peines ils ont pour y conserver quelque ombre de la Religion Chrétienne : car ces Negres sont sans

Etat du Christianisme à Congo & Angolle.

scrupule ce que faisoient les Philistins, ils joignent l'Arche avec Dagon, & ils conservent en secret toutes les superstitions de leur ancien culte idolâtre, avec les ceremonies de la Religion Chrétienne. On peut juger qu'elle espece de Christianisme il y a en ce païs-là.

Commerce de Guinée & de Senegal.

La traite des Esclave n'est pas le seul Commerce qu'on fait sur les Côtes d'Afrique. On y negocie encore beaucoup d'or, des dents d'Elephant qu'on appelle, du morphy, de la cire, des cuirs, des gommes, de la maniguette, qui est une espece de poivre. On en apporte aussi des perroquets, des singes, des étoffes ou pagnes d'herbes & autres choses.

Histoire d'un envoi de Singes.

A propos de singes, un Officier d'une de ces Compagnies me conta un jour une histoire qu'il disoit être arrivée à son pere dans le tems qu'il étoit Commis principal d'un de leurs Comptoirs. Elle est trop plaisante pour l'oublier, mais je ne réponds pas de la verité : car je la tiens d'une personne dont je ne dois pas repondre.

Ce Commis ayant demandé congé pour faire un voyage en France pour les affaires particulieres, eut ordre d'un des Directeurs generaux d'apporter avec lui quatre ou cinq singes, il avoit écrit tout

tout au long, & non en chiffre, quatre ou cinq cent singes. Ce pauvre Commis ne pouvoit que penser d'une pareille commission, ni quel païs on vouloit peupler de ces sortes d'animaux. Il se donna de grands mouvemens pour rassembler ce nombre, & pour faire préparer dans le Vaisseau les cages & les cabanes pour les enfermer. Malgré tous ses soins, il ne pût trouver le nombre qu'on lui avoit marqué; il fallut qu'il se contentât d'environ trois cent trente qu'il fit embarquer, qui, à la reserve de ceux qui tomberent à la mer arriverent à bon port à la Rochelle. Ce Commis ne manqua pas d'aller aussi-tôt saluer le Directeur qui lui avoit écrit, & celui-ci lui ayant demandé, s'il avoit apporté les singes qu'il lui avoit demandez, ce pauvre Commis lui répondit en tremblant qu'il n'avoit pû executer entierement ses ordres, & que dans la traversée, quelques-uns étoient tombé à la mer, de sorte qu'il n'en restoit qu'environ trois cent dix. On peut juger de l'étonnement du Directeur, il se fâcha très-fort contre le Commis, lui dit, qu'il ne lui avoit demandé que quatre ou cinq singes, & que s'il en avoit apporté davantage ce seroit pour son compte, & qu'il lui feroit payer le préjudice qu'une pareille Cargaison avoit causé à la Compagnie. Le Commis qui vit où cette affaire pouvoit aller, mit la Lettre du Directeur au Greffe, pour la mieux conserver, & lui en fit signifier une copie collationnée. Celui-ci se voyant convaincu par sa propre écriture d'avoir demandé quatre ou cinq cent singes, fut obligé de se charger de cette belle marchandise, qui lui servit pour faire de magnifiques presens à ses confreres & à ses amis.

Or de Guinée.

L'or que l'on tire de Guinée est en poudre, ou en grains. Les Negres qui l'apportent à bord des Vaisseaux ou aux Comptoirs, le falsifient autant qu'il leur est possible, en y mêlant de la limaille de cuivre, & de ces grosses épingles jaunes qu'on leur apporte d'Europe. Plusieurs Marchands y ayant été attrapez, en ont fait des plaintes aux Rois du païs qui n'étant pas en état de leur faire justice, ou par impuissance, ou par mauvaise volonté, la plûpart n'ayant guéres plus d'honneur que leurs Sujets, chacun se fait justice à soi-même. Ainsi quand un Negre apporte de l'or, on le pese en sa presence, & on le met aussi tôt dans l'eau forte. Si l'or est falsifié, cela se connoît sur le champ par la couleur verte que prend l'eau forte, qui provient de la

Tromperie des Negres & le remede qu'on y a apporté.

dissolution du cuivre qui étoit mêlangé avec l'or. On pese ensuite l'or qui reste dans l'eau forte, & comme on ne trouve plus le même poids, on met le Marchand aux fers, il est fait Esclave en punition de sa fraude, sauf à lui à se racheter, s'il le peut faire, avant que les Vaisseaux partent, ce qui n'est pas fort facile pour l'ordinaire.

Les Rois de la Côte de Guinée, & de toute cette partie d'Afrique, qui est depuis le Cap-Verd, jusqu'à celui de Bonne-Esperance, n'ont pas des Royaumes fort étendus. Cette multiplicité d'Etats différens produit une grande diversité de langages; de maniere que dans quarante ou cinquante lieuës de Côte, ou de Païs, on trouve souvent quatre ou cinq Langues differentes.

La plus étenduë de toutes ces Langues, du moins autant que je l'ai pû apprendre par beaucoup de gens qui ont frequenté ces païs-là, & par ma propre experience, est celle qui se parle au Royaume d'Arda & de Juda. Nous appellons Aradas les Negres qui viennent de cette Côte, & j'ay vû que tous ceux des environs de ce païs à soixante ou quatrevingt lieuës à l'Est & à l'Oüest, entendoient ou parloient la Langue qu'on par-

Differentes langues sur les Costes d'Atrique.

le à Arda. Elle est fort facile. Les verbes n'ont que trois tems, le present, le passé & le futur. Les noms ne se declinent point, il n'y a que l'article qui change. Elle a beaucoup d'adverbes, & quoiqu'elle paroisse sterile, elle ne laisse pas de s'exprimer assez bien.

Comme une partie de nos Negres du Fonds Saint Jacques étoient Aradas, & qu'il m'étoit important de sçavoir ce qui se passoit entre-eux. J'en obligeai un de me donner quelques principes de cette Langue, & en très-peu de tems j'en sçûs assez pour comprendre tout ce qu'ils disoient, & pour leur expliquer mes pensées.

Presque tous les Negres sont Idolâtres. Il n'y a que ceux des environs du Cap-Verd, dont quelques-uns sont Mahometans. Quand on apporte de ceux-ci aux Isles, il faut se garder de s'en charger: car outre qu'ils n'embrassent jamais la Religion Chrétienne, ils sont encore sujets au peché abominable, qui fit périr les quatre Villes infames ; & il est de la derniere consequence que ce vice ne s'introduise pas parmi les Negres, ni dans le païs.

Il est encore très dangereux d'acheter ceux qui ont fait dans leur païs le métier

Françoises de l'Amerique. 137

de Marchand ou de Voleur de Negres. Il faut s'informer soigneusement de ce point, & pour cela avoir avec soi quelque Negre qui sçache la langue de ceux qu'on veut acheter, afin de sçavoir qui ils étoient, & ce qu'ils faisoient dans leur païs. Lorsqu'on achete de ces Marchands de Negres, il faut s'attendre qu'ils feront une fin malheureuse, parce qu'étant reconnus par ceux qu'ils ont dérobez & vendus, ceux-ci cherchent à les tuër, ou à les empoisonner, & n'y manquent guéres, & eux s'en défiant, tâchent de les prévenir, & ces pertes retombent sur le Proprietaire. Il vaut donc bien mieux faire ses diligences pour être bien informé de l'état des Negres qu'on veut acheter, que de s'exposer à des pertes considerables en achetant ces sortes de Marchands.

1698.

Il ne faut point acheter des Marchands ou Voleurs de Negres.

Presque tous les Negres qui sortent de leur païs en âge d'homme sont sorciers, ou du moins ils ont quelque teinture de magie, sorcelerie, & de poison. Ce que j'ay rapporté dans la premiere Partie de ces Memoires en doit convaincre les plus incredules. Ce que je vais dire paroîtra plus surprenant, je ne crois pas cependant qu'on en puisse douter, puisque j'en ai les certificats entre les mains.

Monsieur le Comte de Gennes Commandant une Escadre de Vaisseaux du Roi ayant pris le Fort de Gorée en 1696. fit charger sur deux de ses Vaisseaux les Negres qu'il trouva dans les Magazins des Anglois, & les fit partir pour les Isles Françoises. Un de ces Vaisseaux avoit quelques Negresses fort habiles dans ces sciences diaboliques, qui pour s'exempter de faire le voyage arrêterent si bien le Vaisseau, que le chemin qu'on fait ordinairement en deux fois vingt-quatre heures ne pût être achevé en sept semaines, que le Vaisseau resta comme s'il eût été cloüé dans le même endroit à quelques lieuës de terre, quoique le vent eût toûjours été très-bon. Un évenement si extraordinaire fit peur aux Officiers & à l'Equipage, qui ne pouvant découvrir la cause de cet enchantement, ne pouvoient y apporter de remede. Les eaux & les vivres commençant à manquer, la mortalité se mit parmi les Negres, ils furent obligez d'en jetter une partie à la mer. Quelques-uns se plaignirent en mourant d'une certaine Negresse qu'ils disoient être cause de leur mort, parce que depuis qu'elle les avoit menacez de leur manger le cœur, ils n'avoient fait que déperir, en sentant de grandes douleurs. Le Capitaine du Vaisseau fit ouvrir quelques-

Evenement prodigieux causé par une Negresse sorciere.

uns de ces Negres, & en effet, on leur trouva le cœur & le foye aussi secs & aussi vuides qu'un balon, quoique d'ailleurs ils paruſſent dans leur état naturel.

Après quelques reflexions le Capitaine fit prendre la Negreſſe accuſée, la fit attacher ſur un Canon & foüetter très-rudement, pour tirer de ſa bouche l'aveu des crimes dont on la chargeoit ; comme il ſembloit qu'elle ne ſentoit pas les coups, le Chirurgien Major du Vaiſſeau crut que le Prevôt ne la frappoit pas aſſez vivement, il prit un bout de corde, dont il lui appliqua quelques coups de toute ſa force. La Negreſſe affecta encore plus qu'auparavant de témoigner qu'elle ne ſentoit aucune douleur, & dit au Chirurgien, que puiſquil la maltraitoit ſans raiſon, & ſans avoir droit de le faire, elle l'en feroit repentir, & lui mangeroit le cœur. Au bout de deux jours le Chirurgien mourut avec de très-grandes douleurs. On le fit ouvrir, & on lui trouva les parties nobles ſeches comme du parchemin.

Le Capitaine ne ſçavoit à quoi ſe reſoudre après ce qui venoit d'arriver. Il auroit bien pû faire étrangler cette Negreſſe, où la jetter à la mer ; mais il eût peur qu'elle ne fût pas ſeule, & que ceux

1698.

qui resteroient de son parti ne se portassent aux dernieres extremitez, il prit le parti de la traiter doucement, & lui fit les plus belles promesses du monde, pourvû qu'elle fit cesser ses malefices. On négocia, & on convint qu'on la remettroit à terre avec deux ou trois autres qu'elle nomma, & elle promit de faire partir le Vaisseau; & pour faire voir à cet Officier quelque échantillon de ce qu'elle sçavoit faire, elle lui demanda s'il avoit des fruits, ou quelqu'autre chose qu'on pût manger. Il lui dit, qu'il avoit des melons d'eau. Montrez-les-moi, lui dit-elle, & sans que je les touche, ou que je m'en approche, soyez sûr que je les aurai mangez avant qu'il soit vingt-quatre heures. Il accepta le parti, & lui montra de loin quelques melons d'eau, qu'il renferma aussi tôt dans un coffre, dont il mit la clef dans sa poche, sans vouloir s'en fier à ses gens. Le l'endemain matin la Negresse lui demanda où étoient ses melons; il ouvrit le coffre où il les avoit renfermez, & eut beaucoup de joye quand il les vit tous entiers; mais elle fut courte, & se changea dans un étonnement étrange lorsqu'il les voulut prendre pour les lui montrer, les ayant trouvez vuides, n'y restant que la simple peau, étendüe comme celle d'un balon, & séche comme du parchemin. On fut donc obligé de retourner à terre, pour faire de l'eau & des vivres. On y laissa cette malheureuse avec quelques autres de sa compagnie, après quoi le Vaisseau continua son voyage le plus heureusement du monde.

Les Officiers du Fort & du Comptoir Anglois, qui étoient prisonniers dans ce Vaisseau, ont signé le procès verbal de cette avanture : il est en original entre les mains de Madame la Comtesse de Gennes, qui m'en a donné une copie, qu'on verra à la fin de ces Mémoires.

Quelques envieux du Commerce des François, ont fait courir le bruit parmi les Negres, que nous ne les achetions, & ne les transportions dans nos Colonies, que pour les manger. Cette calomnie indigne de gens, qui portent le nom de Chrétiens, a été cause que beaucoup de Negres se sont désesperez pendant le voyage, & ont mieux aimé se jetter dans la mer, & se noyer, que d'aller dans un Païs où ils s'imaginoient qu'on les devoit dévorer, comme ils sçavent qu'il se pratique en quelques lieux de l'Afrique. J'ai vû quelquefois arriver des Navires chargez de Negres, qui malgré tout ce qu'on avoit pû faire pendant le voyage, pour

1698.

Calomnie contre les Francois.

leur ôter cette idée de l'esprit, ne pouvoient se rassûrer, & se croire exemts d'aller à la boucherie, que quand ils voyoient un grand nombre de leurs semblables, qui les assûroient qu'on ne les vouloit pas manger, mais seulement les faire travailler.

On visite ou l'on fait visiter les Negres que l'on veut acheter.

Il est de la prudence de ceux qui veulent acheter des Negres, de les visiter, ou par eux-mêmes, ou par quelque personne entenduë dans ce métier, pour voir s'ils n'ont point quelque défaut ; car quoiqu'ils soient tous nuds, & que les parties mêmes que l'on cache avec plus de soin, ne le soient pas trop bien chez eux, & beaucoup moins quand ils sortent du Vaisseau, il est contre la pudeur de faire soi-même cet examen, & d'entrer dans ce détail. On s'en rapporte pour l'ordinaire au Chirurgien de la Maison.

Lorsqu'ils sont achetez, & conduits à l'Habitation, il faut éviter sur toutes choses l'insatiable avarice, & l'horrible dureté de certains Habitans, qui les font travailler tout en arrivant, sans presque leur donner le tems de prendre haleine. C'est n'avoir point du tout de charité, ni de discretion, & n'entendre rien en ses propres interests, que d'en agir en cette maniere. Ces pauvres gens sont fatiguez d'un long voyage, pendant lequel ils ont toûjours été attachez deux à deux avec une cheville de fer. Ils sont extenuez de la faim & de la soif, qui ne manquent jamais de les faire souffrir beaucoup pendant la traversée, sans compter le déplaisir où ils sont d'être éloignez de leur Païs, sans esperance d'y jamais retourner. N'est-ce pas le moyen d'augmenter leurs maux & leur chagrin, que de les pousser au travail, sans leur donner quelques jours de repos & de bonne nourriture.

Il faut après qu'ils sont arrivez à la maison, qu'ils ont mangé, & qu'ils se sont reposez quelques heures, les faire baigner à la mer, leur faire raser la tête, & leur faire frotter tout le corps avec de l'huile de Palma Christi. Cela dénoüe les jointures, les rend plus souples, & empêche les effets ou les suites du scorbut, s'ils avoient quelque disposition à en être attaquez. Il faut pendant deux ou trois jours humecter avec de l'huile d'olives la farine ou la cassane qu'on leur donne, les faire manger peu & souvent, & les faire baigner soir & matin. Ce regime de vie les dispose à une petite saignée, & à une purgation douce qu'on leur fait prendre. Quelque bonnes que soient les

les eaux, il faut les empêcher d'en boire du moins à discretion, & encore plus de l'eau-de-vie. Il ne leur faut donner que de la grappe, ou du oüycou. C'est ainsi qu'on les garantit des maladies dont ils sont ordinairement attaquez dans les commencemens. Ces bons traitemens joints aux habits qu'on leur donne, & à quelqu'autre douceur qu'on leur témoigne, les rend affectionnez, & leur fait oublier leur païs, & l'état malheureux où la servitude les réduit.

On peut au bout de sept ou huit jours leur donner quelque leger travail, pour les y accoûtumer. La plûpart n'attendent pas qu'on les y envoye, ils suivent les autres quand le Commandeur les appelle.

On doit mettre les Negres nouveaux dans les cases des anciens. Afin de les mieux dresser, les instruire, & leur faire prendre le train de l'Habitation, il est bon de départir les Negres nouveaux dans les cases des anciens. Ceux-cy les reçoivent volontiers, soit qu'ils soient de leur païs ou non, ils se font honneur que le Negre qu'on leur a donné, soit mieux entretenu, mieux instruit, & qu'il se porte mieux que celui de leur voisin. Ils en ont tout le soin possible, & le regarde comme leur enfant, mais ils le font manger à part, & coucher dans une autre chambre que la la leur; & lorsque le

Françoises de l'Amérique. 145

le nouveau venu s'apperçoit de cette distinction, & qu'il en demande la raison, ils lui disent, que n'étant pas Chrétien, il est trop au-dessous d'eux, pour manger & dormir dans leur chambre.

Ces manieres font concevoir à ces Negres nouveaux une haute idée de la qualité de Chrétien; & comme ils sont naturellement fort superbes, ils importunent sans cesse leurs Maîtres & leurs Curez afin d'être baptisez; de sorte que si on les vouloit satisfaire, on employeroit les jours entiers à leur enseigner la doctrine & leurs prieres.

Outre le Catechisme qui se fait en commun soir & matin dans les maisons bien reglées, comme sont presque toutes les Habitations des Isles du Vent, on destine ordinairement quelqu'un qui est bien instruit, pour faire la doctrine en particulier aux Negres nouveaux, sans compter que ceux chez lesquels on les a logez ont un soin merveilleux de les instruire, quand ce ne seroit que pour pouvoir dire au Curé, ou à leur Maître, que le Negre qu'on leur a confié, est en état de recevoir le Baptême. Ils lui servent pour l'ordinaire de Parains.

Il est difficile de s'imaginer jusqu'où va le respect, l'obéïssance, la soûmission &

Tome IV. G

la reconnoissance que tous les Negres ont pour leurs Parains. Les Créolles mêmes, c'est-à-dire, ceux qui sont nez dans le Païs, les regardent comme leurs peres. J'ai été surpris une infinité de fois de voir comme ils s'acquittoient de ces devoirs.

J'avois un petit Negre, qui étoit le Parain banal de tous les Negres, enfans ou adultes que je baptisois, quand ceux qui se presentoient pour être Parains n'en étoient pas capables, ou pour ne pas sçavoir bien leur Catechisme, ou pour n'avoir pas fait leurs Pâques, ou parce que j'étois informé qu'ils étoient libertins, ou quand je prévoyois qu'il pouvoit survenir quelque empêchement pour leur mariage, s'ils contractoient ensemble une affinité spirituelle. J'étois surpris de voir les respects que lui rendoient les Negres qu'il avoit tenu au Baptême. Si c'étoit des enfans, les meres ne manquoient jamais de les lui apporter aux bonnes Fêtes, & si c'étoit des adultes, ils venoient le voir, lui repetoient leur Catechisme & leurs Prieres, & lui apportoient toûjours quelque petit present. Il est vrai qu'il m'en coûtoit quelque chose ; car il ne manquoit pas de me presenter ses filleuls ; & comme je sçavois ce que cela signifioit, je lui donnois quelque argent pour leur distribuer.

Il avoit une filleule qui nous appartenoit, qui étoit une Negresse de vingt deux à vingt-trois ans, grande, grosse & forte: elle étoit bonne & assez sage, mais elle avoit le malheur de n'avoir pas beaucoup de memoire, ce qui faisoit qu'elle manquoit souvent quand je l'interrogeois. J'en faisois des reproches à son parain, qui ne manquoit pas de la châtier. Elle se mettoit à genoux devant lui pour repeter ses Prieres & son Catechisme, & quand elle manquoit, il lui donnoit des coups de foüet sur les épaules, dont elle le remercioit ensuite, & lui baisoit les pieds. Je lui demandois quelque fois pourquoi elle souffroit que ce petit Negre la battît, elle me répondoit simplement, c'est mon parain.

Dès qu'un Negre a fait tenir son enfant à un autre, il semble qu'il lui ait cedé tout le droit qu'il avoit sur son enfant; de maniere que quand on les veut marier, il faut avant toutes choses qu'ils ayent le consentement de leurs parains: les filleux, & les enfans des parains & maraines s'appellent freres, & souvent s'aiment plus tendrement que leurs veritables freres.

Tous les Negres ont un grand respect pour les vieillards. Ils ne les appellent jamais par leurs noms qu'ils n'y joignent celui de pere. Quoiqu'ils ne soient point leurs parens, ils ne laissent pas de leur obéïr, & de les soûlager en toutes choses. Ils ne manquent jamais de mettre la cuisiniere de la maison au nombre de leurs meres, & de quelque âge qu'elle soit, ils l'appellent toûjours maman.

Pour peu qu'on leur fasse du bien, & qu'on le fasse de bonne grace, ils aiment infiniment leurs Maîtres, & ne reconnoissent aucun péril, quand il s'agit de lui sauver la vie, aux dépens même de la leur. Outre plusieurs exemples que j'ai de leur fidelité, & dont on pourroit faire de gros volumes, j'en vais rapporter un seul qui m'a touché de bien près.

Le jour que les Anglois firent leur descente à la Guadeloupe, je passois avec trois ou quatre de nos Negres pour aller à un poste donner quelques ordres de la part du Gouverneur. J'étois à cheval, & je regardois les chalouppes des ennemis qui retournoient à leurs bords, quand je me sentis saisir tout d'un coup, & tirer hors de la selle. Je fus surpris, mais j'en connus la raison dans le moment ayant entendu une décharge de quarante ou cinquante coups de fusil qu'on faisoit sur moi, qui couperent des branches de tous côtez, & qui m'auroient touché infailliblement si je fusse demeuré à cheval. C'étoient les Negres qui m'accompagnoient qui ayant découvert les ennemis de l'autre côté d'une ravine sur le bord de laquelle je marchois, & que je n'appercevois pas, m'avoient enlevé de dessus mon cheval, & s'étoient jettez entre les ennemis & moi.

J'ai dit, qu'ils se tiennent infiniment obligez du bien qu'on leur fait, mais il faut qu'on le leur ait fait de bonne grace : car comme ils sont fort glorieux, si on n'en use pas bien avec eux, ils n'en ont presque aucune reconnoissance, & témoignent leur mécontentement par la maniere dont ils reçoivent ce qu'on leur donne.

Ils sont naturellement éloquens, & ils sçavent fort bien se servir de ce talent, quand ils ont quelque chose à demander à leurs Maîtres, ou lorsqu'il s'agit de se défendre de quelque accusation qu'on fait contre eux, il faut les écouter avec patience, si on veut en être aimé. Ils entendent merveilleusement bien à vous representer adroitement leurs bonnes qualitez, leur assiduité à vôtre service, leurs travaux, le nombre de leurs enfans, & leur bonne éducation : après cela ils vous

Les Negres sont éloquens.

font une énumération de tous les biens que vous leur avez fait, dont ils vous font des remercimens très-respectueux qu'ils finissent par la demande qu'ils se sont proposée de vous faire. Si la chose est faisable, comme elle l'est ordinairement, il faut la leur accorder sur le champ, & de bonne grace; & si on ne peut pas, on doit leur en dire la raison, & les renvoyer contens en leur donnant quelque bagatelle. On ne sçauroit croire combien cela les gagne, & combien cela les attache.

Leur maniere d'agir quand ils ont quelque different.

Lorsqu'ils ont quelque different ensemble, ils viennent devant leur Maître, & plaident leur cause sans s'interrompre l'un l'autre, & sans se choquer. Quand le Demandeur a achevé de parler, il dit à sa Partie qu'elle peut dire ses raisons, & il les écoute aussi tranquillement que l'autre a écouté les siennes. Comme ce sont ordinairement des bagatelles, & tout au plus quelques poules perdues, dont ils croyent pouvoir accuser leurs voisins, je vuidois bien-tôt ces sortes de procès. Je m'informois bien si la perte étoit réelle, après quoi pour les mettre d'accord, je payois la poule quand j'étois sûr qu'elle n'avoit pas été dérobée, je leur faisois donner un coup d'Eau-de-Vie, & les renvoyois en paix. Mais quand ils s'étoient querellez ou battus, ou qu'ils avoient volé quelque chose, je les faisois châtier severement. Car comme il faut avoir de la bonté & de la condescendance pour eux, il faut aussi avoir de la fermeté, pour les tenir dans leur devoir, & les y remettre quand ils s'en écartent. Ils souffrent avec patience les châtimens quand ils les ont meritez, mais ils se laissent aller à de grandes extrêmitez, lorsqu'on les fait maltraiter sans raison, par passion ou emportement, & sans les vouloir entendre.

C'est une regle generale de ne les menacer jamais. Il faut les faire châtier sur le champ, s'ils l'ont merité ; ou leur pardonner, si on le juge à propos. Parce que la crainte du châtiment les oblige souvent à s'enfuïr dans les bois, & à se rendre marons ; & quand ils ont une fois goûté cette vie libertine, on a toutes les peines du monde à leur en faire perdre l'habitude.

Rien n'est plus propre à les retenir, & les empêcher de s'échaper, que de faire en sorte qu'ils ayent quelque chose dont ils puissent tirer du profit, comme des volailles, des cochons, un jardin à tabac, à cotton, des herbages ou autres choses semblables. S'ils s'absentent, &

G iiij

que dans l'espace de vingt-quatre heures ils ne reviennent pas d'eux-mêmes, ou accompagnez de quelque voisin, ou de quelque ami qui demande leur grace, ce qu'on ne doit jamais refuser, il n'y a qu'à confisquer les biens qu'ils peuvent avoir. C'est une peine pour eux bien plus rude, & qui les fait rentrer en eux mêmes bien plus vîte que les châtimens ordinaires quelque rudes qu'ils puissent être. Un pareil exemple de confiscation suffit pour empêcher tous les Negres d'une Habitation de tomber peut-être jamais dans une semblable faute.

Ils s'aiment beaucoup.

Ils s'aiment beaucoup les uns les autres, & se secourent fort volontiers dans leurs besoins. Il arrive souvent, que si un d'eux fait une faute, ils viennent tous en corps demander sa grace, ou s'offrir à recevoir pour lui une partie du châtiment qu'il a merité. Ils se passent quelquefois de manger, pour avoir de quoi regaler, ou soûlager ceux de leur païs qui les viennent visiter, & qu'ils sçavent être en necessité.

Ils aiment le jeu, la danse, le vin, l'eau-de-vie, & leur complexion chaude les rend fort addonnez aux femmes. Cette derniere raison oblige de les marier de bonne heure, afin de les empêcher de tomber dans de grands desordres. Ils sont jaloux, & se portent aux dernieres extrêmitez quand ils se sentent offensez sur ce point là.

Le jeu qu'ils joüent dans leur païs, & qu'ils ont aussi apporté aux Isles, est une espece de Jeu de dez. Il est composé de quatre bouges ou coquilles qui leur servent de monnoye. Elles ont un trou fait exprès dans la partie convexe assez grand pour qu'elles puissent tenir sur ce côté là aussi aisément que sur l'autre. Ils les remuënt dans la main comme on remuë les dez, & les jettent sur une table. Si tous les côtez troüez se trouvent dessus, ou les côtez opposez, ou deux d'une façon, & deux d'une autre, le joüeur gagne ; mais si le nombre des trous, ou des dessous est impair, il a perdu.

Jeu de coquilles ordinaire aux Negres.

Il y a beaucoup de Negres Creolles, qui ont appris à joüer aux cartes en voyant joüer leurs Maîtres. Il seroit à souhaiter qu'ils n'eussent jamais manié de cartes, & il ne faut rien negliger pour leur en faire perdre l'habitude : car il est sur que rien au monde ne les rend plus fripons, plus faineans que l'amour & l'exercice du jeu.

La danse est leur passion favorite, je ne croi pas qu'il y ait Peuple au monde qui y soit plus attaché qu'eux. Quand les

Les Negres aiment la danse.

G v

Maîtres ne leur permettent pas de danser dans l'Habitation, ils feront trois ou quatre lieuës après qu'ils ont quitté le travail de la Sucrerie le Samedy à minuit, pour se trouver dans quelque lieu où ils sçavent qu'il y a une danse.

Danse appelée calenda.
Celle qui leur plaît davantage, & qui leur est plus ordinaire est le calenda, elle vient de la Côte de Guinée, & suivant toutes les apparences du Royaume d'Arda. Les Espagnols l'ont apprise des Negres, & la dansent dans toute l'Amerique de la même maniere que les Negres.

Comme les postures & les mouvemens de cette danse sont des plus dèshonnêtes, les Maîtres qui vivent d'une maniere reglée, la leur défendent, & tiennent la main afin qu'ils ne la dansent point ; ce qui n'est pas une petite affaire : car elle est tellement de leur goût, que les enfans qui n'ont presque pas la force de se soûtenir tâchent d'imiter leurs peres & meres à qui ils la voyent danser, & passeroient les jours entiers à cet exercice.

Pour donner la cadence à cette danse, ils se servent de deux tambours faits de deux troncs d'arbres creusez d'inégale grosseur. Un des bouts est ouvert, l'autre est couvert d'une peau de brebis ou de chevre sans poil, gratée comme du parchemin. Le plus grand de ces deux tambours qu'ils appellent simplement le grand tambour, peut avoir trois à quatre pieds de long sur quinze à seize pouces de diametre. Le petit qu'on nomme le baboula a à peu près la même longueur, sur huit à neuf pouces de diametre. Ceux qui battent les tambours pour regler la danse, les mettent entre leurs jambes, ou s'assoyent dessus, & les touchent avec le plat des quatre doigts de chaque main. Celui qui touche le grand tambour, bat avec mesure & posément ; mais celui qui touche le baboula bat le plus vîte qu'il peut, & sans presque garder de mesure, & comme le son qu'il rend est beaucoup moindre que celui du grand tambour, & fort aigu, il ne sert qu'à faire du bruit, sans marquer la cadence de la danse, ni les mouvemens des danseurs.

Les danseurs sont disposez sur deux lignes, les uns devant les autres, les hommes d'un côté, & les femmes de l'autre. Ceux qui sont las de danser & les spectateurs font un cercle autour des danseurs & des tambours. Le plus habile chante une chanson qu'il compose sur le champ, sur tel sujet qu'il juge à propos, dont le refrain qui est chanté par tous les spectateurs, est accompagné de grands

G vj

battemens de main. À l'égard des danseurs, ils tiennent les bras à peu près comme ceux qui dansent en joüant des castagnettes. Ils sautent, font des virevoltes, s'approchent à deux ou trois pieds les uns des autres, se reculent en cadence jusqu'à ce que le son du tambour les avertisse de se joindre en se frapant les cuisses les uns contre les autres, c'est-à dire, les hommes contre les femmes. A les voir, il semble que ce soient des coups de ventre qu'ils se donnent, quoiqu'il n'y ait cependant que les cuisses qui suportent ces coups. Ils se retirent dans le moment en piroüettant, pour recommencer le même mouvement avec des gestes tout-à fait lascifs, autant de fois que le tambour en donne le signal, ce qu'il fait souvent plusieurs fois de suite. De tems en tems ils s'entrelassent les bras, & font deux ou trois tours en se frapant toûjours les cuisses, & se baisans. On voit assez par cette description abregée combien cette danse est opposée à la pudeur. Avec tout cela, elle ne laisse pas d'être tellement du goût des Espagnols Creolles de l'Amerique, & si fort en usage parmi eux, qu'elle fait la meilleure partie de leurs divertissemens, & qu'elle entre même dans leurs devotions. Ils la dansent dans leurs Eglises, & à leurs Processions, & les Religieuses ne manquent guére de la danser la nuit de Noël sur un theâtre élevé dans leur Chœur, vis-à-vis de leur grille, qui est ouverte, afin que le Peuple ait sa part de la joye que ces bonnes ames témoignent pour la naissance du Sauveur. Il est vrai qu'elles n'admettent point d'hommes avec elles pour danser une danse si devote. Je veux même croire qu'elles la dansent avec une intention toute pure, mais combien se trouvent-ils de spectateurs qui n'en jugent pas si charitablement que moi ?

On a fait des Ordonnances dans les Isles, pour empêcher les calendas non-seulement à cause des postures indecentes, & tout-à-fait lascives, dont cette danse est composée, mais encore pour ne pas donner lieu aux trop nombreuses assemblées des Negres, qui se trouvant ainsi ramassez dans la joye, & le plus souvent avec de l'Eau-de-Vie dans la tête, peuvent faire des revoltes, des soûlevemens, ou des parties pour aller voler. Cependant malgré ces Ordonnances, & toutes les précautions que les Maîtres peuvent prendre, il est presque impossible de les en empêcher, parce que c'est de tous leurs divertissemens celui qui leur

1698.

Devotion des Espagnols en dansant le calenda.

Les Officiers du Roi ont défendu le calenda.

plaît davantage, & auquel ils sont plus sensibles.

Danse des Negres de Congo.

Les Negres de Congo ont une danse tout-à-fait opposée à celle-là. Les danseurs hommes & femmes se mettent en rond, & sans bouger d'une place, ils ne font autre chose que lever les pieds en l'air, & en fraper la terre avec une espece de cadence, en tenant le corps à demi courbé les uns devant les autres, marmotant quelque histoire qu'un de la compagnie raconte, à laquelle les danseurs répondent par un refrain, pendant que les spectateurs battent des mains. Cette danse n'a rien qui choque la pudeur, mais aussi elle est très-peu divertissante. Les Negres Mines dansent en tournant en rond, le visage hors du cercle qu'ils décrivent. Ceux du Cap-Verd & de Gambie ont encore des danses particulieres ; mais il n'y en a point dont tous en general s'accommodent mieux que du calenda. Les goûts sont differens, & il n'est pas permis d'en juger.

Danses à la Françoise qu'on enseigne aux Negres.

Pour leur faire perdre l'idée de cette danse infame, on leur en a appris plusieurs à la Françoise comme le menuet, la courante, le passepied & autres, aussi-bien que les branles & danses rondes, afin qu'ils puissent danser plusieurs à la fois,

& fauter autant qu'ils en ont envie. J'en ai vû quantité qui s'acquittoient très-bien de ces exercices, & qui avoient l'oreille aussi fine, & les pas aussi mesurez, que bien des gens qui se piquent de bien danser.

Il y en a parmi eux qui joüent assez bien du violon, & qui gagnent de l'argent à joüer dans les assemblées, & aux festins de leurs mariages. Ils joüent presque tous d'une espece de guitarre, qui est faite d'une moitié de callebasse couverte d'un cuir raclé en forme de parchemin, avec un manche assez long. Ils n'y mettent que quatre cordes de soye ou de pitte, ou de boyaux d'oiseaux sechez, & ensuite préparez avec de l'huile de palma christi. Ces cordes sont élevées d'un bon pouce au-dessus de la peau qui couvre la callebasse, par le moyen d'un chevalet. Ils en joüent en pinçant, & en battant. Leur musique est peu agreable, & leurs accords peu suivis. Il y a cependant des gens qui estiment cette harmonie autant que celle des païsans Espagnols & Italiens qui ont tous des guitarres, & en joüent très-mal. Je ne sçai s'ils ont raison.

Espece de guitarre dont les Negres se servent.

Il est très-à-propos d'avoir toûjours tous ses Esclaves chez soi les Fêtes & les Dimanches, non-seulement pour remedier aux accidens du feu qui peut s'allumer dans les Cannes, ou pour d'autres besoins, mais encore pour les empêcher de courir chez les voisins, & y commettre quelque desordre. J'aimois mieux permettre aux nôtres de danser toutes sortes de danses, excepté le calenda, que de les laisser aller dehors. Je payois assez souvent le violon, & je leur faisois donner quelques pots d'Eau-de-Vie pour se divertir tous ensemble. Je croi bien que malgré toutes mes précautions, ils dansoient le calenda de toutes leurs forces, lorsqu'ils ne craignoient pas d'être découverts. Leur passion pour cette danse est au-delà de l'imagination; les vieux, les jeunes, & jusqu'aux enfans, qui à peine se peuvent soûtenir. Il semble qu'ils l'ayent dansée dans le ventre de leurs meres.

Tous les Negres aiment à paroître, & à être bien vêtus, sur tout quand ils vont à l'Eglise, aux Mariages de leurs amis, ou faire quelque visite. Ils travaillent encore davantage, & s'épargnent tout ce qu'ils peuvent, afin que leurs femmes & leurs enfans soient mieux habillez que les autres. Cependant il est rare que le mari fasse manger sa femme avec lui, quelque amitié qu'il ait pour elle. Ils sçavent fort

Respect que les Negres exigent de leurs femmes.

bien les faire souvenir du respect qu'elles leur doivent. Il n'y a que la jeunesse qui dans le commencement de leur mariage donnent un peu plus de liberté aux femmes, & mangent quelquefois ensemble.

J'ai souvent pris plaisir à voir un Negre Charpentier de nôtre Maison de la Guadeloupe lorsqu'il dînoit. Sa femme & ses enfans étoient autour de lui, & le servoient avec autant de respect que les domestiques les mieux instruits servent leur Maître; & si c'étoit un jour de Fête ou de Dimanche, ses gendres & ses filles ne manquoient pas de s'y trouver, & de lui apporter quelques petits presens. Ils faisoient un cercle autour de lui, & l'entretenoient pendant qu'il mangeoit. Lorsqu'il avoit fini, on lui apportoit sa pipe, & pour lors il leur disoit gravement allez manger vous autres. Ils lui faisoient la reverence, & passoient dans une autre chambre, où ils alloient manger tous ensemble avec leur mere.

Je lui faisois quelquefois des reproches de sa gravité, & lui citois l'exemple du Gouverneur qui mangeoit tous les jours avec sa femme; à quoi il me répondoit que le Gouverneur n'en étoit pas plus sage: qu'il croyoit bien que les blancs

Histoire sur ce sujet.

avoient leurs raisons, mais qu'ils avoient aussi les leurs; & que si on vouloit prendre garde combien les femmes blanches sont orgüeilleuses & désobéïssantes à leurs maris, on avoüeroit que les Negres qui les tiennent toûjours dans le respect & la soûmission, sont plus sages, & plus experimentez que les blancs sur cet article.

J'ai déja remarqué que les Negres s'aiment beaucoup entr'eux, & qu'ils se secourent volontiers les uns les autres. Cette amitié paroît sur tout quand ils sont malades, & dure encore après leur mort. Si quelqu'un d'eux vient à mourir, soit qu'il ait des parens ou non, tous les Negres de l'Habitation le pleurent, & font des cris épouventables. Tous les amis & compatriotes du défunt ne manquent pas de venir aussi-tôt qu'ils le peuvent faire, & d'aller prier Dieu sur sa fosse, & s'ils ont de l'argent, ou des volailles, ils les portent au Curé pour faire dire des Messes pour le défunt.

Les Negres font dire des Messes pour leurs amis qui sont morts.

Lorsqu'il mouroit quelque Negre de nôtre Habitation, ses parens & amis ne manquoient pas de m'apporter des volailles pour faire dire des Messes. Je les refusois, & je leur promettois de dire la Messe à leur intention, sans prendre de tribution. Je m'aperçûs qu'ils étoient mécontens de mon procédé, & je fus averti qu'ils murmuroient hautement contre moi, parce qu'ils croyent que les prieres pour les défunts ne leur profitent qu'autant qu'elles sont payées. J'ai fait en vain tout ce que j'ai pû, pour leur faire perdre ces idées; il a fallu pour avoir la paix recevoir les volailles qu'ils m'apportoient, sauf à moi à prendre mon tems pour les leur payer sous quelque prétexte quand l'occasion s'en presenteroit. Je n'avois pas le même scrupule pour les Negres qui n'étoient pas de nôtre Maison : car à leur égard, je me souvenois bien que celui qui sert à l'Autel, doit vivre de l'Autel.

Pensée des Negres sur la retribution des Messes.

La plûpart des Negres, pour peu qu'ils soient accommodez, ne manquent pas de faire un petit festin à leurs parens, & à leurs amis, le jour de leur fête : les enfans se croyent chargez de cette obligation après la mort de leur pere. S'ils meurent sans laisser d'enfans, leurs parens, leurs amis, & sur tout leurs filleuls se chargent de ce soin, & continuent ce petit regal. Quand leurs moyens ne suffisent pas, ils viennent prier leurs Maîtres d'entrer dans une partie de la dépense, en leur donnant quelque bouteille d'Eau-de-Vie pour la fête. Pour

Les Negres font un festin le soir de leur Fête, & les enfans le continuent après la mort de leur pere.

1698. peu qu'on soit raisonnable, on ne leur refuse pas ces bagatelles. Ils ne manquent jamais d'y convier ceux que le défunt avoit coûtume d'y appeller, sans compter tous ceux de l'Habitation qui ont droit de s'y trouver, & qui pour l'ordinaire n'y viennent jamais les mains vuides. Après qu'ils sont assemblez, celui qui les a invitez leurs fait un petit discours à la loüange de celui dont ils renouvelle la fête : il leur dit ses bonnes qualitez, il exagere la perte qu'ils ont faite par sa mort, & conclut en les priant de se souvenir de lui dans leurs prieres, & de se joindre à lui pour prier Dieu pour le repos de son ame. Alors ils se mettent tous à genoux, & recitent toutes les prieres qu'ils sçavent ; après ils mangent ce qui est apporté, & boivent à la santé du défunt.

Comment se passent leurs festins des morts.

Les Negres Aradas estiment beaucoup la chair de chien, & la préferent à toutes les autres Un festin parmi eux seroit regardé comme très-mediocre, si la principale piece n'étoit pas un chien roti. Quand ils n'en ont point, & qu'ils n'en peuvent pas voler, ils donnent un cochon deux fois aussi gros pour en avoir un. Nos Negres Creolles n'en mangent point, ceux mêmes qui descendent de pere &

Les Negres Aradas mangent les chiens.

meut Aradas. Ils regardent comme une grande injure d'être appellez mangeurs de chiens. J'ai vû plusieurs fois de ces festins d'Aradas, où il y avoit un chien roti. L'odeur en étoit bonne, & la chair me paroissoit très-délicate. J'ai eu souvent envie d'en goûter, la honte plûtôt que la repugnance m'en a empêché. Je sçai pourtant bien que dans une necessité pressante, je ne mourrois pas de faim, si je trouvois des chiens.

Les Negres Aradas ne sont pas les seuls qui mangent des chiens, la plûpart des Sauvages de Canada, au rapport des voyageurs les regardent comme un mets délicieux, & ce qui fait le plat d'honneur de leurs festins ; de maniere que quand il est tems de s'asseoir pour manger, le maître du festin dit tout haut, le chien est cuit : & il me semble que dans la grande Tartarie & autres Païs qui en sont voisins on châtre les chiens pour les engraisser plus facilement, & les manger.

Les Sauvages de Canada mangent aussi les chiens.

C'est une chose étonnante de voir comme les chiens abboyent & poursuivent ces mangeurs de chiens, sur tout quand ils sentent qu'ils en ont mangé recemment. Dès qu'il y a un chien roti dans une case, on en est bien-tôt averti : car tous les chiens viennent heurler au-

Les chiens abboyent contre ceux qui mangent leurs semblables.

tour, comme s'ils vouloient plaindre la mort de leur compagnon, ou se venger des meurtriers.

Les cases des Negres, du moins pour la plûpart, sont assez propres. Un des devoirs du Commandeur est d'y avoir l'œil, & quand on en bâtit de nouvelles, d'y faire observer la simetrie, & l'uniformité, les faisant toutes d'une même longueur, largeur & hauteur, toutes de file, faisant une ou plusieurs ruës, selon la quantité de Negres que l'on a. On leur donne pour l'ordinaire trente pieds de long sur quinze de large. Si la famille n'est pas assez nombreuse pour occuper tout ce logement, on le partage en deux dans le milieu de sa longueur. Les portes qui sont aux pignons répondent sur deux ruës, lorsque la maison sert à deux familles ; mais quand elle est occupée par une seule famille, il n'y faut souffrir qu'une porte. On couvre ces maisons avec des têtes de Cannes, de Roseaux, ou de Palmistes. On les pallissade ou environne avec des roseaux ou des clayes faites de petites gaulettes pour soûtenir un torchis de terre grasse & de bouze de vache sur lequel on passe un lit de chaux.

Les Negres ont grand soin que leurs cases soient bien closes, parce qu'ils sont fort sensibles au froid qui est piquant pendant la nuit. Les chevrons & la couverture descendent souvent jusqu'à terre, & font à côté des cases de petits appentis, où leurs cochons & leurs volailles se mettent à couvert. Il est rare qu'ils fassent plus d'une fenêtre, elle est toûjours au pignon, parce que la porte leur donne assez de jour. Il y en a qui font une petite case à côté de la leur où ils font leur feu, & leur cuisine, mais la plûpart le font dans leur case, où ils entretiennent aussi du feu toute la nuit. C'est ce qui fait que leurs cases sont toûjours enfumées, & qu'eux-mêmes contractent une odeur de fumée & de bouquin, qu'ils sentent avant qu'ils se soient lavez, à laquelle on a bien de la peine à s'acoutumer. Leurs lits sont de petits cabinets qu'ils pratiquent dans la division qu'ils font de leurs maisons. Le mari & la femme ont chacun le leur, & dès que les enfans ont sept ou huit ans on les separe pour éviter qu'ils ne commencent de trop bonne heure à offenser Dieu : car il n'y a point de Nation au monde plus portée au vice de la chair que celle-là. On en jugera par ce que je vais dire.

Je fus averti un jour que sept ou huit petits Negres & Negresses étoient sous

1698.

Il y a toûjours du feu dans les cases des Negres.

des baneniers où ils faisoient des actions qui passoient leur âge, & qui montroient une très-grande malice. Le plus âgé n'avoit pourtant qu'environ neuf ans. J'allai les trouver, & les ayant pris en flagrant-délit, j'ordonnai à la cuisiniere de la Maison de les foüetter d'importance. A peine cette execution étoit elle commencée qu'un de nos vieux Negres me vint prier de faire cesser, parce qu'il avoit quelque chose à me dire. Je voulus bien avoir cette complaisance pour lui, & je dis à la cuisiniere de s'arrêter. Ce Negre me demanda, s'il n'étoit pas vrai, que j'avois mis un tel Negre qu'il me nomma, avec le Tonnelier pour apprendre à faire des barriques. Je lui dit qu'oüi. Hé bien me dit-il, t'a-t-il apporté des barriques? Je lui répondis qu'il ne pouvoit pas encore avoir appris à en faire, parce qu'il n'y avoit que peu de jours qu'il étoit en apprentissage, mais qu'il apprendroit peu à peu, & qu'ensuite il en feroit. Toi, tenir esprit, me dit-il, pour Tonnelier, mais toi, bête, pour petits hiches-là, pourquoi toi faire battre eux. Je lui en dis la raison; mais il me repliqua encore une fois que j'étois bête. Hé pourquoi lui dis-je? parce que me répondit-il, que quand ils seront grands, tu les marieras,

&

& tu voudras qu'ils te fassent des biches, c'est-à-dire, des enfans, tout aussi-tôt, & comment veux tu qu'ils les fassent, s'ils n'ont pas appris tout doucement quand ils étoient jeunes. Voi M. B. [c'étoit un de nos voisins, qui n'avoit point d'enfans] il n'a point d'enfans, parce qu'il n'a pas appris à en faire quand il étoit petit. Je voulus faire entendre raison à mon harangueur; mais il ne fut pas possible, il en revenoit toûjours à dire, que tous les métiers se doivent apprendre de jeunesse, ou qu'autrement on n'est jamais bon ouvrier. Ce Negre étoit étranger, voilà pourquoi je me suis servi des mots de tu & toi, en rapportant quelque chose de son discours : c'est leur maniere, qu'il est impossible de leur faire quitter. Lorsqu'ils viennent un peu âgez dans le Païs, ils n'apprennent jamais bien le François, & n'ont qu'un baragoüin le plus plaisant & le plus naturel du monde.

Les lits des Negres ne consistent qu'en deux ou trois planches posées sur des traverses, qui sont soûtenuës par de petites fourches. Ces planches sont quelquefois couvertes d'une natte faite de côtes de balisier, ou de la latanier, avec un billot de bois pour chevet. Quand les Maîtres

Lits des Negres, & autres meubles de leurs cases.

sont un peu raisonnables, ils leurs donnent quelques méchantes couvertures, ou les vieux blanchets, ou quelques grosses toilles pour se couvrir. En ce cas c'est au Commandeur à avoir soin de les leur faire laver de tems en tems, aussibien que leurs nattes, à cause des punaises & des poux, à quoi ils sont fort sujets. Par la même raison, il faut leur faire laver souvent leurs habits, & leur faire raser la tête. Le reste de leurs meubles consistent en des callebasses, des coüis, des canaris, des bancs, des tables, quelques ustenciles de bois, & quand ils sont un peu accommodez, en un coffre ou deux pour serrer leurs hardes.

On laisse pour l'ordinaire un espace de quinze à vingt pieds entre chaque case, afin de pouvoir remedier au feu, quand il s'allume dans quelqu'une, ce qui n'arrive que trop souvent. Ils ferment quelquefois ces espaces avec une palissade, & se servent de ce terrain pour renfermer leurs cochons, ou pour faire un petit jardin d'herbes potageres. Dans les Habitations où les Maîtres nourrissent des cochons, il vaut mieux obliger les Negres de mettre les leurs dans le parc du Maître, que de leurs souffrir des parcs particuliers. On les oblige par ce moyen d'avoir soin de ceux du Maître, comme des leurs; & lorsqu'ils veulent vendre ce qui leur appartient, il faut qu'ils en donnent la preference à leur Maître, cela lui est dû; mais il faut aussi qu'il leur paye ce qu'il achete d'eux, autant pour le moins qu'ils le pourroient vendre au Marché. Il y auroit de l'injustice d'en agir autrement.

Il y a une Ordonnance aussi bien faite, qu'elle est mal executée, qui défend de rien acheter des Negres, à moins qu'ils n'ayent un billet de leurs Maîtres, qui specifie ce qu'ils ont à vendre, avec la permission qu'ils ont de le faire. Ce seroit un moyen assûré pour les empêcher de profiter de leurs vols; mais il y a des gens, & sur tout des regratiers, ou autres gens semblables, qui ne font pas tant de façons, qui achetent tout ce qu'on leur presente, quoiqu'ils voyent fort bien par le bon marché qu'ils en ont, que la chose a été volée; & voilà ce qui entretient les Negres dans leur pratique de voler.

Ordonnance pour empêcher les vols, mal observée.

On donne aux Negres quelques cantons de terre dans les endroits éloignez de l'Habitation, ou proche des bois, pour y faire leurs jardins à tabac, &

Jardins des Negres.

planter des patates, des ignames, du mil, des choux caraïbes, & autres choses, soit pour leur nourriture, soit pour vendre. C'est une bonne maxime d'avoir soin qu'ils y travaillent, & qu'ils les tiennent en bon état. On leur permet d'y vacquer les Fêtes après le Service Divin, & ce qu'ils retranchent du tems qu'on leur donne pour leurs repas. Ces jardins leur produisent une infinité de commoditez. J'ai connu des Negres, qui faisoient tous les ans pour plus de cent écus de tabac, & autres denrées. Lorsqu'ils sont à portée d'un Bourg, où ils peuvent porter commodement leurs herbages, leurs melons, & autres fruits, ils se regardent comme les heureux du siecle, ils s'entretiennent très bien, eux & leur famille, & s'attachent d'autant plus à leurs Maîtres, qu'ils s'en voyent protegez & aidez dans leurs petites affaires.

Les Negres sont railleurs. J'ai déja remarqué qu'ils sont vains & glorieux ; je dois ajoûter qu'ils sont railleurs à l'excès, & que peu de gens s'appliquent avec plus de succès qu'eux à connoître les défauts des personnes, & sur tout des Blancs, pour s'en mocquer entr'eux, & en faire des railleries continuelles. Si-tôt qu'ils ont reconnu un défaut dans quelqu'un, ils ne le nomment plus par son nom, mais par quelque sobriquet, qui a du rapport à ce défaut. Ce sobriquet est parmi eux un mistere, qu'il est bien difficile aux Blancs de penetrer, à moins que sçachant leur Langue, on ne le découvre en les entendant se divertir des personnes dont ils parlent par des railleries piquantes, & pour l'ordinaire très-justes. J'ai souvent été surpris des défauts qu'ils avoient remarquez, & de la maniere dont ils s'en mocquoient : ce qui m'obligea à apprendre la Langue des Aradas.

Ils sont fort fideles les uns aux autres, & souffriront plûtôt les plus rudes châtimens que de se déceler. Quand quelqu'un de leurs amis est maron, ils le retirent & le cachent dans leurs cases, où ils ont l'industrie de pratiquer de petits cabinets doubles, dont il est presqu'impossible de s'appercevoir. Ils en ferment l'entrée d'une maniere si juste, & la couvrent de leur bagage si naturellement, qu'il semble qu'il y a très-long-tems qu'on n'a pas approché de cet endroit-là, quoique très souvent ils ne viennent que d'en fermer la porte. Leur maniere de cacher ce qu'ils ont dérobé, est assez ingenieuse. Ils font un trou en terre sous leur foyer, & après qu'ils y ont mis leur

Leur fidelité les uns envers les autres.

vol bien empaqué dans des feüilles, ils bouchent le trou, & remettent par dessus les cendres & les charbons, & portent loin de là la terre qu'ils en ont tirée. Quelque chose que ce puisse être, quand même ce seroit de la viande que les chiens découvrent à l'odeur, il est impossible de rien découvrir, à moins qu'on ne soit stilé à leurs manieres. Lorsqu'ils sont trouvez saisis de quelque vol, c'est un plaisir de voir comme ils font les étonnez ; il semble à les voir & à les entendre, qu'ils n'y ont aucune part, & que c'est une piece qu'on leur a faite, pour les faire maltraiter, & perdre de réputation, & ils le font avec tant de naïveté, qu'il faut être habile pour ne s'y pas laisser tromper. Mais quand ils ont affaire à des gens qui les connoissent, leur derniere ressource est de dire, que c'est le diable qui les a trompez : & comme le diable n'est pas toûjours-là present, ni d'humeur d'avoüer ce qu'on lui impute, on les fait châtier pour le larcin & pour le mensonge.

Deux exemples suffiront pour faire voir combien ils sont vains & superbes.

Je connoissois que le petit Negre qui me servoit, avoit ces deux défauts dans toute leur étenduë. Il avoit de l'esprit autant qu'on en peut avoir, il étoit très-fidele, très-sage, intelligent, affectionné, j'en recevois plus de service que je n'en devois naturellement attendre d'un enfant de quatorze à quinze ans, puisque je me reposois sur lui du détail de la Maison, & de l'Habitation, qui auroit assûrément embarassé une personne bien plus âgée que lui. Mais avec ces bonnes qualitez, il étoit fier & superbe, & jamais je n'ai pû l'en corriger. Lorsqu'il avoit fait quelque faute, je n'avois qu'à lui dire quelque parole de mépris, c'étoit pour lui une plus grande peine, que si on l'avoit écorché. Je lui disois quelquefois pour tâcher de l'humilier, qu'il étoit un pauvre Negre qui n'avoit point d'esprit. Ce mot de pauvre le desoloit, il ne le pouvoit souffrir, il murmuroit entre ses dents lorsqu'il me croyoit fâché tout de bon, mais quand il jugeoit que je ne l'étois pas beaucoup, il prenoit la liberté de me dire, qu'il n'y avoit que les Blancs qui fussent pauvres, qu'on ne voyoit point les Negres demander l'aumône, & qu'ils avoient trop de cœur pour cela. Sa grande joye aussi-bien que des autres domestiques noirs de la Maison, étoit de venir m'avertir qu'il y avoit quelque pauvre

Exemple de la vanité des Negres.

qui demandoit l'aumône. Cela est rare, mais cela ne laisse pas d'arriver quelquefois. Ce sont pour l'ordinaire des Matelots, qui après avoir deserté sont tombez malades, & qui à la sortie de l'Hôpital n'ont pas assez de force pour travailler ; ou des engagez qui ont fini leur tems, & que la paresse ou quelque infirmité empêche de gagner leur vie.

Dès qu'il en paroissoit quelqu'un, il avoit autant de gens pour l'annoncer qu'il y avoit de domestiques dans la Maison, & sur tout le petit Negre qui me servoit, qui ne manquoit jamais de me venir dire avec un air content, & empressé, Mon Pere, il y a à la porte un pauvre Blanc, qui demande l'aumône. Je feignois quelquefois de ne l'entendre pas, ou de ne vouloir rien donner, pour avoir le plaisir de le faire repeter : car je sçavois que c'étoit le comble de sa joye. Mais, mon Pere, me disoit-il, c'est un pauvre Blanc, si vous ne lui voulez rien donner, je vais lui donner quelque chose du mien, moi, qui suis un pauvre Negre. Dieu merci, on ne voit point de Negre qui demande l'aumône. Quand je lui avois donné ce que je voulois envoyer au pauvre, il ne manquoit pas de lui dire, en le lui presentant, tenez pauvre Blanc. Voilà ce que mon Maître vous envoye: & lorsqu'il croyoit que je le pouvois entendre, il le rappelloit pour lui donner quelque chose du sien, afin d'avoir le plaisir de l'appeller encore pauvre Blanc. Il croyoit après cela s'être vengé de tout ce que je lui avois dit, ou fait de mortifiant.

Voici l'autre exemple. Quand je voyois nos Ouvriers travailler mal, ou avec negligence, je leur disois que dans le tems que j'étois Negre, je servois mon Maître avec plus de diligence, & de bonne volonté qu'eux, & que c'étoit à cause de cela que j'étois devenu Blanc. J'avois ensuite le plaisir de les entendre disputer sur la possibilité ou l'impossibilité de cette metamorphose. Je trouvai un jour nôtre Negre Charpentier fort embarassé, il ne pouvoit venir à bout d'un tenon à queüe d'ironde qu'il falloit tailler dans une tabliere qui faisoit un biais assez difficile. Je pris sa regle & son compas, je traçai l'ouvrage, & le fis couper, & la coupe se trouva juste. Mais le remerciment qu'il m'en fit est trop singulier, & marque trop bien leur vanité pour ne le pas mettre ici. Je n'avois jamais voulu croire que vous eussiez été Negre, me dit-il, mais après cet ouvrage j'en suis persuadé : car il n'y a point de Blanc qui eût assez d'esprit pour le faire.

C'est la coûtume de tous les Negres de donner aux Blancs toutes les mauvaises qualitez qui peuvent rendre une personne méprisable, & de dire, que c'est leur frequentation, & leurs mauvais exemples qui les gâtent. De sorte que s'ils voyent quelqu'un d'entr'eux, qui jure, qui s'enyvre, ou qui fasse quelque mauvaise action, ils ne manquent pas de dire de lui avec mépris : C'est un miserable, qui jure comme un Blanc, qui s'enyvre comme un Blanc, qui est voleur comme un Blanc, &c.

Simplicité des Negres touchant l'écriture.

Cette bonne opinion qu'ils ont d'eux-mêmes n'empêche pas qu'ils ne soient extrêmement simples, sur tout quand ils arrivent de leur païs. Il y a une infinité de choses qu'ils ne peuvent comprendre, & entr'autres comment nous nous faisons entendre nos pensées par le moyen de l'écriture. Ils disent qu'il faut être forcier pour faire parler le papier.

Habits des Negres.

Il est rare que les Negres soient chauffez, c'est-à-dire, qu'ils ayent des bas & des souliers. Il n'y a que quelques personnes de qualité, & encore en très-petit nombre, qui fassent chauffer ceux qui leur servent de laquais. Tous vont ordinairement nuds pieds, & ils ont la plante des pieds assez dure, pour se mettre peu en peine de souliers. De sorte que tous leurs habits consistent en des calçons & une casaque. Mais quand ils s'habillent les Dimanches & les Fêtes, les hommes ont une belle chemise avec des calçons étroits de toile blanche, sur lesquels ils portent une candale de quelque toile ou étoffe legere de couleur. Cette candale est une espece de juppe très-large, qui ne va que jusqu'aux genoux, & même qui n'y arrive pas tout à fait. Elle est plissée par le haut, & a une ceinture comme un calçon, avec deux fentes ou ouvertures qui se ferment avec des rubans, sur les hanches, à peu près comme on voit en Italie, & en France ces laquais qu'on appelle des coureurs. Ils portent sur la chemise un petit pourpoint sans basques qui laisse trois doigts de vuide entre lui & la candale, afin que la chemise qui bouffe, paroisse davantage. Quand ils sont assez riches pour avoir des boutons d'argent, ou garnis de quelques pierres de couleur, ils en mettent aux poignets & au col de leurs chemises. A leur défaut ils y mettent des rubans. Ils portent rarement des cravattes & des justeaucorps.

Lorſqu'ils ont la tête couverte d'un chapeau, ils ont bonne mine, ils ſont ordinairement bien faits. Je n'ai jamais vû dans tous les lieux de l'Amerique où j'ai été aucun Negre qui fût boſſu, boiteux, borgne, louche, ou eſtropié de naiſſance. Lorſqu'ils ſont jeunes, ils portent deux pendants d'oreilles comme les femmes ; mais dès qu'ils ſont mariez, ils n'en portent plus qu'un ſeul.

Les Habitans qui veulent avoir des laquais en forme, leurs font faire des ſandales & des pourpoints de la couleur, & avec les galons de leurs livrées, avec un turban au lieu de chapeau, des pendants d'oreilles, & un carquant d'argent avec leurs armes.

Habits des femmes Negreſſes. Les Negreſſes portent ordinairement deux juppes quand elles ſont dans leurs habits de ceremonie. Celle de deſſous eſt de couleur, & celle de deſſus eſt preſque toûjours de toile de cotton blanche, fine, ou de mouſſeline. Elles ont un corſet blanc à petites baſques, ou de la couleur de leur juppe de deſſous avec une échelle de rubans. Elles portent des pendants d'oreilles d'or ou d'argent, des bagues, des bracelets, & des colliers de petite raſſade à pluſieurs tours, ou de perles fauſſes, avec une croix d'or ou d'argent.

Le col de leur chemise, les manches & les fausses manches sont garnies de dentelle, & leur coëffure est de toile bien blanche, bien fine & à dentelle. Tout ceci doit s'entendre des Negres & Negresses qui travaillent assez en leur particulier pour acheter toutes ces choses à leurs dépens. Car excepté les laquais, & les femmes de chambre, il s'en faut bien que les Maîtres leur donnent tous ces habits, & tous ces ajustemens, ainsi que je l'ai marqué à la fin de ma seconde Partie. Comme les Negresses sont pour l'ordinaire fort bien faites, pour peu qu'elles soient bien habillées elles ont fort bon air, sur tout quand on est fait à leur couleur. Car pour ceux qui n'y sont pas accoûtumez, ils doivent se contenter de les regarder par derriere, autrement elles leur paroîtront justement comme des mouches dans du lait.

C'est une erreur de croire que nous fassions consister la beauté de nos Negres, dans la déformité de leur visage, dans de grosses lévres, avec un nez écrasé. Si ce goût a été à la mode en Europe, il ne l'est point aux Isles; on y veut des traits bien reguliers. Les Espagnols plus que tous les autres y prennent garde de fort près, & ne regar-

En quoi consiste la beauté des Negres.

dent pas à quelques centaines d'écus de plus pour avoir une belle Negresse.

J'en ai vû des deux sexes faits à peindre, & beaux par merveille. Ils ont la peau extrêmement fine, le velours n'est pas plus doux. Plus ils sont d'un beau noir luisant, & plus on les estime. Comme ils ont les pores bien plus ouverts que les blancs, ils suent beaucoup davantage, & sentent mauvais s'ils negligent de se laver. Il est rare qu'on leur fasse des reproches là-dessus quand ils sont proches de la mer ou d'une riviere : car ils sont du naturel des canards.

Les Negres de Sénégal, de Gambie, du Cap-Verd, d'Angolle, & de Congo, sont d'un plus beau noir, que ceux de la Mine, de Juda, d'Issigni, d'Arda, & autres lieux de cette Côte. Generalement parlant ils sont d'un beau noir quand ils se portent bien, mais leur teint change dès qu'ils sont malades, & cela se connoît en eux aussi facilement que dans les Blancs ; parce qu'ils deviennent alors d'une couleur de bistre, & même de cuivre. Ils sont fort patiens dans leurs maladies ; quelques operations qu'on leur fasse, il est rare de les entendre crier ou se plaindre. On ne peut pas dire que cela

Les Negres sont fort patiens.

vienne d'insensibilité ; car ils ont la chair très-délicate, & le sentiment fort vif, mais d'une certaine grandeur d'ame, & d'une intrepidité qui leur fait méprifer le mal, les dangers, & la mort même. J'en ai vû rompre tout vifs, sans qu'ils jettassent aucun cri. On en brûla un au Fort Royal de la Martinique, sans qu'il dît une seule parole ; après qu'il fut attaché sur le bucher, il demanda un bout de tabac allumé, qu'on lui mit à la bouche, & qu'il fumoit encore lorsque ses jambes étoient déja crevées par la violence du feu.

Exemples de leur intrepidité, & de leur mépris de la mort.

Il arriva un jour que deux Negres ayant été condamnez, l'un à être pendu, & l'autre à être fuftigé au pied de la potence ; le Confeffeur se méprit, & confeffa celui qui ne devoit pas mourir. On ne s'apperçût de la méprise qu'au moment que l'Executeur l'alloit jetter au vent ; on le fit descendre, & on confeffa celui qui attendoit le foüet au pied de la potence, qui monta l'échelle avec autant d'indifference, que l'autre en étoit descendu, & comme si ce qui se passoit n'avoit tiré à aucune consequence.

De cette intrepidité & de ce mépris qu'ils font de la mort, naît une bravoure qui leur est naturelle. Ils en ont

1698.

Actions de valeur des Negres.

donné des preuves dans un grand nombre d'occasions, & entr'autres à la prise de Cartagene; & l'on sçait que toutes les Troupes ayant été repoussées vivement à l'attaque du Fort de la Bocachique, les Negres qu'on avoit amenez de Saint Domingue, l'attaquerent d'une maniere si hardie, & avec tant de vigueur, qu'ils l'obligerent à se rendre.

Ils ont conservé le Quartier du Prêcheur, quand les Anglois attaquerent le Fort S. Pierre de la Martinique en 1693. & ils les resserrerent tellement dans leur Camp de ce côté-là, qu'ils n'oserent jamais s'en écarter, ni tenter de brûler & de piller le Quartier.

Ils firent parfaitement bien à la Guadeloupe en 1703. où l'on peut dire qu'ils détruisirent plus d'ennemis que tout le reste de nos Troupes. Il y avoit une Compagnie de soixante Negres ou environ, dont près de la moitié étoit de nôtre Habitation. Un des nôtres tua un Officier Anglois, qui étoit à la tête d'un assez gros détachement, & soûtenu du reste de ses compagnons: ils culbuterent les ennemis, en tuerent un bon nombre, rapporterent deux tambours, trois hallebardes, & quantité d'armes & d'habits; & nôtre Negre qui avoit tué l'Officier

Anglois, le dépoüilla, & m'apporta son épée, son esponton, & son hausse-col. Quelques jours après ce Negre vint se plaindre qu'un certain Officier François lui avoit dit de lui apporter ces armes, ou qu'autrement il le maltraireroit ; il me dit, que si cet Officier levoit la main sur lui, il lui casseroit la tête tout comme à un Anglois. Je lui défendis d'en venir à cette extrêmité, & lui promis de parler à ce brave. En effet l'ayant trouvé chez le Gouverneur, je lui dis de ne pas songer aux armes Angloises, dont il avoit envie, que s'il en vouloit, il n'avoit qu'à faire comme le Negre qui me les avoit apportées, & sur tout qu'il ne se mît pas en devoir de le maltraiter, parce que je connoissois le Negre fort resolu à ne rien souffrir. Il suivit mon conseil avec beaucoup de sagesse, & bien lui en prit.

On a vû par ce que j'ai dit de la nourriture, que les Maîtres sont obligez de donner à leurs Esclaves, qu'ils n'ont pas de quoi faire grande chere. Heureux encore si leurs Maîtres leur donnoient exactement ce qui est porté par les Ordonnances du Roi : ils ne laissent pas cependant de s'entretenir avec ce peu, en y oignant les pois, les patates, les igna-

Vivres des Negres.

mes, les choux caraïbes, & autres fruits de leurs jardins, les crabes & les grenoüilles qu'ils prennent, & sur tout les figues & les bananes, dont leurs cases sont toûjours très-bien pourvûës. Ils ne tuent leurs volailles que quand ils sont malades, & leurs cochons que lorsqu'ils font quelque festin. Excepté ces deux cas, ils les vendent, & employent l'argent qu'ils en retirent, en poisson & viande salée, qui leur font plus de profit.

Leurs mariages. Le plus considerable de leurs festins est celui de leur mariage. Quoique le Maître y contribue beaucoup, cela ne suffiroit pas. Tous les Negres de l'Habitation, & tous ceux qui sont invitez, ne manquent pas d'apporter quelque chose pour le festin, & pour faire un present aux mariez. Les Maîtres les habillent de quelque belle toile ou étoffe legere, selon sa liberalité, & le rang qu'ils tiennent parmi les autres Esclaves; car il y a de la distinction parmi eux, & ce n'est pas une petite affaire que la conclusion d'une alliance, sur tout entre les Negres Creolles : il faut bien des ceremonies avant d'en venir-là. Outre le consentement du Maître, il faut avoir celui des Parains & Maraines, de tous les parens & des principaux amis des deux familles,

Il faut bien examiner s'ils sont d'une naissance égale ; de maniere que la fille d'un Commandeur, ou d'un ouvrier, ne voudra pas épouser le fils d'un Negre de jardin ; c'est-à-dire, qui travaille simplement à la terre, & ainsi des autres dégrez qui leur tiennent lieu de Noblesse. Les Negres nouveaux ne sont pas si difficiles, & on les contente à moindre frais. Cependant de quelque maniere que ce soit, il est de la prudence des Maîtres de ne les point violenter sur cet article, de peur des suites fâcheuses que cela peut avoir.

Dès que les Negres se trouvent mal, ils se bandent la tête, se font suer, & ne boivent que de l'eau chaude. Il est rare d'en trouver qui mangent des herbes cruës, comme nous mangeons la salade, & quelques autres legumes. Ils disent que cela n'est bon que pour les bœufs & les chevaux, qui n'ont pas l'esprit de faire cuire leurs herbes.

Ils n'aiment pas les herbes cruës.

J'avois pris à la maison un petit Negre de sept à huit ans, pour l'instruire peu à peu, & le mettre en état de servir quelqu'un de nos Curez quand il seroit plus âgé. Il regardoit avec étonnement quand je mangeois de la salade, & disoit aux autres, que je mangeois comme les chevaux. Il fut assez long-tems sans en vouloir manger, disant toûjours qu'il n'étoit n'y bœuf, n'y cheval. A la fin en ayant mangé, & l'ayant trouvé bonne, il s'en vint tout joyeux me dire, mon Pere, j'ai mangé de l'herbe comme un cheval, tout comme vous. Voilà la simplicité d'un enfant, & elle pourroit être encore la même dans un Negre nouveau venu d'Afrique, mais ils la perdent bien-tôt, & deviennent pour le moins aussi rafinez que les Blancs, à moins que leurs petits interêts ne les obligent de se contrefaire, & d'affecter une simplicité extraordinaire avec ceux qui ne les connoissent pas.

Ils affectent quelquefois de paroistre plus simples qu'ils ne sont.
Quelques-uns de nos Religieux nouvellement arrivez de France, me demanderent si les jeunes Negres qui nous servoient à table connoissoient les monnoyes; je leur dis, qu'ils pouvoient s'en éclaircir par eux-mêmes. Ils s'adresserent justement à celui qui me servoit, & lui présenterent un sol marqué. Il le prit, le tourna deux ou trois fois, comme s'il n'eût pas sçû ce que c'étoit, & le leur rendit avec une indifférence que je connus bien être des plus affectées. Nos Peres crurent qu'il ne connoissoit pas la monnoye. Un d'eux lui présenta une

piece de trente fols qu'il prit auſſi-tôt, & faiſant une profonde reverence à celui qui la lui avoit preſenté, il la mit dans ſa poche. Comment lui dit le Pere, tu ne connois pas les ſols marquez, & tu prends les pieces de trente ſols ; c'eſt, lui répondit le Negre, que les ſols marquez ſont trop petits.

Il ne faut rien épargner pour les faire vivre en paix les uns avec les autres non-ſeulement dans l'Habitation où ils ſont attachez, mais encore avec les Negres des voiſins, parce qu'étant comme je l'ai remarqué ci devant fort orgüeilleux, ils ſont par une ſuite neceſſaire extrêmement vindicatifs.

Les Negres ſont fort vindicatifs.

Il eſt preſque impoſſible d'apaiſer leurs querelles quand ils ont une fois commencé à ſe batrre, il faut que les Maîtres s'attendent à voir recommencer tous les jours ces deſordres, dont ils ne doivent pas eſperer de voir la fin, s'ils laiſſent un peu inveterer la haine.

Nôtre Habitation du Fond Saint Jacques de la Martinique nous avoit été donnée par M. Duparquet, Seigneur & Proprietaire de l'Iſle ; & comme lui & toute ſa maiſon avoient beaucoup de bonté pour nôtre Miſſion, il voulut nous établir auprés de lui, en nous donnant

Hiſtoire ſur ce ſujet.

un terrain auprès de celui qu'il s'étoit reservé à Sainte Marie de la Cabesterre. Pour empêcher qu'il n'arrivât dans la suite des tems quelque contestation entre ses heritiers & nous pour nos terres, si elles étoient contiguës, il jugea à propos de laisser un espace de deux cent pas entre nos Habitations. Ce terrain fut concedé dans la suite à un nommé Lecaudé Saint-Aubin, qu'on disoit être un assez mauvais Arpenteur, mais qui montra qu'il en sçavoit assez pour dupper ceux qui se croyoient plus habiles que lui. En effet à peine fut il en possession de ce petit terrain, qu'il demanda qu'on fixa un rumb de vent, pour établir les lizieres des deux Habitations entre lesquelles il se trouvoit, & se servit si bien de son sçavoir faire, qu'au lieu d'un rumb de vent qui devoit lui donner deux cent pas de large sur toute la hauteur, il en établit deux, qui en s'éloignant l'un de l'autre, lui firent une Habitation, qui n'ayant que deux cent pas de large au bord de la mer, se trouva en avoir dix huit cent, quand on eût mesuré jusqu'à trois mille pas de hauteur. Le tout, comme on le voit, aux dépens des Habitations voisines, c'est-à-dire, de la nôtre, & de celle de M. Duparquet, qui étoit tombée entre les mains du sieur Piquet de la Calle Commis principal de la Compagnie de 1664.

Le chagrin que les Maîtres eurent de cette supercherie, étoit passé à leurs Esclaves, toûjours très-disposez à épouser les querelles de leurs Maîtres : en sorte qu'il y avoit toûjours eu des démêlez entre les Esclaves qui étoient venus très-souvent aux mains. La mort de cet Habitant avoit ralenti la fureur de cette petite guerre, on n'y pensoit plus depuis que la Sucrerie de Saint-Aubin étoit tombée en d'autres mains, & ses Negres partagez entre cinq ou six enfans qu'il avoit laissez. Un accident que je vais dire ralluma l'ancienne guerre.

Je fus averti que l'Habitant qui avoit eu la Sucrerie de Saint-Aubin avoit fait ouvrir le corps d'un de ses Negres qui étoit mort, & qu'ayant fait tirer le cœur, il l'avoit mis dans de la chaux vive, avec certaines ceremonies qu'il n'est pas necessaire de rapporter ici. Cet homme avoit perdu quelques Negres, & s'imaginant que leur mort étoit l'effet de quelque malefice, il prétendoit faire mourir le sorcier par cette ceremonie, & lui brûler le cœur à mesure que la chaux consommoit celui du mort. Cet

Superstition d'un Habitant de la Martinique.

avis m'embarassa beaucoup, parce que je ne voulois avoir rien à démêler avec cet homme, qui étoit de l'humeur du monde la plus étrange. Cependant le tems de Pâques approchoit, le scandale croissoit dans la Paroisse, beaucoup d'honnêtes gens m'en avoient fait des plaintes, & sans me rendre en quelque sorte coupable de prévarication, je ne pouvois plus m'empêcher de lui en dire mon sentiment. Je le fis donc avec toutes les précautions possibles de crainte d'éfaroucher davantage cet esprit bouru. Après lui avoir representé l'offense qu'il avoit commise, le scandale qu'il avoit donné à tout le quartier, & le tort qu'il se faisoit à lui-même, je le priai de songer à sa conscience, & de réparer par une conduite plus Chrétienne le mal qu'il avoit fait. Il reçût très-mal l'avis que je lui donnai, & me dit que bien que je fusse son Curé, je ne devois pas entrer dans ses affaires domestiques, qu'il prétendoit être maître de ses Negres aussi-bien quand ils étoient morts que quand ils étoient vivans, & qu'il m'avertissoit une fois pour toutes de ne me point embarasser de sa conscience, ni de ses Negres; mais seulement de faire cesser les malefices des Negres de nôtre Habitation

tion qui faisoient mourir les siens. Je voulus lui faire entendre raison sur cet article, mais il n'y eût pas moyen : de sorte que je le quittai content d'avoir fait mon devoir, & j'attendis que Dieu y mît ordre, comme il n'a pas manqué de faire.

Le petit Negre qui me suivoit avoit entendu ce qu'il avoit dit de nos Negres, & le leur rapporta. Les nôtres pour se venger de cette fausse accusation, attendirent ceux de ce voisin le Dimanche suivant, & les battirent d'une étrange maniere. Je vis bien que ce commencement de batterie auroit des suites fâcheuses, & que si on n'y mettoit ordre ils s'égorgeroient. Je fis châtier nos Negres fort severement, & je fis dire à ce voisin, qu'il étoit à propos qu'il retînt les siens, & que de mon côté je sçaurois retenir les miens. Mais au lieu de le faire il eut l'imprudence d'épouser la querelle de ses Esclaves, & s'étant mis à leur tête avec son Commandeur blanc, ils se jetterent sur les nôtres qui passoient dans le grand chemin qui traverse la savanne, en revenant de la Paroisse, & les maltraiterent beaucoup; ce qui leur fut facile, parce que depuis la premiere batterie je ne souffrois pas qu'ils portassent des couteaux, n'y des bâtons.

Quelques Negresses qui s'étoient sauvées appellerent des Negres des Habitations voisines à leur secours, & ceux des nôtres qui ne s'étoient point trouvez au commencement de l'action. Ils vinrent en grand nombre sur le champ de bataille, où les nôtres se défendoient à coups de pierre, & avec quelques bâtons qu'ils avoient gagnez.

Le secours qui étoit venu à nos gens rendit bien-tôt la partie inégale. Le Maître des attaquans & son Commandeur eurent tous deux la tête cassée, l'un d'un coup de pierre, & l'autre d'un coup de bâton. Ils furent donc obligez de s'enfuir, & de se retirer dans leurs cases, où les nôtres les poursuivirent, & y alloient mettre le feu, & peut-être à tout le reste de l'Habitation, si les voisins qui étoient accourus pour appaiser le désordre, ne les eussent fait retirer. Sept Negres de nôtre Habitation furent blessez, dont l'un qui avoit reçû un coup d'épée dans la cuisse, avoit saisi ce voisin au collet, & l'avoit désarmée. Son Commandeur y avoit aussi perdu son sabre, il y eût treize Negres blessez du côté du voisin.

On m'envoya avertir de ce désordre

au Bourg de la Trinité où mes affaires m'avoient obligé d'aller après avoir fait le Service à Sainte-Marie. Je revins avec toute la diligence possible ; mais le mal étoit sans remede. Je trouvai le Chirurgien occupé à panser nos blessez, & le reste de nos gens avec quantité de Negres de nos voisins qui les étoient venus joindre, qui se préparoient à aller brûler leurs ennemis dans leurs cases si-tôt que la nuit seroit venuë. Je n'eus pas peu de peine à les calmer, & sur tout les femmes & les parentes des blessez. J'en vîns à bout, & je renvoyai tous les Negres étrangers qui étoient venus au secours des nôtres.

J'écrivis aussi-tôt au Superieur de la Mission ce qui s'étoit passé, afin qu'il en informât M. l'Intendant ; mais ayant été averti, que le voisin avoit fait partir son Commandeur au commencement de la nuit pour aller se plaindre à l'Intendant, & montrer sa tête cassée ; je resolus de partir aussi, afin d'empêcher les suites de cette affaire. Elle n'auroit eu rien de fâcheux, s'il n'y avoit eu que des Negres blessez, mais il y avoit deux Blancs, & je n'étois pas sûr de trouver des témoins pour prouver que cet Habitant avoit été l'agresseur. Je crus que nôtre bon droit avoit besoin d'un peu de secours. Je partis donc environ à une heure après minuit, & ayant appris par les Negres que j'avois envoyez suivre le Commandeur blessé, qu'il s'étoit arrêté en chemin, parce que sa blessure ne lui permettoit pas de faire une traite de huit bonnes lieuës sans prendre du repos ; je m'arrêtai aussi, pour le laisser prendre le devant, & le pouvoir rencontrer dans le bois, où je voulois lui parler sans témoins. Cela arriva comme je l'avois projetté ; je le joignis, & aussi-tôt les deux Negres qui l'accompagnoient prirent la fuitte, craignant d'être maltraitez par ceux qui étoient avec moi. Le Commandeur même n'étoit pas sans crainte, je le connus aux premieres paroles qu'il me dit, j'en profitai comme on peut croire ; & après lui avoir fait compter le fait comme il étoit arrivé, je lui dis qu'il devoit m'en donner un certificat. Il eut de la peine à s'y resoudre, voyant bien qu'après m'avoir donné cette piece, il faudroit qu'il cherchât un autre Maître. J'applanis cette difficulté d'une maniere qui le contenta entierement. Nous entrâmes dans la premiere Habitation que nous trouvâmes sur le chemin, où en presence de ceux qui y étoient, il declara comme l'affaire s'étoit passée : il m'en donna un ample certificat qu'il signa, & que je fis signer à ceux qui étoient presens comme témoins de ce qu'il venoit de dire & d'écrire : je lui dis de se reposer deux ou trois heures au lieu où je le laissois, ayant moi-même besoin de ce tems pour profiter du certificat qu'il venoit de me donner. Je me rendis en diligence chez l'Intendant qui avoit déja été informé du fait par nôtre Superieur. Je renouvelai les plaintes qui avoient été faites, & en lui montrant le certificat, je le convainquis de mon bon droit.

Comme le voisin en question appartenoit à des gens qui meritoient toute la consideration que l'Intendant avoit pour eux, & qui d'ailleurs étoient amis de nôtre Maison, il me demanda si je ne serois pas aussi content d'un accommodement que d'un jugement. Je l'en laissai le maître, & je lui dis que j'en passerois avec plaisir par où il voudroit, parce que je ne souhaitois autre chose que la paix. L'accommodement fut bien-tôt fait ; j'eus toute la satisfaction que je pouvois prétendre, & la paix fut rétablie entre nos Negres, moyennant quelques pots d'Eau-de-Vie qu'on leur fit boire ensemble pour l'affermir.

Le sieur de Saint Aubin qui avoit été le Proprietaire de l'Habitation que le voisin dont je viens de parler occupoit, avoit perdu un nombre considerable de Negres, qui étoient morts en peu d'heures, dans des douleurs inconcevables, & cela par la malice d'un de ses Esclaves qui les empoisonnoit dès qu'il remarquoit que le Maître étant content de quelqu'un d'eux, lui donnoit quelque marque de bonté.

Negre qui se sert d'un poison très-vif pour faire mourir ses Compagnons.

Ce miserable étant à l'article de la mort envoya chercher son Maître pour lui demander pardon, & lui avoüer qu'il étoit coupable de la mort de plus de trente de ses Compagnons, qu'il avoit empoisonnez. Il lui dit, qu'il se servoit pour cela du suc d'une plante qu'on trouve au bord de la mer aux Cabesterres des Isles, qu'il n'est pas necessaire que je décrive ici. Il avoit soin d'avoir toûjours un de ses ongles plus grand que les autres, & lorsqu'il vouloit empoisonner quelqu'un, il alloit grater avec cet ongle l'écorce de cette plante jusqu'à ce qu'il l'eût rempli du suc épais qui en sortoit. Avec cette provision il retournoit à la maison, & ne manquoit pas d'inviter le malheureux qu'il vouloit tuer, à boire un coup d'Eau-de-Vie. Il beuvoit le premier, puis il en verfoit à fa victime de la même bouteille dans le même coüi dont il s'étoit fervi lui même, mais qu'il tenoit d'une maniere que fon ongle trempoit dans l'Eau-de-Vie, & y répandoit le venin dont il étoit rempli. Il ne fe paffoit jamais deux heures fans que celui qui avoit bû ne tombât dans des convulfions horribles, qui l'emportoient en peu de momens. On lui demanda quel remede il y avoit à ce poifon, il dit, qu'il n'y en avoit point d'autre que la racine de fenfitive épineufe, qui étant pilée, & dilayée dans du vin faifoit rejetter ce venin. Je n'ai garde de faire connoître cette mauvaife plante, peut-être ne l'êt-elle que de trop de gens. Ce fut un des enfans du fieur de Saint-Aubin qui me la montra. On jugera de fa force par ce que je vais dire. Si on la rompt, & qu'on l'approche du nez, elle a une odeur fi forte & fi pénétrante, & en même-tems fi nuifible, qu'elle feroit tomber la perfonne en pamoifon, fi on l'y laiffoit le tems qu'il faut pour dire la moitié d'un *Ave Maria*. J'en ai fait l'experience, & j'en donne le remede qui eft un des plus affûrez contre-poifons que je connoiffe, & qu'il y ait peut-être dans toute la Medecine.

Remede à ce poifon.

1698.
Trois especes de sensitives.

Il y a trois especes de sensitives. Si je ne craignois de me trop éloigner du sentiment commun, je les reduirois à deux ; à celle qui est épineuse qui est la meilleure, & à celle qui est sans épines, que l'on distingue en mâle & femelle, parce que les feüilles de l'une sont plus grandes que celles de l'autre. Tout le monde sçait que cette plante est appellée sensitive, ou plante vive, parce que dès qu'on la touche soit avec un bâton, soit avec la main, ses feüilles s'approchent l'une de l'autre, se ferment, & demeurent quelques momens comme colées ensemble, après quoi elles se r'ouvrent & reprennent leur situation ordinaire. On se sert souvent de cette proprieté, pour surprendre la simplicité de ceux qui ne la sçavent pas, & particulierement des filles à qui l'on fait croire que le mouvement de ces feüilles est une marque de leur sagesse, ou du contraire.

Je ne sçai ou le Pere du Tertre avoit les yeux quand il dit avoir cherché cette plante sans la pouvoir trouver à la Guadeloupe, & n'en avoir trouvé de veritable qu'à Saint Christophle au Quartier de Cayonne. Rien n'est plus commun que cette herbe de quelqu'une des trois especes qu'on la souhaite à la Martinique, la Guadeloupe, la Dominique, Marie-galante, & autres Isles, on la trouve par tout jusques sur les bords de la mer, & plus communément dans les terrains secs & arides, que dans les bons.

La sensitive épineuse est la plus petite des trois especes. Elle vient de semence & de bouture. La racine qui produit & qui soûtient la tige est longue d'un demi-pied ou environ, assez grosse vers la superficie de la terre finissant en pointe, elle est presque toute couverte de filets assez longs & souples. La peau qui l'enveloppe est brune, le dedans est blanc, moüelleux, spongieux, sans odeur, d'une saveur assez douce. Elle pousse plusieurs branches ou tiges qui sont longues, & foibles, qui rampent à terre, se plient & s'entrelassent, elles sont souples, tendres, moüelleuses, & garnies de petites épines un peu crochuës, & fort pointuës. Ses feüilles viennent toûjours couplées. Chaque petite branche ou sion en a depuis onze jusqu'à quinze, il est rare d'en trouver plus ou moins. Elles sont deux fois plus longues que larges, d'un verd brun par-dessus, plus clair par-dessous. Elles sont assez fortes quoique peu charnuës, & toutes garnies sur le dessous & par les bords de petites épines fines, droites & assez fortes.

1698.

Description de la sensitive épineuse.

I v

La fleur de cette plante est un bouquet de quantité de petits filets blancs, fins, & déliez, long d'un demi pouce, dont les extrêmitez sont arrondies en forme de bouton jaune, en la place desquelles on voit enfin sortir de petites siliques brunes, qui renferment des semences ovalles, plattes, dures, brunes, environnées d'un petit filet d'une couleur plus brune. Chaque silique est environnée sur ses bords d'une espece de cordon composé de petites épines courtes, seches, grises, qui semblent être disposées de maniere à empêcher qu'on ne puisse prendre les semences de la plante.

Quelques gens prétendent que les feüilles de cette espece infusées dans de l'eau, & prises comme l'hipecacuhana, produisent le même effet. S'il ne s'agit que de faire vomir ils ont raison ; car rien au monde n'y est plus propre, mais il faut être habile pour composer un remede d'un poison aussi vif & aussi fort qu'est le suc des feüilles de cette plante. Le public me dispensera de lui apprendre ce que j'ai entendu dire sur cela, il suffit qu'il sçache que le remede unique & specifique contre ce poison est la racine de la même plante préparée & prise comme je le dirai avant de finir cet article.

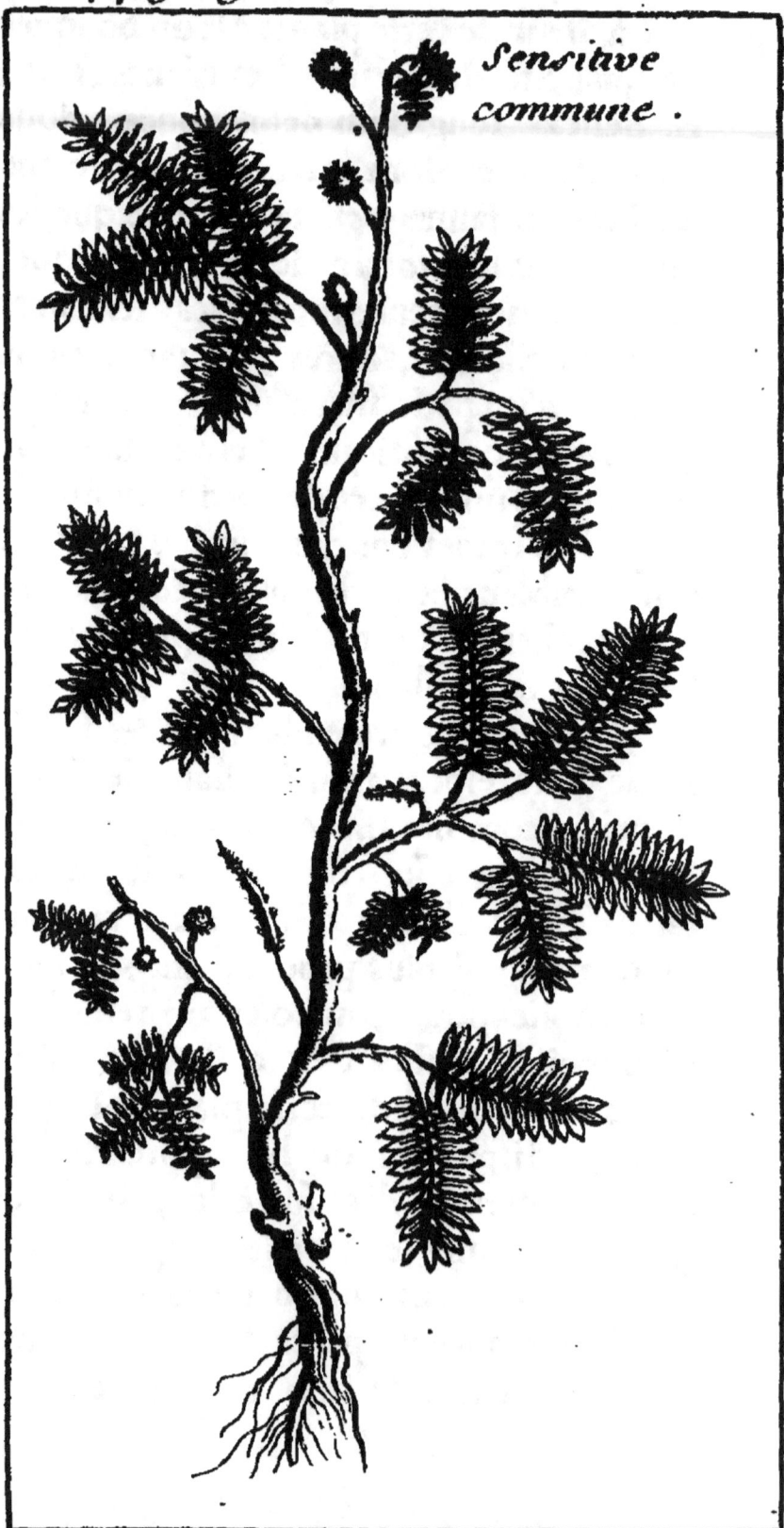

Les deux autres espèces de sensitives que le Pere du Tertre regarde comme les veritables, & qu'il dit qu'il n'a trouvées qu'à Saint Christophle, ne sont point épineuses. Elles croissent en arbrisseau. J'en ai vû par tout à la Martinique de quatre & cinq pieds de haut, leur tige est délicate, fragile, moüelleuse, couverte d'une écorce verte, mince, assez adherente. Elle pousse beaucoup de branches qui se subdivisent en rameaux & en petits scions où les feüilles sont attachées deux à deux, de maniere qu'en se retrecissant ou se courbant, elles se renferment presque l'une dans l'autre : elles sont d'un verd-brun avec de petit points rouges. La fleur de cette espece est un bouquet de très-petites roses à cinq feüilles de couleur bleüe avec un peu de rouge auxquelles succedent des siliques longues de deux pouces ou environ, minces, délicates, & remplies de petites graines plattes, ayant presque la figure d'un cœur, dures, & d'une couleur de noir lustré.

On distingue cette espece en mâle & femelle, & cette distinction se prend uniquement par la grandeur des feüilles qui sont plus grandes dans le mâle que dans la femelle. Mais avant de convenir

1698.

Sensitive commune.

I vj

de cela, il faudroit sçavoir bien exactement, s'ils sont de même âge, dans un terrain également bon, dans une égale exposition, & bien d'autres circonstances que je n'ai pas examinées, & qui me paroissent assez peu importantes.

Voici ce que j'ai promis de dire de la racine de la sensitive épineuse.

Je fus appellé au mois de Decembre 1696. pour confesser un Negre qui appartenoit au sieur de Laquant Capitaine de Milice du Quartier de Sainte Marie à la Cabesterre de la Martinique. Je trouvai ce pauvre malade dans des douleurs & dans des convulsions épouventables. J'en tirai ce que je pus, vû l'état où il étoit, pendant qu'on préparoit la racine de sensitive épineuse qu'on alloit lui faire prendre, & qui devoit decider de son sort, c'est-à-dire, le guérir en lui faisant rejetter le poison, s'il avoit assez de force pour cela, ou l'achever en peu de momens, si la nature trop affoiblie ne pouvoit pas resister à la violence de l'operation du remede.

Après que la racine tout recemment tirée de terre eût été gratée, dépoüillée de sa peau brune, lavée & essuyée, on la pila dans un mortier, & on la reduisit en pâte, dont on prit le poids d'une piece

Experience de la racine de sensitive épineuse.

de quinze sols que l'on remit dans le mortier où l'on la fit dissoudre en la broyant bien avec du vin rouge que l'on versoit peu à peu dans le mortier. Quand la pâte fut entierement dissoute dans le vin, on le lui fit prendre, il y en avoit un bon verre. Il étoit sur un matelas posé à terre entre deux feux : on ne laissa pas de le bien couvrir assez inutilement, comme je croi, car en moins d'un *Miserere* le remede commença à operer par une sueur extraordinaire, qui fut accompagné de convulsions très-violentes, & d'un vomissement qui sembloit lui aller faire rendre les intestins par la bouche, pendant lequel il rendit un animal vivant de la grosseur du pouce, d'environ quatre pouces de longueur, ayant quatre jambes de plus d'un pouce de longueur divisées en trois articles, avec de petites griffes comme celles d'un rat. La tête ne se distinguoit du reste du corps que par le mouvement du col, il avoit deux petits yeux, & une gueulle armée de dents. Le dos étoit couvert de deux aîles à peu près de la matiere & de la figure de celles des chauvesouris, & le reste du corps couvert d'un poil rougeâtre, court, dur, mais en petite quantité. Le malade rendit beaucoup de sang,

Effet prodigieux de la racine de sensitive.

& de matiere bleuâtre après qu'il eût rejetté cet insecte, & tomba ensuite dans une défaillance qui dura long-tems, & dont on ne put le faire revenir qu'à force de cordiaux. Un moment après que cet animal fut sorti, il se mit à remuer ses aîles, & sortit de dessus la table où on l'avoit mis, il tomba à terre en voltigeant, mais il n'avoit pas la force de se soûtenir. On le mit dans une bouteille avec de l'Eau-de-Vie pour le conserver. On m'assura que c'étoit la quatriéme fois que la racine de sensitive avoit guéri des Negres empoisonnez, mais on n'avoit point encore vû un effet semblable à celui-ci. Il n'y avoit que cinq ou six jours que ce Negre avoit commencé à se trouver mal, peut-être avoit-il pris le poison long-tems auparavant : car il semble qu'il faut un tems considerable pour qu'un poison puisse produire dans le corps d'un homme une pareille corruption. On soupçonnoit un vieux Negre Aradas d'être l'Auteur de ces empoisonnemens, mais faute de preuves on ne pouvoit le mettre en Justice. Sa mort qui arriva bien-tôt après ce que je viens de dire, délivra les Negres de cette Habitation de la crainte où ils étoient d'être empoisonnez.

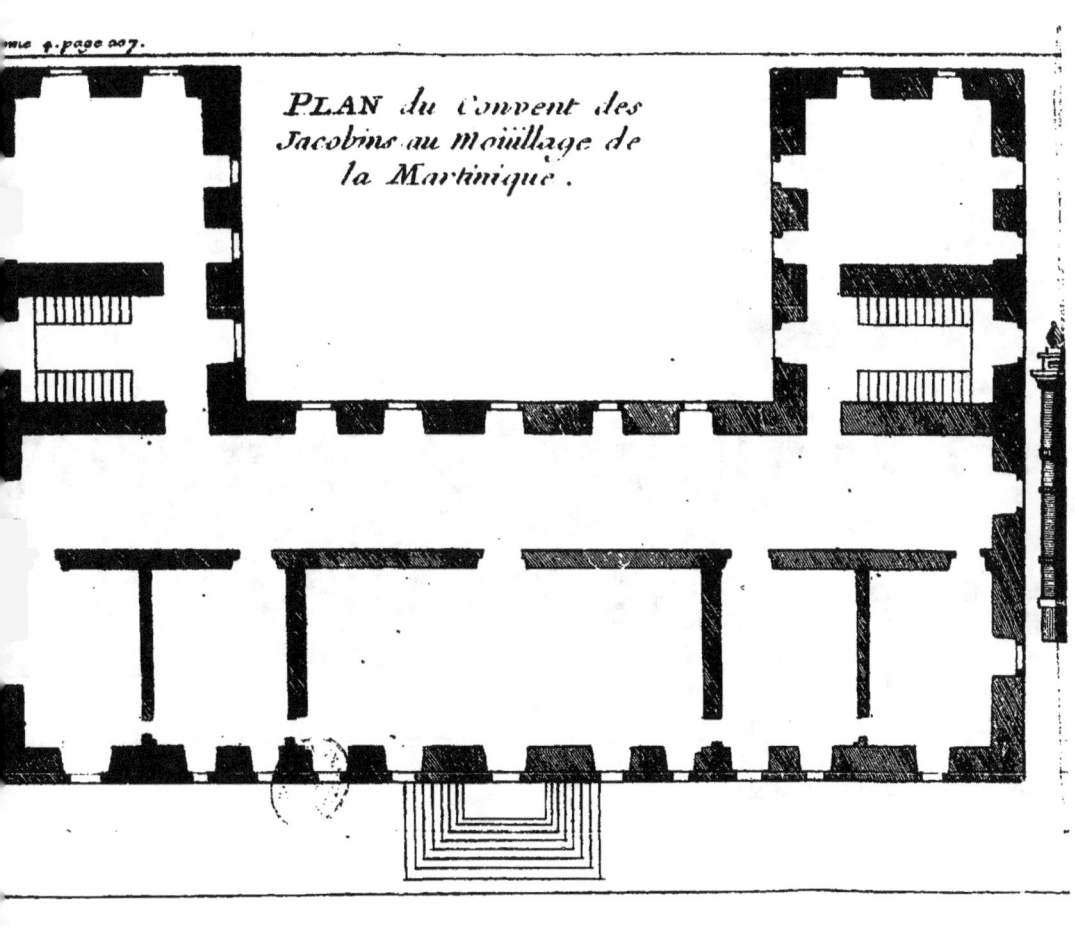

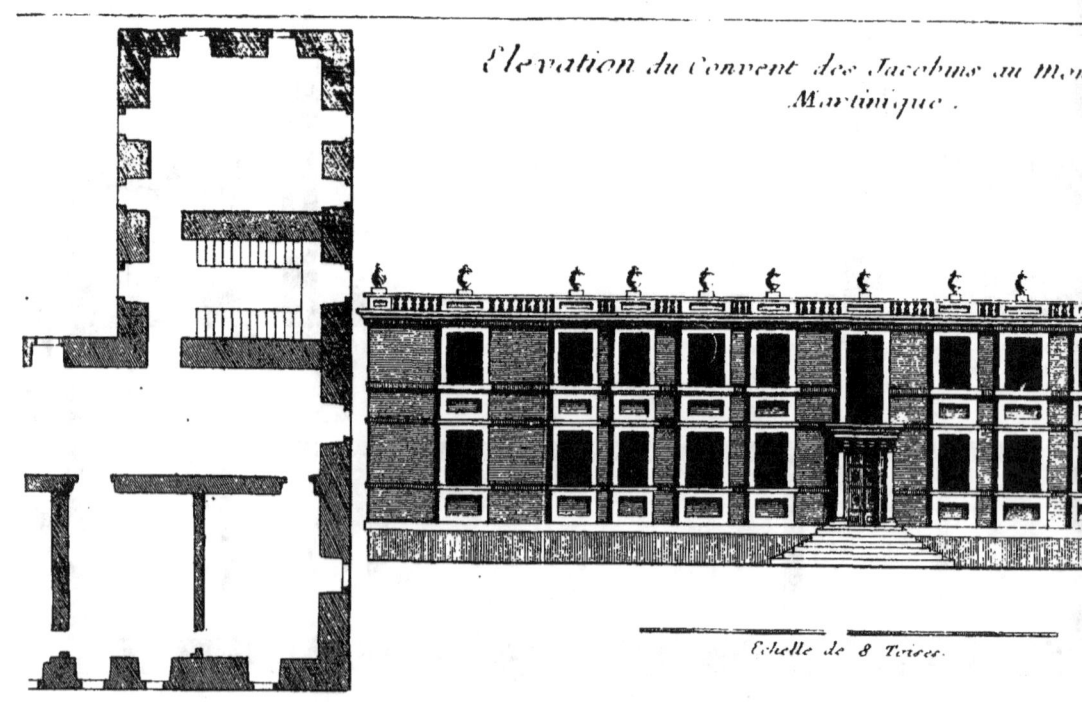

Elevation du Convent des Jacobins au Mon Martinique.

Echelle de 8 Toises.

Elevation du Convent des Jacobins au Mouillage de la Martinique.

Echelle de 8 Toises.

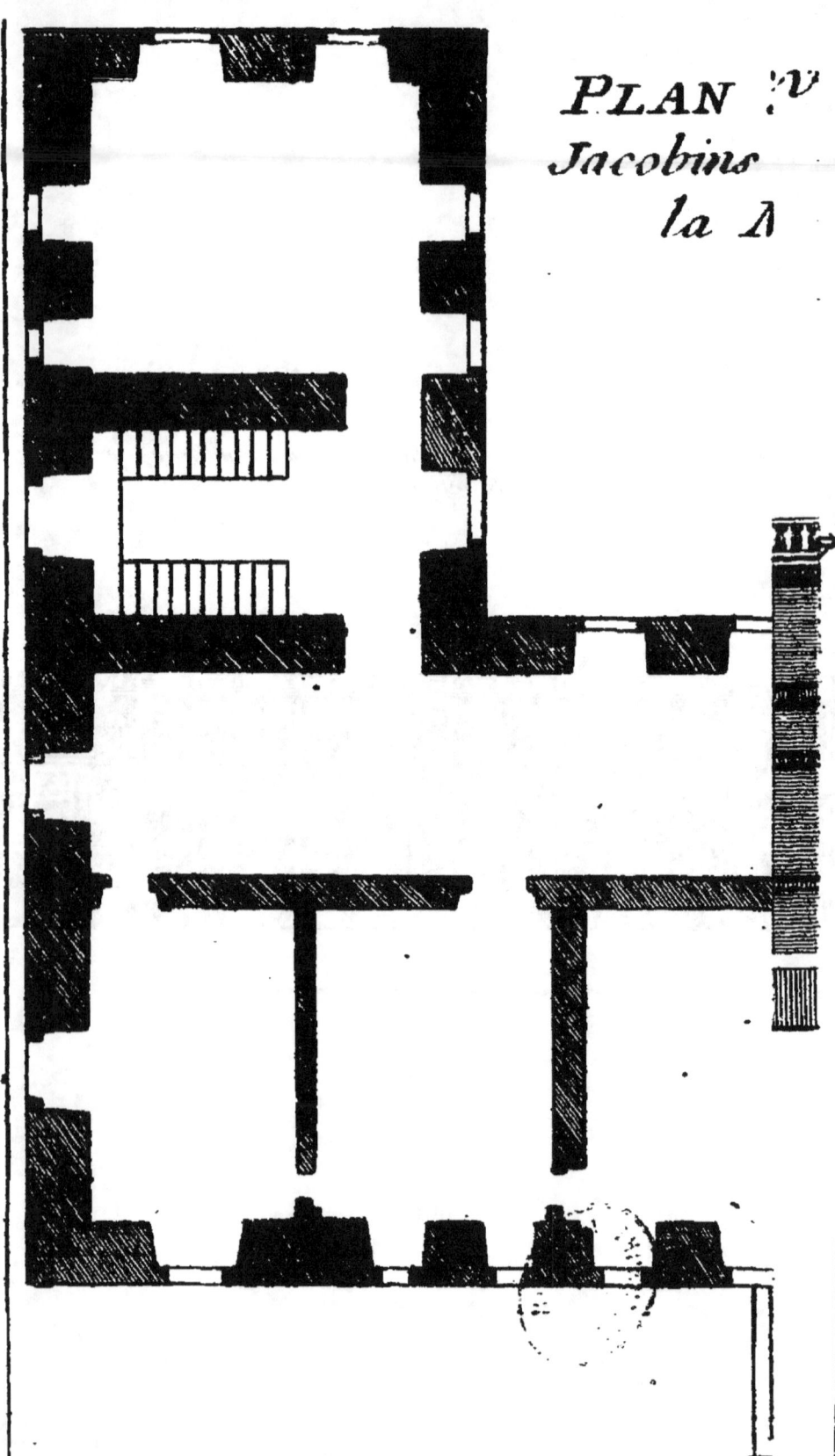

CHAPITRE VIII.

Plan du Convent que l'Auteur fit bâtir à la Martinique. Mort du Superieur General de leurs Missions.

LE Plan que j'avois fait pour le nouveau Bâtiment que nous voulions faire au Moüillage, ayant esté agréé & approuvé du Superieur general, de toute la Communauté, & des personnes intelligentes à qui on le fit voir, je fus le tracer, & en faire creuser les fondemens sur la fin du mois de Juillet.

Il consistoit dans un grand Corps de logis, dont la face regardoit la mer. Il avoit vingt toises, ou cent vingt pieds de longueur, & quarante pieds de large, avec deux aîles en retour du côté de la montagne, qui devoient avoir dix toises de long sur cinq de large.

L'étage du rez de chaussée étoit élevé de quatre pieds au-dessus du terrain, il étoit partagé par une grande salle de quarante six pieds de long sur vingt-deux de large, qui donnoit entrée dans deux appartemens, un à chaque bout, qui à la verité ne consistoient qu'en deux chambres chacune de quinze pieds de large sur vingt-deux pieds de longueur. Les portes de ces chambres étoient en enfilade, & la piece du milieu servoit de salle commune à ces deux appartemens. Cet étage devoit avoir treize pieds de hauteur, & celui de dessus douze. La salle étoit éclairée par quatre fenêtres, deux de chaque côté de la porte. Chaque chambre avoit deux fenêtres, qui toutes regardoient la mer. Vis-à-vis de la porte d'entrée, la salle étoit percée d'une autre porte par laquelle on entroit dans une gallerie de quinze pieds de large, & aussi longue que tout le Bâtiment, dans laquelle les quatre chambres qui étoient à côté de la salle avoient des portes de dégagement.

La gallerie avoit une porte à chaque bout, & une dans son milieu vis à vis celle de la salle. Les portes des bouts de la gallerie servoient, une pour entrer dans la basse-cour où étoient, ou du moins où devoient être les cuisines, les offices & les magazins, & l'autre dans le jardin potager. Elle étoit éclairée par quatre fenêtres qui regardoient sur la cour qui étoit entre les aîles & le grand enclos.

Outre ces trois portes, la gallerie étoit

encore percée de deux arcades qui donnoient entrée dans les aîles où devoient être les escaliers, un dans chaque aîle. Le rez de chaussée d'une des aîles devoit servir de salle à manger ou de refectoir; & l'autre partagé en deux chambres étoit destiné pour les malades.

L'étage au-dessus de la salle & des quatre chambres étoit partagé en sept chambres de quinze pieds de large sur vingt-deux pieds de longueur, dont les portes répondoient dans une gallerie pareille à celle du rez de chaussée. Elles avoient chacune deux croisées, excepté celle du milieu qui n'en avoit qu'une, qui se trouvoit au-dessus de la porte de la salle. Cette fenêtre devoit être ouverte jusqu'en bas, pour donner entrée dans un balcon porté par la corniche de l'ordre dorique en pilastres qui ornoit la principale porte. Toutes les fenêtres étoient bandées, & l'appui étoit soûtenu par des moulures. Une grande corniche devoit regner tout autour du Bâtiment pour porter une balustrade de pierre de taille avec des vases & des globes sur les piédestaux, pour servir d'amortissement.

Il n'y devoit point avoir de comble, mais une terrasse bien carrelée & cimentée, où l'on pût aller se promener le soir, & prendre le frais.

Quoique les murs principaux de ce Bâtiment ne dussent avoir que trois pieds d'épaisseur, je donnai six pieds de large au fondement, & je le fis avec tout le soin imaginable, soit pour le choix des pierres, soit pour le mortier & la liaison, afin que l'empâtement suppléât au peu de profondeur que je pouvois leur donner, qui ne pût être que de six à sept pieds de profondeur, parce que dans tous ces endroits-là, comme je l'ai déja remarqué, plus on creuse & moins on trouve de solidité : jusques-là même qu'il y en a où ceux qui veulent bâtir avec quelque apparence de solidité, sont obligez de mettre les premieres assises sur le gazon, à moins de vouloir faire un grillage qui coûteroit plus que le Bâtiment qu'on feroit dessus.

Empâtement ne cellaire pour suppléer aux Fondemens peu profonds.

L'on voit assez par ce que je viens de dire, que j'avois disposé ce Bâtiment d'une maniere à pouvoir laisser tout l'étage du rez de chaussée à quelques Officiers de consideration comme un Vice-Amiral de France, ou un Lieutenant General qui voudroient prendre leur logement à terre pendant leur séjour à la Martinique, sans que cela nous incommodât le moins du monde. Ainsi on pouvoit considerer le rez de chaussée comme une Maison seculiere, & le dessus comme un Convent. Le dessus du refectoir & de l'infirmerie devoit être partagé en deux ou trois chambres pour composer un appartement dans chaque aîle.

1698.

J'étois occupé à cet ouvrage quand on me fit sçavoir que le Moulin de Nôtre Habitation avoit pris la peine de se rompre douze ou quinze jours plûtôt que je ne souhaitois. Je m'en consolai pourtant, & je devois être content de mon année, ou comme on parle aux Isles de ma levée, puisque j'avois fait jusqu'à lors cent quatre-vingt-dix mille livres de Sucre brut, plus de quarante mille livres de Sucre blanc, & environ douze mille livres de Sucre de sirop. Cela me servit abondamment à payer les Negres que j'avois achettez en dernier lieu, huit autres que j'avois achettez auparavant, les Provisions dont j'avois eu besoin, & une partie des dettes dont Nôtre Maison se trouvoit encore chargé.

Le Pere la Fraiche nôtre nouveau Superieur general qui n'étoit aux Isles que depuis quatre mois ou environ, étoit venu demeurer au Fond Saint Jacques pour éviter le mal de Siam, qui étoit

Mort du Superieur general.

fort allumé au Fort Saint Pierre. Mais il ne laissa pas d'en être attaqué le vingt-cinq du mois d'Août. Le soin que nous en eûmes, sa bonne complexion, & plus que toute autre chose le moment de sa mort, qui n'étoit pas encore arrivé firent qu'il resista au mal jusqu'au huitiéme de Septembre qu'il expira, après avoir combattu contre le mal autant qu'on le pouvoit attendre d'un homme de quarante-deux ans, qui n'avoit point du tout envie de mourir si-tôt. Il avoit été attaqué si vivement, qu'en moins de deux heures il eut un transport au cerveau, si violent & si continuel, qu'il n'eut pas six heures d'intervalle & de bon sens pendant les quatorze jours que dura sa maladie. Nous nous servîmes de ces momens pour lui administrer les Sacremens qu'il reçût avec beaucoup de pieté.

Nous reconnûmes encore une fois le Pere Cabasson pour nôtre Superieur general, en attendant que le General de l'Ordre y eût pourvû. J'eus soin d'engager nos Peres à écrire en sa faveur ; ce qui étant joint à ce que l'Archevêque de Saint Domingue avoit écrit de lui, il reçût les Patentes de la Charge de Superieur general & de Prefet Apostolique de nos Missions au mois de Mars suivant comme je le dirai ci-après.

Huit ou dix jours après la mort de nôtre Superieur general, un des Religieux qui étoit venu avec lui de France, & qui desservoit la Paroisse de la Trinité, fut aussi attaqué du mal de Siam. Je me trouvai obligé de servir sa Paroisse qui est très-grande, & d'avoir les mêmes soins de lui que j'avois eu du Superieur general, mais avec plus de bonheur, puisque ni les remedes, ni les Medecins, ni le mal même ne furent pas capable de le tuer, & que sa bonne complexion le tira d'affaires en sept ou huit jours. Dès que je le vis en état d'être transporté, je le fis porter au Fond S. Jacques pour le rétablir plus facilement, & je priai le Religieux qui demeuroit avec moi d'aller servir la Paroisse de la Trinité, parce que les affaires de Nôtre Habitation ne me permettoient pas de m'en absenter plus long-tems. Quelques-uns de nos Peres qui vinrent voir nôtre convalescent m'engagerent à leur donner un cochon boucanné dans le bois. Je le fis avec joye, & pour augmenter la Compagnie, j'y invitai quelques-uns de nos amis, & ceux de nos Peres qui étoient à portée de s'y trouver.

Un autre Religieux attaqué du mal de Siam guérit.

CHAPITRE IX.

Ce que c'est qu'un Boucan de Cochon.

J'Ai fait la description d'un boucan de tortuë dans la seconde Partie de ces Memoires : voici celle d'un boucan de cochon. Celui de tortuë se doit faire au bord de la mer, & celui de cochon dans le bois à l'imitation des Boucanniers ou Chasseurs, qui accommodent le leur à peu près comme je vais dire, lorsqu'ils veulent se délasser de leur exercice ordinaire & se divertir. La difference de celui des Boucanniers au nôtre, étoit qu'ils font le leur avec un sanglier ou cochon maron, au lieu que le nôtre n'étoit que d'un cochon domestique, que j'avois eu soin de faire tuer, flamber, & vuider la veille. J'avois aussi envoyé nettoyer une place dans le bois, au bord de nôtre riviere, environ à quinze cent pas de la Maison, où j'avois fait faire un grand ajoupa, c'est-à-dire, une grande case bâtie à la legere & couverte de feüilles de balisier & de cachibou, pour s'y retirer en cas de pluye.

Le jour étant arrivé, j'envoyai dès le

Françoises de l'Amerique. 215

1698.

point du jour à l'ajoupa, le cochon & les autres choses que j'avois fait préparer pour le repas, & sur tout le vin, afin de le faire rafraîchir dans la riviere. Lorsque tous les conviez furent assemblez, nous partîmes pour nous rendre au lieu où se devoit faire le boucan. Nous y arrivâmes sur les neuf heures. Il fallut d'abord que tout le monde se mît à travailler. Les plus paresseux furent chargez du soin de faire deux brochettes pour chaque Boucannier. On prend pour cela du bois de la grosseur du doigt, que l'on dépoüille de sa peau, & que l'on blanchit bien proprement. Une des brochettes doit avoir deux fourchons pointus, l'autre n'a qu'une pointe. Les autres conviez s'occuperent à former le boucan. C'est une espece de gril de bois sur lequel le cochon tout entier se doit cuire. On coupe pour cet effet quatre fourches de la grosseur du bras, & d'environ quatre pied de longueur, on les plante en terre de maniere qu'elles font un quarré long d'environ cinq pieds, sur trois pieds de large. On pose les traverses sur les fourches, & on arrange sur les traverses les gaulettes qui font le grillage. Tout cela est bien amarré avec des liannes. C'est sur ce lit, ou sur ce

Brochettes qui servent de fourchettes.

Disposition du Boucan.

gril qu'on couche le cochon sur le dos, le ventre ouvert écarté autant qu'il est possible, & retenu en cette situation par des bâtons, de peur qu'il ne se referme lorsqu'il vient à sentir la chaleur du feu qu'on met dessous.

Ustenciles dont on se sert.

Pendant qu'on accommodoit toutes ces choses, les Negres qui avoient coupé une bonne quantité de bois le jour précedent, y mirent le feu pour le réduire en charbon, & quand il fut en état, on l'apporta sous le cochon avec des écorces d'arbres qui servent de pelles, parce qu'il est expressément défendu de se servir d'aucun instrument de métal comme pelles, pincettes, plats, assiettes, cuiliers, fourchettes, sallieres, & même de nappes, serviettes, ou semblables ustenciles qui défigureroient trop la maniere de vie boucaniere, qu'il semble qu'on veut imiter dans ces repas.

Assaisonnement du Cochon.

J'oubliois de dire, que le ventre du cochon avoit été rempli de jus de citron avec force sel, piment écrasé & poivre : parce que la chair du cochon quoique très bonne & très-délicate, & plus en Amerique qu'en aucun autre lieu du monde, est toûjours douce, & a besoin de ce secours pour être relevée.

Pendant que le cochon cuit, ceux qui
veulent

veulent déjeûner le peuvent faire, & boire un coup, pourvû que ce soit dans un coüi, & que la liqueur ne soit point mêlangée, c'est-à-dire, qu'il faut boire le vin tout-pur, & l'eau toute pure, parce que ces sortes de mêlanges, & ces temperamens d'eau & de vin sont tout-à-fait opposez à la simplicité d'une pareille vie. On permit sans consequence qu'on pût manger à ce premier repas quelques viandes qu'on avoit apportées de la maison ; mais dès qu'on a touché au cochon, il n'est plus permis de toucher à autre chose. Cependant comme il n'y a point de regle si generale, qui ne puisse souffrir quelque exception, on permit à quelques personnes de la Compagnie de mettre de l'eau dans leur vin, parce qu'étant encore Novices dans l'Ordre Boucanier, il y auroit eu de l'indiscretion à les obliger d'abord à toute la rigueur de la regle. Sur quoi on remarquera en passant combien il y a plus de justice & de bon sens dans cet Ordre, que dans les autres où l'on veut que les Novices soient tout en entrant plus parfaits & plus reguliers que les anciens.

Après le déjeûné chacun prit son parti. Les uns allerent à la chasse, les autres amasserent des feüilles de bali-

1698.

fier, de cachibou, & des fougeres, pour faire des nappes, & des serviettes ; les autres eurent soin que le cochon se cuisît lentement, & que sa chair fût bien penetrée de la saulce dont le corps étoit rempli, ce qu'on fait en la piquant avec la pointe de la fourchette, mais sans percer la peau, de peur que la saulce qu'on a interêt de conserver ne passât au travers, & ne tombât dans le feu.

Maniere de cuire la viande.

Quand on jugea que le boucan étoit cuit, on appella les Chasseurs avec deux coups d'armes, qu'on tira coup sur coup. C'est la regle : car les cloches ne sont point d'usage dans les communautez Boucanieres : à mesure qu'ils arrivoient on plumoit le gibier qu'ils avoient apporté, & selon son espece on le jettoit dans le ventre du cochon qui servoit de marmitte, ou bien on le passoit dans une brochette qu'on plantoit devant le feu, où il se cuisoit sans avoir besoin d'être tourné plus de quatre ou cinq tours. Les Chasseurs qui n'apportoient rien n'en étoient pas quittes pour dire qu'ils n'avoient rien trouvé ; on leur répondoit qu'il falloit chercher, trouver, & apporter sur peine de la vie. Si c'étoit de vieux Boucaniers on les mettoit sur le champ en penitence, en leur faisant boire autant de coups que le meilleur Chasseur avoit apporté de pieces de gibier, & cela tout de suite. La seule grace qu'on peut faire, quand on est bien persuadé, qu'il n'y a que du malheur, & point du tout de negligence dans le fait, est de laisser au coupable le choix de la liqueur qu'il veut boire. A l'égard de ceux qui sont encore Novices, c'est ainsi qu'on appelle ceux qui assistent pour la premiere fois à ce festin, leurs penitences dépendent de la volonté du maître du boucan; qui les leur impose avec toute la discretion & la sagesse, que demande la foiblesse des Sujets qui ont peché.

Punition des mauvais Chasseurs.

Après le *Benedicite*, nous nous mîmes à une table si ferme & si solide, qu'elle ne pouvoit branler à moins que la terre ne tremblât; puisque c'étoit la terre même couverte de fougeres, de feüilles de balisier & de cachibou. Chacun mit à côté de soi, ses deux fourchettes, son coûteau, son coüi pour boire, avec une feüille de cachibou, dont les quatre coins attachez avec de petites liannes lui donnent la figure d'une tourtiere. C'est là-dedans que chacun met sa sauce, s'il la veut faire en particulier plus douce, ou plus piquante. Je fis mettre des serviettes & du pain sur la table; quoique

Situation des conviz à table.

ce fût un abus : car les veritables Boucaniers ne connoissent point les serviettes ; ne se servent que de bananes pour accompagner leur viande, & encore rarement, leur ordinaire est que le gras & le maigre du cochon tiennent lieu de pain & de viande.

C'est au maître du boucan comme chef de la troupe, & pere de famille de couper le premier morceau à toute la Compagnie. Il s'approche pour cela du boucan tenant sa grande fourchette de la main gauche, & le grand couteau à la droite, & le cochon demeurant toûjours sur son lit de repos, avec un petit feu dessous, il coupe de grandes tranches de la chair sans endommager la peau, & les met sur des feüilles de balisier, que les serviteurs portent à ceux qui sont assis. On met au milieu de la table un grand coüi plein de la sauce qui étoit dans le ventre du cochon, & un autre plein de jus de citron avec du poivre, du sel, & du piment, dont chacun compose sa sauce comme il le juge à propos. Après ce premier service les plus anciens se levent tour à tour pour couper & servir ; & enfin les novices qui doivent avoir appris le métier en le voyant pratiquer se levent les derniers, coupent & servent les autres.

Je croi qu'il n'est pas necessaire d'avertir le Lecteur qu'un point essentiel est de boire souvent. La regle le veut & la sauce y invite, en sorte que peu de gens font des fautes sur ce point. Cependant comme l'homme est fragile, & qu'il tomberoit souvent s'il n'avoit personne pour le faire souvenir de son devoir, ou pour le corriger ; c'est au maître du boucan à veiller sur sa troupe, & quand il en trouve d'indolens, ou de negligens qui oublient leur devoir, il doit les reprendre publiquement, & pour penitence les faire boire dans le grand coüi. Ce qui n'est pas une petite punition, car il faut qu'il soit tout plein.

Ce fut dans ces plaisirs innocens que nous passâmes la journée avec toute la joie possible. Le bon vin qui est l'ame du repas, ni manquoit point. J'en avois fait porter de France, de Florence, de Madere, & de Canarie, qui se trouverent si frais au sortir de la riviere où on les avoit mis rafraîchir qu'on eût dit qu'ils étoient à la glace.

Nous nous trouvâmes vingt personnes à ce festin boucanier, & plus de vingt Negres que nous avions amenez pour nous servir. Le cochon qu'on avoit préparé étoit gros, & il sembloit qu'il devoit suffire pour un bien plus grand nombre de gens que nous n'étions ; cependant malgré le déjeûné qui avoit été assez bon, on mangea le boucan avec tant d'appetit que nos Negres n'auroient pas eu de quoi dîner sans les autres viandes qu'on avoit apportées. Lorsque nous fûmes retournez à la maison, je fis servir une petite collation, plûtôt pour la forme que pour le besoin, après laquelle nous nous separâmes fort contens des plaisirs innocens de cette journée.

Les Cochons marons sont rares aux Isles.

Il est certain que le cochon maron est meilleur que le domestique, & que sa bonté augmente selon les fruits, ou les graines dont il se nourrit; mais ces animaux sont rares aux Isles du Vent, & sur tout à la Martinique où leur chasse devient tous les jours plus difficile, parce qu'ils se retirent dans les montagnes les plus escarpées, & dans les ravines les plus profondes où la peine est très-grande quand il faut les y aller chercher, sans compter le danger d'être mordu des serpens.

Ils ne mangeat point d'ordures.

Tous les cochons de l'Amerique soit sauvages, soit domestiques, ne mangent point d'ordures comme font ceux de toutes les parties du monde : ils ne vivent que de fruits, de graines, de racines, de cannes & autres choses semblables. C'est a cela qu'on doit attribuer la délicatesse, & la bonté de leur chair.

CHAPITRE X.

Maladie dont l'Auteur est attaqué, son remede. Differentes especes d'Ipecacuanha.

LE troisiéme jour de Novembre je fus attaqué d'une maladie qui fut longue & dangereuse. Elle commença par une fiévre double tierce, avec une dissenterie violente. Au bout de sept ou huit jours ma fiévre appella encore à son secours des redoublemens qui duroient huit à dix heures, qui m'auroient infailliblement emporté, si le sommeil qui ne manquoit jamais de venir avec eux n'avoit moderé leur violence. Ce qui me faisoit plus de peine étoient les remedes dont les Chirurgiens vouloient me surcharger, & les importunitez continuelles de nos Peres, pour m'obliger à les prendre. Malgré la repugnance invincible que j'ai toûjours eüe pour toutes les drogues, il fallut en prendre quelques-unes, que je rendois aussi-tôt parce que mon estomach ne les pouvoit souffrir.

Ma fiévre diminua beaucoup au commencement de Decembre, & me quitta entierement pendant quelques jours. Elle me reprit ensuite d'une maniere plus supportable & sans redoublemens; mais la dissenterie augmenta considerablement, & je commençai à devenir hydropique. Cela m'obligea de prier nos Peres de charger quelque autre Religieux du soin de nos affaires. Ils s'assemblerent, je rendis mes comptes, & on élût un Syndic en ma place.

Je me fis porter au Quartier du Macouba le dixiéme Janvier 1699. le sieur Sigaloni dont j'ai parlé au commencement de ces Memoires, croyoit avoir trouvé la clef de mon mal, & se flatoit de me guérir, si j'étois a portée de chez lui. Quoique je le connusse pour un habile homme, je n'y comptois pas trop, & je croyois ma maladie mortelle, mais j'esperois que le bon air de ce quartier-là, & la Compagnie de mes anciens Paroissiens, pourroient peut-être me soûlager. En effet, l'appetit que j'avois perdu presque entierement, me revint, la fiévre me quitta encore une fois, mais les remedes ne pûrent venir à bout de la diffenterie, ni de l'enflûre qui augmentoit tous les jours. Après avoir bien pensé à ce qui pourroit contribuer à ma guérison, je m'avisai d'envoyer chercher de la teinture de scamonée, & quoique dans l'état ou j'étois, j'eusse tout à craindre de la violence de ce remede; je le pris sans consulter personne, & comme pour joüer à quitte ou à double.

Ce remede fit un effet merveilleux, je rendis une quantité d'eau si prodigieuse qu'en moins de quatre heures mon enflûre disparut, & il sembloit que j'eusse la peau du ventre attachée à l'épine du dos. Contre toute apparence je me trouvai si fort après une évacuation si grande, que je me promenai assez long-tems sans ressentir la moindre foiblesse. Mais ce qu'il y eut de meilleur & de plus surprenant dans l'operation de ce remede fut que je rendis deux vers de la grosseur du pouce, dont l'un avoit seize pouces de longueur, & l'autre un peu moins. Ils avoient la tête platte, & en treffle, comme les serpens : ils avoient tout le corps couvert de poil roussâtre, & ils étoient si vifs qu'ils rampoient encore dans la chambre six heures après que je les eûs rendus. Depuis la sortie de ces insectes, je me trouvai très-bien, sans

Effet merveilleux de la teinture de scamonée.

fièvre, sans dissenterie, & avec un très-grand appetit.

J'ai toûjours cru que ces deux vers extraordinaires étoient l'effet de quelque poison, soit qu'on me l'eût donné pour me faire périr, soit que je l'eusse pris en mangeant des fruits ou en goûtant des racines dans les bois.

Je m'apperçûs deux jours après que je rendois du sang, dont la quantité qui s'augmentoit de jour en jour, faisoit croître mon appetit. Cela fut cause que je mangeai deux ou trois fois avec peu de discretion, & que ma dissenterie revînt. Mais comme à la reserve du sang qui me faisoit quelque peine, elle ne m'empêchoit plus d'agir, parce qu'elle n'étoit plus accompagnée de fiévre, je me vis en état d'aller à la Basseterre le 27. Avril, pour être present à la lecture des Patentes que nous avions reçûës de Rome, pour reconnoître le Pere Cabasson, en qualité de Vicaire general de nôtre Congregation, & de Préfet Apostolique de nos Missions.

Je demeurai dans nôtre Convent du Moüillage jusqu'au mois de Septembre, que je fus obligé de retourner au Fond S. Jacques, pour desservir la Paroisse de Sainte Marie, qui manquoit de Curé.

Je m'occupai pendant ce tems-là à conduire nôtre Bâtiment. Ma maladie, & la mort de deux de nos Maçons François, avoient été cause qu'il étoit allé fort lentement. Je le pressai alors du moins autant que mon mal le pouvoit permettre : car il continuoit toûjours, & il étoit causé selon les apparences par un ulcere que ces vers m'avoient fait dans les intestins, qu'il n'étoit pas aisé de fermer. On m'obligea ou plûtôt on me contraignit par force de prendre plusieurs remedes, aussi inutiles, qu'ils étoient de mauvais goût sans recevoir aucun soulagement.

Le sieur de la Martiniere Medecin entretenu par le Roi, arriva de France en ce tems-là, & apporta une partie d'Ipecacuanha qu'il vouloit vendre aussi cher, que ceux qui le firent connoître les premiers en Europe. Nôtre Superieur vouloit absolument que je prisse ce remede, & ne me donnoit point de repos là-dessus, j'étois enfin prêt de ceder, lorsque j'appris que la proprieté de ce simple étoit de faire vomir : je vis bien alors qu'il ne me convenoit point du tout, de sorte que je refusai absolument de le prendre, résolu de garder mon mal, tant qu'il plairoit à Dieu avec d'autant moins de peine que je ressentois peu de douleur, & que cela ne m'empêchoit pas de vacquer à mes affaires.

Cependant ayant appris qu'une certaine femme de nôtre Paroisse guérissoit infailliblement le flux de sang, je la fus trouver, & la priai de me donner son remede. Elle me fit saigner & purger, & puis je commençai à le prendre. Je ne doutai plus de ma guérison, dès que je vis que mon estomach ne le rejettoit point. Cependant je le pris neuf jours de suite, sans qu'il produisît l'effet qu'il avoit coûtume de produire le deux ou troisiéme jour à tous ceux qui s'en étoient servis. Ma Medecine en parût étonnée, & ne sçavoit à quoi attribuer ce manquement de vertu; mais je la rassûrai en lui disant que je me sentois beaucoup mieux, & qu'il ne falloit pas s'allarmer, parce que mon mal étant inveteré, il ne falloit pas s'étonner si le remede ne produisoit pas son effet aussi promptement qu'il avoit accoûtumé.

Je continuai donc à le prendre. Le lendemain qui étoit le dixiéme jour, je commençai à ressentir l'effet de sa bonté, puisque je ne fus point obligé de me lever pendant la nuit comme je faisois ordinairement cinq ou six fois, & souvent bien davantage. Je fus enfin entierement guéri le douziéme jour. Pour plus grande sûreté, je continuai à le prendre, & à garder le même regime encore six jours, ce qui me guérit si parfaitement, qu'un mois après j'étois méconnoissable tant j'étois engraissé.

Ce remede consistoit en des raclures d'une plante qu'on appelle mahot-cousin pour la distinguer de plusieurs autres plantes, qui portent le nom de cousin. Celle-ci approche beaucoup pour la figure de la feüille à celle du mahot ordinaire dont j'ai parlé dans ma premiere Partie, excepté qu'elles sont beaucoup plus petites; le bois de cette plante est spongieux, souple, liant, foible & presque incapable de se soûtenir lui-même dès qu'il est parvenu à deux ou trois pieds de hauteur, il jette beaucoup de branches qui s'entrelassent dans les halliers où il croît ordinairement, son écorce est verte, mince, & assez adherente au bois qui est gris. Cette plante produit de petites fleurs jaunes composées de cinq feüilles, au milieu desquelles naissent de petits boutons de la grosseur d'un pois herissez de petits piquans crochus qui s'attachent aux habits si facilement, que quand ils sont meurs ils se détachent de

Remede admirable pour la diarrhée & le flux de sang.

Description du mahot-cousin.

leur branches au moindre souffle de vent, ou pour peu qu'on les touche, & s'attachent par tout.

Les racines de cette plante sont en assez grande quantité, elles sont longues, à peu près comme les cercifis, & de la consistence de celles de persil ; elles paroissent grises lorsqu'on les tire de terre, mais dès qu'elles sont lavées & nettoyées elles sont fort blanches. Quand elles sont en cet état, on les gratte ou racle doucement avec un couteau, jusqu'à ce qu'on soit arrivé vers le centre qui est rude & dur, comme celui d'une racine de persil. On le jette comme inutile. On prend une bonne poignée de ces raclures que l'on fait boüillir dans une chopine de lait, à un feu lent, & en les remuant sans cesse ; elles se dissolvent, & font à la fin une espece de boüillie. On y met si on veut un peu de Sucre & de Canelle, qui n'y servent de rien, mais aussi qui n'y peuvent nuire ; & on prend ce boüillon après qu'il a été coulé à travers un linge fin. Ces raclures ne changent point la couleur du lait, & ne lui donnent d'autre goût que celui que lui donneroit un peu de farine de froment. Le Sucre & la Canelle, quand on y en veut mettre, ne servent qu'à le rendre plus agréa-

Composition du remede.

ble. Je croi cependant qu'il vaut mieux s'en passer, parce que le Sucre & la Canelle, quoiqu'en petite quantité ne laissent pas d'échauffer, & c'est ce qu'il faut éviter sur toutes choses dans ces sortes de maladies.

On prend ce remede trois fois par jour. Je le prenois de grand matin après que j'avois dit la Messe. Je mangeois trois heures après l'avoir pris, mais seulement des viandes roties ou grillées, sans potage, ni salade, ni fromage, ni fruits, ni ragoûts, ou autre chose où il pût y avoir des épiceries. Trois heures après ce repas je prenois le second boüillon. Au bout de trois ou quatre heures je soupois comme j'avois dîné, & je prenois le troisiéme en me mettant au lit. Ce remede très simple, comme on voit, aisé à prendre & fort nourissant m'a si bien guéri, que depuis ce tems-là je n'ai ressenti aucune attaque de dissenterie, ni de flux de sang.

Il y a une autre espece de cousin dont toutes les hayes des Basseterres des Isles sont remplies, qui a les feüilles en maniere d'écussons de la largeur d'une piece de trente sols. Sa tige est plus forte que celle dont je viens de parler, elle s'éleve jusqu'à trois ou quatre pieds de hauteur

Seconde espece de cousin.

après quoi elle a absolument besoin d'être soûtenuë, aussi s'entrelasse-t-elle dans tous les arbres qui sont à sa portée. Son bouton est très petit tout couvert de petites épines, par le moyen desquelles il s'attache à tout ce qui le touche.

Feüilles de cousin seches pour la dissenterie.

On dit que ces feüilles sechées & reduites en poudre prises dans du boüillon, ou autre liqueur le poids d'un Ecu, & même de deux Ecus si le mal est opiniâtre, guérissent la dissenterie. Je n'ai point fait l'experience de ce remede.

Troisiéme espece de cousin.

Il y a une troisiéme espece de cousin plus grande que la précedente, on en trouve de sept ou huit pieds de haut. Son écorce est grise, unie, souple, peu adherente. Elle se leve aussi facilement que celle du mahot, & on l'emp'oïe aux mêmes usages, c'est-à dire, à faire des cordes. Le bois qu'elle couvre est blanc, leger, aisé à se secher, il est cassant & de nul usage que pour allumer du feu, sa feüille est longue de cinq à six pouces, sur trois à quatre pouces de large, dentelée par les bords, velüe, & presque aussi piquante que les orties, elle finit en pointe, & elle est d'une couleur verte, brune par-dessus, & beaucoup moins par-dessous. Ses fleurs ne viennent jamais seules, mais plusieurs jointes ensemble comme un bouquet, elles sont composées de cinq feüilles, qui étant ouvertes de toute leur longueur forment une espece d'étoile, le milieu est rempli de petits filets ou étamines, d'un beau jaûne doré. Le pistis se change enfin en un petit bouton tout rond, garni de petites épines assez longues & crochuës, par lesquelles il s'attache aux habits & aux cheveux des passans, & sur tout aux poils des bêtes qui en sont quelquefois toutes couvertes. Ce bouton renferme de petites graines ovales, unies, plus plattes d'un côté que de l'autre, toûjours couplées & accollées deux à deux, de couleur grisatre & assez dures.

On prétend que le suc de cet arbrisseau est bon pour la dissenterie, il est certain qu'il est stiptique.

L'écorce broyée & appliquée en forme de cataplâme sur les ulceres qui suivent ordinairement l'épian, les déchesse & les guérit en assez peu de tems.

La quatriéme espece de cousin dont j'ai connoissance a les feüilles de la figure de celles du persil, mais beaucoup plus grandes, la plante a peu de force, & ne s'éleve guéres à plus d'un pied & demi de hauteur, les fruits de cette espece sont longs comme des fers d'aiguillettes,

Quatriéme espace de cousin.

velus, & dont l'extrêmité est garnie de petites épines crochuës, qui s'attachent à tout ce qui les touche.

Les feüilles infusées dans l'eau chaude font une teinture du même goût & odeur que le Thé, & peut-être de même vertu.

L'Ipecacuanha est de trois sortes, blanc, gris & noir. Nous avons dans toutes nos savannes des deux premieres especes en abondance. La troisiéme qu'on prétend être la meilleure, nous manque, peut-être parce qu'on ne la connoît pas : car de s'imaginer qu'elle ne se trouve que sur les mines d'or qui sont aux environs de Rio Geneiro, ou riviere de Janvier ancienne Habitation des François au Bresil sous le Tropique du Cancer, & qu'un homme n'en peut recueillir qu'une douzaine de livres par an, c'est une fable ou un prétexte pour la vendre plus chere. Qu'elle soit meilleure que les deux autres especes, c'est-à-dire, que son operation soit plus prompte, & son effet plus dangereux, c'est dans quoi je ne dois pas entrer, puisque ce n'est pas mon métier, & que ceux qui se mêlent de l'employer conviennent que l'Ipecacuanha blanc ou gris est plus doux, & que les femmes, les enfans, &

ceux qui sont d'une complexion foible, doivent s'en servir préferablement au noir, donc l'opération est plus vive, plus forte, & plus dangereuse.

Monsieur Reynau Ingenieur General de la Marine étant venu aux Isles en 1701. avec M. de la Boulaye, pour voir l'état du païs, & tracer les Fortifications qui y seroient necessaires, fit connoître cette plante à M. Auger Gouverneur de la Guadeloupe qui me la montra. Sa feüille est ronde, dentelée, d'un verd brun, tâchetée de petites pointes rouges, elle est rude, parce qu'elle est couverte d'un petit duvet presque imperceptible, piquant à peu près comme les orties. Ses branches courent & rempent sur la terre sans s'élever, leur écorce qui est assez mince est d'un rouge obscur, le bois est gris ou blanc, spongieux, mollasse, flexible, en assez grande quantité, & garni de beaucoup de feüilles. Les fleurs sont blanches, composées de cinq feüilles avec un petit bouton, qui produit des bayes brunes, qui renferment de petites semences en forme de lentilles de couleur jaunâtre, dures & ameres.

Ipecacuanha blanc & gris.

La racine est longue, menüe, noueüse, & de la couleur de son espece, c'est-à-dire, blanche ou grise.

L'effet qu'elle produit est de faire vomir une bile acre, dont l'acide corrompt les alimens, & excorie les intestins, après quoi il resserre par une opération qui lui est particuliere. Ce sont ces deux choses propres uniquement à l'Ipecacuanha qui le font regarder comme le remede le plus specifique qu'on ait encore trouvé pour la dissenterie & le flux de sang, & qui durera selon les apparences jusqu'à ce qu'on mette quelque nouveau simple à la mode qui éclipse celui-ci, comme il est arrivé à tant d'autres, dont à peine on connoît à present le nom, quoique dans le tems de leur vogue on ne parlât par tout que de leurs vertus, & des effets miraculeux qu'ils produisoient.

Je n'ai point été dans le païs qui produit seul, à ce qu'on dit, le veritable Ipecacuanha, ainsi ce que j'en vais dire, est sur la foi d'autrui.

L'Ipecacuanha brun ou noir comme on le voudra appeller a les feüilles assez semblables à celles de la parietaire, pointuës aux deux extrêmitez, partagées par une nervure, d'où sortent plusieurs rameaux, elles sont d'un verd brun par-dessus, plus pâles par dessous, charnuës, molles, & couvertes d'un petit duvet rude. Les fleurs qui sortent à côté du pedicule qui soûtient les feüilles sont par bouquets de dix, douze, ou quinze ensemble, elles sont composées de cinq petites feüilles blanches, & d'autant d'étamines de même couleur; ausquelles succedent des bayes d'un rouge brun, qui sont remplies d'une pulpe blanche qui renferme de petites graines ou semences dures, de couleur jaunâtre, de la figure des lentilles.

La racine étant tirée de terre doit être sechée à l'ombre, & non pas au Soleil. Lorsqu'elle est nouvelle & sechée comme je viens de dire, elle est très-amere, & elle picotte la langue par son amertume; c'est ce qui fait qu'on la croit chaude & seche au second degré.

Preparation de la racine.

Elle produit les mêmes effets que les deux autres especes, mais avec plus de force & de promptitude, & par consequent plus de danger.

On prend une dragme ou deux de cette racine, on la pile, & on la met en infusion pendant une nuit, dans du vin mêlé d'égale quantité d'eau. On la passe par un linge après l'avoir un peu fait boüillir sur le feu, & on la donne ainsi au malade.

Il est certain que cette racine & quantité d'autres simples qui viennent de l'Amerique produiroient toûjours les mêmes effets, comme ils les produisoient lorsqu'on a commencé à s'en servir, si on les avoit aussi bons & aussi reçens qu'on les avoit pour lors, & que ceux qui les ordonnent, ou qui les préparent n'y voulussent mettre rien de leur invention, & s'en tenir à la premiere recette ; mais à force de changer la maniere de les accommoder, & à force d'être gardez dans les Boutiques sans être renouvelez, ils perdent tout leur suc & leur vertu, comme il est aisé de voir, en les goûtant ; & les differentes manieres de les préparer, achevent de les gâter.

Cette plante aime les lieux humides, & ne veut point être cultivée. On a remarqué que celles qu'on a cultivées dans des jardins, n'avoit presque aucune vertu.

Jean de Laët dans le quinziéme Livre de sa Description des Indes Occidentales Chapitre dix-huitiéme, fait mention d'une plante qu'il appelle Igpecaja ou Pigaia qui guérit la dissenterie. Il dit, que son tuyau est haut d'une demie coudée, & sa racine de même longueur, il dit, qu'elle ne produit que quatre ou cinq fueilles de fort mauvaise odeur. Que sa racine étant pilée & laissée une nuit dans l'eau au serain, & passée ensuite par un tamis, & donnée à un malade, le purge d'une maniere, qu'elle arrête en même tems le flux de ventre.

Quoique cette Description ne convienne pas tout-à-fait à l'Ipecacuanha, j'aime mieux croire que c'est la même chose, mal expliquée, & mal nommée.

CHAPITRE XI.

Assassinat commis à la Martinique. Punition & mort très-chrétienne de l'assassin.

Pendant que je demeurois au Moüillage pour rétablir ma santé, & faire travailler au Bâtiment de nôtre Convent, il arriva que le Jeudy 25. Juin étant sorti de la Maison un peu avant le jour, pour mettre mes Ouvriers en besogne, j'entendis du bruit dans une maison qui étoit vis-à-vis de nôtre Eglise. La curiosité m'en fit approcher de plus près pour voir ce que c'étoit, & comme je connoissois le Maître de la maison, je ne fis point difficulté d'y entrer ayant trouvé la porte de la Boutique ouverte. Je fus surpris d'entendre qu'il tomboit quelque liqueur du plancher, dont quelques gouttes tomberent sur mon habit. Je sortis pour voir ce que c'étoit, & je fus bien étonné quand je vis que c'étoit du sang, qui continuoit de tomber à travers le plancher. J'appellai le Maître de la maison, & un jeune homme qui logeoit avec lui depuis quelque tems, à qui j'avois donné les derniers Sacremens depuis douze à quinze jours, parce qu'il avoit été attaqué de la maladie de Siam. Mais voyant que personne ne me répondoit, quoique j'entendisse du remuement dans la chambre, je ne doutai point qu'il ne fût arrivé quelque meurtre. C'est pourquoi j'appellai de nos Negres pour venir avec moi. La premiere pensée qui me vint, fut que le Maître de la maison, qui étoit fort brutal, & fort sujet au vin, avoit tué le jeune homme qui logeoit chez lui. Cet homme s'appelloit Croissant. Il étoit de Paris, fils à ce qu'on disoit, d'un Chandelier demeurant à la Porte Saint Denis aux trois Croissans.

Assassinat du nommé Croissant.

Je montai doucement à la chambre, & l'ayant trouvé entre ouverte, je voulus entrer ; mais je fus repoussé assez rudement par ce jeune homme, qui ferma la porte sur lui au verouïl, & lui ayant demandé

demandé d'où venoit ce sang qui tomboit du plancher, il me répondit, que ce n'étoit rien. Je connus alors que je m'étois trompé, & que c'étoit Croissant qui avoit été assassiné. Comme je l'entendois encore se remuer, & se plaindre je descendis, j'appellai du monde, & ayant fait apporter une pince de fer, je fis enfoncer la porte, afin de voir si le blessé seroit encore en état de recevoir quelque assistance spirituelle ou corporelle. Nous trouvâmes le jeune homme à demi vêtu, couché dans son lit, qui faisoit semblant d'avoir peur que nous ne fussions venus pour le tuer, comme on avoit tué Croissant, à ce qu'il disoit. Nous le découvrîmes enfin renversé sous des matelas, des chaises & des tables, qui expiroit, tellement meurtri, & défiguré, que cela faisoit horreur.

On saisit le jeune homme On remarqua qu'il avoit la naissance des ongles toute pleine de sang, ce qui ayant donné lieu de le faire déchausser, on vit que ses pieds, ses jambes, & ses genoux en étoient tous remplis ; & comme il lui manquoit beaucoup de cheveux d'un côté, on s'apperçût que Croissant les tenoit dans sa main. Cet assassinat dont il étoit facile de connoître l'auteur nous surprit tous :

car ce Croissant étoit un homme extrémement robuste & vigoureux, qui auroit mis en pieces dix personnes comme ce jeune homme, qui n'avoit que dix-neuf ans, d'une complexion fort délicate, & qui ne faisoit que relever du mal de Siam, qui l'avoit réduit à l'extrêmité. On trouva dans un coin de la chambre le marteau dont il s'étoit servi pour commettre ce meurtre, il étoit tout rouge de sang, ce qui ayant donné lieu de chercher l'épée ou le poignard, dont il paroissoit plusieurs coups dans le corps du mort, on trouva enfin un couteau ensanglanté dans la paillasse du lit où ce jeune homme couchoit, qui fut reconnu par un des assistans, pour être celui-là même que ce jeune homme lui avoit emprunté deux jours auparavant, & qu'on lui avoit vû aiguiser la veille avec beaucoup de soin.

Le cadavre ayant été visité par les Chirurgiens fut trouvé blessé de vingt-trois coups de marteau & de couteau; & le jeune homme ayant été conduit en prison, on lui fit son procès. Il m'envoya prier de l'aller voir, j'y fus; il me conta tout le détail de sa mauvaise action, & me dit, qu'il l'avoit niée au Juge, & qu'il étoit resolu de ne la confesser jamais. Je lui dis, que la défense étoit de droit naturel, mais que son crime étoit si clair, qu'il ne me paroissoit pas qu'il y eût aucun moyen d'échapper la mort en le niant, & qu'ainsi il étoit obligé de l'avoüer, pour mettre en repos la conscience des Juges, & pour faire connoître, qu'il n'avoit été conseillé, ni aidé de personne pour commettre ce meurtre. Comme le procès étoit en état, il fut jugé le lendemain, & ensuite conduit au Conseil, où son jugement fut confirmé, & lui renvoyé au Fort S. Pierre pour être rompu vif, & puis étranglé devant la maison où il avoit commis le crime.

Je l'avois disposé pendant qu'on instruisoit son procès à faire une confession generale, & je me servis des deux jours qu'il demeura en prison après son jugement, pour la lui faire faire. Il envoya chercher le Juge & le Greffier, & leur dit, que quoiqu'il n'eût jamais avoüé qu'il étoit l'auteur du meurtre de Croissant, il l'avoüoit à present, & leur confessoit qu'il l'avoit commis seul, sans l'assistance, ni le conseil de qui que ce fut; qu'il y avoit été porté par la crainte que Croissant ne fît vendre à vil prix quelques marchandises qu'il avoit, comme il l'en avoit menacé, pour se payer de ce qu'il lui devoit pour sa nourriture depuis qu'il étoit chez lui ; qu'il avoit attendu que Croissant fut bien endormi, après s'être retiré fort tard & fort ivre ; qu'il l'avoit frappé d'abord d'un coup de marteau dans la temple, & d'un autre coup sur le front ; que Croissant l'avoit pris par les cheveux, mais que comme il étoit étourdi de ces deux coups, il avoit eu le tems de le frapper d'un coup de couteau dans la gorge, & de tous les autres coups dont on l'avoit trouvé blessé. Le Greffier écrivit cette confession sur son Registre, & la fit signer au coupable.

 Je me rendis de grand matin à la prison le jour qu'il devoit être executé, pour passer la journée avec lui. Le Geolier ayant quelque affaire en Ville me pria de fermer la porte de la prison après lui, & de la lui ouvrir quand il reviendroit. Les autres prisonniers étoient renfermez dans les chambres ; de sorte que je me trouvai seul avec ce jeune homme assis sur un banc dans la cour ; il est vrai qu'il avoit les fers aux pieds. Il me vint en pensée de le faire sauver, puisque j'en trouvois l'occasion si favorable. Je le lui dis en même-tems, & je l'avertis qu'il n'y avoit point de tems à perdre, & que

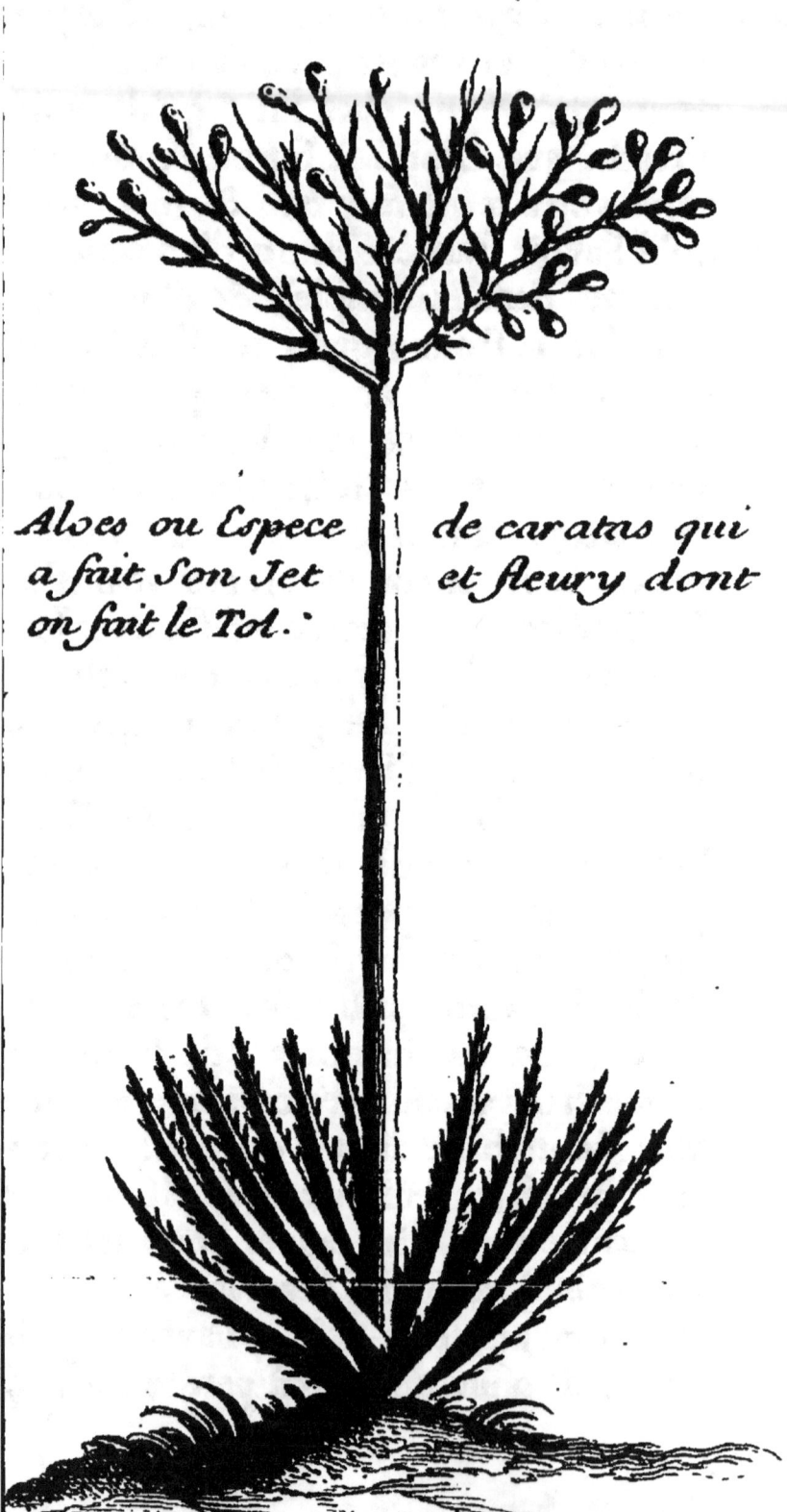

Aloes ou Espece de caratas qui a fait Son Jet et fleury dont on fait le Tol.

s'il vouloit s'aider, je lui donnerois le moyen de se cacher chez de mes amis jusqu'à ce qu'on pût le faire embarquer. Je lui montrai le marteau & le ciseau pour se déferrer, & la clef qui étoit à la porte. Il se mit à rêver, & je voyois qu'il étoit combattu entre ce que je lui proposois, & ce qu'il se sentoit inspiré de faire. A la fin je m'impatientai voyant qu'il ne prenoit point de resolution ; je lui dis que les momens étoient précieux, & qu'en pareille occasion il n'y avoit pas tant à déliberer. Mais sa réponse me surprit encore plus que son crime n'avoit fait. Mon Pere, me dit-il, je vous remercie de vôtre bonté, vous ne me connoissez pas comme je me connois ; je suis naturellement méchant ; j'ai commis un grand crime, & quoique ce soit le premier, Dieu qui permet que la Justice m'en châtie, me fait comprendre dans ce moment qu'il vaut mieux que je souffre la mort pour l'éfacer, en ayant autant de regret qu'il m'en inspire à present, que de me mettre en danger de n'avoir pas ce même regret quand j'en aurai commis un autre peut-être plus grand, auquel mes mauvaises inclinations me portent. J'admirai la force de la grace dans ce jeune homme, & je passai avec lui le reste de la journée à parler de Dieu.

L'heure du supplice étant arrivée, je l'y accompagnai. Il se mit à genoux devant nôtre Eglise sans qu'il y fut obligé par sa Sentence, ni que je le lui eusse inspiré, & après avoir demandé pardon à Dieu de son crime, il le supplia de vouloir recevoir la peine qu'il alloit souffrir pour les pechez de celui qu'il avoit tué. Il me pria ensuite de demander pardon pour lui à tous les assistans du mauvais exemple qu'il leur avoit donné, les avertir de se rendre sages à ses dépens, & leur demander quelque part dans leurs prieres. Il monta après cela sur l'échafaut, se mit à genoux, se reconcilia encore une fois, & après que je lui eûs donné la derniere absolution il se dépoüilla, s'étendit sur la croix, & reçût les coups avec tant de constance, qu'il ne dit jamais autre chose pendant ce tourment que deux ou trois fois le nom de Jesus d'une voix fort moderée. Je levai le mouchoir que je lui avois jetté sur le visage lorsque le Boureau le frapoit, & l'ayant exhorté à former un dernier acte de contrition, & de confiance en la misericorde de Dieu, pendant que le Boureau descendoit sous l'échafaut pour

Mort chrétienne de Bassalin.

l'étrangler, il leva les yeux au ciel quand il sentit les premieres étreintes de la corde, & les tournant ensuite sur moi d'une maniere pleine de douceur, il expira comme un prédestiné. Je dois avoüer ici qu'après un si grand crime, sa mort ne laissa pas de toucher très-sensiblement tous les assistans, tous pleuroient, le Juge même, & le reste de la Justice se retirerent avant que l'Executeur commençât à le fraper, personne n'ayant le courage de voir tant de contrition, tant de resignation, & tant de fermeté dans un âge si tendre. Je voulus m'acquitter de ce que je lui avois promis, & le recommander aux prieres des assistans, mais les larmes ayant bien-tôt étouffé le discours que j'avois commencé, je suivis tout le peuple qui entra dans l'Eglise pour prier Dieu pour lui.

Je l'enterrai au commencement de la nuit dans nôtre Cimetiere à côté de celui qu'il avoit tué, & j'aurois eu de quoi garnir de linceuls tout un Hôpital si j'avois voulu recevoir tous ceux qu'on m'apporta pour l'ensevelir.

Il s'appelloit Loüis ***. Il étoit fils d'un Marchand de l'Evêché de Nantes, où il avoit des parens riches & assez considerables.

CHAPITRE XII.

Nombre extraordinaire de fols à la Martinique. Mort de plusieurs Religieux.

JE ne sçai quelle Etoile avoit passée sur la Martinique cette année, mais on n'y avoit jamais vû un tel désordre, & un si grand nombre de fols. Beaucoup de gens sans fiévre, & sans aucun autre mal apparent eurent des transports au cerveau, perdirent le jugement, & se mirent à courir les ruës où ils faisoient mille extravagances.

Histoire d'un fol, & d'un de nos Religieux.

Un d'eux étant venu sonner à la porte de nôtre Convent, le Pere Cabasson nôtre Superieur qui se trouva dans la salle, alla lui ouvrir. Ce fol qu'on ne connoissoit pas encore pour tel, lui demanda s'il n'étoit pas le Superieur, & ayant sçû qu'il l'étoit, il lui dit ; je croi que vous êtes assez homme de bien pour desirer d'être Saint, & comme je vous aime, je suis venu exprès ici pour vous tuer, afin de vous faire martyr : & en disant ces paroles, il tira un grand couteau de sa poche. Le Pere Cabasson qui n'aspiroit pas si haut, & qui se contentoit de mourir Confesseur, lui ferma la porte au nez, qu'il baricada par derriere. Merlet, c'étoit le nom de ce fol, fut fort scandalisé de ce procedé, & dit, en se retirant, & remettant son couteau dans sa poche, cet homme m'a bien trompé. Je croyois qu'il avoit envie d'être Saint, mais puisqu'il en a perdu l'occasion, il ne me trouvera pas toûjours d'humeur à lui procurer l'honneur du martyre, il viendra dix fois me le demander avant que je le fasse.

Le même fol étant venu le lendemain dans la Sacristie lorsque je me déshabillois après avoir dit la Messe, me dit, qu'il avoit un avis a me donner, qui étoit, que si je ne disois pas la Messe plus vîte, il m'apprendroit à lire. Ce compliment ne me plut point du tout : il étoit armé d'un gros bâton, j'étois seul avec lui, & il en auroit mangé quatre comme moi. Je crus qu'il falloit joüer d'adresse pour me tirer de ce mauvais pas. Ah, Monsieur Merlet, lui dis-je, il y a long-tems que je cherche l'occasion de vous donner à déjeûner, je vous ai obligation, il ne faut pas que vous m'échappiez aujourd'hui, & sans lui donner le tems de me répondre, je le pris par la main comme pour le conduire au Convent; mais en passant par l'attelier où étoient nos Tailleurs de pierre, je lui fis donner un déjeûné de coups de regle, dont il eut sujet de se souvenir pendant quelque tems. Je fis ensuite mes plaintes à la Justice, qui fit enfermer sept ou huit de ces fols, qui auroient enfin causé du désordre.

Il y en avoit déja eu quelques-uns qui s'étoient noyez, d'autres s'étoient brisez en tombant du haut des arbres & des falaises, où ils étoient montez pour s'exercer à voler en l'air. La prison & le bâton en rendirent quelques-uns un peu plus sages, & entr'autres Merlet, qui depuis ce tems-là ne voulut plus venir chez nous, & lorsqu'il me rencontroit dans les ruës, il rebroussoit chemin, ou bien il entroit dans quelque maison pour m'éviter.

Il y eut le Chirurgien d'un Vaisseau qui ne fut pas si heureux. Son Capitaine le voulut faire mettre aux fers pour arrêter le cours des extravagances qu'il faisoit à tous momens; il s'échappa des mains de ceux qui le tenoient, & sauta à la mer; mais il eut le malheur de tomber auprès d'un puissant Requien qui le reçût un peu plus discourtoisement, que la Baleine ne reçût autrefois le Prophete

Jonas : car il lui emporta la tête, & auroit entraîné le reste du corps, si des Matelots qui étoient dans une Chaloupe ne l'en eussent empêché.

La petite verolle succeda à la folie ; elle s'attacha aux Negres, dont elle emporta un très-grand nombre, comme elle avoit emporté l'année précedente quantité de femmes blanches.

La petite verolle & le mal de Siam emportent beaucoup de monde.

La maladie de Siam recommença ses ravages plus fortement qu'elle n'avoit encore fait. Entre un très grand nombre de gens qu'elle emporta, ceux qui furent les moins regrettez, furent une troupe de Commis, qui étoient venus avec un nommé la Bruneliere, habile homme, s'il en fut jamais dans le métier de Zachée. Ils avoient amené une petite Fregatte pour courir autour des Isles, & empêcher que personne ne pût faire le Commerce avec les Etrangers, quoique selon le bruit commun, ils n'eussent pas de scrupule là dessus, quand ils pouvoient le faire pour leur compte. Comme cela n'accommodoit ni les François, ni les Etrangers, deux Bâtimens Anglois ou se disans tels, la rencontrerent sous la Dominique, lui firent une querelle d'Allemand, & la maltraiterent beaucoup. Cela joint au mal de Siam débarassa les

Isles de presque tous ses Commis, quoique trop tard : car ils avoient déja fait plus de mal, qu'on ne pourra peut être jamais en reparer.

Les Ordres Religieux qui ont des Missions aux Isles, ne furent pas exempts des funestes influences de cette année. Outre plusieurs Jesuites qui moururent du mal de Siam, à la Martinique & à la Guadeloupe, le Superieur de leur Mission à Cayenne fut étouffé dans une piece de Cannes, où le feu s'étoit mis par accident. Son zele pour le bien de sa Compagnie l'emporta si loin, que quand il voulut se retirer, il ne fut plus tems. La fumée l'étouffa. On le trouva même un peu grillé, tenant encore son Crucifix entre ses bras. C'étoit un homme d'une très-grande pieté, & qui meritoit un meilleur sort ; mais on va au ciel par toutes sortes de voyes, pourvû que Dieu nous trouve prêts quand il nous appelle.

J'ai oublié de marquer en son lieu qu'on avoit pris possession de la partie Françoise de Saint Christophle vers les Fêtes de Noël de l'année précedente. Les Carmes Chaussez de la Province de Touraine y avoient une Habitation tant à eux qu'à leurs Créanciers, qui avoit été ruinée comme les autres pendant le long-tems que les Anglois en avoient été maîtres. Les Carmes établis à la Guadeloupe y envoyerent un de leurs Religieux pour prendre possession de leurs Terres, & conserver leurs droits ; mais celui-ci ayant trouvé l'Eglise, le Convent & la cuisine entierement ruinez, en conçût tant de douleur, que le mal de Siam l'ayant attaqué dans le même-tems, il ceda à tant de maux, & mourut en très-peu de momens.

Les Capucins eurent leur part de ce désastre commun. Ils avoient un de leurs Peres à l'Isle Saint Martin, qui étoit un bon petit homme, autant de mes amis qu'on le pouvoit être. Il se broüilla avec un Caraïbe libre nommé Loüis, qui le servoit par amitié depuis assez long-tems, & les suites de leur broüilleries furent si terribles, que le Caraïbe lui coupa la gorge. Les Habitans étant venus le matin pour entendre la Messe, furent fort surpris de ne voir ni le Capucin, ni son Caraïbe. La curiosité en ayant porté quelques-uns à regarder au travers des roseaux qui palissadoient la maison, ils apperçûrent le Capucin étendu par terre ; on enfonça la porte, & on trouva que ce pauvre Religieux avoit réellement la gorge coupée, & plusieurs au-

Capucin assassiné.

tres blessures. Comme il étoit évident que c'étoit le Caraïbe qui avoit fait le coup, on le chercha avec tout le soin possible, mais inutilement. Ce ne fut qu'environ un an après, qu'un Chasseur trouva les restes de son cadavre au pied d'un arbre où il paroissoit, qu'il s'étoit pendu ; du moins y avoit-il encore un bout de corde attaché à une branche au-dessus du cadavre. On trouva dans le centre des branches un fusil, & quelques autres choses qu'il avoit volées au Capucin.

Le Pere Casimir Jun*l*ire Vicaire Provincial des Religieux de la Charité, s'en alla en l'autre monde d'une maniere aussi funeste que la précedente, quoique toute differente. Il faisoit faire un défriché dans les terres qu'ils ont au Morne-Rouge de la Martinique, afin d'y planter des Cacoyers. Il eut envie de voir l'effet qu'un très gros arbre qu'on abbattoit feroit en tombant. Les Negres qui y travailloient & un autre Religieux plus experimenté que lui, lui dirent bien des fois de changer de place, & de s'approcher du pied de l'arbre, où il y a toûjours moins de danger que dans tout autre lieu : il ne jugea pas à propos de suivre leurs conseils, & demeura où il étoit ; l'arbre tomba enfin, sa curiosité

Religieux de la Charité écrasé.

fut satisfaite, mais il en porta les nouvelles en l'autre monde, car il en sentit tout le poids. Une des grosses branches de cet arbre ayant attrapé en passant celui derriere lequel ce curieux s'étoit posté, le renversa par terre, & l'arbre en tombant le renversa aussi, & l'enterra si bien qu'on fut plus de deux heures à le chercher ; & quand on l'eût découvert & retiré de dessous cet arbre, il étoit tellement brisé, qu'il sembloit qu'on l'eût pilé dans un mortier.

Pour nous qui étions demeurez les derniers à nous ressentir de ces malheurs, nous ne fûmes pas pour cela les plus mal partagez. Le Pere Estret qui m'avoit succedé dans la Charge de Procureur-Syndic de Nôtre Mission de la Martinique se blessa grievement en tombant de cheval, & comme c'étoit auprès de la riviere, & qu'il faisoit un orage épouventable de pluye, la riviere en se débordant l'entraîna à la mer, qui eut la civilité de le reporter sur le rivage où on le trouva le lendemain matin. Ce malheur arriva le Jeudy au soir 26. Novembre.

Il y avoit environ trois semaines que j'avois quitté la Paroisse de Sainte-Marie, pour venir desservir celle de la Grande-

Le Syndic des Jacobins est noyé.

Ance, en attendant que le Religieux qui en étoit nommé Curé fût arrivé de la Guadeloupe, où je devois aller prendre le soin & l'administration de nôtre temporel. Le Pere Estret étoit venu chez moi chercher trois cent écus que j'avois reçû pour le compte de nôtre Maison d'un Marchand de la Basseterre.

Pendant que nous dînions le tems se mit à la pluye, qui augmenta de telle sorte, qu'il n'y avoit aucune apparence qu'il pût s'en retourner au Fonds Saint Jacques. Je fis tout ce que je pus, pour le retenir à coucher, & n'en pouvant venir à bout, je le fis accompagner par un grand Negre, pour l'aider à passer les rivieres. Il s'en servit seulement pour les deux premieres, c'est-à-dire, la riviere du Lorrain & la riviere Macé, après quoi il me le renvoya. Il trouva au Bourg du Marigot quelques Habitans de Sainte-Marie, que le mauvais tems empêchoit d'aller plus loin, qui le presserent très fort de s'arrêter avec eux, mais il n'y eut pas moyen : il voulut continuer son voyage, & contre son ordinaire, il faisoit marcher son cheval si doucement, malgré la grosse pluye qui tomboit, qu'un de ces Habitans dit, qu'il sembloit qu'il alloit à la mort ; à quoi un Officier répondit vous avez raison, aſſûrément il se noyera en paſſant quelque riviere, & si nous partons demain de bonne heure, nous trouverons son corps au bord de la mer. Ce fut une veritable prophetie : car cet Officier nommé Monsieur de Survilliée alors Capitaine d'une Compagnie de la Marine, qui étoit son ami particulier, & qui avoit fait tous ses éforts pour l'empêcher de continuer son malheureux voyage, étant parti le lendemain matin du Marigot pour s'en retourner chez lui à Sainte-Marie, trouva les Negres de Nôtre Habitation, qui enlevoient le corps que la mer avoit rejetté sur le bord de l'Ance, & il eut la bonté de m'en donner avis.

Comme le Pere Eſtret n'avoit perſonne avec lui, on n'a pû ſçavoir au vrai comment la choſe s'étoit paſſée. Son cheval qu'on trouva tout ſellé dans la ſavanne fait croire que le Pere en étoit tombé, en deſcendant le Morne par un endroit fort rapide, où il avoit coûtume de paſſer pour abreger un peu ſon chemin, & que le coup qu'il avoit à la tête, l'ayant étourdi, il étoit demeuré dans le ruiſſeau, duquel on remarqua la gliſſade du cheval, & qu'il y avoit été suffoqué, ce ruisseau s'étant débordé l'avoit entraîné dans la riviere, qui n'en étoit qu'à huit ou dix pas, & la riviere dans la mer. Cette mort me toucha beaucoup : car c'étoit un fort bon Religieux, & quoiqu'il n'eût pas tout-à-fait les talens necessaires pour l'emploi dont on l'avoit chargé, il y avoit lieu d'esperer qu'il les acquerroit avec le tems. Nos Peres me presserent beaucoup de rompre les engagemens que j'avois pris à la Guadeloupe, & de me charger encore une fois du soin de nôtre temporel à la Martinique. Je ne crus pas le devoir faire ; au contraire, j'écrivis pour presser le départ du Religieux qui me devoit relever, de crainte que la complaisance pour mes amis, ne m'engageât de nouveau dans les embarras du Fond Saint Jacques. On trouva le sac où étoient les trois cent écus dans des broussailles au bord de la riviere, ce qui contribua à consoler un peu nôtre Superieur de la perte de son Syndic.

CHAPITRE XIII.

De la Famille de Messieurs de la Guarigue.

Monsieur de Survilliée dont j'ai parlé dans le Chapitre précedent est Creolle de Saint Christophle. Son nom de famille est la Guarigue. Il est fils du sieur   de la Guarigue premier Capitaine Colonel de toutes les Milices de Saint Christophle.

M. de la Guarigue étoit Parisien, d'une famille considerable par son ancienneté, sa Noblesse, & ses Alliances. Ses parens lui firent prendre le parti des armes étant encore fort jeune, comme le partage ordinaire des cadets. Il servit en cette qualité dans le Regiment des Gardes, qui étoit en ce tems-là l'école de la jeune Noblesse. Il y fut pendant six à sept ans, & se trouva aux Batailles de Fribourg, de Mariandal, de Norlingue, sous le Maréchal de Turenne, & à quelques Sieges qui se firent en Flandres & en Allemagne, depuis l'année 1642. jusqu'en 1648. que la Paix concluë à Munster entre la France, l'Allemagne, la Suede, & les autres Puissances du Nord, lui donnant peu d'esperance d'être avancé, parce qu'on fit alors une grande reforme, il revint chez lui pour se remettre de six Campagnes consecutives qu'il avoit faites, dans lesquelles il avoit eu le malheur d'être blessé trois fois très-dangereusement. Son Oncle le Commandeur de Raucourt qui l'aimoit, crut que l'Amerique lui seroit plus favorable; il l'équipa, & l'envoya à son ami intime le Bailly de Poincy Lieutenant General des Isles Françoises, & Seigneur particulier de celles de Saint Christophle, Sainte Croix, Saint Martin, & Saint Barthelemy, à qui il le recommanda comme un jeune homme de grande esperance, & son neveu.

Le merite personnel du sieur de la Guarigue plûtôt que cette recommendation, lui acquit bien-tôt l'estime du Bailly de Poincy : il le prit en affection, & voulut se charger du soin de sa fortune. Peu de mois après qu'il fut arrivé, il lui donna une Compagnie de Milice, n'y ayant point alors d'autres Troupes dans les Isles. Il l'employa dans toutes les expeditions qu'on fit contre les Anglois pour les chasser de l'Isle de la Tortuë dont ils s'étoient emparez, & contre les Espagnols, sur lesquels on reprit Sainte Croix qu'ils avoient enlevée aux Hollandois; & en diverses autres entreprises qu'on fit sur eux, tant dans les Isles, qu'en Terre ferme jusqu'à la Paix de 1660. il s'acquit beaucoup de gloire & de réputation dans toutes ces occasions, dont il seroit trop long de rapporter le détail.

M. de Poincy voulut enfin le fixer & l'établir. Il lui fit épouser une des filles du sieur de Rossignol Officier des plus considerables, & des plus riches de l'Isle, dont une autre fille épousa ensuite le sieur de Poincy neveu du Bailly de ce nom. Et pour donner au sieur de la Guarigue un rang au-dessus de tous les autres Officiers, & le mettre à la tête de toutes les Troupes, & lui en donner le Commandement, il donna le titre de Compagnie Colonelle à celle que le sieur de la Guarigue commandoit depuis quelques années, qui étoit une des quatre du Quartier de la Basseterre, & si nombreuse, qu'elle seule pouvoit passer pour un Regiment, puisqu'on y a souvent compté plus de neuf cent hommes, comme il est aisé de le justifier par les Rôlles de ce tems-là. Ce fut ainsi que le Bailly de Poincy donna le Commandement de toutes les Troupes de son Gouvernement au sieur de la Guarigue qui n'avoit au dessus de lui, que le sieur de Poincy Neveu du Seigneur de l'Isle, qui étoit Gouverneur particulier : car on ne connoissoit point encore alors dans les Isles les Lieutenans de Roi.

Le Bailly de Poincy étant mort vers la fin de 1660. le Chevalier de Sales qui lui succeda, eut les mêmes égards pour le sieur de la Guarigue; & comme il le connoissoit pour un homme également prudent & brave, & qui d'ailleurs étoit le premier Officier de son Gouvernement, il lui donna toute sa confiance, & ne faisoit rien sans le consulter.

Tout le monde convient que ce fut le sieur de la Guarigue qui empêcha que les Anglois ne surprissent le Chevalier de Sales, à la faveur des Concordats d'une parfaite Neutralité qu'ils avoient signez tout recemment. Il connoissoit leur genie à fond, & sçavoit qu'ils ne voyoient qu'avec une extrême jalousie l'état florissant de la Colonie Françoise de Saint Christophle, & qu'ils mettroient tout en usage pour la détruire, lors qu'ils croiroient le pouvoir faire. Il avertit le Chevalier de Sales de ne se point fier à leurs belles paroles, & ayant sçû par les intelligences qu'il entretenoit chez eux, les mesures qu'ils prenoient, il engagea M. de Sales de se mettre en état, non-seulement de n'être pas surpris, mais de les attaquer, dès qu'on s'apercevroit qu'ils vouloient commencer la Guerre.

Pour bien entendre ce que je vais dire de cette Guerre où le sieur de la Guarigue s'est acquis trop de gloire pour ne lui pas rendre la justice qui lui est dûë, il faut se souvenir de ce que j'ai dit dans la Preface de ma premiere Partie, de la situation de l'Isle de Saint Christophle, & de la maniere dont elle est partagée entre les François & les Anglois. Je le repeterai ici en deux mots pour la commodité du Lecteur.

L'Isle est divisée en quatre Quartiers. La pointe de l'Est, & celle de l'Ouest forment les deux Quartiers François. Les Côtes de l'Isle qui regardent le Nord & le Sud font les deux Quartiers Anglois. La petite riviere de la Pentecôte au Sud-Sud-Ouest separe le Quartier de la Basseterre Françoise, de la Basseterre Angloise. C'est le Quartier principal & le plus considerable des François, la residence du General, le Siege du Conseil, l'endroit du plus grand Commerce : il y avoit une petite Ville, & un Fort qui n'a jamais valu grand chose, & qui a toûjours été fort negligé, la bravoure de nos Insulaires leur ayant toûjours tenu lieu de murailles & de forteresses. La riviere de Cayonne à l'Est Nord-d'Est separe la même partie Françoise d'avec la partie Angloise, qui est au Nord, & qu'on appelle la Cabesterre Angloise. C'est dans cette partie Angloise qu'on trouve la ravine de Nicleton ou à Cabrittes, & le Quartier appellé les cinq Combles, elle peut avoir trois lieuës ou environ de longueur, & se termine à un Cap & une Ravine auprès de laquelle les François ont une espece de Fortin appellé le Fort Loüis. C'est à cet endroit que commence la Cabesterre Françoise, qui regarde le Nord, d'environ trois lieuës & demie de tour, & qui finit à un autre petit Fort situé à la pointe de Sable à l'Ouest où commence la Basseterre Angloise. Les Anglois ont aussi un petit Fort en cet endroit, mais leur Forteresse la plus considerable est à une lieuë ou environ de la pointe de Sable au lieu appellé la grande Rade. On la nomme le Fort Charles. Les deux Quartiers Anglois, c'est-à-dire, celui de la Cabesterre & de la Basseterre se communiquent par un chemin qu'ils ont pratiqué,

au

au travers des bois & des montagnes, qui sont au centre de l'Isle ; mais les Quartiers François ne peuvent avoir de communication que par les chemins ordinaires qui sont près le bord de la mer, qui sont communs aux deux Nations, & qui cessent de l'être dès qu'elles sont en Guerre, aussi-bien que celui des bois & des montagnes que les Anglois gardent exactement, & sans beaucoup de peine dans ces tems-là.

Cette connoissance supposée, il faut sçavoir, que le Roi ayant declaré la Guerre aux Anglois en 1666. ceux des Isles qui n'avoient signé les Concordats d'une parfaite Neutralité que pour endormir les François, & les surprendre plus facilement, firent venir des Troupes de Nieves, Antigues, Monsarrat, & de Saint Eustache, pour grossir les leurs, & attaquer les François avec plus d'avantage, & les détruire entierement.

En effet, on vit le Dimanche 20. Avril 1666. nombre de Barques & de Chalouppes chargées de Troupes & de Milices qui venoient de Nieves, & qui débarquerent à la grande Rade ; & on sçût que le Colonel Morgan Gouverneur de Saint Eustache étoit venu joindre le Colonel Vvasts Gouverneur de la partie

1699.

Angloise de Saint Christophle avec toutes les Troupes & les Milices qu'il avoit pu tirer de son Gouvernement, entre lesquelles il y avoit 360. Boucaniers, sur lesquels il comptoit beaucoup.

Ces renforts ayant beaucoup augmenté les Troupes Angloises de Saint Christophle, déja superieurs aux François de la même Isle, le Colonel Vvatts ne manqua pas dès le lendemain de faire marcher un Corps considerable vers la petite riviere de la Pentecôte, Frontiere des François & des Anglois à la Basseterre.

Le Chevalier de Sales en ayant avis, s'y posta aussi avec les quatre Compagnies de la Basseterre, dont la Colonelle commandée par le sieur de la Guarigue, en étoit une. Quoique ces Compagnies ne fussent pas alors tout-à fait si nombreuses qu'elles étoient quelques années auparavant, il est certain qu'elles faisoient bien plus de monde que ne le marque mon Confrere le Pere du Tertre dans le quatriéme Tome de son Histoire generale des Antilles : il s'est trompé en beaucoup de choses, & il paroît qu'il a écrit sur des Memoires qui lui ont été envoyez par des gens que la passion & l'interêt conduisoient plûtôt, que le desir de faire connoître la verité à la posterité,

J'ai demeuré trop long-tems sur les lieux pour n'être pas informé plus exactement que lui, de tout ce qui s'est passé dans cette Guerre, puisque j'ai vû quantité de gens d'honneur & de probité, qui y étoient presens, & dont en cas de besoin, je pourrois rapporter les témoignages, qui m'ont rapporté avec sincerité, sans passion, & sans interêt, comment les choses se sont passées, ainsi que je le vais dire.

Les Anglois voyant que M. de Sales avoit posté ses Troupes le long de la riviere de la Pentecôte, crurent qu'il demeureroit en cet endroit, qui lui étoit assez avantageux pour y soûtenir leurs efforts, ou que ce seroit par-là qu'il déboucheroit, s'il prenoit le parti de les attaquer. Mais ce n'étoit nullement son dessein. Il ne demeura dans ce poste, que jusqu'à la nuit ; & aussi-tôt qu'elle fut assez noire pour couvrir ses mouvemens, il fit marcher toutes ses Troupes vers Cayonne, à la reserve d'un petit Corps qu'il laissa sur cette Frontiere, avec tous les Tambours des Compagnies, leur ordonnant de faire grand bruit, beaucoup de feux, & quand il seroit jour, bien des marches, & des contre-marches, afin de persuader aux Anglois que

M ij

toutes ses Troupes étoient toûjours campées dans le même endroit. Il arriva à Cayenne vers la minuit, & s'y joignit aux deux Compagnies de ce Quartier-là, qui est la Frontiere des François & des Anglois du côté de l'Est-Nord-d'Est.

Le Mardy 22. Avril il attaqua les Anglois dès la pointe du jour. Il les trouva avantageusement postez de l'autre côté de la petite riviere ou ravine de Cayenne. Il prit la gauche afin d'avoir affaire à la droite des Ennemis, où il sçavoit que le Commandant des Anglois étoit avec ses Volontaires, & afin de voir plus aisément ce qui se passeroit dans l'action, parce que le lieu où il se trouvoit étoit plus élevé que celui de la droite de ses Troupes commandées par le sieur de la Guarigue à la tête de la Compagnie Colonelle.

Je ne sçai où le Pere du Tertre a pris que M. de Sales avoit nommé pour son successeur en cas de mort le Chevalier de Saint Laurent. Il n'y pensa jamais, & quand il en auroit eu la pensée, il n'étoit pas en son pouvoir de le faire. Les Isles n'appartenoient plus à la Religion de Malthe ; il y avoit quatre mois & plus que la Compagnie en avoit pris possession, & il étoit trop sage pour entreprendre une chose de cette nature, qui dans les circonstances présentes pouvoit avoir des suites fâcheuses, puisqu'il connoissoit trop bien les Officiers, pour les croire capables de souffrir ce passe-droit; d'autant plus que le Chevalier de Saint Laurent, le Chevalier de Grimault, & quelques autres dépendans de la Religion de Malthe n'avoient plus aucun caractere dans l'Isle, & ne se trouvoient en cette action que comme simples Volontaires, qui n'étoient demeurez dans le païs que pour achever quelques affaires particulieres, ou pour eux, ou pour leur Religion.

Ce point d'histoire est important, & j'ai cru être obligé de corriger l'erreur de mon Confrere, après avoir fait toutes les diligences necessaires pour me bien informer de la verité. On verra dans la suite, comment le Chevalier de Saint Laurent a eu le Gouvernement de Saint Christophle, & à qui il en fut redevable. Je reviens à mon sujet.

La gauche des Troupes Françoises, où étoit M. de Sales, fit plier après une longue resistance la droite des Anglois, & passa la ravine; mais la droite ayant trouvé devant elle un terrain de très-difficile accès, qui favorisoit extrêmement les Ennemis, fut repoussée jusqu'à deux fois; de sorte que les Officiers & les Volontaires qui étoient encore à cheval, furent obligez de mettre pied à terre pour mieux soûtenir leurs gens; & le sieur de la Guarigue ayant fait cesser le feu, & mettre l'épée à la main, ils grimperent le revers de la ravine, & culbuterent enfin les Anglois dont ils firent un étrange carnage. Ceux-ci se voyant battus des deux côtez, se débanderent, & chercherent leur salut dans la fuite, poursuivis vivement par les François jusques auprès de la ravine de Nicleton, éloignée de près d'une lieuë, de la riviere de Cayonne.

Ce fut en cet endroit que le Chevalier de Sales arrêta ses gens avec beaucoup de peine, afin de leur faire prendre haleine, & les remettre en ordre, se doutant bien que les fuyards s'y seroient arrêtez, comme dans un lieu avantageux.

En effet, ceux qui étoient échappez de la défaite de Cayonne y ayant trouvé un Corps de Troupes qui venoit à leur secours, borderent cette ravine, jetterent quelques pelottons d'Infanterie dans des halliers où ils étoient cachez, ne faisant paroître que quelques Cavaliers çà & là, comme pour observer les mouvemens des François.

Un Officier nommé Saint Amour se détacha pour faire le coup de pistolet avec ces Cavaliers, mais ayant été enveloppé dans le moment, M. de Sales qui s'en apperçût poussa vers lui pour le dégager, suivi de quelques Officiers à qui il donnoit les ordres de cette seconde attaque. Tous se mêlerent avec les Ennemis qui plierent jusqu'à ce que nos gens se trouvant sous le feu d'un de ces pelottons d'Infanterie, en reçûrent une décharge, dont deux coup porterent dans le corps de M. de Sales, & l'étendirent roide mort. Quelques-uns de sa Compagnie furent blessez, & entr'autres le sieur de la Guarigue y reçût un coup de fusil chargé de trois balles dans les reins, de si près, que les trois balles ne firent qu'une seule ouverture. Cette blessure toute grande qu'elle étoit, ne l'empêcha pas de courir à M. de Sales, qu'il ne croyoit que blessé ; mais l'ayant trouvé mort, il le fit couvrir d'un manteau, pour dérober la vûë de cette perte à nos gens, qui voyant l'affaire engagée pousserent les Anglois avec tant de bravoure, qu'ils leur firent abandonner ce passage.

Cependant le sieur de la Guarigue se retira un peu à l'écart, & ayant fait une espece de bouchon ou de tente de son mouchoir, il se le fit enfoncer dans sa playe, pour arrêter le sang, & se fit lier fortement avec son écharpe par son valet à qui il défendit de rien dire. Ayant aussi tôt regagné la tête des Troupes qui s'étoient arrêtées, après avoir poussé les Ennemis, il fut salué par tous les Officiers comme leur Chef, & prié de donner ses ordres, pour achever de défaire les Ennemis, qu'on voyoit se rallier, & prêts à s'unir à un autre Corps de leurs Troupes qu'on sçavoit être campées au lieu nommé les cinq Combles, qui étoit leur quartier d'assemblée de toute la Cabesterre.

Le sieur de la Guarigue sans rien dire de sa blessure, de crainte de faire perdre courage aux Habitans déja ébranlez par la mort de leur Gouverneur, les remercia de la bonne opinion qu'ils avoient de lui, & leur dit, que quoique le commandement lui appartînt de droit comme leur Colonel, il les prioit de le déferer au Chevalier de Saint Laurent, qui avoit toutes les qualitez necessaires pour achever ce qui étoit si heureusement commencé, & que les belles actions qu'il venoit de faire, meritoient qu'on lui fît cet honneur. Le Chevalier de Saint Laurent qui étoit present, s'excusa de prendre le commandement, & dit, que n'étant qu'Etranger & Volontaire, il n'étoit pas juste qu'il prît un poste qui appartenoit au sieur de la Guarigue par toutes sortes d'endroits.

Le sieur de la Guarigue étoit son ami particulier depuis long-tems. Ils s'étoient connns en France, & avoient porté les armes ensemble sous le Maréchal de Turenne, de sorte qu'il étoit bien aise que cette occasion se presentât de contribuer à son avancement. Mais voyant qu'il ne se rendoit point, & les momens étant précieux, il le prit en particulier, & lui dit, qu'il étoit blessé d'une telle maniere, qu'il ne sçavoit s'il porteroit encore loin sa blessure, & qu'il jugea lui-même s'il pouvoit se charger du commandement dans l'état où il se trouvoit. Cette declaration détermina le Chevalier de Saint Laurent à se mettre à la tête des Troupes, du moins jusqu'à ce qu'on eût joint M. de Poincy, qui étoit à la pointe de Sable où il commandoit, quoiqu'il ne fût plus Gouverneur en titre, depuis que la Compagnie étoit en possession des Isles.

Le Chevalier de Saint Laurent prit donc le poste qu'avoit occupé le Chevalier de Sales, & le sieur de la Guarigue prit la droite, comme il l'avoit eu jusqu'alors, & on marcha aux Ennemis. On les trouva aux cinq Combles. Le Corps de Troupes qui y étoit assemblé, grossi par les fuyards des deux premieres défaites, attendit nos gens avec beaucoup de fermeté. Le combat fut long, & la victoire bien disputée; mais les François les ayant à la fin percez, les défirent entierement. On fit peu de prisonniers, parce qu'il ne fut pas possible de moderer la fureur des Habitans irritez par la mauvaise foi des Anglois, & par la mort de leur Gouverneur. Ceux qui échaperent, gagnerent les bois & les montagnes; quelques-uns les traverserent pour aller annoncer leur malheur au gros de leurs Troupes qui étoient au Quartier de la Basseterre à la grande Rade.

Après cette troisiéme action les François ne trouverent plus d'Ennemis à combattre à la Cabesterre Angloise, parce que le Colonel Reins Anglois, qui gardoit leur Frontiere, ayant attaqué les sieurs le Sanois & du Poyer qui étoient campez sur les limites du Quartier François aussi appellé la Cabesterre, avoit été entierement défait, & contraint de se sauver dans les montagnes. On arriva ainsi sans trouver d'obstacles à l'Ance-Louvet, les Troupes étant fatiguées jusqu'à l'excès d'une marche de six lieuës, & de trois combats qu'elles avoient rendus. Ce fut-là où le corps du Chevalier de Sales fut enterré ; & où le sieur de la Guarigue ne pouvant plus supporter la douleur de sa blessure, fut obligé de la declarer, & d'y faire mettre un appareil par le premier Chirurgien qui se rencontra en cet endroit. Mais comme on y apprit que M. de Poincy étoit aux mains avec les Anglois qui l'avoient attaqué avec toutes leurs forces à la pointe de Sable, qui est la Frontiere des François & des Anglois du Quartier de la Basseterre, presque dans le même-tems que nous les attaquions aux cinq Combles, tous ceux qui avoient des chevaux, ou qui en purent trouver, ou qui eurent assez de force, pour faire ce voyage, ne se firent pas prier pour y courir.

Cependant quelque diligence que le Chevalier de Saint Laurent, le sieur de la Guarigue & les autres Officiers pussent faire, ils n'arriverent à la pointe de Sable que sur le soir. On trouva nos François victorieux. Le Colonel Vvasts Gouverneur de la partie Angloise de S. Christophle avoit été tué avec plus de cinq cent de ses plus braves. Il n'étoit resté que dix-sept Boucaniers des 360. que le Colonel Morgan avoit amenez de Saint Eustache, lui même avoit été blessé & mourut sept jours après de ses blessures. Le champ de bataille étoit couvert de blessez, les Anglois avoient abandonnez leur petit Fort ; de sorte que nous étions maîtres de tout leur Quartier jusqu'au Fort Charles de la grande Rade, sous lequel ils s'étoient rassemblez au nombre de près de quatre mille hommes, effrayez à la verité, consternez & sans Chef, mais qui pouvoient encore se faire craindre.

Cette derniere victoire nous avoit beaucoup coûté; outre plusieurs Officiers, Volontaires, & Habitans qui furent tuez, nous y eûmes beaucoup de blessez, & entre les autres M. de Poincy eût la cuisse cassée d'une si étrange maniere qu'il en mourut au bout de 30. jours. Cette blessure ne lui permettant pas d'agir, M. de Saint Laurent fut prié de rechef par le sieur de la Guarigue & les autres Officiers de continuer de les commander. Il l'accepta, & fit pendant la nuit du Mardy au Mercredy 23. Avril toutes les dispositions necessaires pour aller attaquer les Anglois à la grande Rade.

On étoit prêt a marcher quand les Députez des Anglois parurent. On les entendit en présence de M. de Poincy, & du sieur de la Guarigue, & on convint de la Capitulation qu'on leur accorda, suivant laquelle, ils rendirent sur le champ le Fort Charles, leurs armes & leurs munitions, s'engagerent à prêter sermens de fidelité au Roi, s'ils vouloient demeurer dans l'Isle, & autres conditions qui ne sont pas de mon sujet. Cette Capitulation fut signée la nuit du 23. au 24. Avril par le sieur de Poincy, le Chevalier de Saint Laurent, le sieur de la Guarigue, & les principaux Officiers, & exécutée à peu près comme le rapporte le Pere du Tertre.

Ce fut donc au choix que le sieur de la Guarigue fit du Chevalier de Saint Laurent pour Commandant en sa place après la mort de M. de Sales, & aux relations avantageuses qu'il fit de sa bonne conduite, de sa prudence, & de sa valeur, tant à la Cour, qu'au sieur de Chambré Intendant general de la Compagnie, que ce Chevalier fut redevable de la Commission de Gouverneur qu'il reçût vers la fin de Janvier de l'année suivante 1667. dont il a toûjours témoigné tant de reconnoissance au sieur de la Guarigue, que M. Colbert lui ayant écrit quelques années après, que l'intention du Roi étoit de lui donner deux Lieutenans pour le soulager dans l'exercice de sa Charge, & que Sa Majesté agréeroit & nommeroit ceux qu'il auroit choisis pour ces emplois, il jetta aussi-tôt les yeux sur le sieur de la Guarigue, & le pressa de consentir à la nomination qu'il vouloit faire de sa personne au Ministre. Mais celui-ci voyant que tout l'avantage qu'avoient ces nouveaux Officiers seroit l'entrée & la voix délibérative au Conseil de l'Isle, sans aucune autre utilité, il préfera le Commandement de toutes les Milices à cet emploi, qui ne lui auroit donné que le pas, ayant déja depuis long-tems séance & voix délibérative au Conseil superieur de l'Isle. Ainsi il remercia son ami, & est demeuré Chef des Milices de Saint Christophle, jusqu'à ce que les Anglois nous en chasserent en 1690.

La blessûre que le sieur de la Guarigue avoit reçûë au combat de la ravine de Nicleton se trouva si considerable, & les mouvemens qu'il s'étoit donnez depuis qu'il l'avoit reçûë, l'avoient tellement augmentée, qu'on désespera long-tems de sa vie. On ne pût retirer que deux balles, la troisiéme ne pût être trouvée. Elle coula dans les chairs depuis les reins jusqu'au dessous du jaret où on la touchoit trente-six ans après, & d'où il auroit été facile de la tirer, s'il avoit été alors dans un âge à pouvoir supporter une pareille opération. Mais quoiqu'elle lui causât souvent de grandes douleurs, cela ne l'a jamais empêché d'être par tout où il s'agissoit du service de son Prince, & du bien des Colonies.

A peine étoit-il guéri, qu'il se trouva le 9. Février 1667. à l'attaque & à la prise de l'Isle de Monsarrat sur les Anglois. Il commandoit sous M. de Saint Laurent un Bataillon de cinq cent hommes des Milices de Saint Christophle, qui ne contribuerent pas peu à la prompte reduction de cette Isle, & de celle d'Antigue.

Les nouvelles des pertes que les Anglois avoient faites en Amerique, obligerent le Roi d'Angleterre & la Compagnie Angloise, d'envoyer de puissans secours d'Hommes & de Vaisseaux pour conserver ce qui leur restoit aux Isles. Ils se crurent même en état d'entreprendre sur les François, & d'avoir à leur tour un avantage sur eux, qu'ils n'avoient encore jamais eu. Après que leurs Vaisseaux eurent long-tems bloqué Saint Christophle, & que par des marches & contre-marches, ils crurent avoir assez fatigué les François ; ils firent enfin leur descente le 18. Mai 1667. entre la pointe des Palmistes, & la ravine Pelan, avec beaucoup d'ordre, & se mirent en mouvement pour gagner le dessus de la Falaise par un chemin assez étroit qui y conduisoit.

Le Chevalier de Saint Laurent qui avoit disposé ses Milices, & les Troupes, reglées qui lui étoient venuës depuis peu le long de la côte, & sur tout aux endroits qui lui paroissoient plus favorables aux Anglois, que celui où ils s'arrêterent, voyant qu'ils débarquoient en cet endroit, y courut avec le peu de Cavaliers qui se trouverent avec lui. Le Pere du Tertre dit, qu'il n'y en avoit que dix, & il en nomme neuf. Il pouvoit sans craindre de se tromper, nommer le sieur de la Guarigue qui y étoit très-certainement selon le témoignage de tous ceux que j'ai vûs, qui avoient été témoins oculaires de cette action, où ceux qui s'y trouverent, acquirent beaucoup de gloire ; mais où le fils du sieur de l'Esperance n'eut aucune part, quoique le Pere du Tertre l'y fasse trouver, ayant oublié qu'il l'avoit mis au nombre de ceux qui avoient été tuez l'année precedente au combat de la pointe de Sable.

M. de Saint Laurent & ses dix Cavaliers ayant mis pied à terre, soûtinrent pendant un quart d'heure tous les efforts des Ennemis, qui s'efforçoient de s'ouvrir le passage, & donnerent le tems aux Troupes reglées, & aux Milices qui étoient les plus proches, de les joindre. Alors le sieur de la Guarigue se mit à la tête des Troupes qui étoient sous son commandement, & on resista non-seulement aux tentatives réïterées que les Anglois firent pour pénétrer dans le païs, mais on les alla attaquer jusques sur le bord de la mer.

Comme le sieur de la Guarigue connoissoit parfaitement bien le païs, ce fut lui qui posta les Troupes aux endroits qui devoient être gardez plus soigneusement, & qui par la sage prévoyance qu'il eut de garnir de monde certains passages, dont les Ennemis tenterent plusieurs fois de s'emparer, assura à ses Compatriotes une victoire des plus signalée, & des plus complette. En effet, outre huit Drapeaux, & plusieurs Tambours qu'on leur enleva, on leur tua sur la place plus de sept cent hommes ; on fit presque autant de prisonniers, & on prit quelques Chaloupes & Batteaux plats dont ils s'étoient servis pour mettre à terre. On n'a jamais sçû au juste le nombre de ceux qui furent tuez, ou blessez dans les Chaloupes, ou qui se noyerent en voulant se sauver à la nage à bord de leurs Bâtimens.

On apprit aux Isles le 15. Octobre suivant, que la Paix avoit été concluë à Breda le 31. Juillet précedent. Elle fut publiez à Saint Christophle le 20. Decembre, & à la Martinique le 6. Janvier 1668. & la partie Angloise de Saint Christophle renduë à ses anciens Proprietaires au mois de Juin de la même année.

Depuis ce tems-là jusqu'en 1688. l'Isle de Saint Christophle joüit d'une profonde Paix avec les Anglois. Mais la Guerre s'étant allumée en Europe à l'occasion de l'invasion du Prince d'Orange en Angleterre, le Comte de Blenac Gouverneur general des Isles pour le Roi, qui les avoit retirées de la Compagnie depuis quelques années, crut que pour assûrer le repos de la Colonie Françoise de Saint Christophle, il falloit chasser les Anglois de la partie qu'ils occupoient.

Il vint donc à Saint Christophle au commencement de 1689. avec ce qu'il put ramasser de Troupes de la Marine, d'Habitans de la Martinique, & de la Guadeloupe, & de Flibustiers qu'il joignit aux Milices de cette Isle. Les Anglois furent attaquez avec vigueur, & poussez jusqu'au Fort Charles qui fut assiegé & pris par composition, après s'être long-tems défendu, & les Anglois transportez à la Jamaïque, à la Barbade, & autres Isles de leur Domaine. Le sieur de la Guarigue & ses enfans se distinguerent dans toutes ces occasions.

Mais les François ne joüirent pas long-tems de leur conquête. Cette Colonie bien loin de s'augmenter pendant une aussi longue Paix, étoit extrêmement diminuée aussi-bien que toutes celles des autres Isles, parce que la culture du tabac ayant tout-à-fait cessé depuis qu'il avoit été mis en parti, ceux qui cultivoient cette plante avoient été obligez de vendre leurs terrains aux Habitans qui s'étoient trouvez en état de faire des Sucreries, ausquelles il faut beaucoup de terre & d'Esclaves, & presque point de domestiques Blancs ; & tous ces petits Habitans qui ont toûjours fait le plus grand nombre, & la force des Colonies, s'étoient retirez à Saint Domingue & autres endroits, de sorte qu'il ne se trouvoit pas la dixiéme partie des gens portant les armes qui y étoient lorsque nous remportions de si glorieux avantages sur nos voisins qui ont toûjours été nos Ennemis : de sorte que les Anglois ayant reçû de puissans secours d'Europe, avec une Flotte nombreuse, & levé toutes les Milices de leurs Isles, ils attaquerent Saint Christophle au mois d'Août 1690. ils mirent à terre à la pointe des Salines sans y trouver d'obstacle, parce que cet endroit étant très éloigné, & d'une trop grande étenduë, le Chevalier de Guitaut qui avoit succedé au Chevalier de S Laurent, ne s'étoit pas trouvé en état d'y mettre le monde qui auroit été necessaire pour en disputer l'approche aux Ennemis, & il avoit été obligé de se retirer dans les retranchemens qui étoient à la petite Saline, & auprès du Bourg de la Basseterre.

Les Anglois s'y presenterent, & malgré leur grand nombre, ils furent d'abord repoussez vivement, & avec une perte considerable ; mais le sieur de la Guarigue ayant été mis hors de combat par une bastonade, c'est à-dire, un cilindre de plomb de 12. à 15. lignes de longueur, & du diametre du calibre du fusil, qui lui perça le pied de part en part, les Habitans, qui avoient une extrême confiance en lui, perdirent courage, s'ébranlerent & abandonnerent enfin le retranchement, de maniere que le Chevalier de Guitaut & le sieur de la Guarigue se trouverent seulement avec douze ou quinze Officiers exposez à toute la fureur des Anglois, qui par une raison qu'on n'a jamais pû pénetrer, demeurerent comme immobiles, & donnerent le tems aux Esclaves du sieur de la Guarigue d'emporter leur Maître, & au Chevalier de Guitaut de se retirer avec les braves qui étoient demeurez dans le retranchement, sans être inquietez dans leur retraite ; après laquelle les Anglois ne trouvant plus de resistance s'étendirent de tous côtez, & se saisirent de tous les postes les plus avantageux, pendant que les François se retirerent au Fort Charles & aux environs.

Ils ne manquerent pas d'être bien-tôt assiegez par les Anglois, ils se défendirent très-bien non-seulement dans la Forteresse, mais encore dans les Quartiers qui sont du côté de la pointe de Sable, où les Ennemis ne peurent jamais penetrer, & ils les auroient peut-être obligez de se retirer, s'ils n'avoient trouvé le moyen de dresser une batterie à la Souphriere, qui voyant tout le Fort de revers, & y tuant beaucoup de monde, outre la tranchée qu'ils avoient ouverte, obligea enfin les François à capituler, & à ceder à leurs Ennemis le Fort & l'Isle.

Ce fut ainsi que cette Colonie autrefois si considerable, si florissante, si riche & si nombreuse, qui avoit toûjours été la terreur des Anglois, fut entierement détruite, les Habitans dispersez de tous côtez, dépoüillez de tous leurs biens, & réduits à une misere extrême.

Le sieur de la Guarigue tout blessé comme il étoit, après avoir perdu son bien qui étoit des plus considerables de l'Amerique, fut porté à la Martinique avec sa femme & treize enfans, six garçons & sept filles. Il y est mort en 1702. couvert de blessures, & de gloire, & respecté de tout le monde; laissant une famille qui n'a point degenerée de ses vertus, & de sa valeur, & sur tout de sa fidelité, & de son zele pour le service du Roi.

J'aurai occasion de parler de Messieurs de la Guarigue dans plusieurs endroits de ces Memoires, pour leur rendre la justice qui leur est dûë; je croi que le

Lecteur me permettra bien de mettre ici tout de suite ce qui les regarde, afin de ne pas interrompre la suite de mon Journal.

De la Guarigue.

L'aîné des enfans de M. de la Guarigue appellé Jean de la Guarigue n'étant encore qu'Enseigne de la Colonelle de Saint Christophle, fut choisi par le Chevalier de Saint Laurent pour commander un détachement de la Jeunesse de Saint Christophle qui alla servir sous le Comte d'Estrées depuis Maréchal de France, à l'attaque, & à la prise de l'Isle de Tabac sur les Hollandois en 1677. le sieur de la Guarigue s'y distingua d'une maniere si particuliere, que sur le rapport avantageux que le Comte d'Estrées en fit au Chevalier de Saint Laurent, il lui donna la Lieutenance de la Colonelle.

Il vint en France en 1687. & fut reçû Garde de la Marine au Département de Rochefort, quoique toutes les places fussent alors remplies. Il fut nommé l'année suivante pour servir en qualité de Lieutenant sur la Corvette la Folle commandée par le sieur de Seiche que la Cour envoyoit à Cayenne, pour servir sous les ordres du Gouverneur de cette Isle. Le sieur de Seiche étant mort, le

Bâtiment demeura sous le commandement du sieur de la Guarigue jusqu'à l'expedition peu heureuse, que M. du Casse fit sur Surinau & Barbiche, où il se trouva par ordre de la Cour. Il fit la Campagne de 1690. partie sur le Vaisseau du Roi le Parfait, partie en qualité de Lieutenant sur la Fregatte la Petillante, & enfin comme Major de l'Escadre de M. Forant. Il eut l'année suivante le commandement d'un Vaisseau du Roi nommé l'Espion, avec lequel il se distingua en Irlande, & dans le transport des Troupes & des Munitions que l'on envoyoit de France en ce païs-là.

Il fut nommé Enseigne de Vaisseau le premier Janvier 1692. & Capitaine d'une Compagnie détachée de la Marine pour aller servir aux Isles. Il y passa en effet, mais voyant qu'il y avoit peu à faire à l'Amerique dans le poste où il étoit, & par consequent peu d'avancement à esperer ; il aima mieux retourner à Rochefort en 1694. il fut nommé pour servir dans l'Escadre du Comte de Serquigny qui alloit aux grandes Indes, c'est à dire, aux Indes Orientales. Il n'en revint qu'en 1697. Le Vaisseau le Faucon commandé par le sieur de Gros-Bois avec lequel il étoit embarqué, rencontra un gros

gros Vaisseau Espagnol très-richement chargé, qui fut pris après un rude combat, dans lequel le sieur de la Guarigue s'étant très-distingué, on lui donna le commandement & la conduite de la prise, qu'il eut l'adresse & le bonheur d'amener en France au travers de mille dangers, & des Flottes Angloises, & Hollandoises, qui couroient nos Côtes. Il eut ensuite le commandement d'une demie Galere qu'on arma au Port Loüis pour chasser les Biscayens qui troubloient le Commerce sur les Côtes de Poitou & de Bretagne. Il fit un voyage aux Isles sur le Vaisseau le Prince de Frise en 1698. & un autre à Isigny sur la Côte de Guinée en 1701. Enfin, il fut fait Lieutenant de Vaisseau en 1703. & envoyé aux Isles avec une Compagnie de soixante hommes détachez de la Marine, qu'il commande encore actuellement au Fort de la Trinité de la Martinique. Les differentes occasions où il a été employé font voir combien la Cour étoit contente de ses services ; aussi doit-on dire de lui, qu'il est un très-bon Officier, sage, brave, appliqué à ses devoirs, & estimé generalement de tout le monde.

Son cadet Jacques-Antoine de la Guarigue sieur de la Tournerie, après avoir servi dans la Milice, & aux expeditions qui se firent de son tems aux Isles, vint en France avec lui en 1687. il servit en qualité de Garde de la Marine avec beaucoup d'application & de bravoure dans les Campagnes de la Manche, du Large, d'Irlande & du Détroit. Il fut fait Brigadier des Gardes de la Marine en 1691. & deux ans après envoyé aux Isles avec une Compagnie détachée de la Marine, que je lui ai vû commander en 1703. lorsqu'on envoya des Troupes de la Martinique au secours de la Guadeloupe attaquée par les Anglois. Il s'y comporta avec beaucoup de valeur, de prudence, & de fermeté : il fit voir qu'il étoit également bon Officier & bon Soldat. Le Roi ayant mis les Milices des Isles en Regimens, & voulant mettre à leurs têtes des Officiers d'experience, donna un de ces Regimens au sieur de la Tournerie en 1707.

Michel de la Guarigue sieur de Savigny, est le troisiéme des enfans du feu sieur de la Guarigue. Après avoir été Garde de la Marine, il fut fait Lieutenant d'une Compagnie détachée de la Marine en 1692. & Capitaine en 1701. il s'est beaucoup distingué lorsque les Anglois attaquerent la Martinique en 1693.

Il fut fait Major de la Martinique en 1710. en la place du sieur Coullet, qui avoit été nommé à la Lieutenance de Roi de la Guadeloupe. Il a maintenu avec fermeté les Troupes dans le bon ordre & la discipline dont on étoit redevable à son prédecesseur. Le Roi eut des relations si avantageuses de son exactitude, de sa vigilence, & des services qu'il avoit rendus, & qu'il continuoit de rendre, qu'il le fit Chevalier de Saint Loüis en 1713. & lui donna en 1717. des Lettres Patentes pour avoir séance & voix déliberative au Conseil superieur de la Martinique, qui est une distinction si particuliere, qu'avant lui aucun Major n'a joüi dans les Isles d'une semblable prérogative. Enfin, le sieur Coullet ayant été pourvû de la Lieutenance de Roi de l'Isle de Ré, avec une Pension considerable, & d'autres faveurs par M. le Regent qui l'a retenu en France, sa Lieutenance de Roi à la Guadeloupe a été donnée au sieur de Savigny, qui s'est acquis en très-peu de tems l'estime, & l'affection des Peuples de cette Isle par des manieres honnêtes, polies, & obligeantes qui lui sont naturelles.

 Claude de la Guarigue sieur de Survilliée, à l'occasion duquel j'ai commencé cet article, avoit servi dans la Compagnie Colonelle de Saint Christophle dès ses plus tendres années. Il avoit succedé à ses freres dans les Charges d'Enseigne, & de Lieutenant de la même Compagnie. Il eut en 1688. le commandement de cent jeunes Volontaires des plus qualifiez de la Colonie, qui accompagnerent le Comte de Blenac Gouverneur general des Isles, à la conquête de l'Isle de Saint Eustache, qui appartenoit aux Hollandois. Cette Isle quoique petite, étoit pourvûë d'une bonne Garnison, elle avoit une Forteresse considerable; ses Habitans étoient bien armez, braves, & bien resolus de se défendre, ce qui leur étoit d'autant plus facile, qu'elle est presque par tout d'un accès fort difficile.

Le sieur de Survilliée & sa troupe jointe à celle des sieurs de la Touche & Casting, eurent pour leur part l'attaque du côté de la Cabesterre, plus difficile sans comparaison, & plus hazardeuse que celle de la Basseterre que l'on fit à l'Ance des Interloppes. Ils focerent cependant tout ce que l'art & la nature opposoient à leur descente, & à leur passage, ils renverserent ceux qui défendoient le retranchement qui couvroit le chemin étroit & escarpez, qui conduisoit du bord de la mer sur le plat païs, & furent à la vûë de la Forteresse bien plûtôt que ceux qui étoient descendus à la Basseterre.

Cette action d'une valeur extraordinaire étonna les Habitans & la Garnison, & comme elle fut soûtenuë par beaucoup d'autres de même nature, elle facilita infiniment la conquête de cette Isle. Le sieur de Survilliée reçût de grandes loüanges du Comte de Blenac, ce qui lui fut d'autant plus glorieux, qu'on sçavoit que ce General étoit fort reservé sur cet article.

On attaqua l'année suivante les Anglois qui possedoient une partie de l'Isle de Saint Christophle. Le Fort Charles fut assiegé & pris malgré la vigoureuse resistance de ceux qui le défendoient, qui donnerent en cette occasion des preuves éclatantes de leur bravoure. Le sieur de Survilliée y faisoit ses fonctions de Lieutenant de la Colonelle avec tant de valeur & de conduite, que le sieur de Salenave Lieutenant de Roi ayant été tué, & le sieur de Beaumanoir Major ayant été nommé par le Comte de Blenac pour remplacer le défunt, ce même General qui se souvenoit de ce qu'il avoit vû faire au sieur de Survilliée l'année precedente à la prise de Saint Eustache, lui donna la Majorité de l'Isle sous le bon plaisir de la Cour, ce qui n'auroit pas manqué de lui être confirmé, si les François fussent demeurez plus long-tems maîtres du païs; mais en ayant été chassez l'année suivante 1690. comme je l'ai dit ci-devant, le sieur de Survilliée fut transporté à la Martinique avec le reste de sa famille.

Les Anglois s'étant alors trouvez les plus forts dans l'Amerique, prirent l'Isle de Mariegalande au commencement de 1691. On vit bien qu'ils se disposoient par cette conquête à l'attaque de la Guadeloupe qui en est voisine, qui étant d'une grande étenduë, & peu peuplée, donnoit un très-juste sujet de craindre qu'elle ne fût emportée. Le sieur de Survilliée demanda permission au Marquis de Ragni qui avoit succedé au Comte de Blenac dans le Gouvernement general des Isles, de passer, à la Guadeloupe avec un de ses freres, pour offrir leurs services au sieur Hincelin Gouverneur de cette Isle. Il l'obtint aisément & agréablement; & quoiqu'il y eût un danger extrême d'aborder cette Isle qui étoit étroitement bloquée par la Flotte

Angloise, il eut le bonheur d'y arriver assez à tems pour se trouver à la descente que les Anglois y firent.

Comme sa qualité de Volontaire ne l'attachoit à aucun poste en particulier, il eut le moyen de se trouver à toutes les occasions où il y avoit des coups & de la gloire à gagner. Il n'en manqua pas une, se distingua en toutes d'une façon particuliere, & eut cependant le bonheur de n'être point blessé, quoique son gargoussier eût été emporté le jour de la descente, l'affut de son fusil brisé dans une autre occasion, & qu'il eût les habits & son chapeau percez de balles en plusieurs endroits.

Les Anglois après avoir battu pendant vingt-deux jours le Fort de la Basseterre, furent enfin forcez de lever le Siege, & de se rembarquer, ce qu'ils firent avec tant de précipitation, qu'ils abandonnerent leurs Canons, avec un Mortier, quantité de Bombes & de Munitions, de Bagages, d'Armes & d'Attirails de leur Armée, & même plusieurs blessez qu'ils laisserent à la discretion des François.

N'y ayant plus rien à faire pour les Volontaires après cette retraite, le sieur de Survilliée retourna à la Martinique dans la resolution de passer en France, pour servir dans la Marine. Il en demanda la permission au Marquis de Ragni qui ayant appris par les Lettres du sieur Hincelin, & par le rapport de quantité de personnes, la valeur & la conduite qu'il avoit fait paroître dans toute l'affaire de la Guadeloupe, n'eut garde de la lui accorder. Il lui dit, qu'il vouloit l'arrêter aux Isles, & l'y employer, & qu'il alloit écrire en Cour les raisons qui l'obligeoient de lui refuser son congé, afin que le Ministre y eût égard quand l'occasion se presenteroit.

Ce General étant mort sur ces entrefaites, le Commandeur de Guitaut Lieutenant au Gouvernement General trouva la minutte de la Lettre que le Marquis de Ragni avoit écrite en Cour en faveur du sieur de Survilliée, &, comme il le connoissoit & l'estimoit depuis longtems, il fut bien aise de trouver l'occasion d'executer ce que le General défunt avoit eu dessein de faire ; de sorte qu'une Lieutenance d'une Compagnie détachée de la Marine, étant venuë à vacquer, il la lui donna sous le bon plaisir de la Cour en 1691. Le Ministre déja prévenu en faveur du sieur de Survilliée par les Lettres du feu Marquis de Ragni, confirma ce choix, & lui en envoya le Brevet en 1693. avec ordre à l'Intendant de lui faire payer tous ses appointemens depuis qu'il remplissoit cette Charge.

Il fut fait Capitaine en 1695. Major de la Martinique en 1701. sans perdre pour cela sa Compagnie, ce qui étoit une grace, & une distinction toute particuliere, & enfin Colonel des Milices de la Cabesterre de la Martinique en 1705.

On voit assez par cette suite d'emplois & de graces combien la Cour étoit satisfaite du sieur de Survilliée. Ce que j'ai dit de lui dans la Preface de ma premiere Partie, au sujet des mouvemens qu'il y a eu à la Martinique au commencement de 1717. doit l'avoir fait connoître pour un Officier d'une fidelité à toute épreuve, d'une valeur peu commune, & d'une prudence dont on a vû les heureuses suites dans cette affaire, aussi délicate qu'elle étoit dangereuse, & d'une consequence infinie. Je dois seulement ajoûter ici, qu'il est également honnête homme & bon Chrétien, qu'il se fait honneur de son bien sans ostentation ; qu'il est charitable, bon ami, toûjours prêt à rendre service, & à soûtenir les interêts de ceux qui s'addresseront à lui, &

que sa famille & ses domestiques, en un mot toute sa maison est une des mieux reglées de toutes les Isles.

Le sieur de Survilliée avoit encore deux cadets. L'aîné des deux qui l'avoit accompagné au secours de la Guadeloupe, où il s'étoit acquis de la reputation, est mort à Rochefort en 1692. étant sur le point de repasser aux Isles en qualité de Lieutenant d'une Compagnie détachée de la Marine. Il avoit servi quelque tems dans les Gardes de la Marine, & s'y étoit fort distingué. C'étoit un jeune homme de grande esperance, parfaitement bien fait, agreable, spirituel, honnête, poli, sage, brave, & d'une phisionomie la plus heureuse, & la plus revenante qu'on pût soûhaiter.

Le plus jeune de ces six freres nommé Philippe de la Guarigue sieur de Raucourt, après avoir passé par les degrez d'Enseigne & de Lieutenant d'une Compagnie détachée de la Marine, il a été fait Capitaine en 1716. il est actuellement au Fort Royal de la Martinique. Je l'ai vû en 1703. lorsqu'il vint avec le sieur de la Tournerie son frere, dont il étoit Lieutenant au secours de la Guadeloupe attaquée par les Anglois. Il donna dans toutes les occasions qui se presenterent des marques d'une valeur qui est hereditaire dans sa famille, ce qui fit que le Lieutenant general, le Gouverneur de l'Isle, & tous les autres Officiers de confideration lui rendirent ce témoignage, qu'il n'y avoit point d'Officier de son rang & de son âge qui meritât autant que lui d'être avancé.

CHAPITRE XIV.

L'Auteur s'embarque pour la Guadeloupe. Il séjourne à la Dominique. Description de cette Isle.

JE partis du Moüillage de la Martinique le 7. Janvier 1700. dans une Barque, qui devoit toucher à la Dominique, pour y charger des bois de charpente. Quoique je prévisse que cela alongeroit mon voyage, & me causeroit de la dépence, je n'en fus point trop fâché, parce que j'érois bien aise de voir le dedans de cette Isle, & de pratiquer les Caraïbes qui l'habitent. Nous fûmes obligez de relâcher au Prê'cheur, quand nous fûmes à moitié Canal, parce que nous y trouvâmes une mer si grosse, & un vent si furieux qu'il nous fut impossible de tenir davantage sans nous xposer à sombrer, ou à aller à la derive.

Nous remîmes à la voile le 9. à la pointe du jour, & moüillâmes à la Dominique devant le Carbet de Madame Ouvernard le même jour sur les deux heures après midy.

Femme sauvage appellée Madame Ouvernard.

Cette femme sauvage étoit alors comme je croi une des plus vieilles créatures du monde. On dit qu'elle avoit été très-belle, il y avoit un peu plus de cent ans, & que ce fut à cause de cela qu'un Anglois Gouverneur de Saint Christophle l'avoit entretenuë pendant un assez long-tems, & en avoit eu nombre d'enfans, & entr'autres un certain Ouvernard dont parle le Pere du Tertre dans son Histoire. Ce demi Caraïbe étoit mort long-tems avant que je vinsse aux Isles. On avoit toûjours continué d'appeller sa mere Madame Ouvernard, depuis que les Anglois l'avoient renvoyée à la Dominique, après la mort du Gouverneur qui l'entretenoit. Sa vieillesse plûtôt que sa qualité de maîtresse d'un Gouverneur Anglois, lui avoit acquis beaucoup de credit parmi les Caraïbes. Elle avoit eu beaucoup d'enfans outre cet Ouvernard; de sorte que son Carbet, qui étoit fort grand, étoit peuplé à merveille d'une longue suite de fils, de petit-fils, & d'arriere-petits-fils.

Nous ne manquâmes pas de l'aller saluer dès que nous eûmes mis pied à terre. Je portai la parole, & on doit croire que mon compliment fut bien reçû, puisqu'il étoit accompagné de deux bouteilles d'Eau-de-Vie de Cannes, qui est ce qu'on presente de plus agréable aux Sauvages. Elle me demanda quand viendroit le Pere Raymond. C'étoit un de nos Religieux qui avoit demeuré bien des années parmi eux à travailler inutilement à leur conversion, mais qui étoit mort depuis près de trente ans. Je lui dis qu'il viendroit bientôt. Ma réponse fit plaisir à cette bonne femme. Car de lui dire qu'il étoit mort, c'est ce qu'elle & tous les autres Caraïbes n'auroient pû croire, parce qu'ils sont entêtez qu'une personne qu'ils ont connuë, est toûjours en vie, jusqu'à ce qu'ils l'ayent vûë dans la fosse. C'est se rompre la tête inutilement, que de vouloir leur faire croire le contraire.

Cette bonne femme étoit toute nuë, & tellement nuë, qu'elle n'avoit pas deux douzaines de cheveux sur la tête, sa peau sembloit un vieux parchemin, retirée & sechée à la fumée. Elle étoit

Portrait de Madame Ouvernard.

tellement courbée, que je ne pus voir la figure de son visage que quand elle se fut assise pour boire. Elle avoit cependant encore beaucoup de dents, & les yeux assez vifs. Elle me demanda si je voulois demeurer dans son Carbet, & lui ayant répondu que j'y demeurerois pendant que la Barque seroit en rade, elle me fit apporter un hamac, je la remerciai, car je n'avois pas envie de me rocoüer comme un Caraïbe ; mais je choisis un quartier de son Carbet, où je fis tendre le mien. Cinq ou six personnes qui passoient aussi à la Guadeloupe prirent le même parti ; de sorte que nous nous établîmes tous chez Madame Ouvernard, où nous eûmes tout le loisir d'observer leurs coûtumes, & de faire connoissance avec eux, puisque nous y demeurâmes dix-sept jours.

Voyage de l'Auteur à la Cabesterre de la Dominique.

J'engageai le lendemain deux Caraïbes à me conduire à la Cabesterre, & trois autres à porter mon lit & les provisions dont je jugeois pouvoir avoir besoin. Cinq de nos Passages vinrent avec moi & trois Negres. Quoique nous fussions avec nos amis, nous ne laissâmes pas de porter nos armes, sous prétexte de chasser en chemin ; mais en effet, pour être en état de ne pas recevoir un affront, sans pouvoir le repousser.

Nous traversâmes toute la largeur de l'Isle, depuis le Carbet de Madame Ouvernard jusqu'à la Cabesterre, sans trouver autre chose que des bois, & trois ou quatre petits défrîchez pleins de bananiers. En échange nous vîmes les plus beaux arbres du monde de toutes les especes dont j'ai déja parlé, & dont je parlerai ci-après. La longueur, & la difficulté du chemin que nous fûmes obligez de faire à pied, & le tems que je perdis à chercher des plantes, furent cause que nous couchâmes dans les bois sous un ajoupa que nous eûmes bientôt fait, & couvert avec des feüilles de balisier. Nous avions du biscuit, du vin de Madere, & de l'Eau-de-Vie, & nous avions tué chemin faisant plus de ramiers, de perdrix, d'ortolans, que vingt hommes affamez n'en auroient pû manger; de maniere que nous soûpâmes très-bien, & dormîmes de mêmes, avec cette précaution pourtant de veiller les uns après les autres, pour ne pas donner lieu à nos Conducteurs de tomber dans quelque tentation.

Nous arrivâmes le lendemain à un Carbet, où nous fûmes reçûs à l'ordinaire, c'est-à-dire, sans ceremonie, parce qu'elles ne sont point d'usage en ce païs-là. Je fis present d'une bouteille d'Eau-de-Vie au maître du Carbet avec lequel nous dînâmes. Il nous donna des crabes & de très-bon poisson, dont nous nous accommodâmes très-bien quoiqu'il ne fût pas assaisonné à nôtre maniere. C'est-là le païs des anguilles. J'en vis fourmiller dans les rivieres les plus belles, & les plus grosses, que j'eusse encore vûës dans les Isles. Il ne faut pas s'en étonner; les Caraïbes les laissent vivre en repos, parce qu'ils n'en mangent point. J'engageai quelques jeunes gens de nous en prendre. Je les avois mis de bonne humeur avec un verre d'Eau-de-Vie ; ils y furent aussi-tôt, & sans autres instrumens que leurs mains ils m'en apporterent en moins d'une heure neuf ou dix des plus belles du monde. Nous en mîmes rôtir & boüillir ; mais il fallut saler nos saulces avec de l'eau de la mer : car nos Hôtes ne se servent point de sel, & nous avions oublié d'en apporter avec nous.

Tous les vieux Caraïbes que je vis, sçavoient encore faire le signe de la Croix, & les Prieres chrétiennes en leur langue, & quelques uns même en François. C'étoit tout ce qui leur étoit resté des instructions que les Peres Raymond Breton, & Philippe de Beaumont Religieux de mon Ordre & de ma Province, leur avoient données pendant le long séjour qu'ils avoient fait avec eux. Ils me demandoient des nouvelles de ces deux Religieux avec tout l'empressement & l'affection dont ils sont capables. Ils les attendent toûjours, & leurs enfans, & petits enfans les attendront de même, sans songer qu'il y a long-tems qu'ils doivent être morts. Nous avions pris avec nous un François qui s'étoit retiré parmi eux pour quelque faute qu'il avoit commises à la Martinique, qui nous servoit d'interprete, qui sçavoit leur langue, & qui s'étoit fait à leurs manieres comme s'il fût né Caraïbe. Je fis ce que je pus pour le retirer de cette vie libertine sans en pouvoir venir à bout. On auroit bien pû l'enlever, mais les Sauvages qui l'aimoient, ne l'auroient pas souffert sans s'en venger, & on ne veut point chercher de guerre avec eux.

 Nous visitâmes pendant six jours toute la Cabesterre, depuis la pointe qui regarde le Macouba de la Martinique, jusqu'à celle qui regarde Mariegalande; & nous fûmes bien reçûs dans tous les Carbets où nous allâmes. Comment n'y aurions nous pas été bien reçûs. Nous avions de l'Eau-de Vie, & en donnions à nos comperes si liberalement que dès le second jour de nôtre arrivée, je vis bien qu'il en faudroit envoyer chercher. J'y envoyai deux de nos Negres avec un Caraïbe. Ils firent le voyage en quinze heures, & m'apporterent trente pots d'Eau-de-Vie de Cannes que le maître de la Barque me prêta, & que je lui rendis à la Guadeloupe. J'achetai un hamac de mariage, & quantité de bagatelles, le tout payable en toile, que les Vendeurs devoient venir chercher à la Barque. Cela les obligea à nous venir reconduire, mais je ne voulus pas revenir par le même chemin, non que j'esperasse en trouver un meilleur, moins pour parcourir davantage le païs & le reconnoître. Ce que j'en puis dire en general, c'est que la terre y est très bonne, & à peu près de même nature à la Cabesterre & à la Basseterre, qu'elle est aux Cabesterres & Basseterres de la Martinique, & de la Guadeloupe. Le manioc y vient très-bien. Le manioc d'osier est celui qu'ils cultivent davantage, peut être, parce qu'il vient plus vîte, ou parce qu'ils le trouvent meilleur. Je mangeai sans peine de leur cassane, & je la preferois

Bonté de la terre & des fruits.

à nôtre biscuit, lorsqu'elle étoit chaude. La viande & le poisson boucannez nous parurent de meilleur goût, & de plus facile digestion, que quand ils sont accommodez à la Françoise. Un Chirurgien de nôtre Compagnie qui étoit l'Esculape & presque le Gouverneur de l'Isle de Saint Martin nous le prouva par une demonstration, à laquelle il n'y avoit point de replique, c'est-à-dire, en mangeant beaucoup & très souvent, sans être incommodé, & sans se rassasier. Je vis dans quelques cantons des bananes & des figues plus belles que dans nos Isles, ils les laissent meurir sur le pied, à moins que ce ne soit pour manger avec de la viande : car pour lors ils les cueillent un peu avant leur maturité. Ils ont des patates & des ignames en abondance, beaucoup de mil, & de cotton. Ils laissent leurs volailles en liberté autour de leurs Carbets, elles pondent & couvent quand il leur plaît, & amenent leurs poussins à la maison pour chercher à vivre : il est certain que leur chair est excellente, cela viendroit-il de la liberté dont elles joüissent ? Ils nourissent quelques cochons, & on en trouve beaucoup de marons de deux especes, c'est-à-dire, de ceux qui viennent de race Espagnolle, & de ceux

1700.

Volailles des Caraibes en liberté.

qui se sont échapez des parcs, & dont les premiers avoient été apportez de France, il est aisé de distinguer les uns des autres, comme je l'ai déja dit, ce me semble dans un autre endroit.

{Grandeur de la Dominique.} Nous retournâmes au Carbet de Madame Ouvernard le huitiéme jour après nôtre départ, bien fatiguez, à la verité, mais bien contens de nôtre voyage. Je n'ai pas fait entierement le tour de la Dominique, mais autant que j'en puis juger par l'étenduë de la Basseterre & de la Cabesterre que j'ai parcouruës, elle peut avoir trente à trente-cinq lieuës de circuit. Elle est arrosée de quantité de rivieres, particulierement la Cabesterre. Les eaux sont excellentes, le poisson d'eau douce y est en grand nombre & très-bon. Il y a une Souphriere comme à la Guadeloupe, mais je n'y ai point été, parce que je ne pus jamais engager personne, ni a m'y conduire, ni a m'y accompagner. Elle n'est pas si haute à beaucoup près que celle de la Guadeloupe. La terre de presque toute l'Isle est haute, & fort hâchée. Je ne croi pas qu'en toute la Cabesterre il y ait trois lieuës de plat païs, en mettant bout àout tout ce qu'on y en trouve. Mais les fonds sont beaux, & les pentes ou revers propres à tout ce qu'on y voudroit planter.

J'avois entendu parler d'une mine d'or, qu'on prétend être auprès de la Souphriere. Je m'en informai avec tout le soin possible, tant des Caraïbes, que de ce François refugié, & des autres qui travailloient à faire des bois de charpente & des canots, s'en en pouvoir rien apprendre : soit que les Caraïbes ne me jugeassent pas assez de leurs amis pour me confier un tel secret ; soit qu'une pareille recherche m'eût rendu suspect à ces Sauvages, qui sçavent très-bien, qu'il n'est pas de leur interêt d'enseigner ce tresor aux Européens tels qu'ils puissent être, parce qu'ils voudroient aussi-tôt s'en rendre maîtres, & les chasser de leur païs. La chose n'est pas fort difficile : car à la reserve de deux ou trois Carbets qui sont vers la pointe sous la Souphriere, j'ai vû tout ce qu'il y a de gens dans cette Isle, & je ne crois pas que le nombre excede beaucoup celui de deux mille ames, dont les deux tiers sont femmes & enfans. Quoiqu'il en soit, j'ai vû un morceau de cet or entre les mains du Pere Cabasson Superieur de nôtre Mission de la Martinique, qu'il disoit venir d'un certain M. Dubois qu'on prétendoit être Gentilhomme, quoique sa maniere de vie obscure ne le fit pas trop croire. Son Habitation qui étoit à la Martinique au Morne Saint Martin entre la pointe du Prêcheur & le Poriche, lui donnoit la commodité de faire d'assez frequens voyages à la Dominique, où il avoit beaucoup de liaison avec les Caraïbes, de qui selon les apparences il avoit eu cet or, & peut-être le secret du lieu d'où ils l'avoient tiré. Cet or n'étoit point encore purifié. Un autre plus habile que le sieur Dubois se serviroit plus avantageusement qu'il ne fait de cette découverte ; peut-être a-t-il des raisons pour en user comme il fait, le tems en pourra découvrir davantage.

La Basseterre de la Dominique est encore plus hachée que la Cabesterre Il n'y a que deux ou trois endroits de plat païs qui soient un peu raisonnables. Le plus considerable s'appelle la grande Savanne, qui fait environ le milieu de la Basseterre, c'est à-dire, de l'espace qui est contenu entre la pointe qui regarde le Prêcheur & celle qui est vis à vis des Saintes.

Petite Isle d'Anes, ou des Oiseaux.

Il y a à l'Est & Ouest de la grande Savanne à cinquante lieuës sous le vent une Isle qu'on appelle la petite Isle d'Anes ou des Oiseaux pour la distinguer d'une autre plus grande de même nom, qui est au vent de Corossol, où périt l'Armée navale du Comte d'Estrées en 1678. Je fais cette remarque, qui est un peu hors d'œuvre à la verité, parce que bien des gens croyent que c'est une Isle imaginaire. Cependant j'ai vû beaucoup de nos Corsaires qui ont été dessus : & moi même je l'ai vûë y ayant été dans un autre voyage. Ce que j'en puis dire, est que cette Isle est fort basse, & presque toute de sable avec quelques buissons, & peu d'autres arbres. On la peut nommer à bon droit l'Isle des Oiseaux : car il y en a une quantité si prodigieuse, qu'on les peut tuer à coups de bâton. Cela pourtant doit s'entendre des oiseaux de mer. On y trouve aussi quantité de tortuës, sur tout dans le tems qu'elles pondent. Cependant comme cette Isle manque absolument d'eau douce, elle n'est frequentée de personne, que de ceux que le hazard y conduit.

L'Encrage est bon par toute la Côte de la Dominique, mais il n'y a aucun Port, ni Cul-de-Sac pour se retirer, & on ne trouve par tout que des rades foraines. Il y a à la verité quelques pointes derriere lesquelles on peut se mettre à couvert de certains vents, c'est-là tout l'avantage que l'on en peut tirer.

Quoique cela soit peu de chose, les Anglois n'ont pas laissé de faire bien des tentatives pour s'y établir, fondez sur certaines prétentions auxquelles les François se sont toûjours opposez, non-seulement parce qu'elles n'ont aucun fondement tant soit peu raisonnable, mais encore parce que si cette Isle étoit entre leurs mains, ils s'en serviroient pour couper la communication entre la Martinique & la Guadeloupe dans un tems de guerre, & les reduiroient bientôt aux dernieres extrêmitez.

Etablissement des Anglois à la Dominique ruiné par les François.

Ils se servirent de la Paix de Risvvick, & d'un accommodement particulier qu'ils firent avec les Sauvages de la Dominique, pour y venir faire du bois de charpente. Ils firent ensuite un ajoupa au bord de la mer pour mettre ce bois à couvert, en attendant les Barques qui le devoient transporter. Cet ajoupa se changea en une maison, autour de laquelle ils firent une palissade, où ils mirent quelques petites pieces de Canon sous prétexte de saluer les santez de leurs comperes les Caraïbes, quand ils les faisoient boire.

Dès

Dès que le Gouverneur general de nos Isles en eût avis, il envoya un Officier pour s'en plaindre au General des Anglois, & dans le même-tems il envoya deux Bâtimens à la Dominique, qui obligerent les Anglois à rembarquer leurs Canons, & leur bagage, après quoi on mit le feu à la maison & aux palissades. Je fus voir l'endroit où avoit été cette maison. J'en trouvai la situation fort commode, & fort avantageuse, & telle qu'on la pouvoit souhaiter pour y faire un Fort dont il n'auroit pas été facile de les dénicher, si on leur avoit donné le loisir de s'y fortifier d'avantage. On trouvera peut-être cette maniere d'agir un peu brusque, mais outre qu'elle est plus expeditive, elle est encore plus proportionnée au génie de ceux avec qui on avoit à faire.

CHAPITRE XV.

Diverses Coûtumes des Sauvages. Préjugez sur leur origine. Leurs differens langages, & leur maniere de se battre.

LE séjour que je fis dans le Carbet de Madame Ouvernard, & de quelques autres Caraïbes m'a doné lieu de voir de près, & d'examiner à loisir leurs mœurs & leurs manieres d'agir. J'en vais faire part à ceux qui liront ces Memoires, sans m'assujettir à garder d'ordre, mais comme je les trouve écrites dans mon Journal.

Le tems de leur lever, & leur propreté.

Ils se levent tous de grand matin, c'est-à-dire, un peu avant le lever du Soleil, & sortent aussi-tôt du Carbet pour leurs necessitez : ils ne les font jamais auprès de leurs maisons, mais dans quelque lieu un peu éloigné, où ils font un trou qu'ils recouvrent ensuite avec de la terre. Ils vont aussi-tôt se baigner à la mer, quand il n'y a point de riviere à leur commodité, car lorsqu'il s'en trouve, ils ne vont point à la mer. Lorsqu'ils sont de retour, ils s'assoyent au milieu du Carbet sur une petite selle de bois tout d'une piece, faite à peu près come me un pierre à chocolat. Ils attendent là que l'air & le vent les sechent ; après quoi une de leurs femmes, ou quelqu'autre, vient avec un petit coüi rempli de rocou détrempé dans l'huile de carapat ou palma Christi, afin de les rocoüer. Elle commence par peigner, ou au moins par démêler leurs cheveux, & après les avoir frotez d'un peu d'huile de carapat, elle les lie avec un cordon de cotton, & en fait une touffe au dessus de la tête; puis tenant le coüi avec la peinture de la main gauche, & un pinceau, comme un petit balet de plumes, de la droite, elle le barboüille par tout le corps en commençant par le visage. Quand tout le haut du corps est peint, le Caraïbe se leve afin qu'on lui peigne les cuisses & les jambes; & lorsque cela est achevé, il se remet sur son siege, & se barboüille lui-même les parties ausquelles la pudeur n'a pas permis à sa femme de toucher.

Maniere de se rocoüer.

Selon sa fantaisie il se fait lier les cheveux derriere la tête, ou les laisse pendre, & selon le temps & l'occasion, il se fait faire quelques moustaches, ou autres marques noires au visage & sur le corps, avec du jus de genipa.

Lorsqu'en se peignant ou se gratant ils trouvent des poux, ils les croquent sous leurs dents pour leur rendre la pareille, & se venger de leurs morsures. Il n'y a que les Caraïbes & les Negres qui ayent droit d'avoir des poux dans les Isles : ces animaux meurent pour tous les autres, dès qu'on a passé le tropique. J'ai souvent entendu raisonner

Ils mangent leurs poux.

la-dessus ; mais comme je n'ai rien entendu qui m'ait contenté, je ne le rapporterai pas.

Leur déjeûner.

Pendant qu'une partie des femmes est occupée à rocoüer les hommes, l'autre partie fait la cassave pour le déjeûner, car ils la mangent toute chaude. S'ils ont esté la nuit à la pêche, ou aux crabes, ou qu'il y ait quelque chose du jour precedent, on se dépeche de faire cuire ce qu'il y a, & on l'apporte dès que le Maître du Carbet l'ordonne. Ils mangent tous dès qu'ils sont rocoüez, sans se rien dire les uns aux autres, sans faire aucun acte de civilité ou de Religion : les jeunes garçons comme les personnes qui sont âgées, sont sans distinction. Après qu'ils ont mangé, les femmes apportent à boire ; & puis les uns se remettent dans

Leurs occupations.

leur Hamac, les autres se mettent autour du feu accroupis sur leurs talons, comme des singes, les joües appuyées sur les paulmes de leurs mains, & demeurent les heures entieres en cette posture & en silence, comme s'ils estoient dans une profonde meditation, ou bien ils sifflent avec la bouche, ou une espece de flûte ou de chalumeau, & toûjours sur le même ton : rien à mon avis

Françoises de l'Amerique.   317
1700.

de plus desagreable & de plus ennuïant que cette Musique. Il s'en trouve d'autres qui se mettent à travailler à quelques paniers, ou à faire des fleches, & des arcs, des boutous, ou autre chose de cette nature, chacun selon son genie particulier, & sans que personne se donne la liberté de commander rien à un autre. C'est ainsi qu'ils travaillent, toûjours pour le besoin present, & toûjours d'une maniere negligente & indifferente, sans s'attacher le moins du monde à ce qu'ils font, & & le quittant aussi-tôt qu'ils commencent à s'en fatiguer.

Leur conversation, quand ils en ont, est fort modeste & fort paisible : il n'y en a qu'un qui parle : tous les autres l'écoutent avec une grande attention, du moins en apparence, sans l'interrompre, le contredire, ni lui répondre que par une espece de bourdonnement qu'ils font sans ouvrir la bouche, qui est la marque d'approbation qu'ils donnent au discours qu'on fait devant eux. Quand celui-là a achevé, si un autre prend la parole, soit qu'il parle en conformité de ce que le premier a dit, soit qu'il dise tout le contraire, il est assûré d'estre regalé du même bour-

leurs conversations.

O iij

donnement d'approbation. Je croi bien qu'ils n'en usent ainsi que dans les choses indifferentes, & qu'ils en usent d'une autre maniere dans ce qui les touche de plus près, car ils sçavent parfaitement bien leurs interests, & vont à leurs fins par des voïes qui ne sont point du tout sauvages. Jamais je ne les ai vû disputer, ni se quereller: j'admirois cette retenuë. Mais ce qui est bien plus admirable, c'est que sans discours & sans querelles ils se tuent & se massacrent fort souvent. C'est principalement dans les Assemblées qu'ils appellent *Vins*, que cela arrive.

Leurs Vins ou Feltins. Ces Assemblées n'ont aucun temps reglé pour se tenir: cela dépend du caprice de celui qui en veut faire la dépense. Personne n'est obligé de s'y trouver, quoiqu'on y soit invité, que ceux qui ont envie de boire & de s'enivrer, ou de faire quelque mauvaise action. Elles se font quelquefois pour resoudre un voïage de traite, c'est-à-dire, de negoce, ou de visite, ou de guerre. Celui qui la fait a soin quelques jours auparavant de faire avertir tous ses voisins, quelquefois toute la Nation, de s'y trouver. Y vient qui veut: tout le monde y est bien venu, & s'en retourne quand il lui plaît Cependant celui qui a invité fait provision de quantité d'oüicou, de patates, ignames, bananes, figues & de caffave. Lui & les gens de fon Carbet, & même fes voifins, s'ils le jugent à propos, vont à la pêche & à la chaffe, & boucannent tout ce qu'ils prennent. Il eft rare qu'ils mangent rien qui foit boüilli, excepté les crabes. Ils mangent peu de viande, quoiqu'ils en puffent manger tant qu'il leur plairoit, car ils élevent affez de volailles & de cochons : ils ne manquent ni de cochons marons, ni d'agoutis, & autres animaux, & ils ont abondance de ramiers, de perroquets, de grives, & autres oifeaux qu'ils tuent avec leurs fleches auffi habilement que nous avec nos fufils, & fans tant de bruit. Mais ils gardent leurs volailles, leurs cochons, & leurs autres animaux qu'ils prennent à la chaffe, pour les porter aux Ifles Françoifes, & les troquer pour avoir les chofes dont ils ont befoin ; de forte qu'on peut dire que les crabes & le poiffon font leur nourriture la plus ordinaire, excepté dans le temps de leurs Vins, où ils n'épargnent rien pour regaler ceux qu'ils ont invitez.

1700.

Ils mangent peu de viandes.

Comme je ne me suis point trouvé dans ces sortes d'Assemblées, je ne puis en parler que sur le rapport d'autrui. Ceux dont j'en ai appris plus de circonstances, sont premierement un Caraïbe qui s'estoit retiré à la Martinique, après en avoir tué un autre à la Dominique; & ce François refugié à la Dominique pour un semblable sujet, qui me servit d'interprete tout le temps que je demerai à la Dominique.

Après que toute la compagnie est assemblée, & qu'on a bien mangé & bû du oüicou à outrance, & du taffia, quand ils en peuvent avoir, le Maître du Carbet fait la proposition pour laquelle il les a invitez. Telle qu'elle puisse estre, elle ne manque jamais d'estre bien reçuë & approuvée à la maniere ordinaire. Si c'est une partie de guerre qu'on propose, quelque viëille femme ne manque pas de se produire & de haranguer les conviez pour les exciter à la vengeance. Elle leur fait un long détail des torts & des injures qu'ils ont reçûs de leurs ennemis, elle y joint le denombrement de leurs parens & amis qui ont esté tuez; & quand elle voit que toute la compagnie déja fort échauffée par la boisson, commence à donner des signes de fureur, & qu'ils ne respirent plus que le sang & la mort de leurs ennemis, elle jette au milieu de l'Assemblée quelques membres boucannez de ceux qu'ils ont tuez à la guerre, sur lesquels ils fondent aussi-tôt comme des furieux, les égratignent, les coupent en pieces, les mordent & les mâchent avec toute la rage dont sont capables des gens lâches, vindicatifs & ivres. Ils approuvent le projet avec de grands cris, & tous promettent de se rendre au jour nommé, pour partir ensemble, & aller exterminer tous leurs ennemis.

Les autres projets se resolvent d'une maniere plus tranquille : mais quant à l'execution, elle dépend absolument du caprice, ou de l'humeur où ils se trouvent dans le moment qu'il faut mettre la main à l'œuvre ; car ils sont entierement libres & indépendans, & personne n'a droit de commander aux autres : leur delicatesse sur ce point-là est inconcevable.

Delicatesse des Caraibes sur leur liberté.

C'est une erreur de croire que les Sauvages de nos Isles soient antropophages, & qu'ils aillent à la guerre exprès pour faire des prisonniers, afin de s'en rassasier, ou que les ayant pris,

Les Caraibes ne sont point antropophages.

sans avoir cette intention, ils se servent de l'occasion qu'ils ont en les tenant entre leurs mains, pour les devorer. J'ai des preuve du contraire plus claires que le jour.

Indiens braves.

Il est vrai que j'ai entendu dire à plusieurs de nos Flibustiers que vers l'Isthme de Darien, Bocca del Toro, l'Isle d'or, & quelques autres endroits de la côte, il y a des nations errantes, que les Espagnols appellent *Indiens bravos*, qui n'ont jamais voulu avoir commerce avec personne, qui mangent sans misericorde tous ceux qui tombent entre leurs mains. Cela peut être vrai & peut être aussi faux; car s'ils n'ont point de commerce avec personne, comment le peut-on sçavoir? Et quand cela seroit vrai, qu'est-ce que cela prouveroit par rapport à nos Caraïbes des Isles si éloignez de ceux-là, & par la distance des lieux, & par leur maniere de vivre. Pourquoi se ressembleroient-ils plûtôt en ce point que dans les autres?

Avanture du Marquis de Maintenon d'Angennes.

Je sçai que le Marquis de Maintenon d'Angennes, qui commandoit la Fregate du Roi la Sorciere en 16 perdit sa Chaloupe avec dix-huit ou vingt hommes qui estoient dedans, qui furent enlevez par ces Indiens, en vou-

lant prendre de l'eau dans une riviere ; 1700.
& on peut conjecturer qu'enlevant, comme ils firent, les hommes morts & les vivans, c'estoit pour se rassasier de leur chair, comme certains Negres de la côte d'Afrique qui en tiennent boucherie ouverte, du moins à ce que disent quelques Historiens.

Je sçai encore, & il est très-vrai que dans les commencemens que les François & les Anglois s'établirent aux Isles il y eut plusieurs personnes des deux Nations qui furent tuées, boucannées & mangées par les Caraïbes ; mais c'estoit une action toute extraordinaire chez ces Peuples : c'estoit la rage qui leur faisoit commettre cet excès, parce qu'ils ne pouvoient se venger pleinement de l'injustice que les Europeens leur faisoient de les chasser de leurs terres, qu'en les faisant perir, quand ils les prenoient, avec des cruautez qui ne leur sont pas ordinaires ni naturelles ; car si cela estoit dans ce tems-là, il le seroit encore aujourd'hui; & c'est pourtant ce qu'on ne voit pas qu'ils pratiquent, ni sur les Anglois avec lesquels ils sont presque toûjours en guerre, ni même avec leurs plus grands ennemis les Allouagues qui sont des

Indiens de Terre ferme du côté de la rivière d'Orenoque, avec lesquels ils sont continuellement en guerre.

Comment les Caraïbes traitent leurs prisonniers.

Il est vrai que quand ils tuent quelqu'un, ils font boucanner ses membres, & remplissent des calebasses de sa graisse, qu'ils emportent chez eux ; mais c'est comme un trophée & une marque de leur victoire & de leur valeur, à peu près de même que les Sauvages de Canada emportent les chevelures de leurs ennemis quand ils les ont tuez, & de leurs prisonniers, après qu'ils les ont fait mourir avec des cruautez inoüies. Nos Sauvages sont plus humains : quand ils prennent des femmes, de quelque couleur ou Nation qu'elles puissent estre, bien loin de leur faire du mal, il est certain qu'il les traitent avec douceur, & que si elles veulent, ils les épousent & les regardent comme si elles estoient de leur nation. Quand ce sont des enfans, ils les élevent parmi eux sans songer à les tuer, & le pis qui leur peut arriver, c'est d'estre vendus aux Europeens. A l'égard des hommes faits qu'ils ont trouvez & pris les armes à la main, il est certain qu'ils les tuent dans la chaleur du combat, sans s'embarasser de les faire prisonniers, comme font les Iroquois, pour les sacrifier ensuite à loisir à leur rage & à leur cruauté. Je le repete donc encore une fois, s'ils boucannent quelques membres de ceux qu'ils ont tuez, ce n'est que pour conserver plus long-temps la memoire de leurs combats & de leurs victoires, & s'animer à la vengeance, & à la destruction de leurs ennemis, & jamais pour s'en rassasier.

{1700.}

Il est rare qu'il se passe aucun de ces Vins, sans qu'il s'y commette quelque homicide : cela se fait sans beaucoup de ceremonie. Il suffit qu'un des conviez, échauffé par la boisson se souvienne qu'un des assistans a tué un de ses parens, ou qu'il lui a donné quelque sujet de chagrin, pour le porter à la vengeance ; il n'en faut pas davantage. Il se leve sans façon, il s'approche par derriere de son ennemi, lui fend la tête d'un coup de bouton, ou le poignarde à coup de couteau, sans que pas un de ceux qui sont presens se mette en devoir de l'empêcher, ou de l'arrêter après qu'il a fait le coup.

Maniere dont ils se défont de leurs ennemis.

Si par hazard celui qui vient d'estre assassiné a des enfans, des freres, ou des neveux dans l'Assemblée, ils se jettent quelquefois sur l'assassin, & le tuent; mais il eſt rare que cela arrive, car celui qui veut faire un coup de cette nature, obſerve ſoigneuſement qu'il n'y ait perſonne en état de lui rendre la pareille. Il attend qu'ils ſoient ivres, endormis, ou abſens. Si ceux qui ont intereſt au défunt ſont preſens, & qu'ils craignent que l'aſſaſſin ne ſoit ſoûtenu, & qu'il y ait trop de riſque pour eux, de ſe venger ſur le champ, ils diſſimulent leur reſſentiment, & remettent à une autre occaſion à rendre la pareille au meurtrier, à moins qu'il ne change de Païs: heureux encore, s'il en eſt quitte pour cela; car on ne ſçait parmi eux ce que c'eſt que pardon, ou accommodement; & ſouvent quand ils ne peuvent ſe venger ſur la perſonne, ils le font ſur quelqu'un qui lui appartient. Voilà ce qui rend leurs querelles & leurs diviſions éternelles, & qui fait que leur Païs n'eſt pas peuplé la dixiéme partie autant qu'il le devroit eſtre, vû la quantité de femmes qu'ils ont, & la proprieté qu'ils ont de multiplier beaucoup.

Telle eſt la fin ordinaire de leurs Vins ou Feſtins, dont ils ne ſe retirent que quand il n'y a plus rien à manger ou à boire chez celui qui les a invitez.

Françoises de l'Amerique. 327

1700.

Après cela chacun s'en retourne chez soi. Lorsque le Vin est fait pour un voïage de guerre, ceux qui y ont consenti, & qui ont paru les plus ardens à l'entreprendre, ne s'en souviennent plus, & ne pensent nullement à se rendre au jour qu'on a pris pour s'embarquer, à moins que le caprice ne le leur fasse faire dans le moment ; car qu'ils le fassent, ou ne le fassent pas, il n'y a personne qui y puisse trouver à redire. Ils sont tous égaux ; & quoiqu'on soit Capitaine, on n'en est pas plus respecté, ni mieux obéi.

Il n'y a que les femmes qui soient obligées à l'obéïssance, & dont les hommes soient absolument les maîtres. Ils portent cette superiorité jusqu'à l'excès, & les tuent pour des sujets très-legers. Un soupçon d'infidelité bien ou mal fondé suffit sans autre formalité pour les mettre en droit de leur casser la tête. Cela est un peu sauvage à la verité ; mais c'est un frein bien propre pour retenir les femmes dans leur devoir. Ce sont pour l'ordinaire les vieilles qui sont cause de tous les desordres qui arrivent dans les ménages : pour peu qu'elles ayent de chagrin contre une jeune femme, elles trouvent bien-

Empire des hommes sur les femmes.

tôt moyen de la décrier dans l'esprit de son mari, & de lui faire naître une infinité de soupçons ; & quand elles n'ont rien de plus positif à dire contre les jeunes, elles les accusent d'estre Sorcieres, & d'avoir fait mourir quelqu'un : il n'en faut pas davantage, tout autre examen est superflu, l'accusée passe pour convaincuë, on lui casse la tête, & on n'en parle plus.

Titres honorables des vieilles gens.

Les vieilles femmes s'appellent *Bibi*, c'est-à-dire, grande mere, ou la mere de tout le monde par excellence : tout de même les vieux hommes se nomment *Baba*, c'est-à-dire, le pere par excellence. La vieillesse est le seul endroit qui les rend, ou qui les peut rendre un peu respectables.

Ils n'obéissent à personne & sont tous égaux.

Lorsqu'ils commencent à sentir les approches de la faim, les uns vont à la chasse, & les autres à la pêche, chacun selon son genie. Il est presque inoüi qu'un pere dise à son fils, dès qu'il a seize à dix-huit ans, d'aler à la chasse ou à la pêche, ou que le Maître d'un Carbet s'avise de dire à ceux qui demeurent avec lui, d'y aller, ou de l'y accompagner, il pourroit s'attendre à un refus bien sec. S'il a envie d'aller à la pêche ou à la chasse, ou que la necessité l'y contraigne, il dit simplement comme saint Pierre : je vais pêcher ; & ceux qui ont envie d'y aller, lui répondent aussi laconiquement que les Apôtres : nous y allons avec vous ; & le suivent.

Il n'y a point de Peuple au monde qui soit plus jaloux de sa liberté, & qui ressente plus vivement & plus impatiemment les moindres attaques qu'on y voudroit donner. Aussi se moquent-ils de nous autres, quand ils voyent que nous portons respect, & que nous obéïssons à nos Superieurs. Ils disent qu'il faut que nous soyons les esclaves de ceux à qui nous obéïssons, puisqu'ils se donnent la liberté de nous commander, & que nous sommes assez lâches pour executer leurs ordres.

Il n'y a que les femmes à qui on commande dans ce païs-là ; & quoique ce soit d'une maniere douce & honnête, & qu'elles soient accoûtumées d'obéïr dès leur plus tendre jeunesse, on ne laisse pas de remarquer qu'elles sentent tout le poids de ce joug. Cependant elles obéïssent sans replique, ou plûtôt elles sçavent si bien leur devoir, & le font avec tant d'exactitude, de silence, de douceur, & de respect, qu'il est rare

Obéïssance des femmes.

que leurs maris soient obligez de les en faire souvenir. Grand exemple pour les femmes Chrétiennes, qu'on leur prêche inutilement depuis la mort de Sara femme d'Abraham, & qu'on leur prêchera selon les apparences jusqu'à la fin du monde avec aussi peu de fruit qu'on prêche l'Evangile aux Caraïbes.

Je dois rendre cette justice à ces pauvres femmes Sauvages, que pendant tout le temps que j'ai esté à la Dominique dans differens Carbets, je ne les ai jamais vûës oisives un seul moment. Elles travailloient sans cesse, & cela avec tant de paix & de douceur, que quoiqu'elles ne soient pas plus muettes que les autres creatures de leur espece, que l'on voit dans les autres parties du monde, on n'entendoit pas une seule parole de colere entr'elles, bien que très-souvent elles eussent des contretemps fâcheux, & des travaux très-rudes & très-difficiles à supporter: car il faut compter que ce sont elles qui font tout ce qu'il y a à faire dedans & dehors le Carbet. Les hommes ne font autre chose qu'abbattre les arbres, quand il y a un défriché à faire, ce qui arrive rarement. Ils s'occupent encore à la chasse & à la pesche, & aux autres pe-

Occupation des femmes.

tits ouvrages dont j'ai parlé ci-devant, & voilà tout. S'ils reviennent de la chasse, ils jettent ce qu'ils ont pris à l'entrée du Carbet sans s'en embarasser davantage ; c'est aux femmes à le ramasser, & à l'accommoder. S'ils ont été à la pesche, ils laissent le poisson dans le canot, & viennent se coucher sans dire une seule parole. Les femmes doivent courir au canot, en apporter le poisson & le faire cuire : car elles doivent supposer que le Pescheur a faim. On peut dire en un mot, qu'elles sont de veritables servantes qui sont demeurées dans l'état pour lequel elles ont été créées, sans s'en être écartées jusqu'à present : graces à la superiorité que leurs maris ont toûjours conservée sur elles.

Les Caraïbes ont trois sortes de langages. Le premier, le plus ordinaire, & celui que tout le monde parle, est comme affecté aux hommes.

Les Caraïbes ont trois sortes de langages.

Le second est tellement propre aux femmes, que bien que les hommes l'entendent, ils se croiroient déshonorez s'ils l'avoient parlé, & s'ils avoient répondu à leurs femmes en cas qu'elles eussent la témerité de leur parler en ce langage. Elles sçavent la langue de leurs maris, & doivent s'en servir quand elles leur parlent ; mais elles ne s'en servent jamais quand elles parlent entr'elles, & n'employent d'autre idiome que le leur particulier, qui est totalement different de celui des hommes.

Il y a un troisiéme langage qui n'est connu que des hommes qui ont été à la guerre, & particulierement des vieillards. C'est plûtôt un jargon qu'ils ont inventé qu'une langue. Ils s'en servent quand ils font quelque Assemblée de consequence, dont ils veulent tenir les resolutions secrettes. Les femmes & les jeunes gens n'y entendent rien.

Conjecture sur l'origine de nos Caraibes.

De ces deux premiers langages on tire une consequence assez juste, que les Sauvages que Christophle Colomb trouva dans les petites Isles de l'Est, qu'on a appellé Antisles, parce qu'elles sont au vent des grandes Isles, & qu'en venant d'Europe on les trouve les premieres, n'étoient point les naturels du païs. Car il y a une difference infinie entre ceux des petites Isles, & ceux de la Terre ferme la plus proche, avec lesquels ils sont toûjours en guerre, & avec ceux que les Espagnols ont trouvez aux grandes Isles, soit pour la langue, soit pour les mœurs & les coûtumes.

Les Auteurs qui ont parlé de leur

origine, croyent qu'ils viennent de la Floride, & que c'est ou le hazard qui les a portez aux petites Isles, ou que se trouvant trop pressez dans leur païs, ou trop vivement poursuivis par leurs ennemis, ils ont été obligez de quitter leur païs natal, & d'aller chercher de nouvelles terres pour s'établir. Cette pensée est fondée sur ce que certains Indiens de la Floride parlent à peu de chose près le même langage que nos Caraïbes, & ont les mêmes coûtumes, ce qu'on ne trouve point dans aucuns des Indiens des grandes Isles, & de quelques endroits de la Terre ferme, dont le langage n'approche en aucune façon de celui de nos Caraïbes, quoiqu'il approche beaucoup de celui que parlent les femmes.

1700.

On peut croire qu'ils sont originaires de la Floride.

La maniere de vivre de nos Caraïbes est encore une preuve, qu'ils sont étrangers dans les Isles, puisqu'elle est toute opposée, & tout-à-fait differente de celle des anciens Indiens qui les habitoient. Car ces derniers aussi-bien que ceux des grandes Isles étoient des gens simples, doux, serviables, affectionnez aux étrangers, qui seroient toûjours demeurez dans cet état, si les cruautez inoüies, & l'avarice insatiable des Espagnols ne les avoient enfin obligez de se soûlever contr'eux, pour se délivrer du joug insuportable de leur tirannie. Au lieu que nos Caraïbes ont toûjours été des gens belliqueux, à leur maniere, des gens fiers & indomptables, qui preferent la mort à la servitude, que les Européens depuis ceux qui les ont découverts, jusqu'à ceux qui y sont à present, n'ont pû humaniser assez pour pouvoir demeurer ensemble dans un même endroit ; & qu'ils ont été obligez de détruire, ou de chasser, & de les rencogner comme ils sont à present dans les deux Isles qu'ils occupent, qui sont la Dominique & Saint Vincent, pour pouvoir vivre avec quelque sorte de sûreté dans les autres Isles. Leur naturel, quoique fort adouci par la douceur du climat, approche encore trop de celui des Sauvages de la Floride, & même du Canada, pour ne pas convenir qu'ils viennent de la Floride & des environs, & qu'étant passez dans les petites Isles, il ne leur fut pas difficile, à eux qui étoient des guerriers, de se défaire des anciens Habitans, qui n'étoient point accoûtumez à la guerre, & qui les reçûrent sans se défier d'eux. Il y a apparence qu'ils tuerent tous les mâles, & qu'ils reserverent les femmes, pour le besoin de la conservation de leur espece. Quoiqu'ils ne soient pas dans ce besoin aujourd'hui, ils ne laissent pas encore de conserver toutes les femmes qu'ils prennent à la guerre, & après qu'ils les ont conduites chez eux, ils les regardent comme les naturelles du païs, & les épousent.

Le nom qu'ils se donnent entr'eux; & qu'ils donnent aux Européens, doit encore fortifier ma pensée. Ils se nomment en general, & les Européens qu'ils veulent honorer, Banaré, qui veut dire homme de mer, ou homme qui est venu par mer.

Ce que signifie le nom de Banaré.

C'est une difficulté fort aisée à resoudre comment ils ont pû venir de la Floride, où du fond du Golphe de Mexique jusqu'aux Isles du Vent. Il n'y a pour cela qu'à se souvenir que Christophle Colomb les trouva qui alloient d'une Isle à une autre avec leurs canots, qui leurs suffisoient pour faire des trajets assez considerables, comme des Isles Lucayes à celle de Saint Domingue, Port-Ric & Couve. D'où il est aisé de conclure qu'en cotoyant la Côte depuis le fond du Golphe du Mexique jusqu'à la pointe de la Floride, ils ont pû passer le Détroit de Bahama, & cotoyant les grandes Isles de Couve, Saint Domingue & Port-Ric, arriver aux petites Isles, où ils ont trouvé plus de facilité de s'établir que dans les grandes qui étoient trop peuplées pour pouvoir en chasser, ou détruire les Habitans, & s'y établir en leur place. C'est ainsi qu'on peut raisonnablement conjecturer qu'ils se sont établis dans les Antilles. On ne doit donc pas s'étonner, si en s'emparant de ces nouvelles Terres, & en détruisant tous les Habitans mâles, ils ont conservé leur langue naturelle & leurs coûtumes, qu'ils ont transmises à leur posterité qui les conservent encore aujourd'hui ; & si les femmes qu'ils y ont trouvées ont conservé aussi leur langue, & leurs manieres simples & douces, qui sont comme le caractere des Indiens d'entre les Tropiques.

Langue des Caraïbes. Au reste leur langue n'est pas si difficile qu'elle paroît être quand on l'entend prononcer. Elle n'est point chargée de conjugaisons, ni de déclinaisons ; elle a des adverbes assez significatifs : son unique défaut est d'être sterile. Mais n'en doit-on pas être content puisqu'elle suffit pour ceux qui s'en servent, qui n'ayant ni Etude ni Commerce, n'ont pas besoin de tant de termes.

Celle des femmes m'a paru plus douce
&

& plus facile à apprendre, & à prononcer.

Pour celle des vieillards, c'est-à-dire, le jargon dont ils se servent dans leurs conseils, je n'en puis rien dire, je croi que très-peu de gens en ont connoissance.

Mon Confrere le Pere Raymond Breton, a fait une Grammaire & un Dictionnaire Caraïbe. Il a aussi traduit en cette Langue le Catechisme & les Prieres ordinaires du matin & du soir. Ceux qui voudront avoir quelque connoissance de cette Langue pourront consulter ces livres, & ils verront la verité de ce que je dis.

Les enfans des Caraïbes s'exercent à tirer de l'arc dès leur plus tendre jeunesse, & ils s'y rendent plus adroits qu'on ne peut se l'imaginer. Cet exercice & celui de la pesche sont les seules choses qu'ils apprennent de leurs parens. Je les faisois quelquefois tirer à des sols marquez, que je mettois au bout d'un roseau planté en terre, sur lequel je les faisois tenir avec de la cire noire. Cela faisoit plaisir à ces enfans : car ils connoissent ces especes, & sçavent bien qu'avec cette monnoye ils ont de l'Eau-de Vie, des coûteaux, & tout ce dont ils ont besoin

Les enfans des Caraïbes sont habiles à se servir de l'arc.

quand ils viennent aux Isles Françoises. J'étois surpris que des enfans de huit à dix ans les abbattoient de cinquante pas, & plus, sans presque mirer, & sans manquer jamais. On peut juger par-là de l'adresse de leurs peres, quand il s'agit d'abattre quelque chose, ou de donner dans un but.

Leur maniere de se servir de l'arc.

Ils mettent la fleche sur l'arc en l'élevant en l'air, & ils dirigent leur mire ou rayon visuel le long de la fleche jusqu'au but, & en abbaissant l'arc ils décochent la fleche quand ils jugent qu'ils sont à la hauteur convenable pour que la fleche y donne directement & avec force. Ils sont tellement accoûtumez à cet exercice, qu'ils ne manquent jamais leur coup, quoiqu'ils tirent très-vîte, & pour ainsi dire, sans mirer. Je les ay vû abbattre de petits oiseaux, qui étoient sur des branches d'arbre, si éloignez, qu'à peine je les pouvois distinguer. Je voulois quelquefois tirer au but avec eux, & comme je ne réüssissois pas, ils rioient, & disoient que je n'étois pas bon Caraïbe.

Ils ne veulent point être appellez Sauvages.

Le nom de Caraïbe & de Banaré est chez eux un titre honorable; mais ils se fâchent fort quand on les traite de Sauvages. Je ne sçai qui a eu l'indiscretion de leur en enseigner la signification ; mais je sçai très-bien qu'ils ne regardent pas comme amis ceux qui leurs donnent ce nom. Il faut toûjours les appeller comperes, si on veut conserver de la liaison avec eux.

Ils affectent de prendre le nom des gens de consideration qu'ils ont vûs, & sur tout de ceux qui les ont regallez, & qu'on leur a fait connoître comme Gouverneurs du païs, ou Capitaines de Vaisseaux de Guerre. Car pour les Marchands ou autres personnes ordinaires, quoique riches, ils ne se soucient pas de prendre leur nom, parce qu'ils les regardent comme les serviteurs & les Esclaves des Gouverneurs & des autres qui ont du Commandement, de sorte qu'ils se croiroient déshonorez s'ils portoient de semblables noms. Tous les vieux Caraïbes de la Dominique portent les noms des anciens Gouverneurs, ou Seigneurs des Isles. On y trouve encore à present Monsieur du Parquet, Monsieur Hoüel, Monsieur de Clodoré, Monsieur de Baas, &c. & ceux d'un moyen âge portent les noms des Gouverneurs plus recens. Quand ils sont ainsi revêtus de quelque grand nom, ils ne manquent jamais de le dire à ceux

Ils prennent les noms des gens de distinction.

qui les vont voir, & de boire à la santé de leurs comperes.

On conserve soigneusement la paix avec eux, non pas qu'on les craigne, nos Colonies sont trop fortes, & eux trop foibles pour nous faire du mal du moins considerablement ; mais afin que les Habitans puissent vivre en repos, & sans crainte d'être brûlez & égorgez dans leurs maisons par les surprises & les descentes qu'ils font dans les terres de leurs ennemis, pendant les nuits les plus obscures, & les plus mauvais temps. C'est l'unique chose qu'on doit craindre d'eux : car de s'attendre à une guerre ouverte, c'est à quoi il ne faut pas penser, On n'a que faire de craindre ni de siege, ni de bataille rangée ; mais force surprises, & force embuscades : c'est leur maniere de faire la guerre. Dès qu'ils sont découverts l'affaire est finie, à moins qu'ils ne se trouvent en très grand nombre contre deux ou trois personnes ; encore regarderont-ils plus d'une fois avant de les attaquer, & même ne les attaqueront pas, s'ils les voyent bien armez, & dans un lieu découvert où ils ne puissent pas les approcher, où les environner à la faveur des arbres & des halliers.

Ils ont l'industrie de se couvrir de petites branches & de feüilles depuis la tête jusqu'aux pieds, & de se faire un masque avec une feüille de balisier qu'ils percent à l'endroit des yeux. En cet état ils se mettent à côté d'un arbre, ou d'une touffe de halliers sur le bord du chemin, & y attendent leurs ennemis au passage, afin de leurs fendre la tête d'un coup de boutou, où leurs tirer une fleche quand ils sont passez, sans qu'on sçache d'où elle vient, ou peut venir, n'y qu'on puisse découvrir à quatre pas qui a fait le coup, parce que dès qu'ils l'ont fait, ils se jettent par terre, & se blotissent comme des lièvres dans les halliers.

Lorsqu'ils attaquent une maison couverte de feüilles de Cannes ou de Palmistes, ils mettent le feu à la couverture en tirant dessus des fleches où ils ont attaché une poignée de coton, qu'ils allument dans le moment qu'ils la décochent. Et comme leurs attaques ne se font guéres que de nuit, ils se tiennent cachez aux environs derriere des arbres, ou des buissons en attendant que le feu oblige ceux qui sont dans la maison, d'en sortir. La lumière les leur fait alors découvrir, & leur donne la facilité de les percer à coups de fleches, sans que ceux qui sont ainsi blessez puissent se venger

Maniere de mettre le feu aux maisons.

1700. de ceux qui les percent, parce qu'ils ne peuvent les découvrir. Non-seulement ils tirent très-juste, mais ils tirent si vîte qu'ils décocheront dix ou douze fleches pendant qu'on chargera un fusil. C'est une erreur de croire qu'ils en tirent deux ou trois à la fois. Ce qui a donné lieu à quelques gens de l'avancer, c'est qu'ils les ont vû en tenir trois entre leurs doigts sur la corde de l'arc. Ils ne font cela que pour être prêts à tirer plus vîte sans être obligez de prendre les fleches à leur côté. Il n'y a qu'à considerer l'action qu'il faut faire pour tirer une fleche, pour se convaincre qu'il n'est pas possible d'en tirer plus d'une à la fois.

Ils ne peuvent tirer qu'une fleche à la fois.

S'il arrive qu'on se batte contr'eux, il faut avoir soin de briser les fleches à mesure qu'elles tombent à terre; de crainte, qu'étant obligé de reculer, ce ne soit une nouvelle provision pour eux: car leurs magasins sont épuisez en peu de tems, après quoi il faut qu'ils se retirent, ou bien on en a bon marché.

Précaution qu'il faut avoir en se battant contre eux.

CHAPITRE XVI.

Leur maniere de faire du feu. De la plante appellée Caratas, ses differens usages. Adresse des Caraïbes pour nager, & se battre contre les poissons. De l'Espadon & de la Baleine.

LEs Caraïbes ont une maniere de faire du feu qui est tout à-fait commode. Les Européens qui sont en Amerique l'ont apprise d'eux, & s'en servent lorsqu'ils n'ont point de fusil.

On prend deux morceaux de bois l'un plus dur que l'autre. On fait une pointe au plus dur, & un commencement de trou au plus mol. On met celui-ci entre les genoux, & on le presse pour le tenir ferme, & prenant l'autre, qui doit être comme un bâton de sept à huit pouces de long, entre les paulmes des deux mains, on met sa pointe dans le petit trou de l'autre, & on le fait tourner le plus vîte qu'il est possible, comme quand on fait du Chocolat. Ce mouvement échauffe les deux morceaux de bois, & sur tout celui qui est le plus tendre, parce que ses parties étant plus éloignées

Maniere de faire du feu.

P iiij

1700.

les unes des autres, sont plus faciles à ébranler, & sont par consequent plus susceptibles de chaleur, & le mouvement continuant, elles en reçoivent à la fin assez pour s'enflâmer. On sent d'abord une legere odeur de brûlé, on voit ensuite une petite fumée s'élever du bois mol, & puis on apperçoit des étincelles. J'ai fait assez souvent du feu de cette maniere. Il faut tourner sans discontinuer, de peur de donner le loisir aux parties ébranlées de se reposer; & si on se sent fatigué, il faut qu'une autre personne continuë à faire agir le bois pointu sans aucune interruption. Il faut encore observer de se mettre à l'ombre, ou si on n'en a pas la commodité, il faut au moins tourner le dos au Soleil, en sorte qu'il ne donne point sur le bois qu'on veut allumer: car il est certain qu'on seroit infiniment plus long-tems à allumer du feu. Messieurs les Physiciens en chercheront, s'il leur plaît, la raison, aussi-bien que celle pourquoi, quand on bat un fusil au Soleil, on consume pour l'ordinaire plus de pierre que de meche.

Situation où l'on doit se mettre pour faire du feu.

On se sert ordinairement d'un bois mol appellé tol, au lieu de meche, il est excellent pour ce seul usage, & inutile pour tout autre; il vient d'une plante

Bois appellé tol, sa description & son usage.

appellée Caratas, que l'on trouve non-seulement par toute l'Amerique, mais qui vient encore parfaitement bien en Espagne & en Italie, à laquelle on donne très-mal-à-propos le nom d'aloës. Sa racine est une bulbe ronde, filasseuse, de la consistence & couleur d'un pignon de lis. Elle produit autour d'elle des feüilles de deux à trois pieds de longueur, larges dans leur naissance de quatre à cinq pouces, creusées en canal, & se terminant en une pointe triangulaire. Leur épaisseur, qui est de plus d'un pouce dans le bas, diminuë à proportion qu'elle s'approche de la pointe. Elles sont composées d'un assemblage de filets longs, forts, & souples, remplis ou plûtôt environnez d'une matiere verdâtre, épaisse, & gluante ; & le tout couvert d'une peau mince & verte, dont les bords sont garnis de pointes comme des épines, rondes, pointuës & assez fortes.

Caratas espece d'aloës.

Lorsque cette plante est dans sa maturité, ce qui lui arrive selon les climats chauds ou temperez où elle est plantée à deux ou trois ans, elle pousse de son centre un jet de quinze à vingt pieds de hauteur, de quatre à cinq pouces de diametre dans sa naissance, qui se termine en pointe, à trois ou quatre pieds au-

Fleurs de Caratas.

dessous de laquelle il croît des bouquets de petits boutons remplis d'un coton blanc, doux & fin comme de la soïe. Ces boutons s'ouvrant, le coton se change en fleurs blanchâtres composées de cinq feüilles qui forment une maniere d'Etoille, avec quelques étamines dans le milieu. Leur pied s'alonge alors s'éloigne de la tige, & forme de petits branchages foibles, & qui se sechent aisément: ces petites branches avec leurs fleurs font un panache fort agreable qui dure quinze à dix-huit jours, après quoi elles sechent & tombent, & le jet qui les a portées en fait autant dès qu'il est tout-à-fait sec.

La matiere de ce jet est de même nature que celle des feüilles, c'est-à-dire, de longs filets, remplis & entourez de la même matiere que les feüilles avec une peau verte & mince qui se leve aisément dès que le jet est sec. Il devient pour lors extrêmement leger, & aussi susceptible du feu que la meche ordinaire dont on se sert dans les fusils.

Les hommes blancs, bruns, noirs & rouges qui habitent l'Amerique, & qui sont accoûtumez à fumer ne manquent jamais d'avoir sur eux leur provision de tol.

Pour ce qui est des feüilles du caratas que les Espagnols appellent Caraguata, & les Indiens Maguey, on en tire du fil comme de la pitte & du balisier, ainsi que je l'ai dit dans ma premiere Partie.

Après que les feüilles sont coupées, fenduës en deux ou trois parties dans toute leur longueur, & qu'elles ont été amorties au feu ou au soleil, on les passe à moitié dans le nœud coulant d'une corde, dont le bout est attaché à un arbre, où à quelqu'autre corps solide. On tire ensuite un des bouts assez fortement, pour faire passer l'autre partie au travers du nœud ; ce qui dépoüille tous les filets de la matiere dont ils étoient environnez. On remet ensuite la même feüille dans le nœud coulant, & entortillant les filets déja dépoüillez autour de la main, on fait passer l'autre partie par le même nœud, pour la dépoüiller comme la premiere, & on a de cette maniere un fil naturel, très-beau & très fort. Les Caraïbes le tordent, & en font de petites cordes pour rabaner leurs hamacs, qui durent bien davantage que celles de coton. Ils en font aussi pour leurs arcs. Ces cordes ne sont point sujettes comme celles de chanvre ou de lin, aux differens changemens que l'humidité ou la secheresse causent dans ces sortes de cordes. On en fait aussi de la toile, & des bas ; j'en ay vû qui étoient d'une très-grande beauté, & fort frais, & d'un très-bon usé.

Les füilles de caratas enyvrent le poisson.

On prétend que la racine & les feüilles de caratas broyées & jettées dans une riviere enyvrent le poisson d'une telle maniere, qu'il flotte sur l'eau, & se laisse prendre à la main.

On dit encore que la décoction de ses feüilles avec un peu de chilé ou poivre d'Inde, c'est-à-dire, de piment, est un purgatif également bon & benin, qui étant donné aux femmes accouchées depuis peu de jours, les rétablit promptement en santé, & leur redonne leurs forces. Les feüilles étant cuittes au feu, on en exprime une liqueur comme une especè de vin qu'on regarde comme un remede specifique pour les Asthmatiques. Et ces mêmes feüilles étant pilées & appliquées en maniere de cataplasme sur des membres froissez, ou qui ont des debilitez de nerfs qui les privent de leurs fonctions en tout ou en partie, les remettent infailliblement dans leur premier état.

Vertus du caratas.

Il y a plusieurs especes de cette plante qui ne different entr'elles que par la grandeur de leurs feüilles : on s'en sert de toutes pour les mêmes usages ; avec cette difference, que plus les feüilles sont petites, plus aussi le fil qu'on en tire est beau, fin & délié, & les ouvrages qu'on en fait plus recherchez.

Les Medecins disent, que cette plante est seche & froide, & que son suc pris interieurement ou appliqué sur la poitrine, guérit les fiévres. Je n'ai point vû cette operation, ainsi je n'en dirai rien.

Lorsque les Caraïbes ont des armes à feu ils s'en servent aussi adroitement que de leurs arcs, & on peut dire qu'il y a peu de gens qui tirent aussi juste.

Outre cette qualité, il faut avoüer que ce sont d'excellens nageurs. S'ils surpassoient les autres hommes dans les Sciences & dans les Arts, comme ils les surpassent dans ce point, ils seroient des prodiges. Il semble qu'ils soient nez dans l'eau & pour l'eau. Ils nagent comme des poissons en sortant du ventre de leurs meres. Les femmes s'en acquittent comme les hommes ; & lorsqu'une pirogue tourne, ce qui arrive assez souvent, parce qu'ils forcent toûjours de voile, ou parce que partant des Isles Françoises pour retourner chez eux, ils sont ordinairement tous yvres, ils ne perdent pas un fêtu de

Les Caraïbes sont excellens nageurs.

leur bagage, tant leurs petits meubles sont bien attachez, & sans qu'on ait presque jamais entendu dire, qu'il s'en soit noyé quelqu'un. On voit dans ces occasions les enfans nager autour de leurs meres comme de petits poissons; & les meres sont assez habiles pour se soûtenir sur l'eau avec des enfans qu'elles ont à la mamelle pendant que les hommes sont occupez à redresser le Bâtiment, & à vuider l'eau dont il est rempli.

Il arriva pendant que j'étois à la Martinique en 1699. qu'une Barque appartenante aux Religieux de la Charité sombra entre Sainte Aloüsie & la Martinique. Tous ceux qui étoient dedans périrent à la reserve d'un Caraïbe, qui sans être aidé d'aucune planche, ou autre bois qui le pût soûlager, se soûtint sur l'eau pendant soixante heures, supporta la faim & la soif, & la violence de la tempête qui avoit fait périr la Barque, & aborda enfin au Cul-de-Sac Marin, où il apporta les nouvelles du naufrage qui étoit arrivé.

Des personnes de consideration & très-dignes de foi m'ont rapporté qu'en 1676. un Pantoufflier ou Zigene ayant emporté la cuisse d'un enfant qui se baignoit à la Rade du Bourg de la Basseterre de Saint Christophle, un Caraïbe s'offrit d'aller tuer ce poisson.

Pour connoître la grandeur de l'entreprise, & le danger où s'exposoit ce Sauvage, il faut sçavoir, que la Zigene que nos Ameriquains appellent Pantoufflier est un des plus voraces poissons qui soit dans la mer, des plus forts, & des plus dangereux. Je n'en ay vû qu'un qu'on disoit être un demi Pantoufflier, il avoit pourtant plus de douze pieds de long, & étoit environ aussi gros qu'un Cheval. Son corps depuis le col jusqu'à la queüe approche assez de celui du Requien, mais sa tête est bien plus grosse, & plus large, de sorte qu'elle ressemble en quelque maniere à un marteau. Ses yeux sont placez aux deux extrêmitez, ils sont ronds, & gros, & leur mouvement a quelque chose d'éfrayant. Il a une gueulle large, armée de plusieurs rangs de dents, & disposez de maniere, qu'elle n'est point embarrassé par la longueur de son museau, comme est celle du Requien. Il est avec cela très-vif & très-fort, & par consequent fort à craindre.

Description de la Zigene ou Pantoufflier.

Le pere de l'enfant qui avoit été tué, fut bien-aise de trouver la foible consolation de faire mourir le monstre qui avoir ôté la vie à son fils. C'est pourquoi il promit une bonne recompense au Caraïbe, s'il pouvoit lui donner cette satisfaction.

Combat d'un Caraïbe contre un Pantouflier.

Le Sauvage s'arma de deux bayonnettes bonnes & bien aiguisées, & après s'être appuyé le cœur de deux verres d'Eau-de-Vie, il se jetta à la mer. Le Pantouflier qui étoit en goût de manger de la chair, depuis la cuisse de l'enfant qu'il avoit croustillée, ne manqua pas de venir à lui dès qu'il le vit dans l'eau. Le Sauvage le laissa approcher jusqu'à ce qu'il jugeât qu'il étoit à porté de pouvoir s'élancer sur lui ; & dans le moment que le poisson fit ce mouvement, il plongea sous le poisson, & lui planta en passant ses deux couteaux dans le ventre. On en vit les effets aussi tôt par le sang qui rougit la mer aux environs du lieu où le poisson se trouvoit. Ils recommencerent ce manege sept ou huit fois ; car le poisson retournoit chercher le Caraïbe autant de fois qu'il le manquoit ; & à chaque fois le Caraïbe ne manquoit de plonger, & de le frapper à coups de couteau par tout où il le pouvoit attraper. Enfin, au bout d'une demie heure le poisson ayant perdu son sang & ses forces, se tourna le ventre en haut

& expira. Le Caraïbe étant revenu à terre, on envoya un canot avec des gens qui attacherent une corde à la queüe de ce monstre, & le tirerent à terre. Il avoit plus de vingt pieds de long, & il étoit de la grosseur d'un Cheval. On trouva dans son ventre la cuisse de l'enfant toute entiere.

Il est bon de sçavoir, que plus ces poissons carnassiers sont grands, & moins les Sauvages ont de peine à les tuer; parce qu'ils se remuent alors bien plus difficilement, & qu'en achevant la carriere que le mouvement qu'ils se sont imprimé, les oblige de courir, ils donnent le tems à l'homme de revenir sur l'eau prendre haleine, & se disposer de nouveau à les attaquer. Car quoiqu'ils soient dans leur élement, la masse de leur corps les empêche de se remuer avec autant de vîtesse qu'un autre poisson plus petit, & même qu'un homme.

Le Requien, dont j'ai fait la description dans ma premiere partie, est un foible ennemi pour nos Sauvages, ils le tuent aisément, parce que la situation de sa gueule, & la posture contrainte où il est obligé de se mettre pour mordre, les favorisent infiniment, & leur donnent le tems de le frapper où ils veulent lorsqu'il se met sur le côté. Mais je doute qu'ils vinssent si heureusement à bout d'une Becune, ou d'un Espadon. On a vû ce que c'est qu'une Becune par le portrait que j'en ay fait au commencement de ces Memoires. Il faut dire ici deux mots de l'Espadon.

Pesce Spada ou Espadon.

Les Italiens appellent Pesce-Spada, c'est-a-dire, poisson à épée, ce que nous appellons Espadon, qui est une espece d'épée large dont on se servoit autrefois, & qu'on tenoit avec les deux mains. Il y a encore des Allemans & des Suisses qui s'en servent. On prend quantité de ces poissons dans le Fare de Messine. Les Pescheurs ont un homme en vigie ou sentinelle au mât de leur Felouque pour découvrir le poisson au fond de l'eau, & y faire aller le Bâtiment. Lorsqu'on est dessus, on jette quelque appât au poisson pour l'attirer à la surface, & on le darde ou harponne aussi-tôt qu'il est à

Pesche du poisson Spada.

porté du maître Pescheur. C'est un très-bon poisson, la chair en est blanche, grasse, & délicate. La corne qu'il a sur l'extrêmité du museau n'a point de dents, comme celles des Espadons dont je vais parler, qui sont ceux que nous avons en Amerique. L'Espadon que quelques-uns appellent fort raisonnablement poisson à scie, approche beaucoup du Marsoüin, soit pour la figure du corps, soit pour la maniere de s'élancer hors de l'eau, quoiqu'il le fasse avec bien plus de force & de vigueur que le Marsoüin. Il a un avant-bec, qui est pour l'ordinaire de la quatriéme partie de la longueur du reste du corps, placé au bout de son museau, composé d'une corne très-forte & très-dure, couvert d'une peau rude & grisâtre. Il a dans sa naissance environ trois pouces de large, diminuant peu à peu jusqu'à son extremité, où il n'a plus qu'environ un demi pouce émoussé, comme ces épées à la Suisse, qu'on nomme espadons. L'épaisseur de cet avant-bec est d'environ un pouce & demi à sa naissance, & de cinq à six lignes à son extremité. Ses deux côtez sont armez de pointes droites de même matiere, en façon de dents plates, fortes & tranchantes de quinze à dix-huit lignes de longueur auprès du museau, diminuant peu à peu jusqu'à l'extremité où elles n'ont pas plus de huit à dix lignes, éloignées les unes des autres de la moitié de leur longueur. Quoiqu'en dise le Pere du Tertre, la chair de ce poisson n'est point mauvaise, sur tout celle des jeunes. Je n'en ai jamais goûté, mais sur le rapport de quantité de nos Flibustiers je puis dire qu'elle est blanche & grasse ; ce qui suffit pour conclure qu'elle est bonne & tendre.

Combat de l'Espadon & de la Baleine.

Ce poisson est l'ennemi juré de la baleine ; il la poursuit par tout où il la trouve ; j'ai eu très-souvent le plaisir de voir ce combat. La baleine n'a que sa queüe pour toute défense ; elle tâche d'en fraper son ennemi, & il est sûr qu'un seul coup suffiroit pour l'écraser, mais il le pare aisément, parce qu'il se remuë bien plus facilement qu'elle, & bondissant en l'air il retombe sur elle, & tâche non de la percer avec son avant-bec, mais de la couper ou de la scier avec les dents dont il est garni. Lorsqu'il ne manque pas son coup, on voit la mer rougir du sang, qui sort des blessures que la baleine a reçûës; & on voit la fureur où elle entre par les coups de queüe qu'elle donne sur l'eau, qui font presqu'autant de bruit qu'un coup de canon.

Rencontre d'une Baleine.

Les baleines qu'on voit aux Isles sont petites en comparaison de celles qui se trouvent dans le Nord. J'en ai vû plusieurs. La plus grande étoit sous la Dominique. J'étois pour lors dans une bar-

Tom. 4. pag. 356.

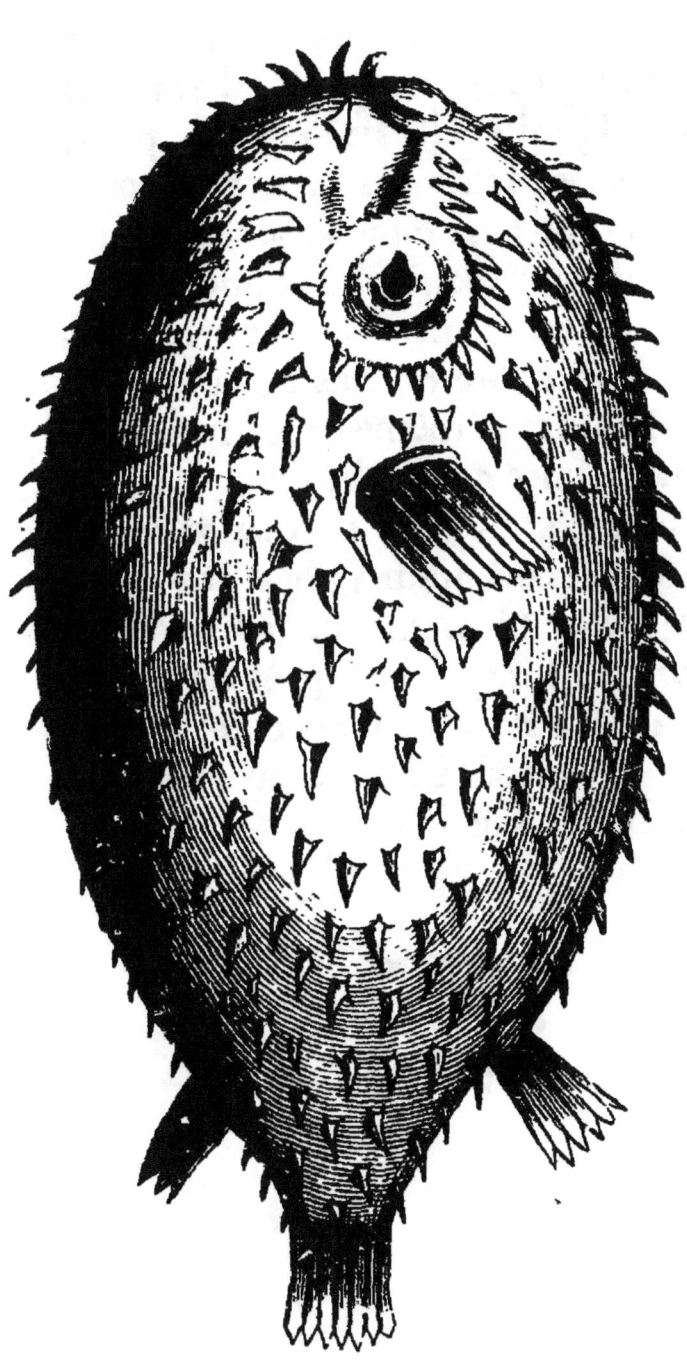

Poisson armé

que qui avoit bien quarante pieds de quille ; cependant cette baleine, qu'on disoit n'être qu'une demie baleine, nous dépassoit de plus de dix pieds à l'avant & à l'arriere. Quoiqu'elle ne nous fit point de mal, elle ne laissa pas de nous donner de l'inquietude ; car elle demeura bord à bord de nous pendant plus d'une heure, semblant regler sa marche sur nôtre sillage ; elle se mit ensuite sous nôtre quille, faisant toûjours la même route que nous. Nous amenâmes nos voiles pour la laisser passer devant nous, elle s'arrêta en même tems ; nous les éventâmes pour courir de l'avant, elle recommença aussi-tôt à marcher, & fut ainsi près de quatre heures à nous honorer de sa compagnie ; à la fin elle s'enfonça dans l'eau, & nous la perdîmes de vûë.

CHAPITRE XVII.

De l'Epian, maladie ordinaire des Sauvages. Remedes qu'ils y apportent. De leur Religion, & de quelques autres de leurs Coutumes.

LEs Caraïbes sont fort sujets à l'Epian. On doit avoüer que cette maladie est particuliere à l'Amerique, elle y est naturelle; tous ceux qui y naissent Negres ou Caraïbes, de quelque sexe qu'ils soient, en sont attaquez presqu'en venant au monde, quoique leurs peres, leurs meres & leurs nourrices soient très sains, ou du moins qu'ils paroissent tels.

Ce que c'est que l'Epian. L'Epian est réellement ce que les François appellent le mal de Naples, & que les Italiens nomment le mal François. Tout le monde le connoît sous le nom de mal Venerien, & on devroit avec justice l'appeller le mal Ameriquain, puisqu'elle est née dans ce Païs-là, & que c'est de là que les Espagnols premiers conquerans de ce nouveau Monde, l'ont apportée en Europe.

Il est constant qu'on ne la connoissoit

Françoises de l'Amerique.

point en France avant le voïage que Loüis XII. fit en Italie pour la conquête du Milanois, & du Royaume de Naples. Ce fut à la fin ce qui resta aux François de toutes leurs conquêtes. Ils l'apporterent en France, & elle s'y est si bien conservée & étenduë, qu'on ne voit point de maladie qui donne plus d'exercice aux Medecins & aux Chirurgiens, que celle-là.

Elle est encore bien plus commune chez les Espagnols que chez nous, & cela est juste, puisque c'est à eux qu'on en est redevable. Ils ne s'en cachent point; les personnes de la plus haute distinction en sont ordinairement mieux pourvûs que les gens du commun, & comme ils ne voyent personne parmi eux qui n'en soit attaqué, ils s'imaginent que toutes les autres Nations n'en sont pas plus exemptes qu'eux.

Je laisse à present au jugement des personnes sages à déterminer si les Italiens ont raison de l'appeller mal François; ce seroit à peu près comme si on vouloit inferer que les Italiens d'apresent sont les premiers hommes du monde, parce qu'ils habitent un païs, dont les anciens Habitans meritoient ce titre.

On prétend que cette maladie vient

1700.

Origine du mal Venerien en France.

de la corruption de l'air & des alimens, aussi bien que du commerce immoderé avec les femmes. C'est une espece de peste qui se communique aisément, qui fait d'étranges ravages, & dont il est bien rare que ceux qui en sont atteints, guérissent jamais parfaitement. Quand les Ameriquains n'auroient fait autre chose que de communiquer ce mal & l'usage du tabac à leurs impitoïables conquerans, il me semble qu'ils se sont plainement vengez de l'injuste servitude dans laquelle on les a réduits.

Ce n'est pas mon métier de décider qu'elle est la cause la plus naturelle de cette maladie, si c'est le commerce des femmes, ou la corruption de l'air : je laisse cela aux Medecins. Je croi que l'une ou l'autre de ces deux choses y contribuent, & que quand elles sont unies dans le même sujet, le mal est plus grand, plus dangereux, & plus difficile à guérir, ou plûtôt à pallier.

Il y a des endroits dans la Terre ferme de l'Amerique, comme Surinam & Barbiche, où on la prenoit autrefois presqu'en mettant pied à terre, & sans sçavoir, pour ainsi dire, qu'il y eût des femmes dans le Païs. C'étoit assûrement dans ce cas-là, la corruption de l'air qui

la

la produisoit. On dit que depuis que les Hollandois qui sont maîtres de ces Païs, ont desseché les Marécages, & donné cours aux eaux croupissantes qui gâtoient l'air, on n'est plus si sujet à cette maladie. Les Caraïbes s'en mettent moins en peine que nous ne faisons en France de la petite verole : ils se guerissent fort facilement, du moins autant qu'il est possible d'en guerir ; mais ils font un mistere de leurs remedes, qu'il n'est pas facile de penetrer.

Ambroise Paré dans son Traité de Chirurgie, rapporte que de son tems deux jeunes hommes de Paris ayant fait un voyage en Italie, entre plusieurs curiositez qu'ils rapporterent chez eux, se chargerent d'une bonne provision de cette maladie, qu'on nommoit alors la pelade, parce qu'elle faisoit tomber les cheveux de ceux qui en étoient attaquez.

C'est à elle à qui l'on doit l'invention des Perruques, qui étoient d'abord si simples, qu'elles ne consistoient qu'en quelques cheveux que l'on cousoit grossierement autour d'une calotte de cuir ou de laine, dont ceux qui avoient eu la pelade se couvroient la tête, en attendant que leurs cheveux la pussent couvrir. Si les gens de ce tems-là revenoient à present, n'auroient-ils pas lieu de croire que tout le monde a eu la pelade, puis qu'ils ne verroient presque plus personne qui n'eût la tête enveloppée d'une Perruque.

Quoiqu'il en soit, cette maladie étoit pour lors si nouvelle en France, bien loin d'en venir, qu'il ne s'y trouva aucun Medecin ni Chirurgien qui voulût, ou qui pût entreprendre la guérison de ces deux jeunes gens; desorte que leurs parens furent obligez d'avoir recours à l'Ambassadeur de France à Madrid, pour obtenir du Roi d'Espagne la permission de faire passer sur ses Gallions ces deux malades à Saint Domingue, afin de les mettre entre les mains des Indiens pour les faire traiter.

Remede des Indiens pour l'Epian.

Ils y furent en effet, & le Président à qui ils étoient puissamment recommandez, les mit chez une vieille Indienne pour les guérir. Cet Auteur rapporte, qu'elle ne leur donna jamais autre chose que de la tisanne composée du bois de gayac & de sguine. Elle ne prenoit pas l'écorce du gayac, comme on fait à present, mais le cœur des jeunes arbres qu'elle mettoit en petites pieces, & qu'elle faisoit boüillir assez long-tems dans de l'eau avec la sguine. C'étoit cette décoction qu'elle leur faisoit boire dès qu'ils étoient levez, après quoi elle les menoit au bois, ou à son champ de mahis, où elle les faisoit travailler jusqu'a leur exciter la sueur la plus copieuse que l'on pût attendre. Lorsqu'elle les voyoit dans cet état, elle les faisoit reposer au Soleil, & leur donnoit à manger des viandes séches, c'est-à-dire, roties & boucannées, & point d'autre boisson que de la tisanne de gayac. Ils passoient ainsi les journées à travailler, à suer, & à boire de la tisanne; elle leur en faisoit encore boire amplement avant de se coucher, & les tenoit très-chaudement pendant la nuit. Elle les guérit de cette maniere en assez peu de tems, & les renvoya aussi contens d'elle, qu'elle le fut d'eux, à cause des babiolles qu'ils lui donnerent, après cependant qu'elle se fut beaucoup offensée de ce qu'ils lui avoient offert de l'or & de l'argent pour son payement.

Nos Caraïbes observent encore aujourd'hui, à peu près, la même méthode pour traiter ceux qui ont cette maladie. Ils les font suer, & boire quantité de cette tisanne. On dit qu'ils y mettent quelques autres simples, qu'ils ne veulent pas découvrir, & les frottent avec une espece d'onguent, qui sans leur exciter le flux de bouche, comme le Mercure, fait le même effet, & fans tant de risques ni de peines. Je ne sçai pas la composition de cet onguent, peut-être l'aurois-je appris, si j'avois demeuré plus long-tems avec eux ; car il n'y a rien dont on ne vienne à bout chez eux avec la patience, l'argent & l'eau-de-vie.

{Les Creolles sont sujets à l'Epian.} Il me semble avoir dit, que les enfans Negres qui naissent dans l'Amerique, sont si sujets à l'Epian, qu'on peut dire que ce mal leur vient aussi communement que la petite verole en France. Lorsqu'ils en sont atteints dans leur enfance, on les guérit aussi facilement que si c'étoit la galle ; mais quand ils sont dans un âge plus avancé, c'est-à-dire, à quinze ou seize ans, le danger est plus grand, sur tout lorsqu'ils n'ont pas été sages du côté des Negresses, & alors on est obligé de les faire passer par les remedes dont on se sert en Europe.

Je ne sçai si cela vient de la necessité qu'on croit avoir de ces remedes, ou de l'avarice de nos Chirurgiens, qui seroient fort fâchez qu'on ne se servît d'eux, ni de leurs drogues, mais il me semble qu'on les pourroit traiter de la même maniere que nos Caraïbes se traitent, qui coûte peu, & guérit aussi infailliblement qu'on peut en guérir. D'ailleurs quand ces malades seroient obligez de passer quelque tems avec les Caraïbes, ou d'aller à la pêche de la tortuë, ces remedes qui sont plus doux, moins chers & plus assûrez, ne devroient-ils pas être preferez à ceux de nos Chirurgiens d'Europe.

Un Officier de Mississipi, nommé le sieur de Manteüille, Créolle de Canada, m'a assûré que les Sauvages des environs de cette grande riviere, sont fort sujets à l'Epian, parce qu'outre qu'ils habitent des endroits assez mal sains, ils sont très libertins, & fort addonnez aux femmes. Le remede dont ils se servent pour se guérir, est tout-à-fait extraordinaire, & feroit crever à coup sûr tout autre que des Sauvages. Après qu'ils se sont purgez très-violemment deux ou trois fois, ils se couchent tous nuds sur le sable, dans un lieu où rien ne leur puisse donner de l'ombre, & demeurent ainsi exposez au Soleil, depuis qu'il se leve jusqu'à ce qu'il se couche, afin que sa chaleur attire tout le venin, & consume toutes les mauvaises humeurs qu'ils ont dans le corps. Ils prétendent après cela être guéris. Je le veux croire. Je souhaiterois pourtant que quelque curieux fît

Remede des Sauvages de Mississipi.

l'experience de ce remede, afin d'assûrer le public de sa bonté ou de son inutilité. Le voilà comme on me l'a enseigné. Il est vrai qu'il faut être patient pour supporter une telle operation, sur tout dans un Païs comme celui-là, où les Moustiques & les Maringoins seuls sont capables de faire mourir un homme : mais il faut dire à leur loüange, qu'ils sont d'une bravoure & d'une fermeté à toute épreuve : ils souffrent les tourmens les plus cruels, & bravent la mort la plus affreuse, avec une intrepidité qui n'a point sa pareille ; & ils sont si entêtez, qu'ils possedent ces qualitez bien plus excellemment que toutes les autres Nations, qu'ils les regardent toutes comme infiniment au-dessous d'eux ; desorte que la plus grande loüange qu'ils donnent à un Européen, qu'ils ont vû dans les occasions faire des actions d'une valeur singuliere, est de lui dire, *Va, tu es un homme comme moy.*

Avant que les Européens se fussent établis dans les Isles, on n'y connoissoit point la petite verole : ils l'y ont apportée en échange de l'Epian qu'ils y ont trouvé. Cette maladie fait quelquefois de grands ravages chez nos Caraïbes. Comme ils ne la connoissent pas, ils n'ont pas de remedes pour la guérir. Un Chirurgien Européen fut assez scelerat pour en faire mourir un très-grand nombre, par un mauvais conseil qu'il leur donna. Ces Sauvages étant venus lui demander comment il falloit traiter cette maladie, il leur dit, que dès qu'elle paroissoit dehors, il falloit faire baigner le malade dans une riviere bien froide, & qu'ils verroient que la verolle disparoîtroit aussi-tôt. Ces pauvres gens le firent, & il en mourut un grand nombre. Ce fut un vrai bonheur qu'ils ne s'apperçûrent pas de la malice de ce conseil ; car il est certain qu'il n'en falloit pas davantage pour leur faire reprendre les armes, & recommencer une Guerre dont les Colonies n'ont point du tout besoin.

J'ay expliqué dans un autre lieu comment on enterre les morts. J'appris pendant mon séjour à la Dominique, que quand le Maître d'un Carbet vient à mourir, on ne l'enterre pas dans un coin du Carbet comme les autres, mais tout au milieu, après quoi tout le monde abandonne le Carbet, & on en va faire un autre dans un autre lieu, sans que personne pense jamais à revenir loger ou s'établir dans cet endroit. J'ai recherché avec soin la raison d'une cérémonie si extraordinaire, sans avoir pû découvrir autre chose, sinon que c'étoit une coûtume immémoriale chez eux.

Cérémonie des Caraïbes pour leur premier enfant.

J'aurois bien souhaité voir les cérémonies qu'ils font à la naissance de leurs enfans, dont la principale est une retraite & un jeûne très-austere de trente ou quarante jours qu'on fait observer au pere de l'enfant. Mais n'en déplaise à ceux qui ont écrit cette particularité, cette cérémonie ne se pratique que pour le premier né ; autrement les pauvres maris qui ont cinq ou six femmes pourroient s'attendre à jeûner plus de Carêmes que les Capucins. Les Caraïbes & les François qui sont parmi eux, m'ont assûré que ces cérémonies ne regardent que le premier né, s'il est mâle. On pourra les lire fort au long dans l'Histoire du Pere du Tertre.

On prétend qu'ils sçavent faire venir le Diable par la force de leurs invocations, & qu'ils l'obligent de répondre à leurs demandes. Tant de gens l'ont dit, & le disent encore a present, que je croi qu'on ne doit pas en douter, pour moi je ne l'ai pas vû. Ce que je sçai trèsbien, c'est qu'ils n'ont aucune Religion, ni aucun culte fixe ; ils semblent ne connoître d'autres êtres que les materiels, ils n'ont pas même dans leur langue auun terme pour exprimer Dieu ou un esprit. Ils reconnoissent du moins confusément deux principes, l'un bon, & l'autre mauvais. Ils appellent le second, Manitou, & croyent qu'il est la cause de tout le mal qui leur arrive. C'est pour cela qu'ils le prient, mais sans regle, sans détermination de tems ni de lieu, sans chercher à le connoître, sans en avoir aucune idée un peu distincte, sans l'aimer en aucune maniere, seulement pour l'empêcher de leur faire du mal, pendant que par un raisonnement des plus sauvages, ils disent que le premier de ces deux principes étant bon & bien-faisant de soi même, il est inutile de le prier, ou de le remercier, puisqu'il donne sans cesse, & sans qu'on lui demande, tout ce qu'on a besoin.

Religion des Caraïbes.

Il est constant qu'ils sont souvent maltraitez par le Diable. Cela n'est point arrivé pendant que j'étois dans leurs Carbets, & c'est une chose averée, que la presence d'un Chrétien les délivre des persecutions de l'esprit malin. Ils ont encore un remede assûré contre ses violences. Quand un Chrétien ne peut pas demeurer avec eux dans leur Carbet, c'est de le prier de faire une Croix de bois, & de la placer en quelque endroit de la

Ils sont battus par le Diable.

maison. Ils sont sûrs, & l'ont éprouvé une infinité de fois, que pendant que ce signe sacré de nôtre salut demeure chez eux, le Diable n'ose pas en approcher, ni leur faire le moindre mauvais traitement; mais comme ils sont fort superstitieux, s'il arrive qu'ils ne prennent rien à la chasse ou à la pêche, ils s'imaginent aussi-tôt que c'est le Diable qui en est cause, & qui est en colere contre eux, à cause de la Croix qu'ils ont fait placer dans leur Carbet, & sans autre formalité ils prennent la Croix, la brûlent, ou la mettent en pieces, sauf à eux d'en demander une autre, si le Diable revient les tourmenter une autre fois, comme cela ne manque jamais d'arriver.

On m'a souvent amené des Negres enfans & adultes, qu'on disoit obsedez & tourmentez du Diable. Lorsque je ne jugeois pas à propos de les baptiser sur le champ (car le Baptême les délivre absolument de toutes les attaques du Demon) je benissois une petite Croix de bois ou de métal, que je leur attachois au col, & j'étois sûr que le Diable ne les approchoit plus. C'est la pratique constante de tous les Missionnaires, qui n'est pas une petite preuve de la verité de nôtre Religion ; mais pour l'inculquer aux Caraïbes, il faut des forces plus que humaines. Des Missionnaires de toutes les especes y ont épuisé tout ce qu'on a pu s'imaginer qui pourroit les rendre capables du Christianisme, sans avoir jamais pu le leur faire pratiquer, qu'autant de tems qu'ils sont demeurez hors de leur païs, & éloignez de leurs compatriotes. Ceux qu'on avoit baptisé après une longue épreuve sont retournez à leur vomissement aussi-tôt qu'ils ont remis le pied chez eux, & on a remarqué qu'ils sont devenus beaucoup plus mauvais que les autres.

La conversion des Caraïbes a été impossible jusqu'à present.

A les voir assister aux Prieres & aux Instructions, on diroit qu'ils sont entierement convertis. Ils sont comme des Singes, ils font tout ce qu'ils voyent faire aux autres; je l'éprouvois tous les jours pendant que j'ai demeuré avec eux à la Dominique, ils se mettoient à genoux quand je faisois la Priere avec ceux qui étoient avec moi, faisoient le signe de la Croix, & ne sçachant pas ce que nous disions ils marmottoient entre leurs dents, comme s'ils eussent veritablement prié Dieu, mais quelque soin qu'on se donne, ils font toutes ces actions comme des bêtes, sans reflexion, & sans vouloir entrer dans les raisons pour les-

Q vij

quelles on les leur fait faire.

Dans les commencemens qu'on travailloit à leur converſion, les Miſſionnaires y ont ſouvent été trompez. Les voyant bien inſtruits, aſſidus aux Prieres & aux Catechiſmes, ils croyoient les pouvoir baptiſer avec ſûreté; & pour le faire avec plus de pompe, & leur inſpirer des ſentimens plus relevez de nôtre Religion, on les conduiſoit aux Iſles Françoiſes, où les Gouverneurs & les principaux Habitans, ſe faiſoient un plaiſir d'être leurs Parains; & dans ces occaſions on leur faiſoit des preſens, & on les regaloit bien. Cela les contentoit beaucoup; mais au bout de quelques jours ils demandoient d'être encore baptiſez, afin de recevoir de nouveaux preſens; & dès qu'ils étoient retournez chez eux, ils ſe mettoient auſſi peu en peine de leur Baptême, que s'ils ne l'euſſent jamais reçû. Toûjours prêts à le recevoir, autant de fois qu'on leur auroit voulu donner un verre d'Eau-de-Vie; ſans que toutes les inſtructions des Miſſionnaires ayent pû leur inculquer rien de fixe & de ſtable en matiere de Religion.

Il faudroit pour en faire des Chrétiens perſeverans les dépaïſer pour toûjours,

Ils vivroient alors en Chrétiens, & même en bons Chrétiens : car ils sont d'un naturel assez facile, & suivent aisément les exemples qu'ils ont devant les yeux. Mais il faut s'attendre que le premier jour qu'ils reverroient leur païs, & leur compatriotes, seroit le dernier jour de leur Christianisme. Ces raisons, dont la verité est soûtenuë d'une longue suite d'experiences, ont enfin forcé tous les Missionnaires d'abandonner une entreprise, où ils se consumoient inutilement ; de sorte qu'il n'y a plus de Religieux à la Dominique.

La pieté du Roi entretient deux Peres Jesuites à S. Vincent. Ils y ont perdu quelques Religieux, qui ont été massacrez par ces Sauvages, & songeoient à porter ailleurs leur Mission en 1705. parce que les Caraïbes avoient encore resolu de se défaire des deux qui y étoient, & qui ne se sauverent que par une espece de miracle. Tout le fruit qu'ils y ont pû faire a été de baptiser quelques enfans qui étoient à l'article de la mort, sans avoir pû convertir veritablement un seul adulte.

Enfin le Jeudy 28. Janvier nôtre Barque étant chargée, & commençant à nous ennuyer du long séjour que nous

Les Jesuites ont une Mission a S. Vincent.

avions fait chez Madame Ouvernard & aux environs, nous fîmes nos adieux, & partîmes sur le soir. Cette bonne femme me donna un pannier de bananes, de la cassave, des crabes, & d'autres vivres de cette nature pour le voïage. Je reconnus sa generosité par quelques calebasses d'Eau-de-Vie, des épingles, des aiguilles, des couteaux, & autres bagatelles dont elle & sa famille furent très-contentes.

J'avois fait une bonne provision d'arcs, de flèches, de boutous, de panniers, & autres ustenciles de ménage ; & j'avois acheté un hamac de mariage, qui étoit très-beau. Quoique deux personnes ne couchent jamais dans le même hamac, ceux que les meres donnent à leurs filles en les mariant sont presque une fois plus larges, & un tiers plus longs que les ordinaires. Ils ont avec cela de grandes franges sur les bords, qui sont composées de rassade de differentes couleurs, & ils sont peints avec plus de soin.

A propos de mariage, il est bon de remarquer ici qu'ils s'allient dans toutes sortes de degrez, excepté dans le premier. Les cousines germaines appartiennent de droit à leurs cousins germains ; on ne leur demande pas seulement leur consentement. Un même homme prend ordinairement trois ou quatre sœurs tout à la fois pour être ses femmes. Et lorsque quelqu'une est si jeune, qu'elle ne peut pas être encore propre pour le mariage, il ne laisse pas de la regarder comme sa femme, & de s'en servir pour se faire rocoüer autant que la foiblesse d'un enfant le peut permettre, pour l'accoûtumer de bonne heure au service qu'elle doit lui rendre toute sa vie.

Pierres à l'œil.

On trouve par toutes les Isles des pierres qu'on appelle Pierres à l'œil, parce qu'on s'en sert pour faire sortir les ordures qui sont entrées dans les yeux. On prétend que celles de la Dominique sont les meilleures ; j'en fis provision. On les trouve dans le sable au bord de la mer. Elles sont de la figure d'une lentille, mais bien plus petites, extrêmement polies, unies, licées, de couleur grise ou approchant. Lorsqu'on a quelques ordures dans les yeux, on coule une ou deux de ces petites lentilles sous la paupiere, le mouvement de l'œil les fait tourner tout autour de l'orbite ou rencontrant l'ordure, elles la poussent devant elles, & la font sortir, après quoi elles tombent d'elles-mêmes. On n'est pas redevable de ce secours à aucune vertu particuliere qui soit dans ces pierres, mais seulement à leur figure qui est très-propre pour suivre le mouvement de l'œil, & chasser les corps étrangers qu'elles rencontrent dans leur chemin.

J'emportai aussi avec moi quelques racines pour les dents. Elles étoient petites, un peu noueüses, grises par le dessus, & brunes par le dedans, assez pleines de suc lorsqu'elles sont recemment tirées de terre, d'une odeur agreable à peu près comme la violette, & d'un goût approchant de celui de la reglisse, mais plus astringent. Il est certain qu'elles appaisent presque sur le champ la douleur, en les appliquant sur la dent, où les dents qui causent de la douleur, après les avoir broyées d'une maniere que le suc qu'elles renferment sorte facilement, & se répande sur la dent, & sur la gencive. Il faut qu'elles soient d'une autre espece que celles que le Pere du Tertre a décrites dans sa seconde Partie: car celles-ci ne causent point d'engourdissement qu'on doive regarder comme dangereux. Je n'ai point vû la plante entiere, parce que je ne me souvins d'en envoyer chercher que dans le moment qu'il falloit s'embarquer, & on ne m'apporta simplement que les racines.

Racines pour les dents.

CHAPITRE XVIII.

L'Auteur arrive à la Guadeloupe. Monsieur le Chevalier Reynau & Monsieur de la Boulaye visitent les Isles par ordre de la Cour. Projet pour fortifier la Guadeloupe.

Nous arrivâmes le Vendredy 29. Janvier à la Rade du Baillif sur les dix heures du matin. Le Pere François Imbert qui étoit depuis six ou sept semaines Superieur de cette Mission, vint me recevoir au bord de la mer. Après les complimens ordinaires, il pria à dîner ceux qui étoient venus avec moi, & après dîné nous allâmes ensemble à la Basseterre saluer Monsieur Auger Gouverneur de l'Isle, Monsieur de la Malmaison Lieutenant de Roi, les quatre Communautez Religieuses, c'est-à-dire, les Carmes, les Jesuites, les Capucins, & les Religieux de la Charité, & quelques autres personnes.

Je commençai dès le lendemain à prendre connoissance des affaires de nôtre Maison, du moins autant que la délicatesse de ce nouveau Superieur le pouvoit permettre : car c'étoit un homme extraordinaire, & toûjours en garde, pour empêcher qu'on ne donnât quelque atteinte à son autorité. Je vis bien que nous nous broüillerions, si nous demeurions ensemble, c'est pourquoi je lui proposai de faire valoir en même tems nos deux Habitations, où par une très-mauvaise conduite, on ne faisoit du Sucre que l'une après l'autre, ce qui ruinoit absolument nos affaires. Je lui fis un projet qu'il agréa. Nous partageâmes les Esclaves & les Bestiaux, & je me chargeai du soin de l'Habitation & de la Sucrerie que nous avions à une lieuë du bord de la mer, dans un endroit appellé le Marigot, & lui se chargea de celle qui étoit au bord de la mer. Je pris aussi les Livres, parce qu'étant comptable c'étoit à moi à les tenir ; de cette maniere nous veçûmes avec beaucoup de paix & d'union, & nos biens produisirent un revenu bien plus considerable qu'ils n'avoient jamais fait.

Arrivée de Messieurs Reynau & de la Boulaye.

Monsieur le Chevalier Reynau Ingenieur general de la Marine, & Monsieur de la Boulaye Inspecteur, arriverent à la Guadeloupe dans le Vaisseau du Roi le Cheval Marin, vers la fin du mois de Mars. Ils avoient déja visité Cayenne, la Grenade, & la Martinique. Ils devoient aussi voir Saint Christophle, & les divers Quartiers où les François sont établis à Saint Domingue.

Monsieur Reynau visita les postes que Monsieur Auger avoit resolu de fortifier, quand je fis le tour de l'Isle avec lui en 1696. il examina les Memoires & les Plans que j'avois fait pour tous ces Ouvrages, & les approuva. Comme il avoit ordre de la Cour de faire l'enceinte d'une Ville, il traça les Fortifications qui devoient renfermer une partie du Bourg de la Basseterre pour la joindre avec le Fort, laissant le Bourg Saint François tout ouvert comme un Faubourg. Je fus toûjours avec lui à la visite du terrain, & quand on planta les piquets de l'enceinte projettée. La difficulté qui se trouvoit en cette entreprise, & qui n'étoit pas petite, étoit d'avoir les fonds necessaires pour cette dépense. Je proposai à ces Messieurs un expedient qu'ils goûterent fort, & qui devoit être du goût de la Cour, puisqu'il donnoit le moyen de faire tous ces Ouvrages sans qu'il en coûtât rien au Roi; & pour épargner la dépense d'un Ingenieur, je leurs promis de me charger, sans aucun interêt, de l'execution du projet. Ces Messieurs ne

Projet d'une Ville forte à la Guadeloupe.

doutoient point que la Cour ne l'approuvât; mais on a eu d'autres affaires qui ont fait oublier celle-ci. Voilà le projet.

Projet de l'Auteur.

Je ne demandois au Roi qu'une avance de cinq cent Negres, que la Colonie s'obligeroit de lui payer dans six ans sur le pied qu'ils auroient coûté au Roi rendus aux Isles.

Je supposois de perdre un tiers de ces Negres par les maladies auxquelles ils sont sujets, soit à cause du changement de climat, soit à cause des travaux auxquels ils ne sont point accoûtumez. Je comptois d'en loüer un tiers aux Habitans, & il est sûr qu'on auroit trouvé plus d'Habitans qui en auroient demandé, qu'il n'y auroit eu de Negres à loüer, & le loüage de ces Negres auroit servi à la nourriture & entretien de l'autre tiers, qui auroit été occupé aux travaux de la Fortification.

Outre cela on auroit obligé tous les Vaisseaux & Barques qui auroient chargé à la Guadeloupe, de fournir une ou deux barquées de roches à chaux avec le bois necessaire pour la cuire.

Enfin pour le payement des Maçons & autres Ouvriers necessaires, on auroit levé en argent sur les Habitans l'équivalant des corvées qu'ils auroient été obligez de faire pour ce travail, ou une somme par tête de Negre sans exemption de personne.

Il est aisé de répondre aux objections que l'on pourroit faire sur ce projet ; j'y avois répondu, & on avoit paru content de mes réponses.

Lorsque le travail auroit été achevé, on auroit vendu les Negres qui seroient restez, & il est certain, que quand il n'en seroit resté que la moitié, le prix qu'on en auroit tiré auroit excedé ce que l'on auroit eu à payer au Roi pour l'avance qu'il auroit fait.

Ces Messieurs témoignerent m'être obligez de cette ouverture, & m'assûrerent que la Cour recevroit agreablement la proposition & l'offre que je faisois. Ils vinrent déjeûner chez-nous, & furent fort contens d'un present de moutons & de volailles que nous leur envoyâmes quand ils furent à la voile.

Monsieur Reynau usoit beaucoup d'eau chaude, & à son exemple plusieurs personnes de la Guadeloupe commencerent d'en prendre. On me pressa tant qu'à la fin je voulus voir l'effet qu'elle produiroit sur moi. J'en pris donc, mais comme je ne suis accoûtumé de manger seul, & encore moins de boire, j'obligeois le jeune Negre qui me servoit de boire avec moi. Il le fit par complaisance, par amitié si on veut, ou pour parler plus juste, par crainte, deux ou trois fois; mais à la fin, il prit la liberté de me dire que M. Reynau étoit un fol, & moi aussi, & que je me ferois mourir en bûvant ainsi de l'eau chaude le matin, & du vin & de l'eau fraîche le reste de la journée; que pour lui il s'en trouvoit mal, & qu'il aimoit mieux avoir le foüet que de continuer, à moins que je ne lui donnasse autant de verres d'Eau-de-Vie, que de verres d'eau chaude. Après avoir examiné la chose, je vis qu'il avoit raison, & au lieu d'eau chaude, je recommençai à prendre du chocolat comme j'avois accoûtumé; & mon Negre qui en avoit toûjours sa part, fut content, & nous n'eûmes plus de bruit ensemble.

Le Pere Cabasson Superieur general de nos Missions vint faire sa Visite à la Guadeloupe au commencement du mois d'Août. Le Pere Imbert l'accompagna à son retour à la Martinique. Je fus établi Superieur en son absence, & le Superieur general declara qu'en cas qu'il leur arrivât quelque accident, il m'établissoit Vicaire general, & Prefet Apostolique de toutes nos Missions.

Ce fut dans ce tems-là que nous eûmes avis de la mort de M. Hincelin de Morache frere du défunt Chevalier Hincelin Gouverneur de la Guadeloupe. Nous apprîmes en même-tems que M. de Morache avoit donné par son Testament tous les biens qu'il avoit heritez du feu Gouverneur son frere, situez aux Isles, aux cinq Communautez Religieuses de la Guadeloupe sans aucune charge. Les Religieux de la Charité en devoient avoir la moitié, & le choix des Lots, quand le partage seroit fait. Les Carmes, les Jesuites, les Capucins & nous, devions partager l'autre moitié par égales portions. Cette succession pouvoit valoir deux cent mille francs. Les parens du testateur s'opposerent à la délivrance des legs. On plaida, & puis on s'accommoda. Je ne fus point du tout content que cette succession nous fût venuë; & si on m'avoit voulu croire, nous y aurions renoncé, parce que le bien de nôtre Maison, quoique peu considerable, nous suscitoit déja beaucoup d'envieux, dont cet heritage ne pouvoit manquer d'augmenter le nombre; bien qu'il nous fût arrivé sans l'avoir recherché en aucune maniere, & sans que pas un de nous conût, ou eût jamais écrit au testateur.

CHAPITRE XIX.

Voyage de l'Auteur à la Grenade. Il passe à la Barbade, à Saint Vincent, & à Sainte Aloufie. Description de la Barbade.

A Peine le Pere Imbert fut-il de retour de la Martinique, que je fus obligé d'y aller, nôtre Superieur general m'y ayant appellé pour des affaires de consequence, qui regardoient nos Missions, sans s'expliquer davantage, & sans que le Pere Imbert, qui sçavoit de quoi il s'agissoit, voulût me donner aucun éclaircissement là-dessus, de crainte, comme je l'ai sçû depuis, que je n'apportasse quelque difficulté au voyage qu'on vouloit me faire entreprendre.

Je partis de la Guadeloupe le 29. Août sur le soir, & j'arrivai le lendemain avant midi au Moüillage de la Martinique. Le Pere Superieur general, le Pere Giraudet, & le Pere Paris qui demeuroient avec lui, & qui étoient fort mes amis, affecterent pendant le dîné de ne me rien dire du sujet pour lequel on m'avoit fait venir. Il sembloit qu'ils se divertissoient
de

de l'impatience où j'étois de le sçavoir; enfin quand on fut hors de table, le Superieur general me dit, qu'il avoit toûjours compté sur moi, quand il s'étoit agi de rendre quelque service considerable à la Mission; qu'on avoit presentement besoin de moi, mais qu'avant de me dire en quoi, il vouloit que je lui disse naturellement si je pouvois me resoudre à quitter la Guadeloupe pour un tems, & entreprendre un voïage qui étoit important à nos interêts. Le mot de voïage me fit plaisir, je m'imaginai d'abord que c'étoit celui d'Europe, & je lui dis que j'étois prêt à partir. Il me remercia de la disposition où j'étois, & me dit, que le voïage qu'il me vouloit proposer ne seroit pas si long, & qu'il ne s'agissoit que d'aller à la Grenade, où nous avions un terrain considerable, qui nous avoit été donné par M. le Comte de Cerillac, ci devant proprietaire de cette Isle; qu'il avoit appris que plusieurs particuliers s'établissoient sur nôtre fond, & en demandoient la concession, ce qu'il étoit à propos d'empêcher. Nous prîmes les mesures les plus convenables pour nôtre dessein, & on me donna une ample procuration pour m'autoriser dans tout ce que je devois faire.

1700.

L'Auteur part de la Martinique.

Je partis de la Martinique le deuxiéme jour de Septembre dans une Barque appellée la Trompeuſe, belle, grande, & très bonne voiliere, qui devoit toucher à la Barbade la plus conſiderable des Antiſles Angloiſes, & ſans contredit la plus riche, & la mieux peuplée. Le

Pitons de Sainte Alouſie.

3. nous vîmes les Pitons de Sainte Alouſie. Ce ſont deux groſſes montagnes rondes & pointuës aſſez près l'une de l'autre, qui rendent cette Iſle fort reconnoiſſable. Nous nous élevâmes en louvoyant, & le 4. ſur les ſept heures du matin nous moüillâmes dans la Baye de Carlille vis-à-vis la Ville du Pont, qui eſt la Capitale de la Barbade. Nos Geographes ne ſont guéres d'accord ſur la poſition de cette Iſle: les uns la mettent

Poſition de la Barbade.

Eſt & Oueſt de Sainte Alouſie, d'autres l'approchent de la Martinique, d'autres la placent entre Sainte Alouſie & Saint Vincent; mais les Cartes marines les plus exactes la mettent Eſt & Oueſt de cette derniere Iſle environ à vingt lieuës au vent, c'eſt à-dire, à l'Eſt, & par conſequent par les 13. degrez & quinze minutes de latitude Nord. Quant à la longitude, je n'en dirai rien, je ne l'ai pas meſurée, il y a trop loin de là au premier meridien, & il y a tant de dif-

PLAN DE L'ISLE DE LA BARBADE.

A. l'enceinte de la Ville.
1. Pointe de l'Est.
2. Batterie de 6. Canons a Barbette devant un Mouillage.
3. Batterie de 4. Canons a Merlons.
4. Batterie de 30. Canons a Merlons.
5. Batterie de 6. Canons a Barbette.
6. Fortin Octogone de 8. Canons sur la jettée du Môle.
7. Autre Fortin de 10. Canons deffendant l'entrée.
8. Batterie de 12. Canons a Barbette deffendant la Rade.
9. Batterie a Merlon de 6. Canons avec un Corps de gardes devant la Maison du Gouverneur.
10. Tranchée de pierre.
11. Batterie de 16. pieces a Barbette devant un Bourg.
12. Autre Batterie de 10. pieces.
13. Batterie de 3. pieces a Merlons.
14. Batterie a Barbette de 16. Canons.
15. Autre Batterie de 12. Canons.
16. Mouillage de Barques avec une Batterie de 3. pieces.
17. Batterie de 8. pieces a Merlons.

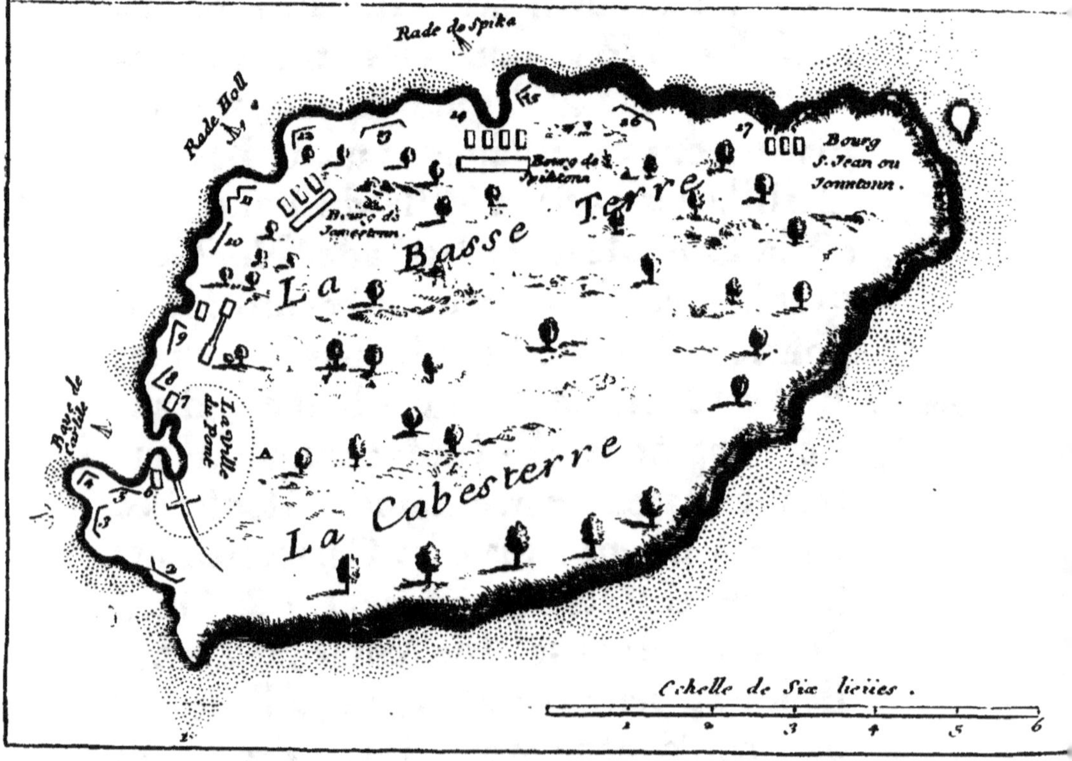

férence & tant d'erreur dans les mesures de nos Astronomes, que le plus sûr est d'avoir de bons yeux, & de s'en bien servir quand on approche des Isles, afin de ne pas se rompre le col en suivant les opinions de Messieurs les Arpenteurs de Planetes, qui sont d'ordinaire aussi sûrs de ce qu'ils avancent, que les faiseurs d'Almanacs & d'Horoscopes.

Quoiqu'il en soit, la vûë de la Barbade me servit à corriger l'idée que j'm'en étois formée, sur ce que j'en avois entendu dire. Je me l'étois figurée comme une terre platte, & unie, peu élevée au-dessus de la superficie de la mer; je vis au contraire qu'elle étoit montagneuse & entrecoupée de falaises, sur tout dans son milieu, beaucoup plus que la grande terre de la Guadeloupe & que Marie-galande, mais aussi beaucoup moins que la Martinique & autres Isles, en comparaison desquelles les montagnes de la Barbade ne sont que des mornes mediocres où des colines qui laissent entr'elles des fonds de grande étenduë, & des revers ou côtieres très-praticables & bien cultivez.

La grande Baye du Pont d'une pointe à l'autre peut avoir une lieüe & demie de largeur, & environ une bonne lieüe de profondeur. Le moüillage y est bon, depuis trente six brasses jusqu'à huit ou six qu'on trouve dans le fond. La pointe de l'Est qui est la plus avancée est presque entierement enveloppée d'un recif à fleur d'eau. Il y a sur cette pointe une batterie à Merlons fermée en maniere d'une grande Redoute, où je comptai trente pieces de Canon, qui selon les apparences sont de gros calibre, afin de pouvoir défendre la Baye. La pointe de l'Ouest est beaucoup moins avancée en mer que la premiere, mais elle est couverte de plusieurs rangs de cayes & de rochers à fleur d'eau, qui font une espece d'estacade assez avancée & dangereuse. Il y a sur cette pointe une batterie à barbette toute ouverte du côté de terre, avec huit gros Canons qui battent dans la Rade.

Outre la batterie de trente Canons dont je viens de parler, il y en a une autre de six pieces à barbette entre la pointe & la jettée qui forme le Port, qui est devant, & joignant la Ville. Cette jettée qui est du côté de l'Est est défenduë par une Redoute octogone qui a huit ou dix embrazures, & qui en pourroit avoir davantage. Celle de l'Ouest est aussi défenduë par une Redoute, où il y a douze pieces de Canon, qui battent la Rade & l'entrée du Port.

Ce Port n'est pas fort confiderable par son étenduë, je n'y vis que des Brigantins, des Barques, & autres petits Bâtimens. Comme nous n'y moüillâmes pas, je ne puis pas dire de quelle profondeur il est: il s'y jette du côté de l'Est un ruisseau qui a proprement parler n'est que l'écoulement des eaux d'un marais qui est à côté de la Ville, qui se dégorgent quand les pluyes les ont fait croître assez pour devenir plus hautes que la mer. C'est sur cet endroit qu'on a bâti un Pont, qui a donné le nom à la Ville, qui le porte encore aujourd'hui, malgré tout ce qu'on a pû faire pour lui en faire porter un autre.

Nous moüillâmes à cent pas ou environ du Fortin de l'Ouest sur huit brasses d'eau. Il y avoit pour lors dans la Baye quarante-sept Vaisseaux gros & petits, & quantité de Barques & de Caïches. A peine avions-nous salué la terre de cinq coups de Canon, que le Lieutenant du Port vint à nôtre bord. Il vit nos Passe-ports, s'informa du sujet de nôtre voïage, & nous offrit tout ce dont nous avions besoin. Il étoit avec un Ministre, qui avoit été prisonnier à la Martinique pendant la derniere guerre, & à qui nous avions rendu service : il me reconnut, m'embrassa, & me fit mille caresses. Le Marchand Anglois pour qui nous faisions le voïage, parut, & parla au Lieutenant de Port & au Ministre, & après qu'on les eût fait bien boire, & peu manger, ils allerent à terre avec le Maître de la Barque, & me promirent de venir me chercher, pour me faire voir la Ville. On les salua de cinq coups de Canon.

Le Ministre & le Marchand revinrent à bord sur les quatre heures après midi. Je m'étois habillé de maniere, que sans me masquer tout-à-fait, je ne paroissois pas entierement ce que j'étois; moins par necessité, que pour éviter d'être suivi par les enfans & la canaille, qui ne voyent pas souvent des oiseaux de mon plumage. Ces Messieurs me conduisirent chez le Gouverneur, que nous ne trouvâmes pas ; le Major qui nous reçût fort honnêtement, me demanda si j'avois quelques affaires particuliers dans l'Isle, & m'offrit fort obligeamment son crédit, & celui du Gouverneur. Je lui dis que je m'en allois à la Grenade, mais que j'avois été ravi de trouver cette occasion pour voir une Isle comme la Barbade, dont les Habitans étoient estimez par tout, & que j'étois persuadé par la maniere dont il me recevoit, que ce que j'avois entendu dire étoit bien au-dessous de ce qui étoit en effet. Là-dessus on apporta de la Bierre, des Pipes, & des Vins de differentes especes. Je m'apperçûs aisément, que le Major ne se servoit d'un Interprete en me parlant que par grandeur ou par ceremonie, & qu'il entendoit parfaitement bien le François, cela m'obligea de me tenir sur mes gardes, & c'est un avertissement que je croi être obligé de donner à tous mes compatriotes quand ils sont chez les étrangers, afin que leur vivacité & leur indiscretion ne leur fasse pas commettre des fautes qui ont souvent des suites fâcheuses. Je pris la Pipe qu'on me presenta, quoique je n'aye jamais fumé, ce seroit une impolitesse de la refuser ; & je la portois de tems en tems à la bouche. Le Ministre raconta à la compagnie ce que nous avions fait pour lui, lorsqu'il étoit prisonnier : cela m'attira bien des complimens : à la fin, il me pria d'aller passer quelques jours chez lui à Spiketonn où étoit sa residence, & son ménage.

Nous sortîmes assez tard d'avec le

Major. Nôtre Marchand nous conduisit chez lui où nous soûpâmes, & où il m'obligea de prendre une chambre pendant que je serois dans l'Isle. Je demeurai presque tout le lendemain, qui étoit un Dimanche, à la maison : la curiosité de voir un Moine blanc y attira bien du monde, & j'eus la complaisance de me faire voir dans mon habit ordinaire tout entier, c'est-à-dire, avec mes habits noirs & blancs. Sur le soir nous allâmes à la promenade.

Le Lundy 6. on me donna un Officier pour me conduire, & me faire voir la Ville, car nôtre Marchand étoit occupé à faire décharger la Barque ; & quoiqu'on y travaillât beaucoup le jour, on faisoit bien plus d'ouvrage la nuit : car sans faire tort aux Espagnols, les Anglois entendent aussi-bien que gens qu'il y ait au monde le métier de la contrebande, & c'étoit pour la faire plus commodement que nôtre Marchand avoit fait moüiller la Barque dans la Rade, & non dans le Port.

La Ville est belle & assez grande, ses ruës sont droites, larges, propres, & bien percées. Les maisons sont bien bâties dans le goût de celles d'Angleterre, avec beaucoup de fenêtres vitrées, elles sont meublées magnifiquement ; en un mot, tout y a un air de propreté, de politesse & d'opulence, qu'on ne trouve point dans les autres Isles, & qu'il seroit difficile de rencontrer ailleurs. La Maison de Ville est très-belle & très bien ornée. Les Boutiques & les Magasins des Marchands sont remplis de tout ce qu'on peut souhaiter de toutes les parties du monde. On voit quantité d'Orfévres, de Joüailliers, d'Horlogeurs, & autres Ouvriers qui travaillent beaucoup, & qui paroissent fort à leur aise, aussi s'y fait-il un Commerce des plus considerables de l'Amerique. On prétend que l'air de la Ville n'est pas bon, & que le Marais qui en est proche, rend le lieu fort mal sain ; c'est pourtant ce que je n'ai point remarqué dans le teint des Habitans, qui est beau, & sur tout celui des femmes, tout y fourmille d'enfans : car tout le monde est marié, & les femmes sont fort fecondes. Il est vrai, que le mal de Siam enleve bien des gens, mais cela leur est commun avec les François, Hollandois, Portugais & autres Européens qui habitent l'Amerique. Je fus bien-tôt en païs de connoissance, outre ceux à qui je rendis les lettres dont on m'avoit chargé à la Martinique, je

R. v.

1700.

trouvai des refugiez François & des Negocians, qui avoient été prisonniers chez nous pendant la derniere guerre, qui me firent mille honnêtetez, & qui m'offrirent de fort bonne grace leurs bourses, & leurs marchandises, en échange de quelques services que nos Peres & moi leur avions rendus, tant il est vrai, qu'un bienfait n'est jamais perdu, & qu'on recuëille dans le tems qu'on y pense le moins, ce qu'on a semé, pour ainsi dire, en faisant plaisir à ceux qu'on a trouvez dans le besoin.

Visite de l'Auteur au Gouverneur de la Barbade.

Le Mardy 7. Septembre nous montâmes à cheval sur les dix heures, le Major, le Marchand, l'Officier qui m'avoit accompagné la veille, & moi, & nous allâmes saluer le Gouverneur, qui étoit en sa maison de campagne, à deux petites lieües de la Ville. Il me reçût fort honnêtement, & m'arrêta à dîner avec le Major; les deux autres s'en retournerent. J'ai oublié son nom. On l'appelloit Milord, je croi que cela veut dire Monseigneur. Il avoit fait ses exercices à Paris, parloit François fort correctement, il etoit extrêmement poli, quoiqu'il fût assez reservé, & qu'il soûtînt avec hauteur son caractere. Il étoit servi comme un Prince, nous étions huit à table, on me donna pour me servir un Negre qui parloit François, & outre cela, il y avoit un Interprete debout à côté de moi. Le dîner fut fort long, mais on eut la bonté de ne me point presser pour boire. On parla beaucoup de la guerre précedente, de nos Colonies, & de nos Manufactures. M. Stapleton étoit de ce repas, il a depuis été Gouverneur de Nieves, & y a été tué par des yvrognes, je fis connoissance avec lui, il parloit fort bien François, & il avoit eu le tems d'apprendre la langue, ayant été cinq ou six ans prisonnier à la Bastille, il s'étoit servi de ce tems-là pour étudier les Mathematiques, & il y avoit fait des progrez considerables. Je passai la journée fort agreablement, le Major me ramena le soir à la Ville. La maison du Gouverneur est environ à trois cent pas du bord de la mer, elle est magnifique, & très-bien meublée, il y a un cabinet de Livres sur toutes sortes de matieres, fort bien choisis, & en bon ordre. L'embarcadere qui est vis-à-vis est défenduë par une batterie à merlons de six pieces de Canon avec un Corps de garde, & un retranchement.

Je trouvai chez nôtre Marchand le Ministre de Spiketonn. Il m'emmena chez lui le lendemain avec nôtre Marchand, & un autre de leurs amis. Il m'avoit fait amener un Cheval Nous partîmes sur les huit heures, après avoir pris du chocolat au lait, nous dînâmes chez un Marchand à Jamestonn. C'est un beau Bourg, devant lequel il y a une Baye assez profonde avec un bon moüillage, qui est défendu par deux batteries, celle de l'Est qui est à barbette est de vingt-six pieces de gros Canon, & celle de l'Ouest est de dix pieces. A moitié chemin de la maison du Gouverneur à Jamestonn, il y a un fort long retranchement sur le bord de la mer, il est de maçonnerie, & trés-necessaire en cet endroit, parce que les cayes sont couvertes d'assez d'eau, pour porter des Chaloupes & autres Bâtimens plats, dont on pourroit se servir pour faire une descente.

On trouve encore une Ance ou petite Baye environ à moitié chemin de Jamestonn à Spiketonn, dont le moüillage qui est assez commode pour les Barques & autres petits Bâtimens, est défendu par une batterie à merlons de trois pieces, avec un retranchement de chaque côté. On compte deux lieües & demie de Jamestonn à Spiketonn. C'est une fort jolie petite Ville, dont les maisons sont bien bâties, les ruës droites & larges, & où il y a beaucoup de Magasins & de Cabarets. La Baye me parut large d'une bonne demie liüe, & de beaucoup d'avantage de profondeur. Les Vaisseaux y peuvent moüiller sur 12. 10. 8. & 6. brasses, & sont assez à couvert des vents, excepté de ceux qui viennent de la bande de l'Ouest. Les deux pointes qui la forment sont défenduës par des batteries à barbette, celle de l'Est est de 16. Canons, & celle de l'Ouest de 12.

Nous fûmes parfaitement bien reçûs de Madame la Ministre & de sa famille, qui consistoit en trois enfans, deux garçons & une fille, l'aîné avoit douze à treize ans, & la fille qui étoit la plus jeûne en avoit neuf. Tous ces enfans parlöient François, leur mere est Normande, & leur pere est fils d'un François. Nous demeurâmes tout le Jeudy à Spiketonn. Le Vendredy nous allâmes dîner à un Bourg, qui en est éloigné de trois lieües chez un refugié François, qui me reçût parfaitement bien. Il me semble qu'on l'appelloit Saint Jean, il y a une petite Baye formée par des recifs qui avancent beaucoup en mer, les Barques & les autres petits Bâtimens y peuvent moüiller sur deux & trois brasses. Il y a une batterie à merlons de huit Canons. Je remarquai en revenant sur le soir à Spiketonn une embarcadere, qui est environ à moitié chemin, qui est défenduë par une batterie à merlons de trois pieces. Le Bourg Saint Jean est à l'extrêmité de la Basseterre. J'aurois été bien-aise de faire le tour de l'Isle, & de revenir au Pont par la Cabesterre, mais la chose ne fut pas possible: d'ailleurs, il ne faut pas faire paroître tant de curiosité dans les endroits où l'on pourroit à la fin devenir suspect, & se servir dans un tems de guerre des remarques que l'on auroit faites pendant la Paix.

Je voulois m'en retourner au Pont le Samedy avec nôtre Marchand, qui partit bien avant le jour, pour aller achever le chargement de nôtre Barque; mais nôtre Hôte me pria si instamment de demeurer jusqu'au Dimanche après midi, que je ne pus pas le lui refuser; ainsi je passai tout le Samedy aux environs de Spiketonn à faire des visites, & à me promener avec le Ministre.

Le Dimanche 12. il fut occupé toute la matinée à son Eglise, & après qu'on eût dîné, il se trouva qu'il étoit trop tard pour partir. Ce retardement ne me fit pas grand peine, outre que j'étois en

Françoises de l'Amérique.

bonne compagnie, j'eus le plaisir de voir 1700. l'après midi la revûë de la Cavalerie & Infanterie de la contrée, c'est-à-dire, si je ne me trompe, du Quartier : car toute l'Isle est divisée en contrées ; mais je ne sçai, ni leurs limites, ni leur étendûë. Il y avoit quatre Compagnies de Cavalerie de cent à six-vingt Maîtres chacune, tous bien montez & bien armez, avec des Timballes & des Trompettes. Les Officiers étoient en habits rouges, uniformes, avec de grands galons d'or, & des plumets blancs. L'Infanterie étoit aussi en quatre Compagnies, qui faisoient en tout un peu plus de deux cent hommes assez bien armez, mais qui ne paroissoient que comme les Domestiques des Cavaliers ; aussi n'étoient-elles composées que de Commandeurs, d'Ouvriers, & de petits Habitans : car tous les riches, qui sont en grand nombre se mettent dans la Cavalerie. On voit assez sans que je le dise, que ces Troupes ne sont que des Milices. Elles sont toutes Enregimentées. La qualité des Officiers précede toûjours leur nom ; ainsi on dit, Monsieur le Colonel tel, Monsieur le Major tel, &c. On me dit, qu'il y avoit dans l'Isle six Regimens de Cavalerie, qui faisoient

Milices de la Barbade.

près de trois mille hommes; & dix d'Infanterie, qui faisoient cinq mille hommes ou environ. Je fis semblant de le croire : car j'avois lieu d'en douter très-fort, à moins qu'ils ne missent sous les armes leurs engagez, qui sont en grand nombre, mais sur lesquels il ne faudroit pas beaucoup compter dans une occasion, parce que la plus grande partie sont de pauvres Irlandois enlevez par force ou par surprise, qui gemissent dans une dure servitude de sept ans ou de cinq pour le moins, qu'on leur fait recommencer quand elle est finie, sous des prétextes dont les Maîtres ont toûjours une provision toute prête, bien sûrs, tels qu'ils puissent être, que les Juges n'y trouveront rien à redire. De sorte que si cette Isle étoit attaquée, les Maîtres n'auroient pas peu d'affaires, puisque leurs engagez tourneroient infailliblement contr'eux les armes qu'ils leurs auroient mis à la main, & se joindroient à ceux qui viendroient de dehors, quand ce ne seroit que pour recouvrer leur liberté, sans parler de ce qu'ils auroient à craindre de leurs Negres.

Le nombre des Esclaves Negres qui sont dans cette Isle, est très-considerable. On me disoit qu'il y en avoit plus de soixante mille. J'en doute encore ; cependant suivant ce que j'ai vû dans la Basseterre depuis le Pont jusqu'a Saint Jean, & supposant qu'il y en ait autant à proportion à la Cabesterre où je n'ai point été, je croi qu'il peut bien y en avoir quarante mille ou environ, ce qui est un nombre exorbitant pour une Isle comme la Barbade, qui n'a tout au plus que vingt-cinq à vingt-huit lieües de circuit.

Les Anglois ménagent très-peu leurs Negres ; ils les nourrissent très-mal, la plûpart leurs donnent le Samedy pour travailler pour leur compte ; afin de s'entretenir de tous leurs besoins eux & leurs familles. Leurs Commandeurs les poussent au travail à toute outrance, les battent sans misericorde pour la moindre faute, & semblent se soucier moins de la vie d'un Negre, que de celle d'un Cheval. Il est vrai, qu'ils les ont à très-bon marché : car outre les Compagnies Angloises qui ont des Comptoirs sur les Côtes d'Afrique qui en enlevent tous les ans un nombre prodigieux qu'ils transportent en Amerique, les Marchands interloppes en apportent encore beaucoup, qu'ils donnent à meilleur marché que les Compagnies. Les Ministres ne les instruisent, & ne les baptisent point ; on les regarde à peu près comme des bêtes à qui tout est permis pourvû qu'ils s'acquittent très exactement de leur devoir. On souffre qu'ils ayent plusieurs femmes, & qu'ils les quittent quand il leur plaît ; pourvû qu'ils fassent bien des enfans, qu'ils travaillent beaucoup, & qu'ils ne soient point malades, leurs Maîtres sont contens, & n'en demandent pas davantage. On punit très-rigoureusement les moindres désobéïssances, & encore plus les revoltes, ce qui n'empêche pas qu'il n'y en arrive très-souvent, parce que ces malheureux se voyant poussez à bout plus souvent par leurs Commandeurs yvrognes, déraisonnables & barbares, que par leurs Maîtres, perdent à la fin patience, s'assemblent, se jettent sur ceux qui les ont maltraitez, les déchirent, & les mettent en pieces ; & quoiqu'ils soient assûrez d'en être punis d'une maniere très-cruelle, ils croyent avoir beaucoup fait quand ils se sont vengez de leurs impitoyables boureaux. C'est alors que les Anglois courent aux armes, & en font de grands massacres, ceux qui sont pris & conduits en prison sont condamnez à être passez au moulin, brûlez tout vifs ou expofez dans des cages de fer qui les ferrent, de maniere qu'ils ne peuvent faire aucun mouvement, & en cet état on les attache à une branche d'arbre où on les laiffe périr de faim & de rage. On appelle cela mettre un homme au fec.

J'avoüe que ces fupplices font cruels; mais il faut prendre garde avant de condamner les Habitans des Ifles de quelque Nation qu'ils foient, qu'ils font fouvent contraints de paffer les bornes de la moderation dans la punition de leurs Efclaves, pour les intimider, leur imprimer de la crainte & du refpect, & s'empêcher eux-mêmes d'être les victimes de la fureur de ces fortes de gens, qui étant ordinairement dix contre un blanc, font toûjours prêts à fe revolter, à tout entreprendre, & à commettre les crimes les plus horribles, pour fe mettre en liberté. Quoique ces fanglantes executions ne fe faffent pas fi fouvent chez les François que chez les Anglois, parce que nos Efclaves ne font pas en fi grand nombre, que la Religion dans laquelle on les éleve leur infpire des fentimens plus humains, & qu'on les traite d'ailleurs avec plus de douceur & de charité que les Anglois, il n'y a pas long-tems qu'on fut obligé à la Martinique d'en faire de terribles executions à cause d'une revolte presque generale, qu'on ne prévint que de quelques momens : tant il est vrai, que le desir de la liberté & de la vengeance est toûjours le même chez tous les hommes, & les rend capables de tout entreprendre pour se satisfaire.

Etablissement des Anglois à la Barbade.

On prétend que les Anglois ont découvert la Barbade, & qu'ils s'y sont établis dès l'année 1627. que ce fut un de leurs Vaisseaux, qui revenant du Bresil où selon les apparences, il étoit allé faire la course, fut poussé par la tempête sur la côte de cette Isle, qui ayant fait rapport à ses Maîtres de sa découverte, on y envoya aussi-tôt une Colonie qui y a fait l'établissement que l'on voit encore aujourd'hui ; mais j'ai peine à croire qu'il soit si ancien. Car il est constant que celui des François & des Anglois à Saint Christophle est sans contredit le premier que ces deux Nations ont eu dans le Golphe de Mexique, & cependant il n'a été fait qu'en 1627. quelle apparence y a-t-il que les Anglois ayant fait ces deux établissemens en même-tems, si éloigné l'un de l'autre, & qu'ayant alors toutes les Isles à leur disposition, ils ayent choisi, & se soient placez dans celles qui étoient les plus petites, qui manquoient absolument de Ports pour retirer leurs Vaisseaux, pendant que les François se sont postez long-tems après eux dans les plus grandes, les meilleures, les mieux fournies de bonnes eaux, & où ils ont des Ports naturels, excellens, & très-sûrs pour mettre leurs Navires en sûreté dans les plus grandes tempêtes.

Quoiqu'il en soit du tems de l'établissement des Anglois à la Barbade, il est certain que leur Colonie est très-riche & très-florissante, que toute l'Isle est découverte, défrichée & cultivée, & qu'il y a long-tems que les Forêts dont elle étoit couverte sont abbatuës & consommées. On y a fait autrefois beaucoup de tabac. On a ensuite cultivé le gengembre & l'indigo. On fait encore du coton en quelques endroits, mais le Sucre est à présent presque l'unique chose à laquelle on s'attache. Le terrain, du moins celui de la Basseterre que j'ai vû d'un bout à l'autre, est extrêmement maigre, sec & usé; on est obligé de replanter les Cannes au moins tous les deux ans, souvent même à chaque couppe, & malgré ce travail elles auroient de la peine à venir dans beaucoup d'endroits si on ne fumoit pas la terre : de sorte

1700.

qu'il y a nombre de petits Habitans, qui ne font d'autre Negoce que celui du fumier. Ils font ramasser par leurs Esclaves des pailles, de mauvaises herbes, du groymon, & autres ordures, & les mettent pourir dans des trous faits exprès avec les immondices des parcs de leurs cochons, de leurs bêtes à cornes & de leurs chevaux, & vendent très-bien cette marchandise.

Sucre de la Barbade.

Le Sucre qu'on fait à la Barbade est fort beau. Ils pourroient le terrer comme nous faisons chez nous, & réüssiroient très-bien, cependant ils ne le font point ou du moins très rarement, il faut qu'ils ayent des raisons, ou des défenses qui les en empêchent. Ils ne mettent pas d'abord leurs Sucres bruts ou Moscouades en Barrique comme on fait aux Isles Françoises, ils les mettent dans des formes de bois ou de terre, & lorsqu'il est bien purgé, ils coupent les deux bouts du pain, c'est-à-dire, la pointe qui est toûjours la moins purgée, la plus noire, & la plus remplie de sirop, & le gros bout où est la fontaine grasse, & repassent ces deux morceaux dans leurs chaudieres, & pour le corps de la forme ou du pain, ils le font secher au soleil avant de le piler pour en remplir les Cais-

Françoises de l'Amerique. 407

1700.

ses & les Barriques où ils le mettent. Ces préparations rendent leur Sucre brut fort aisé à être raffiné, avec tout cela ils me permettront de leur dire, que nous en faisons à la Martinique, la Guadeloupe & Saint Domingue d'aussi beau, sans y faire tant de façons; & que nôtre Sucre passé, lorsqu'il est fait comme il doit l'être, est infiniment plus beau & meilleur, quoique nous le mettions d'abord en Barriques, sans prendre la peine de le mettre en forme, de le faire secher & piler. Il est vrai, que je n'ai pas remarqué qu'ils passent leur vesou au drap comme nous faisons.

Ils ont des Moulins à vent & à chevaux. J'ai parlé amplement de ces machines dans ma troisiéme Partie. Pour des Moulins à eau il n'en faut pas parler à la Barbade, il n'y a point de rivieres pour les faire tourner, & l'eau y est quelquefois plus rare & plus chere que la bierre & le vin. J'ai vû assez souvent à la Guadeloupe des Barques Angloises d'Antigues & d'autres endroits qui venoient se charger d'eau à nôtre riviere, pour des particuliers qui en manquoient ou pour des Vaisseaux qui devoient retourner en Europe. Ce défaut d'eau est commun à toutes les Isles Angloises ex-

La Barbade manque d'eau.

cepté Saint Christophle, & leur cause de grandes incommoditez sur tout à la Barbade, où ils sont réduits à conserver les eaux de pluye dans des mares ou étangs, dont quelques uns sont naturels, & les autres artificiels, mais de quelque espece qu'ils puissent être, l'eau y est bien-tôt corrompuë par la chaleur du soleil, par les crabes qui s'y noyent, par les bestiaux qu'on y abreuve, par le linge qu'on y lave, & par les Negres qui ne manquent jamais de s'y aller baigner autant de fois qu'ils le peuvent : de sorte que ceux qui sont contraints de boire de ces sortes d'eau sont assûrez de se mettre dans le corps ce qui a servi à quantité d'autres usages, & qui est déja plus de moitié corrompu. C'est de-là, à mon avis, que viennent quantité de maladies, qui font de grands ravages parmi leurs Negres, sur tout le scorbut & la petite verolle. Pour peu que les Habitans ayent de bien, ils font faire des cîternes chez eux où l'eau se conserve assez bien, pourvû qu'on ait soin que les crabes, & les rats n'y puissent pas tomber : car quand cela arrive, la corruption des corps de ces animaux gâte absolument les cîternes. Il y en a d'autres qui conservent des eaux de pluye dans des futailles, de grands canaris

canaris de terre du païs, où des jarres qui viennent d'Europe : car on met tout en usage pour avoir de l'eau & la conserver. C'est dommage qu'une Isle si belle & si bien peuplée & cultivée, ait cette incommodité.

Les Habitations ou Plantations, comme ils les appellent, sont beaucoup plus petites à proportion qu'elles ne le sont dans les Isles Françoises; & il ne faut pas s'en étonner : l'Isle n'est pas grande, & elle a beaucoup d'Habitans ; il faut du terrain pour tout le monde, voilà ce qui fait qu'on en a peu, & qu'il est très-cher. Les maisons qui sont sur les Habitations sont encore mieux bâties que celles des Villes; elles sont grandes, bien percées, toutes vitrées, la distribution des appartemens est commode & bien entenduë. Elles sont presque toutes accompagnées de belles allées de tamarins, ou de ces gros orangers que nous appellons chadecq, dont j'ai parlé dans un autre endroit où d'autres arbres qui donnent du frais, & rendent les maisons toutes riantes. On remarque l'opulence & le bon goût des Habitans dans leurs meubles qui sont magnifiques, & dans leur argenterie dont ils ont tous des quantitez considerables : de sorte que si on

1700.

prenoit cette Isle, cet article seul vaudroit bien la prise des Gallions & quelque chose de plus, & cette entreprise n'est pas si difficile qu'on se l'imagine; il ne faudroit que rassembler quatre cinq mille de nos Creolles & de nos Flibustiers, avec une douzaine de Vaisseaux de Guerre, pour appuyer la descente, donner de la jalousie aux Anglois, ou s'opposer aux secours qui leur pourroient venir de dehors, pour rendre bon compte de cette Isle. Mais il ne faudroit point de Troupes d'Europe qui se mêlassent à celles du païs, on sçait qu'elles ne peuvent s'accommoder ensemble, & nos Creolles leurs reprochent qu'elles sont plus propres à piller, qu'à se battre dans ces païs chauds : ils prétendent que ce qui s'est passé aux prises de Cartagene, de Saint Eustache, de Corossol, de Nieves & d'autres endroits, sont des preuves de ce qu'ils disent ; je ne veux point entrer dans cette discussion, parce que je ne dois pas prendre parti : je sçai que nos Creolles & nos Flibustiers sont braves, se battent bien, sont faits au païs, accoûtumez à supporter sans peine la chaleur & les autres fatigues ; je sçai aussi que les Troupes qui pourroient venir d'Europe sçavent en perfection l'art de faire des Sieges ; mais c'eſt dont on n'a pas beſoin à la Barbade, où il n'y a ni Ville fortifiée, ni Citadelle.

Sans un malheureux Vaiſſeau qui relâcha à la Martinique dans le tems que M. de Châteaurenault étoit prêt d'en partir avec ſon Eſcadre & nos Flibuſtiers & Creolles en 1702. pour aller à la Barbade, il eſt certain que cette Iſle auroit changé de Maître, le coup étoit ſûr, & les meſures qu'on avoit priſes étoient immanquables ; mais il crut qu'il devoit aller chercher les Gallions : cependant il me permettra de dire qu'il auroit bien mieux fait de prendre la Barbade, que d'aller conduire les Gallions à Vigo, où ils devinrent la proye de nos ennemis ; mais patience, ce qui eſt differé n'eſt peut-être pas perdu.

Les Anglois ne font pour l'ordinaire qu'un repas par jour, à moins qu'ils n'ayent des étrangers chez eux, ils ne ſongent pas ſeulement à ſoûper, & cela pour deux raiſons : la premiere, parce qu'ils ſont dans une habitude toute contraire : & la ſeconde, parce qu'ils commencent leur dîné fort tard, c'eſt-à-dire, vers les deux heures, & que pour peu qu'ils ſoient en compagnie, ce repas dure toûjours juſques bien avant dans la nuit :

de sorte qu'il n'est pas possible de boire & de manger après qu'on a fait cet exercice pendant quatre ou cinq heures de suite.

Ils mangent beaucoup de viandes & peu pain, leurs tables sont très-bien servies, ils ont d'assez bons cuisiniers, de très-beau linge, beaucoup d'ordre & de propreté. Les personnes de distinction font venir des perdrix d'Europe toutes en vie, & les conservent dans des volieres, comme nous faisons dans nos Isles à l'égard des tourterelles; on peut dire, que sur cet article il n'y a point de gens qui fassent une plus grosse dépense, ni qui poussent plus loin le soin & l'attention pour avoir ce qu'il y a de meilleur & de plus rare dans les païs étrangers, même les plus éloignez. On trouve toûjours chez eux des vins & des liqueurs de toutes les sortes, & ils se font un plaisir que ceux à qui ils ont donné à manger ne puissent pas retrouver aisément le chemin de leurs maisons. C'est pour prévenir les accidens qui pourroient leur arriver, si les chemins étoient mauvais, qu'ils ont un soin tout particulier de les bien entretenir. Ceux de Legogane dans la partie de l'Ouest de Saint Domingue, qui assûrement sont très-beaux,

Maniere de vivre des Anglois.

n'approchent pas de ceux de la Barbade.

Leurs Sucreries sont grandes, bien percées, & extrêmement propres ; leurs Purgeries au contraire ont très-peu de fenêtres, & par consequent très-peu d'air & de jour. Je ne sçai quelles raisons ils ont pour cela ; on a vû dans mon traité du Sucre combien il est necessaire que ces sortes de lieux soient clairs & aerez, afin que le Sucre duquel on a ôté la terre, seche le plus qu'il est possible dans ses formes avant d'être mis à l'Etuve, où exposé au Soleil.

Sucreries & Purgeries de la Barbade.

Ils ont soin que les cases de leurs Negres soient bien alignées & uniformes, cela ne coûte rien, & fait un très-bon effet, qui étant joint à la beauté des maisons, & au grand nombre qu'il y en a depuis le bord de la mer jusqu'aux étages les plus voisins du centre de l'Isle, fait une perspective dont le coup d'œil est enchanté quand on est en mer à une distance raisonnable pour distinguer commodement les objets.

Ce n'est pas la coûtume parmi les Anglois de faire des liberalitez aux Domestiques des maisons où l'on a logé ; les Maîtres s'en offenseroient ; mais c'est une espece de loi établie & religieusement

Coûtume des Anglois.

observée chez eux, de laisser comme par m'égarde quelque piece d'or ou d'argent dans le lit où l'on a couché. Les Domestiques qui sçavent que le hazard n'a point de part là dedans ne vous les rapportent point, & les partagent entr'eux. Ce seroit une impolitesse d'en user autrement ; chaque païs a ses manieres, & il est de l'honnête homme de s'y conformer.

Hamacs de la Barbade.

Il y a des Habitans à la Barbade qui occupent leurs Esclaves à filer du coton, & à faire des hamacs. Ces lits sont faits de quatre lez ou de cinq si on les demande de cette maniere. La toile est parfaitement bien croisée, unie, forte, & belle : celle que l'on fait à la Martinique n'en approche pas. Cependant les hamacs Caraïbes sont plus commodes que ceux-là, parce qu'étant tout d'une piece, la toile dont ils sont composez prête également par tout, au lieu que ceux qui sont de plusieurs lez ne le peuvent pas faire, à cause que les coutures sont toûjours plus roïdes que le reste de la toile ; j'en achetai deux, que j'eus à assez bon marché, si j'avois été Marchand j'aurois pû faire un profit considerable en achettant nombre de ces hamacs qui sont recherchez, & fort chers dans nos Isles. J'achetai encore une partie d'épiceries, c'est à-dire, de canelle, de cloud, de poivre & de muscade, pour l'usage de nos maisons : elles ne pouvoient être meilleures, plus recentes & à meilleur marché.

Le Lundy 13. Septembre je partis de Spiketonn avec le Ministre fort content de ma promenade, & comblé d'honnêtetez de sa famille & de ses amis, qui vinrent me souhaiter un bon voïage. Nous dinâmes à Jamestonn comme nous avions fait en venant, & nous arrivâmes fort tard au Pont, parce que nous demeurâmes long-tems à table, & que nous allions fort doucement, afin que je pusse considerer plus à loisir ce beau païs, que j'avois regret de quitter.

Je sçûs en arrivant qu'on esperoit achever le chargement de nôtre Barque pendant la nuit, ou le lendemain matin, & que nous pourrions mettre à la voile le soir, ou le jour suivant de bonne heure. J'envoyai chercher quelques Livres François que j'avois à bord de la Barque, que je presentai à Milord Gouverneur en allant prendre congé de lui. Ce petit present lui fit plaisir, il m'en remercia en des termes fort polis & fort honnêtes, & me fit beaucoup d'offres de services. J'allai ensuite voir le Major, quelques Officiers qui m'avoient accompagné, & les Marchands à qui j'avois été addressé. J'achetai encore quelques pieces d'atcot & de camelot blanc, & des indiennes pour faire des tours & des couvertures de lit. Je trouvai que malgré l'abondance d'argent qui roule a la Barbade, toutes les marchandises y étoient a bien meilleur marché que dans nos Isles. Enfin ayant fini toutes nos affaires, & remercié nos amis, je m'embarquai le Jeudy 15. Septembre sur les huit heures du matin. Je trouvai que Milord Gouverneur m'avoit envoyé une pipe de vin de Canarie, avec une petite caisse de très-excellent chocolat de Corossol. Nos Marchands & le Ministre m'avoient aussi fait des presens de volailles en vie avec deux pâtez & deux jambons cuits, des confitures, des fruits, du vin de Madere, de la bierre & du cidre en quantité. Nous saluâmes nos amis, qui nous vinrent conduire à bord de cinq coups de canon, & la Ville d'autant, quand nous mîmes à la voile sur les trois heures après midi : car on peut croire que nous ne nous quittâmes pas sans boire.

 Je remarquai encore deux moüillages

derriere la pointe de l'Est qui forme la Baye de Carlille, qui sont défendus par des batteries. Celle qui est le plus à l'Est est de six canons à barbette, & celle qui la suit est à merlons & seulement de quatre canons.

Le Public me dispensera de lui dire de quelle maniere j'ai eu le Plan de la Barbade que je lui donne. Il est certain, que celui qui me le montra, n'avoit point du tout envie que j'en prisse une copie; mais je fis si bien qu'il me le laissa le soir en se retirant, & je le copiai pendant la nuit. J'ai vû exactement toute la Basseterre, depuis la pointe de Carlille jusqu'au Bourg Saint John, & je puis assûrer qu'en 1700. au mois de Septembre les choses étoient dans l'état que je les ay marquées. Il peut y avoir eu des changemens depuis ce tems là, les Anglois peuvent avoir augmenté leurs batteries, & fait des retranchemens dans les lieux les plus foibles, & les plus exposez, & c'est ce que j'ignore. Je n'ai pas vû la Cabesterre, ainsi je n'en puis rien dire.

CHAPITRE XX.

L'Auteur part de la Barbade & arrive à la Grenade. Description de cette Isle.

SI le Port de la Grenade avoit été placé à l'Est comme M. de Lisle de l'Academie des Sciences, & premier Geographe du Roi, le marque dans la Carte des Antisles qu'il a donné au Public au mois de Juillet 1717. nôtre voïage n'auroit pas été long. On ne compte qu'environ quarante-cinq lieües de la pointe de l'Est de la Barbade à la pointe du Nord-Est de la Grenade ; mais par malheur M. de Lisle a travaillé sur de mauvais memoires, & a placé à l'Est ce qui est à l'Ouest, & au Nord ce qui est au Sud. Pour mettre sur sa Carte le Plan de la Grenade comme il doit être, il faudroit lui faire faire un demi tour à droit, & avec quelques autres corrections qui ne sont pas de moindre importance, on pourroit en faire un qui approcheroit plus de cette Isle que celui qu'il a fait graver. Il est pourtant excusable, on ne peut pas être par tout : il a travaillé sur

Erreur de M de Lisle.

de méchans originaux, il n'est pas extraordinaire qu'il se soit trompé. C'est en verité bien dommage, car il y a peu de Geographes plus exacts, plus laborieux & plus reconnoissans que lui : on voit la verité de ce que j'avance dans le grand nombre de beaux ouvrages qu'il a mis au jour, & sa reconnoissance paroît en ce qu'il a donné la qualité d'Ingenieur du Roi à M. Petit, qui lui a fourni ses memoires, lui qui n'a jamais été qu'Arpenteur Juré de la Martinique. Il est vrai, que tout Ingenieur est Arpenteur ; mais il s'en faut bien que tout Arpenteur soit Ingenieur. M. Petit est presentement Conseiller au Conseil Superieur de la Martinique ; mais quoique la Grenade soit de son Ressort pour la Jurisdiction, elle ne l'est point du tout pour sa position & pour sa figure, qui jusqu'à present ne lui avoient été contestées de personne, & qui seront toûjours les mêmes.

Cette Isle est située par les douze degrez & un quart de latitude Nord. C'est la plus voisine du continent de la terre ferme de toutes celles que nous possedons ; elle n'en est éloignée que d'environ trente liëues, & de soixante & dix de la Martinique. Sa longueur

Nord & Sud Eſt de neuf à dix lieües, & ſa plus grande largeur d'environ cinq lieües. Ceux qui en ont fait le tour lui donnent vingt à vingt-deux lieües de circonference. Sa grande Baye ou ſon grand Cul-de-Sac, comme on parle aux Iſl.s, qui renferme ſon Port & ſon Carenage, eſt à la bande de l'Oueſt; & la profondeur de cette Baye formée par deux grandes pointes qui avancent beaucoup en mer, donnent à cette Iſle la forme d'un croiſſant irregulier, dont la pointe du côté du Nord eſt bien plus épaiſſe que celle du Sud. La veritable entrée du Port eſt à l'Oueſt-Sud-Oueſt. Le Plan que j'en donne ici a été levé par de très-habiles gens, & les ſondes ont été rectifiées en 1706. par M. de Caïlus Ingenieur general des Iſles & Terre ferme de l'Amerique, lorſqu'il fut tracer, & qu'il fit élever le nouveau Fort dont je donne auſſi le deſſein. Quantité de Vaiſſeaux du Roi ont moüillé & carené dans ce Port, & les Pilottes ſe ſont toûjours beaucoup loüé de ſa bonne tenuë & de ſa ſûreté.

Cette Iſle avoit toûjours été habitée par les Caraïbes ſeuls, que ſa fertilité & l'abondance de la chaſſe & de la Pêche y attiroient en bien plus grand nombre que

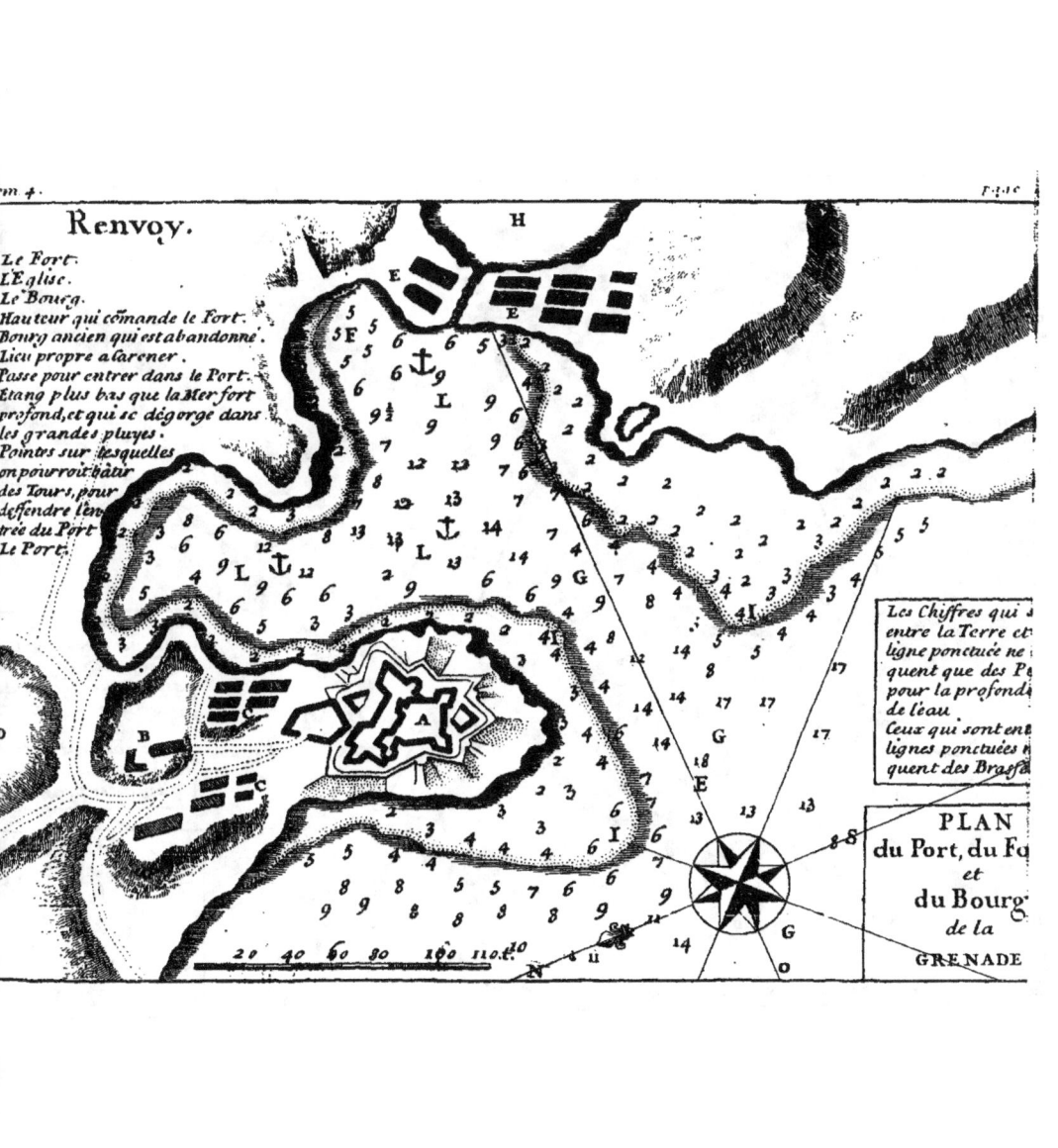

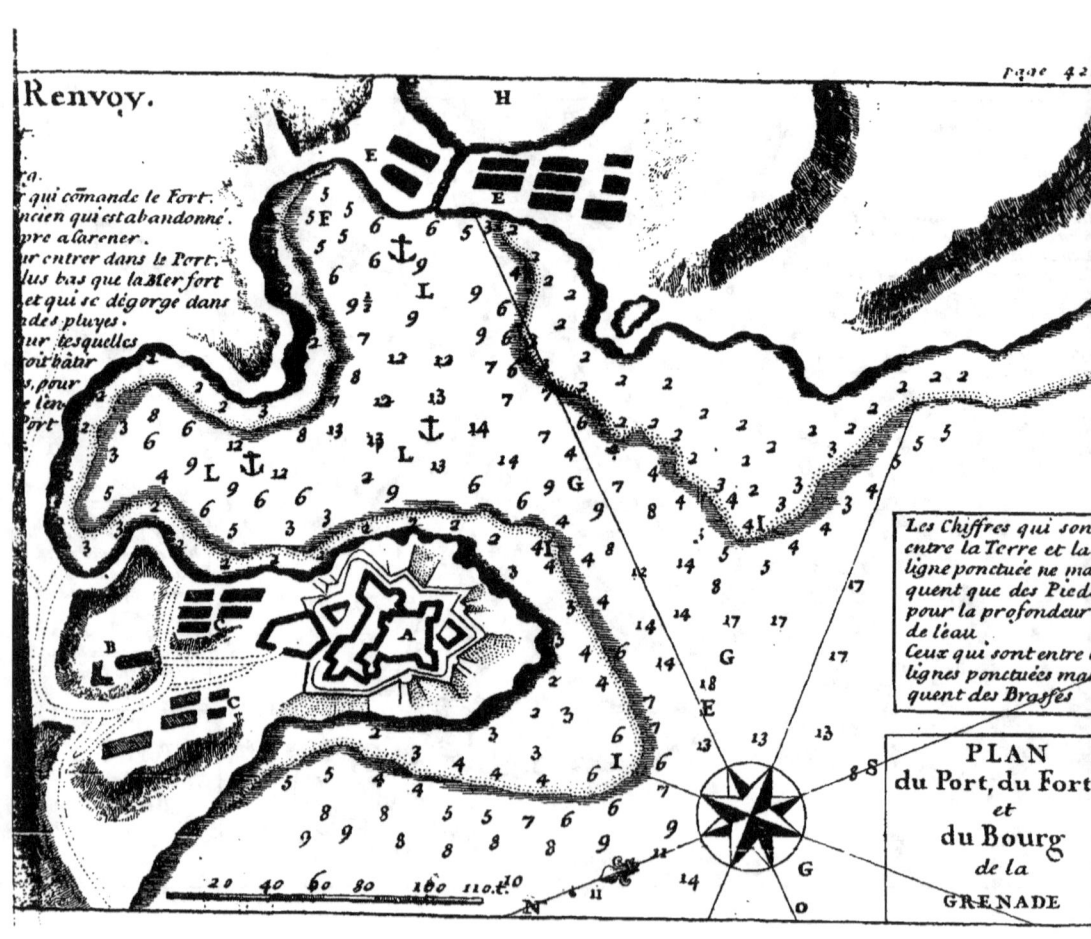

dans les autres Isles, jusqu'en l'an 1650. 1700. que Monsieur du Parquet Seigneur Propriétaire de la Martinique, l'acheta des Sauvages, & y établit une Colonie de deux cent hommes, composée des plus braves Habitans de son Isle, ausquels il donna pour Gouverneur ou Commandant, le sieur le Comte son Cousin. On s'établit d'abord entre l'Etang & le Port aux environs d'une maison forte de charpente que M du Parquet avoit fait apporter en fagot de la Martinique, & qu'il avoit fait envelopper d'une bonne palissade à une distance raisonnable avec des embrasures pour quelques pieces de canon que l'on y plaça. Cette petite Forteresse suffisoit pour tenir en respect les Caraïbes, & dans un besoin elle auroit pû empêcher les Etrangers & les Seigneurs des autres Isles Françoises, de venir troubler le nouvel établissement.

Etablissement des François à la Grenade.

Quoique M. du Parquet eût payé exactement aux Sauvages ce dont on étoit convenu avec eux pour le prix de l'Isle, en les laissant encore en possession de leurs Carbets & de leurs défrîchez; ils se repentirent bien-tôt de ce qu'ils avoient fait; mais n'osant attaquer les François à force ouverte, ils resolurent

Les Caraïbes attaquent les François.

de massacrer sans bruit tous ceux qu'ils trouveroient à la chasse dans les bois, ou éloignez de la Forteresse. De cette maniere ils en tuerent plusieurs, ce qui obligea les autres à ne plus s'écarter, & à travailler en troupe, & toûjours armez. Cependant le sieur le Comte ayant donné avis à M. du Parquet de la perfidie des Sauvages, celui-ci lui envoya un secours de trois cent hommes, avec ordre de pousser à bout les Sauvages, de les détruire, ou de les chasser entierement de l'Isle.

On eut de la peine a y réüssir, ils se retiroient dès qu'ils se voyoient poussez trop vivement, sur une croupe de morne escarpée de tous côtez, & environnée de précipices affreux, sur laquelle on ne pouvoit monter que par un sentier étroit & difficile, dont ils avoient un soin extrême de cacher l'entrée. Les François l'ayant enfin découvert, les surprirent; on se battit vigoureusement, & les Sauvages ayant été défaits entierement, ceux qui resterent au nombre de quarante, aimerent mieux se précipiter du haut de cette roche que de se rendre. Ce fut ainsi que les François demeurerent maîtres de tout le Quartier de la Basseterre, c'est-à-dire, de la moitié de l'Isle.

Les Caraïbes défaits par les François.

Les Sauvages qui demeuroient à la Cabesterre se tinrent en repos pendant quelque tems, & semblant ne point s'interesser dans ce qui s'étoit passé à la Basseterre, ils donnerent lieu à nos gens, toûjours trop credules, de se flatter qu'ils ne voudroient pas commencer une guerre qui avoit été si funeste à leurs compatriotes. Ils connurent peu de tems après combien ils s'étoient trompez. Les Sauvages resolurent dans une de leurs Assemblées generales de massacrer tous les François: & pour le faire avec moins de risques, ils se partagerent par pelotons, qui rodoient dans les bois, & sur les anses, & tuoient tous ceux des nôtres qu'ils trouvoient à leur avantage, & un peu écartez du Fort. Cette nouvelle perfidie obligea le sieur le Comte de reprendre les armes: il se mit à la tête de cent cinquante de ses Habitans, s'en alla à la Cabesterre, surprit au point du jour le Quartier où ils étoient en plus grand nombre, tailla tout en pieces sans distinction d'âge ni de sexe, & fit la même execution dans tout le reste de la Cabesterre, sans qu'il s'en pût presque sauver aucun, parce qu'ayant trouvé leurs canots & leurs pirogues, & s'en étant rendu maître, ceux qui avoient

1700.

Derniere défaite des Sauvages.

fuï dans les bois ne pûrent se sauver dans les autres Isles, & tomberent ainsi entre ses mains. Cette derniere victoire acheva de punir la perfidie des Sauvages, & nous assûra la possession de toute l'Isle. Il est vrai que la joïe de cette conquête fut troublée par la mort du sieur le Comte, qui fut noyé en revenant de cette expedition.

M. du Parquet ayant été informé de la mort du sieur le Comte nomma pour lui succeder Loüis de Cacqueray, Escuyer sieur de Valmeniere, Capitaine de Cavalerie à la Martinique. Il eut dans les commencemens beaucoup de peine à être reçû & reconnu pour Gouverneur, par l'opposition qu'y firent quelques Officiers qui prétendoient que ce poste leur étoit dû. Ils prirent les armes, & la Colonie se divisa en deux partis; mais celui des Rebelles ayant été défait, les Chefs furent pris & condamnez à mort. Le principal Auteur de ce soûlevement nommé le Fort, qui étoit Major de l'Isle, s'empoisonna, pour ne pas mourir par la main du Boureau. M. du Parquet se contenta de bannir les autres, sans confisquer leurs biens.

Après cela le sieur de Valmeniere gouverna cette Colonie naissante avec beau-

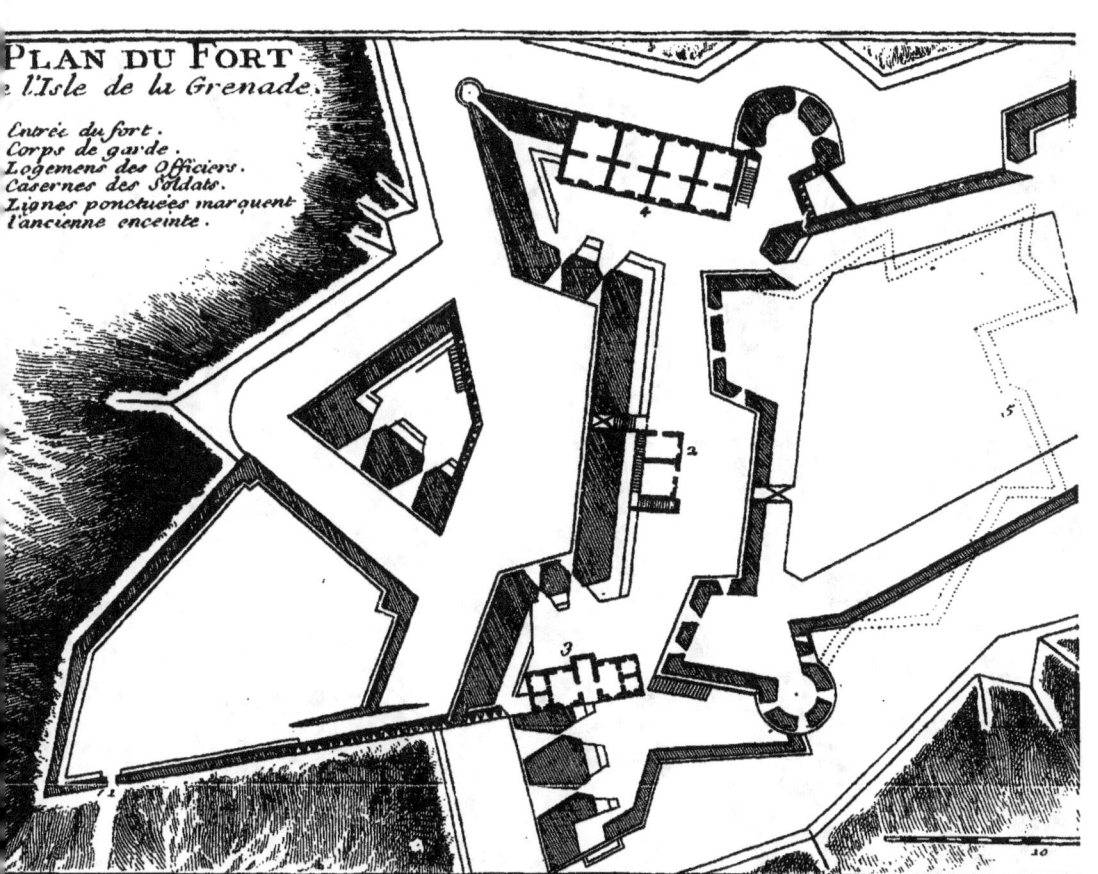

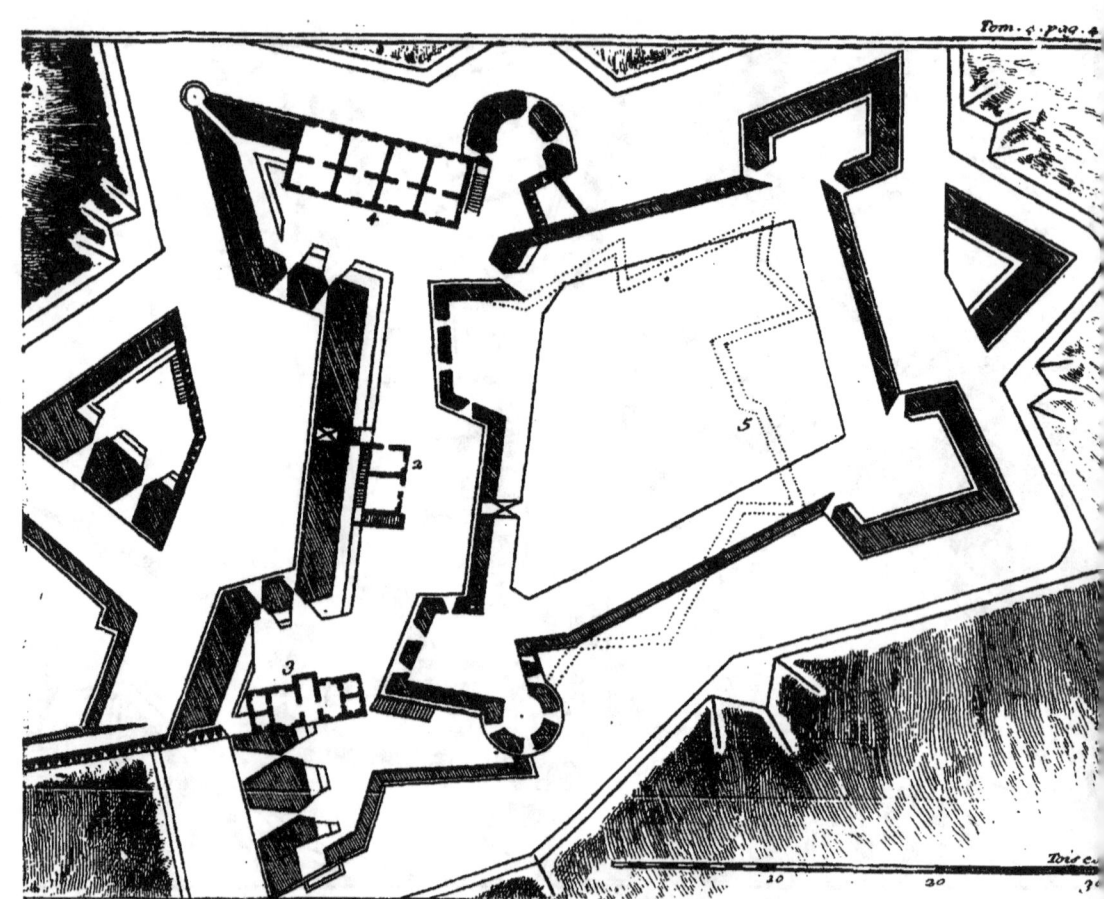

coup de sagesse, de prudence & de bonheur. Elle s'augmenta beaucoup, parce qu'outre la fertilité du païs, & l'abondance de la chasse & de la pêche, le tabac qui y croissoit, étoit si parfait, qu'on le vendoit toûjours le double & le triple de ce qu'on vendoit celui des autres Isles; de sorte qu'on avoit lieu d'esperer que cette Colonie seroit devenuë la plus riche & la plus florissante des Isles, si elle n'eût point changé de maître, où qu'elle eût toûjours été gouvernée par des personnes du caractere du sieur de Valmeniere.

Mais M. du Parquet ayant vendu la Grenade au Comte de Cerillac en 1657. pour la somme de quatre-vingt dix mille livres. Ce nouveau Seigneur y envoya un certain Officier pour en prendre possession en son nom, & pour y commander en son absence. Le caractere de cet homme étant tout opposé à celui du sieur de Valmeniere qui avoit gouverné ces Peuples avec une douceur & une prudence admirable, fit qu'il y eut un grand nombre d'Habitans qui abandonnerent l'Isle, & se retirerent à la Martinique; ce qui au lieu de le faire rentrer en lui-même, ayant augmenté sa mauvaise humeur, il devint tellement insupportable à ces Peuples par la tirannie, les violences & sa brutalité, qu'ils se saisirent de lui, lui firent son procès, & le condamnerent à être pendu. Ce pauvre Gouverneur leur ayant representé qu'il étoit gentilhomme, ils voulurent lui faire couper le col; mais le Boureau n'ayant pas assez d'adresse pour entreprendre une pareille execution, ils le passerent par les armes. On doit croire qu'il n'y eût que le menu peuple, & pour ainsi dire la canaille de l'Isle qui trempa dans ce crime; déja les plus riches & les plus honnêtes gens s'étoient retirez à la Martinique, & ce qui restoit d'Officiers s'étoit sauvé, & caché à la Basseterre; tellement que de toute la Cour de Justice qui fit le procès à cet infortuné Gouverneur, il n'y avoit que le nommé Archangeli qui sçût écrire. Celui qui fit les informations, & qui instruisit le procès, étoit un Maréchal ferrant, dont on voit encore la marque dans le Registre du Greffe, qui est un fer à cheval, autour duquel le Greffier Archangeli a écrit: *Marque de Monsieur la Brie Conseiller Rapporteur.*

La Cour ayant été informée de cet attentat, envoya un Vaisseau de guerre avec un Commissaire, pour connoître de cette affaire, & quelques Troupes pour faire executer ce qui seroit ordonné, & punir les coupables. Cet Officier fit des informations, & ayant reconnu que ce n'étoient que des miserables qui y avoient eu part, & qui s'étoient sauvez pour la plûpart, on ne poussa pas plus loin les recherches; de sorte que personne ne fut puni, pas même le Greffier Archangeli, que la voix publique faisoit l'Auteur de ce tumulte; il fut seulement chassé de l'Isle: il se retira à Marie Galande où il demeura jusqu'en 1691. que les Anglois y ayant fait une irruption, ce miserable se rendit à eux, & pour gagner leurs bonnes graces, il leur declara le lieu où M. Auger Gouverneur de l'Isle s'étoit retiré avec les meilleurs Habitans. Le Major Holm qui commandoit en l'absence de M. de Codrington General des Anglois, ne laissa pas de le faire pendre avec ses deux enfans à la porte de l'Eglise, contre le droit des gens à la verité, mais par un secret jugement de Dieu qui vouloit le punir du crime qu'il avoit commis à la Grenade.

Le Comte de Cerillac fut obligé de vendre son Isle à la Compagnie de 1664. & la Compagnie de la rendre au Roi en 1674. ces differens changemens n'ont apporté que du trouble & du désordre dans cette Colonie, qui bien loin de s'augmenter comme elle devoit faire naturellement, étoit encore fort peu de chose en 1705. Je soûhaite qu'elle ait eu plus de bonheur depuis ce tems-là.

Nous aimâmes mieux courir le long de la Cabesterre que de passer au travers des Grenadins pour aller chercher le Cul-de-Sac de la Grenade. La Côte est saine, & la terre dont nous étions à une distance raisonnable, me parut belle, entrecoupée d'un grand nombre de rivieres, & unie en beaucoup d'endroits. Si on juge de la bonté du terrain par les arbres qu'il produit, celui là doit être des meilleurs.

Le Dimanche 18. Septembre nous moüillâmes dans le Bassin, ou au fond de Lacul sous la Forteresse sur les six heures du matin. Dès que j'eûs mis pied à terre, j'allai saluer le Gouverneur; c'étoit le sieur de Bellair Capitaine de Vaisseau, homme de fortune, né à Blaye d'une famille obscure, vif, prompt, & entreprenant beaucoup plus encore que ne le sont les Peuples de la Garonne, c'est beaucoup dire. Il étoit entré, je ne sçai comment, au service du Prince

Histoire du sieur de Bellair Gouverneur de la Grenade.

d'Orange depuis Roi d'Angleterre, & avoit si bien gagné les bonnes graces de ce Prince, qu'il l'avoit fait Commandant ou Gouverneur de Bergoploom, dont il s'étoit emparé en represailles de la Principauté d'Orange, dont le Roi s'étoit mis en possession pendant la guerre de 1688. selon les apparences le sieur de Bellair étoit entré dans quelque Traité avec nos Generaux ou nos Ministres, qui ne put avoir d'execution, ce qui l'obligea de s'enfuïr, & de se sauver en France, où il fut fait d'un plein saut Capitaine de Vaisseau. Il servit en cette qualité dans l'armée Navale qui prit la Flotte de Smirne au mois de Juin 1693. il étoit de l'Avant garde commandée par le sieur de Gabaret; & voyant que ce Chef faisoit une contre-marche qui l'éloignoit des ennemis au lieu de l'en approcher, il porta sur eux, prit un Vaisseau de quarante canons, qui étoit très-riche, & n'oublia pas de prendre sa part du butin, sans attendre qu'on en fît le partage. Il est vrai qu'il en usa bien avec ses Officiers, & que son Equipage eut sujet d'être content de lui, mais la Cour ne le fut point du tout: on approuva la prise du Vaisseau, mais on n'eut garde d'approuver le pillage; de sorte qu'il fut interdit, & demeura pendant un an dans cet état ; à la fin il fut rétabli, & servit encore quelques années. Il demanda le Gouvernement de la Grenade, qui étoit vacquant par la mort du sieur & l'obtint. Il me reçût fort bien, & s'informa beaucoup du sujet de mon voïage, je lui en dis assez peu, & seulement ce que je jugeai à propos : après un entretien de près d'une heure, il m'offrit sa table & sa maison, pendant que je serois dans l'Isle, & m'obligea d'accepter l'honnêteté qu'il me faisoit. Je fus sur les huit heures voir le Pere Capucin qui desservoit la Paroisse, il étoit seul alors, il me fit beaucoup de civilitez, mais il étoit fort intrigué de ma venuë : il crut que j'avois des ordres de la Cour, pour reprendre nôtre ancienne jurisdiction spirituelle, il me dit sa pensée, & me témoigna que cela lui feroit plaisir ; je ne sçai s'il le disoit tout de bon, ou s'il prétendoit s'éclaircir de mes desseins par cette confidence affectée, je le payai de la même monnoye, & après bien des complimens je le laissai aussi sçavant comme il étoit avant que je fusse entré chez lui. Je dis la Messe, après quoi je retournai chez le Gouverneur où je dînai. Je passai le reste du jour à m'entretenir avec lui, & à me promener aux environs de la Forteresse & du Bourg.

Ce petit Fort étoit en ce tems-là très-peu de chose, il n'avoit de considerable que sa situation, qui étoit en bon air, belle, & assez bonne, quoiqu'elle soit commandée par une hauteur qui en est éloignée d'environ trois à quatre cent pas, & qui en est separée par deux fonds ou ravines assez considerables. Le front de la Forteresse est du côté du Nord-Est, il peut y avoir environ quarante-cinq toises d'une pointe à l'autre des deux demis Bastions qui le composent avec un méchant petit fossé, sans chemin couvert, palisades ni glacis ; le reste de l'enceinte étoit des angles rentrans & saillans, avec une espece de demi Bastion du côté du moüillage, où il y avoit une batterie de six canons, le tout très-mal entretenu. Il y avoit une garnison de trente-cinq à quarante Soldats, representans une Compagnie détachée de la Marine. Ils étoient logez dans des hutes appuyées la plûpart aux murailles du Fort, leurs Officiers & même le Gouverneur étoient assez petitement, & fort mal logez. La hauteur sur laquelle ce Fort est bâti est escarpée de tous côtez,

Description du Fort.

excepté de celui du Nord Est, où il y a une assez belle Esplanade, qui se termine à un ravinage au-delà duquel est une hauteur où est placée l'Eglise & la maison du Curé, près de laquelle on commençoit a bâtir ou à transporter les maisons de l'ancien Bourg, qui étoit entre un Etang d'eau saumattre ou saumache, comme on dit dans le païs, & le carenage. Il seroit facile de joindre cet Etang à la mer par un fossé, il est plus bas que la mer, & très-profond, en sorte que ce seroit un Bassin naturel où les Vaisseaux seroient dans une entiere sûreté. Tous les environs du Port & du Cul-de-Sac sont fort hachez, il est vrai que les mornes ne sont pas fort hauts, mais en recompense ils sont fort près les uns des autres, & ne laissent entr'eux que de très-petits valons. Ce païs ne laisse pas d'être cultivé. On y fait de l'indigo, du tabac, du rocou, on y éleve des bestiaux & des volailles ; on recüeille quantité de mil & de pois, de sorte qu'on peut dire, que les Habitans de la Grenade sont des païsans aisez, aussi en ont-ils toutes les manieres, sans qu'il y ait d'apparence qu'ils les changent si-tôt : c'est un malheur pour eux que les Habitans de Saint Christophle

ne

ne se soient pas retirez chez eux après leur déroute, ils les auroient décrassez, & leur auroient fait prendre des airs civils & polis, en leur apprenant à cultiver leurs terres, & à en tirer beaucoup plus qu'ils n'en tirent. C'est peut-être une des raisons pour laquelle on fait transporter le Bourg auprès du Fort; on a cru que le voisinage du Gouverneur & de l'Etat Major les civiliseroit: car il n'est pas possible qu'on ait eu en vûë de rendre le peu de Commerce qui se fait en cette Isle infiniment plus difficile qu'il n'étoit lorsque le Bourg étoit dans sa premiere situation. Ou a t-on voulu dégoûter les Marchands qui pourroient s'y aller établir, & favoriser certains Officiers, dont les maisons étoient des Boutiques assorties de ce qui étoit necessaire aux Habitans, où il falloit se pourvoir si on vouloit vivre en paix. Car de dire que les maisons des Habitans, & les Barques moüillées dans le carenage peuvent être plus facilement insultées & pillées par les ennemis que dans l'endroit où on commence le nouveau Bourg, & dans le fond de Lacul, où les Barques vont à present moüiller, c'est vouloir éviter un inconvenient rare & incertain, par un autre qui arrive tous les jours.

Tome IV.   T

D'ailleurs rien n'est plus facile que de mettre le carenage & le Bourg en sûreté, il n'y a qu'à faire une batterie fermée en forme de Redoute sur la pointe la plus avancée, qui forme le carenage, ou même sur les hauts fonds les plus voisins de Chenal, qui en cet endroit n'a guères plus de soixante toises de largeur elle en défendra l'entrée mille fois mieux que le Fort. J'ai marqué sur le Plan que je donne du Port, le lieu qui m'a semblé le plus propre pour cette Redoute : je m'étonne que M. de Caïlus n'y ait pas pensé quand il a fait travailler au nouveau Fort, dont on trouvera ici le Plan. Si la Barbade avoit un Port aussi sûr, aussi grand, aussi commode, & aussi aisé à fortifier, on pourroit dire, que ce seroit une Isle incomparable ; les Anglois sçavent bien mieux que nous profiter de leurs avantages, & si la Grenade leur appartenoit, il y a long-tems qu'elle auroit changé de face, & qu'elle seroit une Colonie riche & puissante ; au lieu que nous n'avons jusqu'à present profité d'aucun des avantages qu'on en peut tirer, & que depuis tant d'années le païs est encore désert, mal peuplé, sans commoditez, sans commerce, pauvre, les maisons, ou plûtôt les cabannes mal bâties, encore plus mal meublées, en un mot, presque comme il étoit lorsque M. du Parquet l'acheta des Sauvages. On voit assez par la peinture que j'en fais, que sortant de la Barbade, je n'avois garde de me plaire dans un lieu si triste : je commençai en effet à m'y ennuyer, avant d'avoir mis pied à terre ; de sorte qu'il ne fut pas necessaire que le Maître de la Barque me pressa de terminer les affaires, pour lesquelles j'étois venu.

M. de Bellair me prêta un Cheval le Lundy matin 19. & me donna un Soldat pour m'accompagner à l'Habitation que le Comte de Cerillac a donnée à nos Missions, qui étant une reserve qu'il s'étoit faite par son Contrat de vente, ne pouvoit pas être sujette à la loi generale des réünions au Domaine du Roi des terres qui étant obtenuës par les voyes ordinaires n'ont pas été défrîchées dans le tems marqué par la concession.

On l'appelle le Fond du Grand Pauvre. Je ne me suis pas mis en peine de trouver l'étimologie de ce nom. Ce terrain est à la bande de l'Ouest, environ à quatre lieües du Fort, en allant au Nord. Il a plus de mille pas de large, & sa longueur depuis le bord de la mer

Le Fond du Grand Pauvre.

n'est bornée que par le sommet des montagnes, qui separent la Basseterre de la Cabesterre ; & comme cet endroit Est ou Ouest est un des plus larges de l'Isle, nôtre Habitation est d'une grandeur considerable. Je trouvai un Carbet de Caraïbes qui s'y étoient venus nicher, & je sçûs qu'il y en avoit beaucoup d'autres qu'on souffroit à la Cabesterre, pour quelque petit avantage que la Colonie en retire : il me semble pourtant que cette politique est très-mauvaise; car qui empêchera ces gens-là de se revolter contre les François, & de recommencer leurs anciens massacres quand on voudra les faire décamper des lieux qu'ils occupent. Ils sont plus en état de nous tenir tête qu'ils ne l'étoient autrefois, nôtre Colonie est plus foible, & ils peuvent recevoir de puissans secours des Negres fugitifs qui se sont établis avec les Sauvages de l'Isle Saint Vincent, qui multipliant beaucoup seront un jour obligez de chercher de nouvelles terres pour subsister.

Outre ce Carbet, je trouvai trois autres maisons de François, qui avoient défriché quelques morceaux de nôtre terrain. Ils m'offrirent de se retirer dès que nous voudrions nous y placer comme ils croyoient que nous allions faire. Je n'eus garde de les détromper, je fis au contraire tout ce qu'il falloit faire pour le leur persuader ; je visitai le terrain, je marquai l'endroit pour bâtir la Sucrerie, & y faire un Moulin à eau ; je parlai à des Ouvriers, pour me préparer les bois, en un mot, je pris toutes les mesures necessaires pour conserver nôtre terre dans son entier, empêcher qu'on n'empiétât sur nous, & engager doucement ceux qui s'y étoient logez à chercher une autre demeure, ce qui n'étoit pas difficile, dans un païs aussi vaste, & aussi mal peuplé que celui-là. Je couchai chez un de ces Habitans, qui me fit bonne chere en gibier, & en poisson, cassave fraîche, oüicou & eau-de-vie, bien entendu que c'étoit de celle que j'avois fait apporter avec quelques bouteilles de vin de Madere. La riviere qui passe presque au milieu de nôtre terrain porte le même nom ; elle est assez grande, & fort poissonneuse : elle abonde sur tout en anguilles, en mulets, & en écrevisses. Je chassai le Mardy toute la matinée en me promenant, & en examinant nôtre terrain. Les perdrix, les ramiers, les ortolans, les grives, les perroquets, & les periques y sont en abondance ;

marque certaine qu'il n'y a pas grand monde dans le païs. En attendant je profitai de l'occasion. Nous tuâmes deux Tatous ou Armadilles, & un Agouri. C'est une sottise que j'avois entendu débiter plus d'une fois que les écailles des tatous résistent au plomb dont on se sert pour le tirer, je suis convaincu du contraire : car j'en tirai un d'assez loin, & je ne laissai pas de lui briser une épaule. J'aurois bien voulu voir un manitou ou opassom, qui est un animal assez extraordinaire, par une espece de poche, ou de double ventre, où il porte ses petits, mais nous n'en trouvâmes point. Je pourrois en dire ici ce que j'en ay appris des Habitans de la Grenade, ou ce que j'en ay lû, mais je n'aime pas à copier les autres. Je partis du Fond du Grand Pauvre sur les quatre heures du soir, & j'arrivai au Fort sur les sept heures. Il est certain, que ce païs est très bon, & produiroit beaucoup s'il étoit peuplé, & cultivé; la terre est bonne, arrosée de beaucoup de riviere; on la trouve plus unie, & plus belle à mesure qu'on s'éloigne du Fort. Les chemins étoient passables, & seroient très-bons & très-commodes pour toutes sortes de voitures dès qu'on sera en état d'y travailler un peu. On trouvera encore moins de peine à en faire à la Cabesterre, qu'on dit être un païs plus uni, & plus commode. Je n'y ay point été.

Le Mercredy 21. je ne sortis de la Forteresse, que pour aller dire la Messe à la Paroisse, j'étois fatigué des deux jours precedens. Je me dispenserai de faire une description exacte de cette Eglise; ce que j'en puis dire, c'est qu'elle n'étoit ni grande, ni belle, ni bien bâtie, ni propre, voilà son portrait en racourci.

Je fus le Jeudy voir une petite place que nous avons au-dessus de l'ancien Bourg. On en a donné la joüissance à un Habitant qui me reçût très-bien, me donna des avis pour l'établissement qu'on croyoit que nous allions faire au Foud du Grand Pauvre, & m'assûra qu'il ne tiendroit qu'à nous d'avoir la Paroisse que les Capucins desservoient. Il me dit, que les Habitans & le Gouverneur n'en étoient pas contens, & que pour peu que nous voulussions nous remuer, tous les Habitans s'uniroient pour demander nôtre rappel. Je le remerciai de ses bons avis, & je le priai de nous ménager des amis, & je lui offris tout ce qui dépendoit de nôtre Mission.

Le Maître de la Barque me vint avertir le soir qu'il étoit prêt de mettre à la voile. Il avoit chargé de l'indigo, du tabac, du coton, & des legumes, & avoit déchargé ce qu'il avoit pour le Gouverneur, & quelques particuliers. Le Gouverneur qui n'avoit pas achevé ses dépêches, l'arrêta, & fut cause que je couchai encore à terre.

CHAPITRE XXI.

L'Auteur part de la Grenade, des Isles de Bequia, Saint Vincent, & Sainte Aloufie.

LE Vendredy 23. Septembre je m'embarquai sur les sept heures du matin, & aussi-tôt nous mîmes à la voile. J'étois content d'avoir assez bien executé ma commission, & encore plus de m'en retourner. Il faut pourtant avoüer que la Grenade seroit un séjour agreable, si elle étoit peuplée, & cultivée ; c'est à ce seul défaut qu'on doit attribuer certaines fiévres qui portent le nom de l'Isle, qui sont opiniâtres, & qui dégenerent quelquefois en hydropisie : car les eaux sont excellentes, la viande très-bonne, les

Fiévre de la Grenade.

volailles grasses, tendres, & délicates, le gibier en quantité, les Tortuës, les Lamentins, & generalement toutes les especes de poissons qu'on peut s'imaginer y sont en abondance ; & lorsqu'il manque quelque chose dans l'Isle, elle est environnée de quantité d'Islets, qui sont comme autant de reservoirs, où en tout tems on est sûr de trouver tout ce qu'on cherche ; en un mot, la vie y est délicieuse.

Nous vîmes une bonne partie de ces Islets, qu'on appelle les Grenadins nous les rangeâmes d'assez près, mais nous n'y moüillâmes point, & ne mîmes point à terre, parce que nous n'y avions que faire. Celui qu'on appelle Cariacou, a un Port excellent à ce qu'on dit. Le plus grand de tous à qui on donne douze lieües de circonference, est le plus au Nord, & le plus voisin de Saint Vincent, on le nomme Bequia. On l'appelle aussi la petite Martinique, à cause, qu'aussi-bien que cette Isle, il nourrit quantité de viperes très-dangereux. On auroit dû le nommer également la petite Sainte Alousie, puisqu'il lui ressemble aussi par le même mauvais endroit. Car nous ne connoissons dans toutes les Antilles que ces trois endroits où il y ait

Bequia où la petite Martinique.

T. v.

de ces méchans animaux. On voit des couleuvres, qu'on appelle covresses dans le païs, mais elles ne sont point venimeuses; elles sont même très-utiles, en ce qu'elles font la guerre aux rats, & en détruisent bien plus que les chats, aussi se garde-t-on bien de leur faire du mal. Il y a à la Dominique des serpens très-gros qu'on appelle têtes de chien, parce qu'ils ont la tête grosse, courte, & ronde; ils n'ont point de venin, ils font la guerre aux rats, & aux poules. Leur graisse est excellente pour les douleurs des jointures de quelques causes qu'elles puissent venir; on s'en sert aussi pour la goûte, dont elle appaise les douleurs. J'en ay parlé dans un autre endroit.

Isle des Sauvages appellée S. Vincent.

Nous moüillâmes à Saint Vincent le Samedy 24. Septembre sur le midi. Cette Isle paroît avoir 18. à 20. lieües de tour, elle est par les 13. degrez de latitude Nord. Son aspect n'a rien que de sauvage & de désagreable. Elle est fort hachée, pleine de hautes montagnes, couvertes de bois. On voit à la verité de petits valons où il y a des défrichez de peu d'étenduë au tour des rivieres qui y sont en bon nombre. C'est-là le centre de la Republique Caraïbe : c'est l'endroit où les Sauvages sont en plus grand nombre, la Dominique n'en approche pas. Outre les Sauvages, cette Isle est encore peuplée d'un très-grand nombre de Negres fugitifs, pour la plûpart de la Barbade, qui étant au Vent de Saint Vincent donne aux fuyards toute la commodité possible de se sauver des Habitations de leurs maîtres dans des canots ou sur des piperis ou radeaux, & de se retirer parmi les Sauvages, les Caraïbes les ramenoient autrefois à leurs maîtres lorsqu'ils étoient en paix avec eux, ou bien ils les portoient aux François, où aux Espagnols, à qui ils les vendoient. Je ne sçai par quelle raison ils ont changé de methode, & ce qui les a portez à les recevoir parmi eux, & à les regarder comme ne faisant qu'un même peuple. Ils s'en repentent à present très-fort, & très-inutilement : car le nombre des Negres s'est tellement accru, ou par ceux qui les sont venus joindre de la Barbade, ou qui sont nez dans le païs, qu'il surpasse de beaucoup celui des Caraïbes, de sorte qu'ils les ont contraints de partager l'Isle avec eux, & de leur ceder la Cabesterre. Mais ce n'est pas encore cela qui chagrine le plus les Sauvages, c'est l'enlevement frequent de leurs femmes, & de leurs filles, dont les Negres se sai-

Negres fugitifs retirez à Saint Vincent.

fissent quand ils en ont besoin, & qu'il n'est pas possible de retirer de leurs mains, parce qu'étant plus braves, & en plus grand nombre, ils se mocquent des Caraïbes, les maltraitent, & les obligeront peut-être un jour d'aller chercher une autre Isle, si tant est qu'ils veulent bien leur laisser la liberté, & ne les faire pas travailler pour eux comme leurs esclaves, ce qui pourroit bien arriver ; il semble qu'ils le prévoyent, & qu'ils en ont peur. Ils souffrent impatiemment les outrages des Negres, ils se plaignent hautement de leur ingratitude, & sollicitent souvent les François, & les Anglois de les délivrer de ces Hôtes dangereux, mais ils n'ont osé jusqu'à présent prendre les armes, & se joindre aux Européens, qui ayant autant d'interêt qu'eux, de détruire cet asile de leurs esclaves fugitifs les auroient puissamment aidez à se délivrer de ces mauvais voisins.

J'ai souvent entendu parler de cette affaire ; on a souvent fait des projets d'armemens, pour aller enlever ces Negres, & les porter vendre aux Espagnols pour leurs mines : car il ne seroit pas à propos de s'en servir aux Isles du Vent, on risqueroit de les perdre bien-tôt par

Françoises de l'Amerique. 445

une nouvelle fuite, & de les voir débaucher ceux dont on se sert actuellement, & qui ne pensent pas peut-être à se sauver, faute de sçavoir où trouver une retraite.

1719.

Enfin l'année derniere 1719. les Caraïbes ayant renouvellé leurs plaintes, & promis de se joindre aux François, M. le Chevalier de Feuquieres General des Isles proposa l'affaire dans un Conseil, où l'on dit qu'elle fut agréée plûtôt par respect pour celui qui la proposoit que par aucune esperance d'un heureux succès. Les sieurs Poulain de Guerville Major de la Martinique, & du Buc Lieutenant Colonel des Milices de la Cabesterre, se chargerent de lever des gens de bonne volonté, qu'ils devoient commander pour cette expedition. Ils crurent que cinq cent hommes suffiroient, & partirent dans plusieurs Barques remplis d'esperance, parce qu'ils comptoient sur une puissante diversion que les Sauvages devoient faire, & qui étoit absolument necessaire ; mais ceux-ci se tinrent en repos, ils regarderent le jeu tranquillement sans s'en mêler, & quoique ce fut autant pour leur avantage que pour le nôtre qu'on avoit fait cette entreprise, ils ne se donnerent pas le moin-

Attaque des Negres Marons de Saint Vincent.

1700.

dre mouvement, de sorte qu'elle échoüa. Nous mîmes nos gens à terre, les Negres se retirerent dans les montagnes, & dans les endroits les plus difficiles, d'où ils ne sortoient que la nuit, pour se mettre en embuscade, & surprendre nos gens. Cette maniere impertinente de faire la guerre leur réüssit parfaitement, pas un d'eux ne fut pris, ils nous tuerent bien du monde, & entr'autres le sieur Poulain, de sorte qu'on vit bien qu'il falloit bien plus de gens qu'on ne se l'étoit d'abord imaginé, pour venir à bout de cette entreprise. On écrivit donc a la Martinique, pour avoir du secours, &

Mauvais succès de l'entreprise.

comme personne ne se presenta, on crut qu'on devoit forcer les Negres libres, qui sont dans l'Isle en assez bon nombre, d'aller à cette expedition, mais ils le refuserent absolument, & on ne se crut pas en état ou en pouvoir de les y contraindre ; cependant le flux de sang se mit parmi nos gens, & obligea le sieur du Bucq de faire rembarquer son monde, & de s'en revenir. Heureux encore si cette entreprise mal concertée n'attire pas une guerre avec ces Negres longue, & cruelle, & qui peut être très-pernicieuse à la Colonie de la Grenade, & encore plus à celle que l'on recommence d'établir à Sainte Aloufie.

Il est certain, que si les Sauvages avoient pris les armes contre les Negres, ceux-ci étoient perdus sans ressource; parce que les Caraïbes mêlez avec quelques François les auroient attaquez par les montagnes, auroient enlevez les femmes & les enfans qui y étoient retirez, & obligé les hommes à quitter le centre de l'Isle & les hauteurs dont on se seroit d'abord emparé, ce qui les auroit mis entre les deux armées, & obligez de se rendre, ou de se faire tous égorger. Ce qui s'est passé en cette occasion apprendra à nos François à ne pas faire de pareilles tentatives, sans prendre mieux leurs mesures, & sans avoir assez de gens pour se pouvoir passer des Caraïbes.

A peine nôtre Barque fut moüillée, qu'elle fut remplie de Caraïbes & de Negres, qui venoient nous voir, & nous demander de l'Eau-de-Vie. Tous ces Messieurs étoient rocoüez, c'est-à-dire, peints de rouge, avec une petite bande de toile sur leurs parties du moins la plûpart. Cet habillement uniforme n'empêche pas qu'on ne distingue aisément les Caraïbes des Negres, ces derniers ont les cheveux crespus & fins comme de la laine, au lieu que les Caraïbes les ont noirs, longs, droits, & fort gros; mais quand cette marque manqueroit comme il arriveroit s'ils avoient tous la tête rasée, il seroit encore très-facile de les connoître à leurs airs de tête, à leurs yeux, leurs bouches, & leur corpulence, étant très-differens les uns des autres par tous ces endroits-là.

Je descendis à terre pour voir le Pere le Breton Jesuite, qui y fait la Mission depuis bien des années, & bien inutilement. Il étoit seul alors, c'est-à-dire, qu'il n'avoit point de Religieux avec lui: car d'ordinaire il y a un Frere Coadjuteur. Il n'avoit pour compagnie qu'un François, & deux jeunes Negres pour le servir, toûjours à la veille d'être massacré par les Caraïbes, comme l'ont été plusieurs autres de ses Confreres, quand les Sauvages sont yvres, ou qu'ils s'imaginent que c'est la demeure d'un Missionnaire parmi eux qui les rend malades, ou qui empêche qu'ils ne soient heureux à la chasse ou à la pesche. Je passai trois ou quatre heures avec lui; on déchargea pendant ce tems-là quelques provisions que ses Superieurs lui envoyoient, qu'il faut qu'il cache avec soin pour les dérober à la connoissance des Sauvages, qui sont importuns jusqu'à l'excès, pour avoir ce qu'ils sçavent être chez leur pere, sur tout quand c'est du vin ou de l'eau-de-vie. Tout le progrès que les Missionnaires ont fait jusqu'à present chez ces Sauvages a été de baptiser quelques enfans, qui étoient à l'article de la mort : car pour les adultes on y a été trompé tant de fois qu'on ne s'y fie plus, à moins qu'ils ne soient prêts à rendre les derniers soûpirs, & que l'on ait des raisons très-fortes pour être persuadé que c'est avec sincerité qu'ils demandent le Baptême. Ce bon Pere eût bien voulu que je lui eusse tenu compagnie pendant quelques jours : car en verité, sa vie étoit bien triste, bien dure, & plus digne d'admiration, que d'imitation. C'étoit un homme d'esprit, habile dans les Mathematiques, extrêmement pieux, & fort zelé pour la gloire de Dieu, & le salut de ces pauvres Barbares. Je m'embarquai sur les sept heures du soir, il vint me conduire à bord, où je lui donnai à soûper, nous mîmes à la voile environ à minuit.

On compte dix lieües de l'endroit où nous avions moüillé à la Basseterre de Saint Vincent à la riviere des Roseaux, qui est environ au milieu de la Basseterre de l'Isle de Sainte Alousie. Nous y moüillâmes sur les cinq heures du matin. Quoique cette Isle ne soit pas habitée par des Caraïbes, elle n'a pas l'air moins sauvage. Elle n'avoit alors pour Habitans que des gens de la Martinique, qui y venoient faire des canots, des madriers & planches d'acajou, & des bois de charpente. Les Bourgeois ou Proprietaires de nôtre Barque y avoient un Attelier de quelques Charpentiers & Scieurs de long ; c'étoit pour leurs porter des provisions que nous y étions venus, & pour prendre en même-tems les bois qui se trouveroient prêts à être embarquez.

Etablissement des François à Saint Aloulie. Cette Isle avoit été habitée par les François dès l'année 1640. M. du Parquet Seigneur & Proprietaire de la Martinique en prit possession vers la fin de cette année, comme d'une terre inhabitée, qui par consequent étoit au premier occupant. Les Sauvages de Saint Vincent, & des autres Isles n'y venoient que dans les tems de la ponte des tortuës, & n'y avoient ni Carbets, ni défrîchez. Il n'y mit d'abord que quarante hommes sous la conduite du sieur de Rousselan Officier de valeur, & de conduite, qui avoit donné son nom à la riviere qui passe au Fort Saint Pierre, à cause que son Habitation étoit sur cette riviere. Il avoit épousé une femme Caraïbe, ce qui 1700. le faisoit aimer des Sauvages, qui le regardoient presque comme un de leurs compatriotes. La bonne intelligence qui étoit entr'eux & le sieur de Rousselan n'empêcha pas M. du Parquet de prendre les précautions necessaires pour empêcher sa nouvelle Colonie d'être insultée, & peut-être détruite par ces Barbares, qui étant d'une humeur extrêmement changeante, & ne voyant qu'avec dépit l'établissement des François dans leur païs, avoient besoin d'être retenus dans le respect, & que leur bonne volonté apparente fût fixée par quelque chose qui les empêcha de mal faire. C'est pourquoi il fit construire une maison forte, environnée d'une bonne double palissade, avec un fossé; il la munit de canons, de pierriers, & d'autres armes, & la mit en état de resister non-seulement aux Sauvages s'il leur prenoit fantaisie de les vouloir inquiéter, mais même aux Européens qui voudroient s'y venir établir.

Ce fut aux environs de cette maison qui étoit située auprès du petit Cul-de-Sac & de la riviere du Carenage qu'on commença un grand défrîché, & qu'on planta des vivres & du tabac qui vint en perfection,

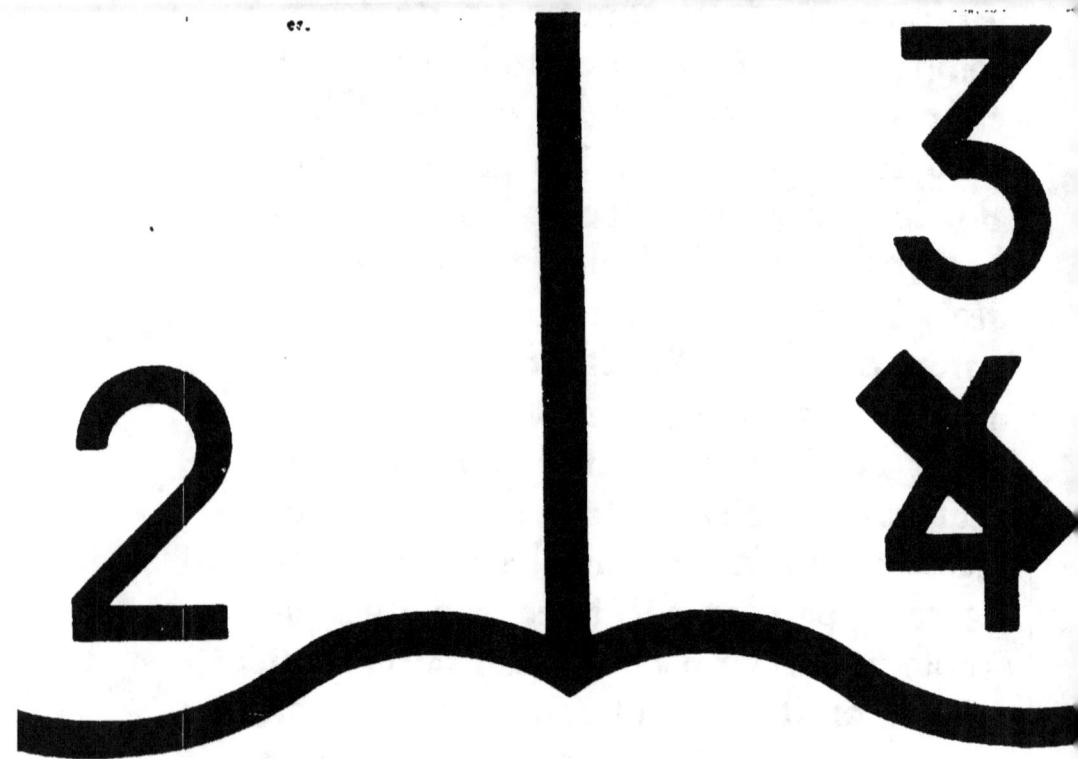

Pagination incorrecte — date incorrecte

NF Z 43-120-12

& qui l'emportoit sur celui des autres Isles.

Le sieur de Rousselan gouverna cette Colonie jusqu'en 1654. qu'il mourut, également regretté des Sauvages, qui l'aimoient, & des François qu'il avoit conduits avec beaucoup de sagesse & de douceur. M. du Parquet nomma le sieur de la Riviere pour lui succeder. Celui-ci qui étoit riche, voulut faire une Habitation particuliere, & se confiant en la bonne volonté que les Sauvages lui témoignoient quand ils le venoient voir, il negligea les précautions qu'il devoit prendre pour sa sûreté. Il laissa un Officier avec les Soldats dans la Forteresse, & s'alla établir dans un lieu assez éloigné avec les gens qui étoient à lui. Cela facilita aux Sauvages le moyen de le surprendre dans sa maison, & de l'y massacrer avec dix de ses gens vers la fin de la même année 1654.

Le sieur Hacquet proche parent de M. du Parquet, qui lui succeda fut tué par les mêmes Sauvages en 1656. Il eut pour successeur le sieur le Breton Parisien, d'une très-bonne famille, & fort brave, mais qui étant venu engagé aux Isles avoit porté les livrées de M. le General : cela fit que les Soldats de sa

Garnison le méspriserent, & lui qui étoit d'une humeur hautaine & fiere, les ayant maltraitez, ils se revolterent, prirent les armes, & l'auroient tué, s'il ne se fût enfuï & caché dans les bois, sans avoir pu tirer aucun secours des autres Habitans qui ne l'aimoient pas. Cependant les revoltez s'étant emparez d'une Barque qui étoit en Rade se sauverent chez les Espagnols, pour lui, il passa à la Martinique, & porta ses plaintes à M. du Parquet, de ce qui étoit arrivé. Ce Seigneur vit bien, que l'aversion que les Habitans & les Soldats avoient pour lui, venoit de l'état où ils l'avoient vû, de sorte que sans rechercher les Auteurs de ce soûlevement, ni ceux qui auroient pu s'y opposer, il envoya pour Commandant un Officier nommé du Coutis, auquel il donna environ quarante hommes, tant Habitans que Soldats, pour garder le Fort. Le sieur du Coutis fut rappellé environ deux ans après, & le sieur d'Aigremont Gentilhomme d'une naissance distinguée, & tout plein de merite & de valeur, fut nommé Gouverneur à la fin de 1657.

A peine y fut-il arrivé qu'il fut attaqué par les Anglois. Ils prétendoient que cette Isle leur appartenoit, parce qu'ils difoient y avoir envoyé uue Colonie en 1637. qui y avoit fubfifté pendant près de dix-huit mois, mais qui avoit efté entierement maffacrée par les Sauvages au commencement de 1639. ce qui felon eux n'annulloit point le droit qu'ils avoient fur cette Ifle. Cette raifon auroit efté bonne, fi la fuppofition avoit efté veritable; mais rien n'eftoit plus éloigné de la verité. On auroit pû leur répondre qu'ils avoient trop attendu à faire valoir leur droit; & que quand même ils auroient eu une Colonie dans cette Ifle, ils eftoient cenfez l'avoir abandonnée tout-à-fair, puifqu'ils avoient negligé pendant vingt ans d'y envoyer du monde, ou qu'ayant fçû & vû que Mr du Parquet s'y eftoit établi, ils n'avoient fait aucune démarche pour s'y oppofer, ni aucun acte fur les lieux ou en Europe, pour conferver leur pretendu droit. Que diroient-ils fi les François alloient les chaffer à prefent de Madagafcar où ils fe font établis depuis peu d'années? N'auroient-ils pas lieu de dire que les François ont renoncé au droit inconteftable qu'ils ont fur cette Ifle, par l'abandon qu'ils en ont fait depuis tant d'années? Cette raifon ne laifferoit pas d'avoir quelque apparence, au lieu qu'il n'y en a aucune dans le pretexte qu'ils eurent de vouloir s'emparer de Sainte Aloufie. Voici le fait dans la plus exacte verité.

Il est constant qu'avant l'année 1640. ni les François, ni les Anglois n'avoient pas songé à s'établir à Sainte Aloufie : les uns & les autres n'estoient gueres en état de songer à s'étendre hors des Isles qu'ils habitoient, ayant tous assez de peine à s'y maintenir, & à se soûtenir contre les frequentes attaques des Caraïbes qui mettoient tout en usage pour les faire perir, ou les chasser de leur Païs. Ils alloient librement les uns & les autres, c'est-à-dire, les François & les Anglois, à Sainte Aloufie, comme en une Isle qui n'avoit point de Maître, pour tourner des Tortuës dans le temps de la ponte, & pour y faire des Canots, sans que pas une des deux Nations y eût ni Gouverneur, ni Forteresse, ni Colonie établie.

Il arriva en 1639. qu'un Navire Anglois ayant moüillé sous la Dominique avec Pavillon François, attira dans son bord par cette feinte plusieurs Caraïbes, qui estant en paix avec nous, ne firent point difficulté d'y entrer, & d'y porter des fruits, comme ils avoient accoûtumé de faire, quand ils nous trouvoient sur leurs côtes. Mais les Anglois ayant voulu enlever ceux qui estoient dans leur Navire tous se jetterent à la mer, & se sauverent, excepté deux que ces Anglois mirent aux fers, & qu'ils vendirent ensuite comme esclaves. Les Caraïbes irritez de cette perfidie, s'assemblerent en grand nombre, surprirent & massacrerent des Anglois à la Barbade, à Antigues où ils commençoient à s'établir, & en d'autres endroits; & s'estant separez après leur expedition, ceux de Saint Vincent passerent à Sainte Aloüsie en s'en retournant chez eux, & trouvant quelques Anglois occupez à la pêche de la Tortuë, ils les massacrerent, comme ils avoient fait dans les autres endroits, & pour la même raison, sans faire le moindre tort aux François qui estoient au même lieu. Voilà le fait dans toute sa verité, & on défie les Anglois de rien prouver au contraire. On laisse à present au jugement des personnes desinteressées à decider si les Anglois avoient quelque droit sur cette Isle.

Ce fut pourtant sous le pretexte frivole de cette pretenduë possession, qu'ils firent un Armement considerable, & qu'ils vinrent attaquer le sieur d'Aigremont. Quoique ce Gouverneur, qui n'avoit

voit pas lieu de craindre cette attaque inopinée, eût esté surpris, il ne se perdit pas pour cela. Il rassembla au plus vîte ses Habitans & ses Soldats, se presenta au bord de la mer, & empêcha pendant un temps considerable la descente des Anglois. Enfin forcé par le grand nombre, il se retira dans son Fort avec une partie de son monde, laissant l'autre au dehors sous la conduite d'un de ses Officiers, pour harceler les ennemis. Il fut assiegé dans les formes ; les ennemis ayant fait mettre du canon à terre, & fait brêche, donnerent plusieurs assauts où ils perdirent beaucoup de monde, au dernier desquels le sieur d'Aigremont qui les avoit repoussez avec une extrême vigueur, ayant fait une sortie, & ayant esté secondé par ceux de ses gens qui estoient demeurez hors de la Forteresse, ils tomberent tous ensemble sur les Anglois d'une maniere si vive, qu'ils les défirent à plate coûture, & obligerent ceux qui échaperent, à se rembarquer comme ils purent, sans armes, laissant leurs canons, leurs munitions, leurs blessez, & quelques prisonniers à la merci des François.

C'est l'unique tentative que les Anglois ont faite pour s'établir dans cette

1700.

Les Anglois attaquent S. te Aloüsie en 1658.

Ils sont défaits entierement.

Isle pendant que Mr du Parquet a esté vivant. Le sieur d'Aigremont la gouverna en paix, & eut le plaisir de voir la Colonie s'augmenter considerablement; mais il tomba à la fin dans le même inconvenient que ses prédecesseurs: il permit aux Caraïbes d'entrer chez lui librement, il alloit même à la chasse avec eux: ils prirent ce temps pour l'assassiner, un d'eux lui ayant donné un coup de couteau dans la poitrine. Ce malheur arriva en 1660. deux ans après la mort de Mr du Parquet.

Mr de Vauderoque oncle & tuteur des enfans de Mr du Parquet, nomma pour Gouverneur de Sainte Alousie le sieur de Lalande, qui y estant mort de maladie cinq ou six mois après y estre arrivé, il eut pour successeur le sieur Bonnard frere de Madame du Parquet. Celui-ci ne permit plus aux Sauvages de mettre le pied dans son Isle, & évita ainsi les malheurs qui estoient arrivez à ses prédecesseurs. Il gouverna sa Colonie jusques sur la fin du mois d'Avril 1664. que les Anglois firent un corps de quatorze à quinze cent hommes, ausquels se joignirent six cent Sauvages commandez par un nommé Ouvernard mulâtre, ou pour parler plus juste, metif d'un Gouverneur Anglois de Saint Christophle, & d'une Indienne de la Dominique, dont j'ai parlé dans un autre endroit, qu'on appelle encore aujourd'hui Madame Ouvernard. Ces troupes ayant fait leur débarquement sans trouver de résistance, environnerent le Fort, & sommerent le sieur Bonnard de se rendre, ce qu'il fit aussi-tôt fort lâchement. Les Anglois retinrent contre la Capitulation le canon, les armes, le bagage, & les ornemens de l'Eglise qu'ils devoient rendre, & renvoyerent le sieur Bonnard & ses Soldats à la Martinique, où on lui fit son procès.

Comme cette action s'est passée en pleine paix, le Gouverneur General des Isles Angloises desavoüa le Colonel qui avoit fait cette entreprise, lequel bien loin de se servir de la pretenduë possession où ils disoient avoir été de cette Isl. avant 1640. ne fondoit le droit qu'il y pretendoit avoir, que sur l'achat qu'il avoit fait de cette Isle l'année precedente des Sauvages par l'entremise d'Ouvernard. On voit assez par cette conduite le peu de droit que les Anglois ont, ou ont jamais eu sur cette Isle. Ils en furent chassez en 1666. & depuis ce temps-là ils n'ont fait aucune tentative pour y rentrer.

1700.

Changemens arrivez dans cette Colonie.

La Compagnie de 1664. qu'on nomme ainsi pour la distinguer de la premiere qui a peuplé les Isles en 1627. & 1632. & qui les vendit ensuite aux particuliers qui en devinrent les Seigneurs proprietaires jusqu'en 1664. qu'ils furent contraints de vendre leurs Seigneuries à cette derniere Compagnie ; quoiqu'elle se trouvât dépoüillée de cette Isle lorsqu'elle prit possession des Seigneuries qu'elle avoit achetées des heritiers de Mr du Parquet, elle a toûjours nommé des Gouverneurs à Sainte Alousie jusques en l'an 1674. que le Roi la remboursa, & se mit en possession des Isles, & les fit gouverner par des Generaux & Intendans, comme elles sont encore aujourd'hui. Mais la décadence des affaires de la Compagnie attira avec elle celle de la Colonie de Sainte Alousie, qu'on avoit encore relevée depuis l'expulsion des Anglois, parce que n'estant pas secouruë, & ne faisant aucun commerce pendant les longues guerres de 1672. & 1688. tous les Habitans se retirerent les uns après les autres à la Martinique, la Guadeloupe, & autres Isles plus fortes & plus capables de les mettre à couvert des pillages des ennemis ; de sorte que quand j'y passai en 1700. il n'y avoit, comme je l'ai dit au commencement de Chapitre, que des Ouvriers en bois qui venoient de la Martinique y faire des bois de charpente & des canots, sans aucuns autres Habitans de quelque Nation ou couleur que l'on puisse s'imaginer. Elle a esté depuis ce temps-là le refuge des Soldats & des Matelots déserteurs: ils y trouvoient abondamment de quoi vivre, & une sûreté très-grande pour ne pas tomber entre les mains de ceux qu'on avoit envoyez pour les prendre, parce qu'il y a des reduits naturels sur des croupes de mornes escarpez, où dix hommes en assommeront dix mille, seulement en faisant rouler sur eux des pierres ou des tronçons de bois. On a recommencé depuis quelques mois à repeupler cette Isle, & il n'y a point de doute qu'elle ne devienne une florissante Colonie, si on y envoye les secours necessaires, & si on a soin d'y mettre pour Gouverneurs des personnes sages, peu ou point interessées, s'il est possible, & qui ayent de la pieté, de la douceur, & de la fermeté autant qu'il est necessaire pour établir & maintenir le bon ordre, sans trop faire sentir la pesanteur du joug à des gens qui pour l'ordinaire ne vont dans ces endroits-là, que pour goûter un peu le plaisir de la liberté.

Rien ne me convioit à descendre à terre : cependant ayant appris par ceux qui vinrent à bord, qu'on ne pouvoit pas achever dans la journée de charger le bois que nous devions prendre, je pris le parti d'aller me promener, & de chasser chemin faisant, autant que l'épaisseur des haliers dont les bords de la mer sont couverts, me le pouvoit permettre.

Quoique cet endroit, c'est-à-dire, la riviere aux Roseaux, devant laquelle nous estions mouillez, paroisse fort haché, il ne laisse pas d'y avoir des fonds d'une étenduë considerable, dont la plûpart qui ont déja esté défrîchez, se sont couverts de nouveaux arbres, qui par leur hauteur & leur grosseur marquent la bonté du terrain. J'arrivai en suivant un petit sentier aux Ajoupas de nos Ouvriers : j'avois tué quelques perdrix & des periques, & je trouvai d'assez bonnes provisions de cochon maron boucanné, & de ramiers, pour ne pas apprehender de mourir de faim ; de sorte que j'envoyai chercher mon hamac avec du biscuit, du vin & de l'eau-de-vie, resolu de passer la nuit avec nos gens. Ils travaillerent jusques bien avant dans la nuit à transporter au bord da la mer des madriers de bois d'Acajou, & autres bois que l'on embarquoit aussi-tôt avec d'autant plus de diligence, que nous estions encore dans la saison des ouragans, où tout est à craindre. Il est vrai que nôtre Barque eût pû se retirer dans le cul-de-sac ; mais ce retardement ne convenoit ni aux affaires des Marchands, ni aux miennes, qui avois des raisons pressantes de m'en retourner à la Guadeloupe. A la fin nous soupâmes tous ensemble. Après la Priere chacun se mit dans son hamac, & on s'endormit les uns après les autres en causant. Dès le point du jour on recommença à porter du bois : je dis mon Office, & puis je fus me promener en chassant : nous dînâmes au bord de la mer avec le Maître du Barque, & sur le soir on acheva de charger tous le bois qui estoit prêt. Nous soupâmes à terre, après quoi je m'embarquai ; & après quelques heures de repos nous mîmes à la voile environ sur les trois heures du matin le Mardi 27. Septembre. Nous côtoyâmes l'Isle jusqu'à la pointe des Salines, où nous trouvâmes des vents de Sud-Est qui nous porterent presque vent arriere jusqu'aux Ances d'Arlet de la Martinique, que nous dépassâmes pendant la nuit. Le calme nous prit par le travers du Fort Royal, & fut cause que nous n'arrivâmes que le Mercredi 28. sur les dix heures du soir, le vingt septiéme jour de mon départ.

Nostre Superieur General se leva aussi-tôt qu'il m'entendit : nos Peres en firent de même, & tous me témoignerent beaucoup de joye de mon retour, & de la maniere dont je m'estois acquitté de ma commission, dont je leur rendis compte en soupant. Le Superieur General me dit le lendemain qu'il falloit travailler à mettre nôtre terrain de la Grenade en valeur : nous en fîmes le projet, & je pense que sans le voyage qu'il fut obligé de faire en Europe, & la guerre de 1702. qui survint, que cela auroit esté executé, & que j'aurois encore esté chargé de cette corvée.

CHAPITRE XXII.

L'Auteur retourne à la Guadeloupe. Procès intenté à leur Mission par l'Abbé du Lion.

JE partis de la Martinique le Lundi 3. Octobre sur les neuf heures du soir. Nous eûmes un vent à souhait jusques par le travers de la grande Savanne de la Dominique qu'il se mit au Nord-Ouest tellement forcé, que nous crûmes que c'estoit le prélude d'un ouragan ; nous n'en eûmes pourtant que la peur : il baissa en moins de trois heures, & nous laissa achever assez tranquillement ce qui nous restoit de chemin à faire. Nous moüillâmes le Mercredi sur les onze heures du matin. J'allai aussi-tôt saluer Mr Auger nôtre Gouverneur, qui me retint à dîner, & puis me donna un cheval & un Negre pour aller chez nous.

Je trouvai le Pere Imbert, Superieur de nôtre Mission, fort embarassé d'un procès qui lui avoit esté suscité par un Prêtre nommé l'Abbé du Lion.

Cet Abbé, nôtre proche & incommode voisin, estoit fils de Mr du Lion ci-devant Gouverneur de la Guadeloupe. On ne peut pas nier que du côté de son pere il ne fût homme de qualité ; car j'ai entendu dire à plusieurs personnes desinteressées, que la Maison du Lion estoit une famille considerable du Païs de Caux en Normandie. On disoit que sa mere estoit fille d'un Marchand de Langres, que Mr du Lion avoit épousée par amourette : il est certain qu'elle avoit esté très belle. L'Abbé dont il est

Procès de l'Abbé du Lion.

question, fut envoyé en Normandie pour y étudier, & s'y façonner aux Us & Coûtumes du Païs, en quoi il fit des progrès considerables. Il fut pourvû d'une bonne Cure en ce Païs-là; mais s'estant broüillé avec l'Archevêque de Roüen pour des affaires qui ne sont pas venuës à ma connoissance, il avoit esté obligé de se démettre de son Benefice, sans pouvoir se reserver une pension, quoiqu'il en eût un assez grand besoin. Il fallut après cette perte revenir à la Guadeloupe pour discuter ses biens avec les enfans du second lit de sa mere qui s'estoit remariée avec le Major de l'Isle nommé du Cler, sans se souvenir qu'elle estoit veuve du Gouverneur.

Nôtre Abbé tout en arrivant aux Isles avoit acheté une Habitation à la Cabesterre; & quoiqu'il ne l'eût pas payée, il l'avoit échangée du consentement du du vendeur, avec un de nos voisins nommé Lefevre d'Ambrié, qui estoit placé justement entre nos deux Habitations. Cette Terre estoit petite, & l'Abbé qui avoit de vastes desseins, l'élargissoit autant qu'il pouvoit, aux dépens de ceux qui se trouvoient à sa portée. Mon predecesseur avoit esté assez bon pour souffrir plusieurs choses de cet homme;

& même pour conserver la paix, ou pour gagner ses bonnes graces, il avoit comme abandonné une grande piece de cannes où les bestiaux de l'Abbé venoient paître tranquillement. Dés que je fus en charge, & que j'eus visité les bornes de nos terres pour les mettre toutes en valeur, je le fis prier de retirer ses bestiaux de dessus nos terres. Il répondit que les terres où ses bestiaux alloient paître, lui appartenoient. Je presentai une Requeste au Juge, afin de faire arpenter le terrain selon les titres de chacun. Le Juge la répondit, & ordonna à l'Arpenteur Juré de se transporter dans trois jours sur les lieux pour reconnoître les anciennes bornes, & mettre les parties en possession de ce qui leur appartenoit, ce que je ne manquai pas de faire signifier à l'Abbé, qui croyant avoir trouvé une belle occasion de montrer ce qu'il avoit appris en Normandie, me fit signifier une protestation de nullité de tout ce qui pourroit estre fait au préjudice de ses droits, jusqu'a ce qu'il eût recouvré tous les titres de la Terre qu'il avoit achetée. Je vis que ce commencement de chicanne nous meneroit loin ; c'est pourquoi je m'adressai à l'Intendant. Je joignis à ma Requeste une copie collationnée du Contrat d'achat de la Terre que possedoit l'Abbé du Lion, avec les derniers arpentages de nos terres & de celles de nos voisins. L'Intendant ordonna que trois jours après la signification de son Ordonnance, l'Arpenteur Juré se transporteroit sur les lieux, procederoit à la reconnoissance des bornes, tant en presence, qu'absence, & que le Juge Royal qui y seroit present comme delegué, mettroit chacune des Parties en possession de ce qui leur appartenoit. Cela fut executé, & fâcha beaucoup l'Abbé contre moi. Je fis planter aussi-tôt du manioc & du mil dans nôtre terrain qui estoit voisin du sien, & j'allai le prier de faire garder ses bestiaux. Il négligea de le faire : ses bestiaux revinrent & nous firent du dommage : je les fis prendre deux & trois fois, & les lui renvoyai honnêtement : mais à la quatriéme je les fis sequestrer, & il fallut pour les ravoir m'envoyer un billet à raison de cent livres de sucre pour chaque bête, outre les frais de la prise & du sequestre. Malgré tout cela ses bestiaux revenant toûjours, parce qu'ils estoient en trop grand nombre pour pouvoir subsister chez leur Maître, je pris le parti de les faire éclaircir, & de les payer suivant l'Ordonnance, qui défend de tuer les gros bestiaux que l'on trouve en dommage ; ce que je faisois sans bourse délier, avec les billets du Seigneur Abbé. A la fin il se lassa : il fit garder ses bestiaux, dont le petit nombre rendoit la garde plus facile, & il ne tint pas à moi que nous ne fussions bons amis ; car nous nous vîmes plusieurs fois ; & sans trois ou quatre incidens qui troublerent nôtre bonne intelligence, je croi que nous aurions bien vêcu ensemble.

Par malheur nos deux Negres Charrons s'en allerent Marons, & je sçûs qu'ils se retiroient chez nôtre Abbé, où pour ne pas oublier leur métier, ils faisoient des roües pour ses cabroüets ou charettes. J'obtins un ordre du Gouverneur & main forte pour les aller prendre. Quelques Habitans qui estoient dans le même cas, se joignirent au Rafineur que j'envoyai avec l'Officier de Milice, & les Habitans commandez pour cette expedition, & on prit dix-sept Negres Marons, du nombre desquels estoient les deux que je cherchois. Les Habitans & moi nous contentâmes d'avoir nos esclaves : mais il s'en trouva sept qui appartenoient au sieur Pasquier, alors Commis principal, ou Directeur de la Compagnie de Senegal, & à present Conseiller au Conseil Superieur de la Guadeloupe, homme terrible en matiere d'interest, & qui, quoique né au milieu de Paris, Ville, comme tout le monde sçait, des plus simples & des plus commodes, pouvoit prêter le collet au plus habile Praticien Normand, celui-ci ne fut pas si complaisant que moi. Il presenta Requeste au Juge, & fit interroger ses Negres qui estoient en prison, & fit informer contre l'Abbé du Lion, contre lequel il demanda que l'Ordonnance du Roi fût executée, & qu'outre l'amende il fût condamné à lui payer une pistole par jour pour chaque Negre depuis le jour qu'il avoit declaré leur fuite au Greffe, jusqu'à celui qu'ils lui seroient remis. Cette affaire suffisoit pour ruïner de fond en comble l'Abbé, s'il avoit esté ruïnable, car la pretention seule de Pasquier alloit à plus de trois mille pistoles, & les autres proprietaires des Negres pris chez lui n'auroient pas manqué de demander un pareil dédommagement. L'Abbé se défendoit, & Pasquier lui laissoit le champ libre, parce que ses Negres qui estoient toûjours en prison, estoient aux frais de l'Abbé, & les pistoles par jour couroient toûjours. A la fin des personnes d'autorité s'en mêlerent, & obtinrent après beaucoup de difficultez que Pasquier reprendroit ses Negres sans attendre la décision du procès, & que l'Abbé du Lion ne feroit caution jusqu'à ce tems-là. La guerre étant survenuë, & les Anglois ayant fait une irruption à la Guadeloupe avant la fin du procès, les procedures furent suspenduës, & le Donjon du Fort ayant été brûlé avec tous les papiers du Greffe qu'on y avoit retirez, l'Abbé du Lion auroit eu sujet de se réjoüir de ce malheur, qui le devoit empêcher de subir une Sentence ruïneuse & infamante, si la prévoyance de Pasquier ne l'avoit porté à se faire expedier des doubles en bonne forme de toute la procedure, dont il s'est servi dans la suite, mais dont je ne me suis pas mis en peine de sçavoir le succès, parce que je quittai la Guadeloupe peu de tems après que les Anglois se furent retirez.

On voit assez par ces differentes affaires, & par celle de la Poterie, qu'il vouloit établir, dont j'ai parlé dans un autre endroit, qu'il n'étoit guéres de nos amis : il crut avoir trouvé l'occasion de se venger, en nous intentant un procès au sujet d'un *Te Deum*, que feu M. du Lion son pere avoit fondé dans nôtre Eglise, pour perpetuer la memoire & les actions de graces de la Victoire qu'il avoit remportée sur les Anglois échoüez aux Saintes après l'ouragan, qui fit périr leur Flotte en 1666.

Cette Fondation dont le Fond n'étoit que de deux mille livres de Sucre, faisant cent livres de Sucre de rente, fut employée par le Fondateur à l'achat d'un petit Magasin dans le Bourg S. Loüis; mais il y avoit bien des années que la riviere avoit emporté ce Magasin avec le reste du Bourg, de sort que l'obligation du *Te Deum* cessoit de plein droit, puisque la rente avoit cessé. Cependant nos Peres ne laissoient pas de le chanter par dévotion, mais ils se dispensoient d'y inviter ceux de la famille du Fondateur, comme ils faisoient auparavant, quoique ce fût par pure honnêteté, & sans aucune obligation.

L'Abbé crut avoir un beau champ de nous chagriner, d'autant plus que j'étois absent, & que le Pere Imbert nôtre Superieur n'étoit pas homme d'affaire. Il presenta donc une longue Requête, dans laquelle il se servit de quantité d'expressions peu convenables à lui & à nous, le Superieur de nôtre Mission à qui elle fut signifiée, l'envoya aussi tôt à un nommé Bouté Procureur, qui avoit occupé quelquefois pour nous, j'arrivai sur ces entrefaites, j'envoyai chercher le Procureur & la Requête, & au lieu de répondre au principal, on s'inscrivit en faux contre les qualitez que l'Abbé du Lion y prenoit, les voici.

Supplie humblement Messire Claude, Charles, Albert, Jean-Baptiste, Cesar, Antoine, du Lion de Lion, Chevalier, Prêtre, Bachelier en Theologie, Seigneur de Poinsson, Poinssonnet, & autres lieux, & Abbé du Lion.

Quoique ces qualitez paroissent un peu longues, ce n'étoit encore que celles des jours ouvriers : car quand c'étoit un Contrat, ou quelque autre piece de consequence, on avoit aussi-tôt fait d'écrire les Litanies des Saints que les noms de Baptêmes : & ceux de ses Terres & Seigneuries imaginaires étoient encore en plus grand nombre. L'Abbé du Lion fut étrangement surpris de cette procedure, il ne s'y attendoit nullement ; il crut que le meilleur parti étoit de porter ses plaintes au Gouverneur, de l'insulte qu'il prétendoit qu'on lui faisoit, mais il ne sçavoit pas qu'on avoit pris les devans, & que le Gouverneur étoit ravi de voir mortifier sa vanité. De sorte que nôtre Procureur ne laissa pas d'aller son chemin, & de faire signifier ses moyens de faux, qui étoient 1º. Que dans l'extrait Baptistaire de l'Abbé du Lion, il se nommoit simplement Claude-Jean-Baptiste, & qu'il importoit de sçavoir contre qui nous avions à faire pour pouvoir agir contre une personne réellement existente, & ▉▉ contre un fantôme habillé de tant de ▉▉ sujet par consequent à être désavoüé. 2º. Que feu M. du Lion son pere ne prenoit point le surnom de du Lion de Lion, & que même il ne le pouvoit pas prendre, ne joüissant point du privilege de certains Religieux ausquels on pourroit appliquer ce que le Prophete Roïal a dit bien des siecles avant qu'ils vinssent au monde: *Accipient in vanitate civitates suas*; & d'ailleurs n'étant pas né à Lion. 3º. Que la qualité de Chevalier ne s'accordoit point chez lui avec celle de Prêtre, parce que quoiqu'il fût gentilhomme, il n'étoit point Chevalier de Malte, & ne le pouvoit être, comme il sçavoit très-bien, & qu'à l'égard de la qualité de Chevalier Banneret, que prennent les Seigneurs titrez, & qui peuvent lever Bannieres sur leurs Sujets, il étoit constant que son pere ne l'avoit jamais prise. 4º. Qu'il étoit absolument faux qu'il fût

Bachelier en Theologie, puisqu'il constoit par le procès qu'il avoit eu avec les enfans du second lit de sa mere, qu'il avoit fait toutes ses études à Roüen, & non autre part, où tout le monde sçait qu'il n'y a point d'Université qui puisse donner ce grade. 5º. Que les qualitez des Seigneuries de Poinsson, Poinssonnet, & autres lieux, n'avoient jamais été prises par feu M. du Lion son pere, ce qui étoit un grand préjugé contre lui, & enfin qu'il étoit absolument faux qu'il fût Abbé du Lion, c'est-à-dire, titulaire d'une Abbaye, qui porte ce nom, puisqu'il ne s'en trouvoit aucune de ce nom dans toute la France, ni dans tout le reste du monde Chrétien.

La signification qu'on lui fit de ces Moyens de faux le pensa désesperer, mais comme l'affaire étoit sans remede, & que nôtre Procureur prétendoit lui faire rayer ses qualitez, il eut recours au Gouverneur, & le pria d'accommoder cette affaire. Nous y donnâmes les mains aussi-tôt. L'Abbé se désista des fins de sa Requête, & promit de ne nous inquiéter jamais au sujet du *Te Deum*, & nous consentîmes de le laisser joüir paisiblement & tranquillement de tous ses noms, titres & qualitez, excepté dans les procès qu'il pourroit avoir avec nous,

CHAPITRE XXIII.

DU TABAC.

LE Tabac est une plante originaire de l'Amerique, & qui lui est tellement propre, que quelque soin qu'on ait pris en la cultivant dans les autres parties du monde où l'on a porté sa graine, on n'a jamais pû y en élever qui approchât de celui qui croît dans le monde nouveau.

Origine du Tabac.

Il ne paroît pas que les Espagnols en ayent trouvé l'usage établi dans les grandes Isles, c'est-à-dire, à Saint Domingue, Couve & la Jamaïque, où ils s'arrêterent dans les commencemens de leurs découvertes. Ce ne fut que vers l'an 1520. qu'ils trouverent cette plante dans le Jucatan, Province de la terre ferme. Ils lui donnerent le nom de *Tabacco*, dont on a fait celui de Tabac, parce que cette plante croissoit à merveille, & qu'on en cultivoit une très-grande quantité aux environs de la Ville de Tabasco ; & assûrement elle meritoit bien de porter le nom du païs où l'on en avoit fait la premiere découverte, &

où les Espagnols commencerent à s'en servir à l'imitation des Indiens.

M. Pourchot dans sa Philosohie s'est trompé, quand il a dit, que les Portugais ont apporté le Tabac en Europe de l'Isle de Tabaco. Cette Isle qui est une des Antisles n'a jamais été en leur pouvoir, & n'avoit jamais été habitée, ni cultivée avant l'an 1632. qu'une Compagnie d'Hollandois ou Flessingois y établit une Colonie, qui la nomma la nouvelle Ovacre, près d'un siecle après que le tabac a été connu en Europe. Cette Colonie a été détruite en 1678. par M. le Maréchal d'Etrées, & depuis ce tems-là l'Isle est demeurée déserte.

Erreur de M. Pourchot.

Le tabac a été en usage en Espagne, & en Portugal bien des années, avant d'être apporté en France. Jean Nicot Maître des Requêtes, Ambassadeur de François II. auprès de Sebastien Roi de Portugal l'apporta en France en 1560. & le presenta à la Reine Catherine de Medicis, & au Grand Prieur. Cette Princesse & ce Seigneur lui donnerent chacun leur nom, pour le mettre en vogue, soit qu'ils y eussent reconnu quelque vertu particuliere, soit qu'ils voulussent se faire un honneur dans le monde en y introduisant une nouveauté, & quoique ce

1700.

Par qui il fut apporté en France.

Ses différens noms.

fût la même herbe, on ne laissa pas de la nommer tantôt l'herbe à la Reine, & tantôt l'herbe au Grand Prieur; ce qui n'empêcha pas ceux à qui l'Ambassadeur Nicot en avoit donné, de l'appeller par reconnoissance la Nicotiane.

Le Cardinal de Sainte Croix, qui avoit été Nonce en Portugal, & Nicolas Tornaboni qui l'avoit été en France, revenans de leurs Nonciatures l'apporterent en Italie, elle y fut d'abord connuë sous le nom d'herbe sainte, surnom que les Espagnols lui avoient donné à cause des vertus extraordinaires qu'ils publioient y avoir remarquées. Je serois pourtant

Par qui il a été introduit en Italie.

assez porté à croire que les Espagnols qui possedoient bien avant ce tems là le Royaume de Naples l'avoient fait connoître en Italie avant ces deux Prélats; mais comme après le mal Ameriquain qu'ils avoient apporté, & dont ils avoient

C'est le mal de Naples.

déja infecté bien des païs, on craignoit tout ce qu'ils apportoient du nouveau monde, excepté l'or & l'argent; il n'avoit pas fallu moins que le pouvoir de ces deux Prélats, pour établir l'usage d'une chose aussi nouvelle, & qui avoit déja autant d'Adversaires que de Partisans.

Car il est bon de sçavoir, que le tabac

ne fut pas également bien reçû de tout le monde. Cette plante fut comme une pomme de discorde, qui alluma une guerre très-vive entre les sçavans. Les ignorans en grand nombre y prirent parti, aussi-bien que les sçavans, & les femmes même qui ne furent pas des dernieres à se declarer pour ou contre une chose qu'elles ne connoissoient pas mieux que les affaires serieuses, qui se passoient en ce tems-là, où elles n'avoient pris que trop de part.

Les differents en matiere de Religion.

On peut croire que les Medecins n'oublierent pas de faire valoir en cette occasion le droit qu'ils se sont acquis de juger de toutes choses. Quoiqu'ils n'eussent jamais vû, ni entendu parler de tabac, ils ne laisserent pas de discourir sur sa nature, ses proprietez & ses vertus, comme s'il eût été connu par toute la terre habitée dès le tems de Galien, d'Hipocrate & d'Esculape. Il est vrai, que raisonnans, comme ils faisoient, sans principes, ils ne s'accordoient presque jamais. Les uns le faisoient froid, les autres chaud. Ceux-ci le temperoient avec des drogues refrigerantes ; les autres corrigeoient sa froideur avec des aromates. Mais tous s'accordoient en ce point de donner force recettes & ordonnances sur

Differens entre les Medecins sur le tabac.

la maniere de le préparer, & d'en user selon l'âge, les forces, & le temperament des gens. Ils marquoient exactement la quantité qu'on en devoit prendre, & le tems. Tel le devoit prendre à jeun après avoir craché & mouché un certain nombre de fois : un autre ne s'en pouvoit servir qu'après avoir mangé. Celui-ci n'en devoit user que le soir, cet autre qu'à midi. On l'accommodoit, on le diversifioit en une infinité de manieres ; chaque jour produisoit quelque nouvelle découverte, on le mettoit à toutes sortes de saulces, & comme assez souvent les maladies n'ont point d'autre cause qu'une imagination blessée, il est presque incroïable combien les Medecins firent de cures surprenantes sur ceux qui avoient l'imagination frapée des vertus du tabac. Cela alla si loin, qu'on fut sur le point d'abandonner tout le reste des medicamens, pour ne plus se servir que de cette plante ; & je pense que cela seroit arrivé, si ceux qui par leur caractere ont droit d'imposer à tout le monde avoient été d'accord entr'eux.

Les Chimistes remplirent leurs alembics de tabac. On en tira de l'huile, du sel, de l'eau, des esprits, & mille autres semblables babiolles que l'on employa

ploya en toutes sortes de maladies, le
plus souvent aux dépens de ceux qui
avoient la bonté de se prêter à ces sortes
d'experiences ; & malgré tout ce que
pouvoient dire les gens qui avoient conservé leur raison assez entiere pour ne se
pas laisser prévenir pour ou contre le tabac avant que le tems ou le hazard l'eussent fait connoître plus à fond, on en
fit une Medecine presque universelle.

Ses cendres, à ce qu'on disoit, guéris-
soient la gâle & le farcin. Etant pris en
poudre, il guérissoit les rhumatismes,
les fluxions sur les yeux, les larmes in-
volontaires, les douleurs de tête ordinaires, les migraines, l'hidropisie, la
paralisie, & generalement tous les accidens qui arrivent par l'acreté des humeurs, leur trop grande abondance, &
leur extravasion hors de leurs canaux naturels. Rien n'étoit meilleur pour rendre
au sang sa fluidité, regler son mouvement & sa circulation. On s'en servoit
comme d'un sternutatoire infaillible, pour
rappeller à la vie ceux qu'une apoplexie
violente, ou une létargie formée avoient
déja étendu dans le cercueil. C'étoit un
puissant secours pour les femmes qui
étoient dans les douleurs de l'accouchement. Un remede assûré contre les pas-

Vertus attribuées au tabac en poudre.

sions histeriques, les vapeurs, les inquiétudes, la mélancolie noire, la manie. Ceux qui en usoient n'avoient rien à craindre de l'air le plus mauvais, & le plus corrompu ; la peste, la verolle, le pourpre, les maladies populaires qui se communiquent le plus aisément, n'avoient garde d'approcher d'eux. Il fortifioit la memoire, il rendoit l'imagination feconde ; jamais les sçavans n'étoient plus en état de s'appliquer à l'étude des choses les plus abstraites, & les plus difficiles, que quand ils avoient le nez bien rempli de tabac.

Vertus du tabac en machicatoire.

Ceux qui en prenoient en machicatoire (car le tabac en poudre n'étoit pas le seul qui fût en usage) en disoient bien d'autres merveilles. Selon eux il suffisoit tout seul aux besoins les plus ordinaires, & les plus pressans des hommes ; puisqu'il ôtoit le sentiment de la faim & de la soif, qu'il empêchoit la diminution des forces, & qu'il conservoit tout seul, & sans le secours d'aucune autre chose, toute la santé, & tout l'embonpoint qu'on remarquoit dans les personnes les mieux nouries.

On prétendoit avoir des experiences réïterées une infinité de fois dans presque tous les climats de la terre, qu'une demie once de tabac de 24. en 24. heures, avoit soûtenu des Soldats sans boire ni manger, dans les plus rudes travaux de la guerre, non pas des journées, mais des semaines entieres, sans qu'ils eussent senti les plus legeres atteintes de la faim & de la soif, & sans que leurs forces eussent été diminuées le moins du monde.

Rien, à les entendre, n'étoit plus propre pour purger la bile, tenir le ventre libre, décharger le cerveau des serositez qui lui sont si nuisibles, empêcher ou guérir les douleurs des dents, détourner toutes sortes de fluxions. On n'y trouvoit à redire, que la mauvaise odeur dont l'haleine de ceux qui en usoient étoit infectée, qu'il n'étoit pas possible de corriger même en se lavant la bouche avec quantité d'eau-de-vie.

Mais ceux qui en disoient le plus de bien, & qui en consommoient aussi une plus grande quantité étoient les fumeurs.

On publioit, que cette plante avoit été de tout tems en si grande veneration chez les Ameriquains, que c'étoit le parfum & l'encens le plus agreable qu'ils pussent offrir à leurs Dieux. Leurs Prêtres ne voyoient rien dans l'avenir qu'au travers d'une épaisse fumée de tabac, dont

Vertus & prérogatives du tabac en fumée.

ils remplissoient le lieu où ils consultoient leurs Divinitez, & dont ils humoient une si grande quantité, qu'ils en tomboient comme yvres aux pieds des Autels, où après avoir demeuré un certain espace de tems, ils se relevoient remplis d'un entousiasme divin, & rendoient des réponses bonnes ou mauvaises, mais toûjours obscures & ambiguës à ceux qui les avoient consultez. Il n'y avoit pas jusqu'aux Medecins, qui ne décidoient rien sur le sort de leurs malades, qu'après s'être amplement parfumez de tabac.

Il étoit inoüi qu'on eût jamais décidé aucune affaire d'Etat, que tous les Conseillers n'eussent été au moins à demi enyvrez de la fumée du tabac; coûtume qui selon quelques voïageurs modernes s'observe encore aujourd'hui chez les Indiens de l'Isthme de Darien, où dès que les anciens sont assemblez pour quelque cause que ce puisse être, avant de traiter aucune affaire, un jeune garçon se presente avec un gros bout de tabac à la bouche, dont il souffle la fumée sur le visage des assistans les uns après les autres, qui reçoivent ce parfum avec tant de plaisir, que pour n'en perdre que le moins qu'il est possible, ils font de leurs mains une espece d'entonnoir, pour conduire cette fumée dans leurs narines.

Je ne finirois point, si je voulois rapporter tout ce qu'on disoit à la loüange de cette fumée. Elle réjoüissoit l'esprit, elle dissipoit le chagrin, & comme elle agissoit bien plus puissamment sur le corps, que quand on prenoit le tabac de quelqu'une des autres manieres que j'ai rapportée ci-devant, on prétendoit qu'elle procuroit les mêmes avantages bien plus promptement, & bien plus sûrement.

On assûroit que l'eau de tabac mise dans les yeux aiguisoit la vûë, la conservoit, la fortifioit, & qu'elle effaçoit les rousseurs & autres taches du visage.

Qu'étant prise par la bouche, elle guérissoit la courte haleine, l'asthme, la phtisie, les fiévres tierces & quartes, les rhumatismes, l'hidropisie, les douleurs du foye. Qu'elle arrêtoit le sang qui s'extravasoit du poulmon, qu'elle facilitoit l'accouchement. Qu'étant appliqué sur l'extrêmité des doigts dépoüillez de leurs ongles, elle les faisoit promptement revenir.

Si on s'en servoit en fomentation, elle guérissoit la foiblesse des nerfs, & les douleurs causées par des luxations, & des catharres froids.

L'huile de tabac mise dans les oreilles guérissoit la surdité. Appliquée sur le visage, elle en ôtoit les bourjons & les dartres. Si on en oignoit les parties affligées de goûte, ou de sciatique, elle appaisoit la douleur, resolvoit l'humeur âcre qui en est la cause, ouvroit les pores, faisoit transpirer, fortifioit merveilleusement les nerfs. Elle étoit encore excellente pour les piqueures, & guérissoit toutes sortes de playes promptement, & sans supuration. En un mot, c'étoit la Medecine universelle, & c'étoit-là justement ce qui décrioit le tabac chez les gens qui n'étoient point préoccupez. Car on ne pouvoit pas nier que le tabac ne fût bon à bien des choses, mais qu'il fût propre à tout, c'étoit le détruire au lieu de le faire valoir. Pour moi, je suis persuadé que c'est un purgatif excellent, & très-prompt, & ce qui m'en a convaincu, est l'histoire que je vais rapporter.

Un des plus considerables Habitans de la Cabesterre de la Martinique, de la Paroisse de la Basse-Pointe, mariant une de ses filles à un homme de condition, crut que son Cuisinier Negre ne pourroit pas conduire les repas qui devoient accompagner un mariage de cette consequence, il fit venir le meilleur Traiteur qui fût au Fort Saint Pierre, qu'il chargea de l'appareil de tous ces festins. Le Negre Cuisinier ne pût souffrir le tort qu'il prétendoit que son Maître lui faisoit en cette occasion ; & pour s'en venger, il resolut de troubler toute la fête. Il glissa pour cet effet deux morceaux de tabac dans deux Coqs d'Inde, que le Traiteur mettoit en d'aube pour être servis froids à déjeûné. On les servit en effet, ils furent trouvez excellens, presque tout le monde en voulut goûter, mais il ne se passa pas un quart d'heure, que le Negre vit la réüssite de son projet. Les conviez les uns après les autres commencerent à se trouver mal ; ceux qui avoient pris une doze un peu trop forte de cette nouvelle Medecine vomissoient jusqu'au sang, sans compter ce qu'ils rendoient par le bas ; les autres souffroient de cruelles tranchées, jusqu'à ce qu'ils fussent débouchez. En un mot, la fête fut troublée, on crut tout le monde empoisonné. Le Chirurgien de la maison envoya chercher en diligence tous ses Confreres aux environs, qui faisant l'anatomie des viandes, qui avoient été servies sur la table, trouverent enfin les deux bouts de tabacs : ce qui découvrit tout le mistere. On se hâta d'aider par des lavemens, ceux qui n'avoient que des tranchées, & par des cordiaux, ceux qui faisoient de trop grandes évacuations ; les moins malades furent sur pied au bout de douze ou quinze heures, quelques autres en garderent le lit pendant deux jours. Après cela qu'on dise qu'il y a au monde un purgatif comme le tabac. Ceux qui voudront faire des Coqs d'Inde purgatifs en ont ici la recette. Je les prie seulement de se souvenir qu'il faut user avec moderation de ce remede, parce que l'excès qu'on en feroit, pourroit avoir des suites fâcheuses.

Coq d'Inde purgatif.

Cependant malgré les avantages si considerables qu'on prétendoit avoir trouvez dans le tabac, il ne laissa pas d'être attaqué par de très-puissans adversaires. Ceux qui n'aimoient pas les nouveautez, ne pouvoient souffrir qu'on déplaçât, & qu'on rejettât comme inutiles tous les medicamens anciens, pour ne se plus servir que de cette plante. Ils revoquoient en doute ce qu'on en disoit de meilleur, & ils ne manquoient pas de raisons pour persuader que les guérisons qu'on lui attribuoit avoient d'autres causes.

Avec tout cela l'usage de cette plante ne laissa pas de s'établir plus promptement qu'on n'auroit osé se l'imaginer. De l'Amerique il se répandit jusqu'au fond des Indes Orientales, jusqu'au Japon. Il passa des Moscovites aux Tartares Orientaux : il inonda toute l'Afrique, l'Asie mineure, la Grece, la Hongrie, la Pologne, toute l'Allemagne, les Royaumes du Nord. Jamais chose ne fut reçûë si universellement, quoiqu'elle trouvât par tout des contradictions, des empêchemens, & des oppositions, qui sembloient la devoir étouffer dans son berceau. Car il ne faut pas croire, qu'il n'y eût que des écrivains qui la combattirent avec la plume ; les plus Puissans Monarques se declarerent contr'elle.

Le Grand Duc de Moscovie Michel Federovits, voyant que la Capitale de ses Etats, avoit été presque entierement consommée par le feu deux ou trois fois, par l'imprudence des fumeurs, qui s'endormoient la pipe à la bouche, & mettoient le feu à des maisons, qui n'étant que de bois, & fort pressées, exposoient tout son peuple à une ruïne entiere, il défendit l'entrée & l'usage du tabac dans tous ses Etats; premierement, sous peine du foüet, qui est un châtiment très-cruel en ce païs-là; ensuite sous peine d'avoir le nez coupé, & enfin de perdre la vie.

Amurath IV. Empereur des Turcs suivit cet exemple, & défendit le tabac dans tout son Empire, sous peine de la vie. Ce zelé Musulman étoit persuadé que cette plante devoit être abhorrée des veritables Mahometans autant que le vin, puisqu'elle produisoit le même effet, qui est de troubler la raison.

Le Roi de Perse Scac Sophi, fils de Mirsa, fit les mêmes défenses, & sous les mêmes peines. Ces Princes aimoient mieux se priver des gros droits qu'ils pouvoient mettre sur le tabac, que d'en laisser établir l'usage dans leurs Etats. Leurs successeurs plus interessez n'ont pas suivi leur exemple, ce qui paroît par l'incroyable consommation qui se fait de cette plante dans tous ces païs-là.

Nous ne voyons point que les Monarques d'Occident ayent porté si loin la severité contre leurs Sujets, qui usoient du tabac. Les uns se sont contentez de le charger de droits exorbitans, leur politique a eu de bonnes raisons, pour en permettre l'entrée à ce prix-là, & en laisser établir l'usage, qui s'est à la fin changé en necessité.

Les autres ont cru être obligez de désabuser leurs Peuples des vertus qu'on supposoit dans cette plante, parce qu'ils n'en étoient point du tout persuadez.

Jacques Stuart Roi de la Grande Bretagne, successeur de la Reine Elisabeth, publia un Traité excellent qu'il avoit composé sur le tabac, dans lequel il fit voir l'inutilité de cette plante, & les accidens qui en arrivoient par le mauvais usage qu'on en faisoit.

Livres publiez contre l'usage du tabac.

Christian IV. Roi de Dannemarc engagea Simon Paulus son Medecin, de composer un Ouvrage, contre l'usage immoderé du tabac. Il le fit, & prouva très-solidement, que ceux qui prennent du tabac en poudre en quantité, sont sujets à perdre l'odorat, & à tomber dans des accidens encore plus fâcheux; & que celui qu'on prend en fumée pénétroit le cerveau, le gâtoit, & faisoit une croute noire sous le crane, comme on l'avoit remarqué dans plusieurs têtes de fumeurs qu'on avoit ouvertes.

Et nous avons vû de nos jours des Theses de Medecine imprimées à Paris, dont la Traduction Françoise a été dé-

Theses de Medecine contre le tabac.

diée à M. Fagon premier Medecin du Roi, dans lesquelles on avoit rapporté, & loüé, ce qu'il y a de bon, & d'assûré dans le tabac ; on combat par des raisons très-solides le trop frequent usage qu'on en fait, & on montre les inconveniens qui en arrivent, & les dangers ausquels on s'expose, quand on en use, comme la plûpart font, sans regle, & sans discretion.

Cette These fut soûtenuë le 26. Mars 1699. dans les Ecoles de Medecine, par M. Claude Berger Parisien, Bachelier en Medecine, qui devoit avoir pour President M. Fagon. La question étoit si le frequent usage du tabac abregeoit la vie. *An ex Tabaci usu frequenti vitæ summa brevior ?* Et on concluoit fort demonstrativement, que l'usage frequens de cette plante l'abregeoit. *Ergo ex frequenti Tabaci usu vita summa brevior.* Que dire après cela, les Fermiers du Tabac n'avoient-ils pas à craindre une ruïne entiere ? Car tout le monde veut vivre, & comment esperer une longue vie, après un arrest si solemnel. Une circonstance singuliere, qui accompagna cet acte, remit le calme chez les preneurs, & chez les vendeurs de tabac. M. Fagon n'ayant pû se trouver à cette These, chargea un autre Medecin d'y presider pour lui. Celui-ci fit de son mieux, on ne pouvoit rien ajoûter à ce qu'il disoit contre le tabac, il encherissoit sur les réponses du Soûtenant : jamais on n'avoit entendu des preuves si convainquantes de la mauvaise qualité du tabac. Mais son nez n'étoit pas d'accord avec sa langue : car on remarqua, que pendant tout le tems que l'acte dura, il eût toûjours sa tabatiere à la main, & ne cessa pas un moment de prendre du tabac. Etoit-il bien convaincu de ce qu'il vouloit persuader aux autres ? Je le laisse à penser à mes Lecteurs.

Mais que ne peut point la prévention, quand elle s'est une fois emparée de l'esprit des hommes ? Elle l'emporta en effet en faveur du tabac, malgré tout ce qu'on put dire, & faire contre lui. On se porta à en prendre avec une espece de fureur, qui ne permit plus de distinguer ni les lieux, ni les tems, ni les âges, ni les sexes, ni les temperamens, ni les personnes. Tel n'en avoit jamais pris que dans deux ou trois jours, s'en fit une habitude si forte, s'y asservit tellement, qu'il se reveilloit la nuit exprès pour en prendre, qu'il en prenoit en mangeant, en conversant, en marchant, en travaillant, en priant. On le regarda comme le lien de la societé, la chose la plus necessaire qu'il y eût au monde; que dis-je? On s'étonna comment on avoit pû vivre tant de siecles sans tabac, & on s'imagina qu'on cesseroit de vivre dès qu'on cesseroit d'en user. On poussa la chose si loin, qu'on ne pouvoit plus être un moment sans en prendre. On en prenoit jusques dans les Eglises, sans que la presence de Dieu qu'on y adore, & le Sacrifice redoutable qu'on lui offre, pussent inspirer le respect, le recueïllement, & l'attention que des Chrétiens convaincus de la verité de leur Religion, devoient avoir naturellement : de sorte que Urbain VIII. fut obligé pour remedier à cet abus, qui alloit jusqu'a la profanation, de publier une Bulle, par laquelle il excommunioit, *ipso facto*, tous ceux qui prendroient du tabac dans les Eglises. Si ses successeurs avoient eu le même zele, & la même vigilance, on auroit peut être entierement extirpé cet acte d'irreligion : mais soit par negligence, soit qu'il se fussent apperçûs que le mal étoit devenu plus puissant que les remedes qu'ils y pouvoient apporter, nous ne voyons point qu'aucun Pape depuis Urbain VIII. ait fait aucune dé-

Bulle de Urbain VIII. contre le tabac.

marche pour s'opposer à ce torrent d'irreverence. Il n'y a eu que Clement XI. qui défendit ces années passées par une Bulle, de prendre du tabac dans l'Eglise de Saint Pierre, sous peine d'excommunication, mais comme il n'est point parlé dans la Bulle, ni du Vestibule de cette Eglise, ni des autres Eglises, on a pris ce silence, & cette exception, pour une permission tacite, d'en prendre dans ce lieu-là, & dans les autres Eglises, & même comme une espece de revocation de la Bulle d'Urbain VIII. dont il semble qu'on restraint l'excommunication à la seule Eglise de S. Pierre.

Autre Bulle de Clement XI.

Voilà une Histoire abregée de la découverte, & des progrès du tabac, aussi-bien que de ses proprietez, & des oppositions qu'il a eu à soûtenir. Ceux qui en voudront sçavoir davantage ne manqueront pas d'Auteurs, qui leur apprendront tout ce dont ils pourront souhaiter d'être instruits, pour & contre cette plante.

Quoique je sois assez informé de la maniere dont on cultive le tabac hors de l'Amerique, j'ai cru me devoir renfermer dans la description de celui-là, aussi bien tous les autres tabacs ne sont que des plantes avortées en comparaison de celui de l'Amerique ; c'est donc de lui uniquement dont je vais parler.

C'est une erreur, où quelques Ecrivains sont tombez de distinguer le tabac en mâle, & femelle, & petit tabac.

Quatre especes de tabac. On reconnoît en Amerique quatre sortes de tabac, que l'on distingue les uns des autres, par la figure de leurs feüilles, & point du tout par leurs genres prétendus. Ils fleurissent & portent tous de la graine également bonne, pour se reproduire. Chaque espece se multiplie d'elle-même, sans aucune alteration ou diminution, que celle qui lui peut arriver de la part du terrain où elle est semée, où transplantée.

Petun ou tabac verd ou autrement grand Petun premiere espece. La premiere espece est le tabac ou Petun verd, que les Habitans nomment simplement le grand Petun. Il est ainsi appellé à cause de la grandeur de ses feüilles, & de la beauté de leur coloris. Elles ont pour l'ordinaire vingt-quatre à vingt-six pouces de longueur, & depuis douze jusqu'à quatorze pouces de large. Elles sont épaisses, charnuës, cotonées, maniables, d'un très-beau verd ; mais comme elles sont délicates & remplies de beaucoup de suc, elles diminuent considerablement en sechant, ou comme on dit dans le païs, à la pente, c'est

à-dire, lorsqu'étant attachées à des perches ou gaulettes, on les expose à l'air pour les faire secher autant qu'il est necessaire, pour les pouvoir mettre en corde, & ensuite en rouleau, ou rolle comme parlent les Habitans. Cette diminution ou déchet est cause qu'on cultive moins cette espece, que celle qu'on nomme tabac à langue.

Celui-ci à les feüilles à peu près de même longueur que le precedent ; mais elles ne passent pas sept à huit pouces de largeur. Le rapport qu'elles ont avec une langue de bœuf lui a fait donner le nom de tabac à langue. Elles sont charnuës, épaisses, fortes, liantes, grasses, & douces au toucher ; avec cela elles sont moins remplies de suc & d'humidité que celles du grand Petun, ce qui fait qu'elles se conservent mieux, & qu'elles ne souffrent presque point de déchet ou de diminution à la pente. C'est particulierement cette espece qu'on cultive sur tout aux Isles du Vent. C'est-à-dire, à la Martinique, la Guadeloupe, Marie Galande, Saint Christophle, les Saintes, la Barbade, la Grenade, la Barboude, Antigue, Nieves, Monsarrat, la Dominique, Sainte Alousie, Saint Vincent, Sainte Croix & les Vierges, que l'on

1700.

Tabac à langue, seconde espece.

Ce que l'on entend par les Isles du Vent, & les Isles de sous le Vent.

appelle aussi les Antisles ou les Isles Caraïbes. Au lieu que les Isles de Portric, Saint Domingue, Couve ou Cuba, la Jamaïque, la Tortuë, l'Isle à Vache, & autres voisines sont appellées les Isles de sous le Vent. Les premieres sont à l'Est, & par consequent au vent des autres, parce que les vents alisez qui soufflent presque toûjours, viennent de la Bande de l'Est, & passent par ces premieres Isles avant d'aller rafraîchir les autres.

Tabac d'Amazone troisiéme espece.

La troisiéme espece est le tabac d'Amazone, ainsi nommé, parce que sa graine a été apportée des environs de la riviere de ce nom, qui est sous la ligne, & qui separe le Bresil des terres de Cayenne. La feüille de ce tabac est aussi longue que celles des deux especes précedentes, mais elle est beaucoup plus large, & ronde à son extrêmité; ce qu'elle a encore de particulier qui la distingue des autres, est, que les petites nervûres ou costes qui soûtiennent la feüille tombent perpendiculairement sur la grosse coste du milieu, au lieu que dans les autres especes elles suivent le contour de la feüille, & vont en biaisant vers la pointe.

Les feüilles de cette espece sont fort épaisses, fort charnuës, bien nourries, & quoiqu'elles paroissent remplies de beaucoup de suc, elles ne diminuent presque point du tout à la pente. Ce Tabac est donc d'un très-grand rapport ; & assûrément il pourroit passer pour le meilleur des trois especes, si on pouvoit s'en servir aussi-tôt qu'il est fait, comme on se sert des autres ; mais il a une odeur si forte & si desagreable, qu'il faut y estre accoûtumé de longue main, pour n'estre pas étourdi & provoqué au vomissement, quand on s'en sert, soit en fumée, soit en poudre, soit en mâchicatoire, lorsqu'il est nouveau. Ce defaut se corrige pourtant à mesure qu'il viëillit ; & ceux qui en ont gardé, l'ont trouvé excellent au bout de douze ou quinze mois. Mais comme on cherche par tout, & sur tout aux Isles, un debit prompt & un profit present, & que pour l'ordinaire les affaires des Habitans sont dans une situation à ne pouvoir pas attendre si long-temps le revenu de leur travail, ils aiment mieux se passer du profit considerable qu'ils auroient en cultivant ce Tabac, que de le laisser dans leurs Magasins le temps necessaire pour lui faire perdre cette mauvaise qualité.

Je sçai pourtant par experience que quand on le met ressuer pendant sept ou huit jours après qu'il a esté à la pente le

Mauvaise qualité de ce Tabac quand il est nouveau.

Remede à ce defaut.

1700. temps ordinaire pour estre prêt à mettre en corde, & qu'on l'expose une seconde fois à l'air pendant un couple de jours seulement, il devient aussi doux & d'une odeur aussi agreable que celui des autres especes. C'est aux Habitans à voir si cette augmentation de travail sera suffisamment compensée par l'augmentation du profit qu'ils trouveront en le cultivant.

Tabac de Verine quatriéme espece.

La quatriéme espece est celle qu'on appelle Tabac de Verine. C'est le nom d'un petit Village situé auprès de la Ville de Comana dans la Terre ferme, sur le Lac de Venezuela, d'où la graine a esté apportée. Ce Tabac est le plus petit de tous. Ses feüilles arrivent rarement à la longueur de dix pouces : elles sont étroites, rudes, ridées, fort pointuës ; elles ne laissent pas cependant d'estre assez bien nourries & charnuës ; mais comme elles ont beaucoup de suc, elles décheoient ou diminuënt beaucoup à la pente, & sont par consequent d'un très-mediocre rapport.

Excellence du Tabac de Verine.

Ce que ce Tabac a de particulier, qui le fait regarder comme le plus excellent qui soit au monde, est une odeur douce, aromatique, approchante de celle du musc qu'il a naturellement, qu'il conserve, soit qu'on le prenne en poudre, soit qu'on le fume, & qu'il communique si facilement aux autres especes qu'on mêle avec lui, que le tiers ou le quart de celui-ci suffit pour faire passer tout le reste pour Tabac de Verine. Malgré cet avantage on en cultive très-peu aux Isles du vent ; & ce n'est pas la seule faute qu'on peut reprocher à nos Insulaires en matiere de negligence & d'indolence sur les Manufactures de leur Païs.

Les fleurs de ces quatre especes de Tabac sont les mêmes quant à la forme & à la couleur. Elles ne different que par la grandeur qui est toûjours proportionnée à la grandeur de la tige qui les a produites. Elles sont portées sur une queüe assez forte, & sont composées de cinq feüilles, qui après avoir fait un tuyau d'environ demi pouce de longueur, s'épanoüissent sans s'éloigner l'une de l'autre, & font un calice pentagone qui renferme cinq étamines & un pistille qui en s'allongeant se change en une petite silique qui contient les graines ou semences de la plante.

<small>Fleurs du Tabac.</small>

Ces graines sont noires, assez fermes, de la grosseur à peu près, de la figure & de la consistence de celles du Pavot. A mesure qu'elles meurissent la fleur chan-

<small>Graine de Tabac.</small>

ge, & de couleur de chair qu'elle estoit auparavant, elle devient feüille morte: elle se fanne enfin, se seche & tombe, quand la graine est arrivée à une parfaite maturité.

Hauteur du Tabac.

Si on n'avoit pas soin d'arrêter la plante, elle croîtroit toûjours, & dureroit plusieurs années. On en a vû de cinq à six pieds de haut, & même davantage, dans nos Isles. Mais on l'arrête en coupant la tige, lorsqu'elle est arrivée à la hauteur de deux pieds ou environ, & cela pour trois raisons.

La premiere, parce que si on la laissoit croître, elle seroit à la fin trop exposée au vent, qui pourroit la rompre, & même l'arracher.

Pourquoi on l'empêche de croître.

La seconde, parce que le suc ou la séve se portant naturellement à augmenter la tige, les feüilles manqueroient à la fin de nourriture, elles seroient plus minces, plus petites, moins charnues.

La troisiéme, pour l'empêcher de grainer, parce que le suc & la force de la plante concourant à la conservation de l'espece, plûtôt qu'à la nourriture des feüilles, qui ne lui sont d'aucune utilité pour cela, ce seroit autant de diminué sur la nourriture dont les feüilles ont besoin pour arriver au point de perfection où elles doivent estre pour faire de bonne marchandise.

On ne laisse croître que les plantes qu'on destine à fournir la graine pour l'année suivante. D'ailleurs quelle necessité de laisser croître de ces plantes qui doivent estre arrachées & replantées chaque année. Il est vrai qu'elles pourroient durer long-temps ; mais leurs feüilles diminuëroient chaque jour, & deviendroient à la fin tout-à-fait inutiles, & occuperoient le terrain sans rapporter de profit.

Le Tabac demande une terre grasse, mediocrement forte, profonde, unie, qui ne soit ni trop humide, ni trop seche, le moins exposée qu'il est possible aux grands vents, & au trop grand Soleil. Je ne parle point du froid qui lui seroit encore plus nuisible. On ne le connoît point dans nos Isles, si ce n'est sur le sommet de quelques hautes montagne, où il n'y a pas apparence que personne aille planter du Tabac.

Terrain propre pour le Tabac.

Cette plante mange furieusement la terre où elle croît ; & comme elle ne porte rien avec elle qui la puisse ameliorer, il est rare que la même terre puisse servir long-temps à la produire de la qualité qu'elle doit avoir, à moins que ce ne soit

Qualité de la plante.

une terre très-grasse & unie, dont la pluye ne puisse pas entraîner la graisse, & bien profonde, afin qu'elle puisse fournir la substance necessaire à entretenir une plante aussi dévorante. C'est par cette raison que les terres neuves lui sont infiniment plus propres que celles qui ont déja servi, & que les terrains qui sont en côtieres sont bien-tôt épuisez, & ne peuvent fournir que trois ou quatre levées ou recoltes de bon Tabac, après quoi ils ne produisent plus que des plantes & des feüilles avortées sans suc, sans substance, sans odeur, sans force; ce qui décrie les Païs d'où elles viennent, à cause de la mauvaise qualité du Tabac qu'ils produisent.

Supposé donc qu'on ait un terrain tel que je viens de le demander, on peut raisonnablement esperer du Tabac d'une très-bonne qualité, & en quantité suffisante pour faire un profit considerable.

Temps propre & maniere de semer la graine de Tabac.

C'est ordinairement dans le mois de Novembre, c'est-à-dire, environ un mois avant la fin des pluyes, qu'on seme le Tabac. On choisit autant qu'il est possible, un terrain neuf & frais. On le trouve tel à la liziere d'un bois plus facilement qu'en aucun autre lieu. On mêle la graine avec sifois autant de cendre ou de sable, parce que

que si on la semoit seule, sa petitesse la feroit lever tellement épaisse, qu'elle s'é-ufferoit, & qu'il seroit impossible de la lever de terre pour la transplanter, sans s'exposer à rompre les plantes, ou endommager tellement les racines, qu'elles ne pourroient pas reprendre.

La graine leve ordinairement en quatre ou cinq jours. Dès qu'on s'apperçoit qu'elle sort de terre, on a soin de la couvrir de branchages pour la garantir des ardeurs du Soleil, à moins qu'elle n'ait esté semée dans un lieu assez couvert pour ne rien craindre de ce côté-là.

Pendant qu'elle croît, on prepare le terrain où elle doit estre transplantée. Si c'est une terre neuve, on brûle & on arrache soigneusement les souches & les racines des arbres qu'on a abattus, parce que ces souches & ces racines qui rempent ordinairement sur la terre, rempliroient un espace qui doit estre occupé plus utilement par les plantes, & parce qu'elle serviroit de retraite aux rats & à une infinité d'insectes qui broutent & gâtent le Tabac. On a encore un soin tout particulier d'arracher toutes les herbes qui ne manquent jamais de croître en abondance dans les terres neuves, sur tout le pourpier, la mal-nommée, &

Preparation du terrain pour transplanter le Tabac.

1700.

les balisiers ; & pour les empêcher de reprendre après qu'on les a arrachez, on les transporte dans un endroit éloigné du champ destiné au Tabac sous le vent autant qu'il est possible, & peu frequenté, de crainte que le vent ou les passans ne rapportent dans le champ, ou, comme on dit aux Isles, dans le jardin, les graines ou quelques brins de ces mauvaises herbes, qui suffiroient pour en répandre bien-tôt l'espece par tout.

On peut juger que si on prend tant de précautions pour les terres neuves, il en faut prendre bien davantage pour celles qui ont déja servi, où les mauvaises herbes ont crû & grainé ; car elles sont des sources presque inépuisables de toutes sortes d'herbes qu'il faut sans cesse arracher & sarcler, si on veut que la plante du Tabac profite comme il faut.

Maniere d'aligner & de partager le terrain.

Le terrain estant nettoyé, il faut le partager en allées distantes de trois pieds les unes des autrres, & paralelles, sur lesquelles on plante en quinconce des piquets éloignez les uns des autres de trois pieds. Pour cet effet on étend une ligne ou cordeau divisé de trois en trois pieds par des nœuds, ou quelques marques apparentes, comme seroient de petits morceaux d'étoffe de couleur, & l'on plante un piquet en terre à chaque nœud ou marque. Après qu'on a achevé de marquer les nœuds du cordeau, on le leve, on l'étend trois pieds plus loin, observant que le premier nœud ou marque ne corresponde pas vis-à-vis d'un des piquets plantez, mais au milieu de l'espace qui se trouve entre deux piquets, & on continuë ainsi de marquer tout le terrain avec des piquets, afin de mettre les plantes au lieu des piquets, qui de cette maniere se trouveront plus en ordre, plus aisé à sarcler, & éloignées les unes des autres suffisamment pour trouver la nourriture qui leur est necessaire. L'experience fait connoître qu'il est plus à propos de planter en quinconce qu'en quarré, & que les plantes ont plus d'espace pour étendre leurs racines, & pousser leurs tiges & leurs feüilles, que si elles faisoient des quarrez parfaits. Ceux qui en voudront sçavoir la raison, pourront consulter Mr de la Quintinie dans son Traité du Jardinage.

Il faut que la plante ait au moins six feüilles pour pouvoir estre transplantée. Il faut encore que le temps soit pluvieux ou tellement couvert, que l'on ne doute point que la pluye ne soit prochaine; car de transplanter en temps sec, c'est ris-

Choix du temps & état de la plante pour être transplantée.

Y ij

quer de perdre tout son travail & ses plantes.

Maniere de mettre les plantes en terre.

On doit lever les plantes de terre doucement & sans endommager les racines. On les couche proprement dans des paniers, & on les porte à ceux qui doivent les mettre en terre. Ceux-ci sont munis d'un piquet d'un bon pouce de diametre, & d'environ quinze pouces de longueur, dont un bout est pointu, & l'autre arrondi comme une pomme de canne. Ils font avec cette espece de poinçon un trou à la place de chaque piquet qu'ils levent, & y mettent une plante bien droite, les racines bien étenduës : ils l'enfoncent juqu'à l'œil, c'est-à dire, jusqu'à la naissance de feüilles les plus basses, & pressent mollement la terre autour de la racine, afin qu'elle soûtienne la plante droite sans la comprimer.

Les plantes ainsi mises en terre, & dans un temps de pluye, ne s'arrêtent point, leurs feüilles ne souffrent pas la moindre alteration, elles reprennent en vingt-quatre heures, & profitent à merveille.

Quantité de plantes contenues

Un champ ou jardin de cent pas en quarré doit contenir dix mille plantes à la Guadeloupe, où le pas n'est que de trois pieds; & douze mille cinq cent à la Martinique, où le pas est de trois pieds & demi. On compte qu'il faut trois personnes pour entretenir dix mille plantes de Tabac, & qu'elles peuvent rendre environ quatre mille livres pesant de Tabac, selon la bonté de la terre, le temps qu'on a planté, & le soin qu'on en a pris, car il ne faut pas s'imaginer qu'il n'y a plus rien à faire, quand la plante est une fois en terre. Il faut travailler sans cesse à sarcler les mauvaises herbes qui consommeroient la plus grande partie de sa nourriture. Il faut l'arrêter, la rejettonner, ôter les feüilles piquées de vers, de chenilles & autres insectes; en un mot avoir toûjours les yeux & les mains dessus jusqu'à ce qu'elle soit coupée.

1700. dans un terrain de cent pas, & leur produit.

Pendant que les plantes croissent, on prepare les Cases ou Magazins où l'on doit les mettre après qu'elles sont coupées. Chaque Habitant en proportionne la grandeur à la quantité de plantes qu'il a mises en terre. On les construit pour l'ordinaire de fourches en terre, on les palissade de roseaux, ou de palmistes refendus, ou bien d'un clayonnage couvert de terre grasse mélangée avec de la bouze de vache & blanchie avec de la chaux. Les sablieres ne sont jamais à plus de sept

Magasins, ou Cases où l'on travaille le Tabac.

pieds de haut. On appuye sur elles des traverses aussi longues que la Case est large, éloignées de huit pieds les unes des autres, & assez fortes pour porter les gaulettes où les plantes sont attachées pour les faire secher. Quoiqu'on se serve du terme de secher, il s'en faut pourtant beaucoup qu'on les fasse secher assez pour les mettre en poudre. On se contente de leur laisser évaporer leur plus grande humidité, & les faire amortir, ou mortifier suffisamment pour pouvoir être torses, ou comme on dit aux Isles, torquées & filées, à peu près comme on file le chanvre, & ensuite mises en rôle ou rouleau.

Culture de la plante. Lorsque les plantes sont arrivées à la hauteur de deux pied & demi, ou environ, & avant qu'elle fleurissent, on les arrête, c'est-à-dire, qu'on coupe le sommet de chaque tige, pour l'empêcher de croître & de fleurir, j'en ai dit les raisons ci devant ; & en même temps on arrache les feüilles les plus basses, comme plus disposées à toucher la terre, & à se remplir d'ordures. On ôte aussi toutes celles qui sont viciées, piquées de vers, ou qui ont quelque disposition à la pourriture, & on se contente de laisser huit, dix ou douze feüilles tout au plus sur chaque tige, parce que ce petit nombre bien nourri & bien entretenu rend beaucoup plus de Tabac & d'une qualité infiniment meilleure, que si on laissoit croître toutes celles que la plante pourroit produire. On a encore un soin tout particulier d'ôter tous les bourjons ou rejettons que la force de la seve fait pousser entre les feüilles & la tige; car outre que ces rejettons ou feüilles avortées, ne viendroient jamais bien, elles attireroient une partie de la nourriture des veritables feüilles qui n'en peuvent jamais trop avoir.

Depuis que les plantes sont arrêtées jusqu'à leur parfaite maturité, il faut cinq à six semaines, selon que la saison est chaude, que le terrain est exposé, qu'il est sec ou humide. On visite pendant ce temps-là, au moins deux fois la semaine les plantes pour les rejettonner. C'est ainsi qu'on appelle l'action qu'on fait en arrachant tous les rejettons, fausses tiges ou feüilles qui naissent tant sur la tige, qu'à son extrêmité, ou auprès des feüilles.

Ce que c'est que rejettonner.

Le Tabac est ordinairement quatre mois ou environ en terre, avant d'être en état d'être coupé. On connoît qu'il

1700.

Signes de la maturité de la plante.

approche de sa maturité, quand ses feüilles commencent à changer de couleur, & que leur verdeur vive & agreable devient peu à peu plus obscure : elles panchent alors vers la terre, comme si la queüe qui les attache à la tige, avoit peine à soûtenir le poids du suc & de la substance dont elles sont remplies : l'odeur douce qu'elles avoient, se fortifie, s'augmente, & se répand plus au loin. Enfin quand on s'apperçoit que les feüilles cassent plus facilement lorsqu'on les ploye, c'est un signe certain que la plante a toute la maturité dont elle a besoin, & qu'il est tems de la couper.

Temps propre, & maniere de couper les plantes.

On attend pour cela que la rosée soit tombée & que le Soleil ait desseché toute l'humidité qu'elle avoit répanduë sur les feüilles : alors on coupe les plantes par le pied. Quelques-uns les coupent entre deux terres, c'est-à-dire, un pouce ou environ au dessous de la superficie de la terre ; les autres à un pouce ou deux au dessus : cette derniere maniere est la plus usitée. On laisse les plantes ainsi coupées auprès de leurs souches le reste du jour, & on a soin de les retourner trois ou quatre fois, afin que le Soleil les échauffe également de tous les côtez, qu'il consomme une partie de leur humidité,

& qu'il commence à exciter une fermentation qui est necessaire pour mettre leurs parties & leurs suc en mouvement.

Avant que le Soleil se couche, on les transporte dans la Case qu'on a preparée pour les recevoir, sans jamais laisser passer la nuit à découvert aux plantes coupées, parce que la rosée qui est très-abondante dans ces climats chauds, rempliroit leurs pores ouverts par la chaleur du jour precedent, & en arrêtant le mouvement de la fermentation déja commencée, elle disposeroit la plante à la corruption & à la pourriture.

C'est pour augmenter cette fermentation que les plantes coupées & apportées dans la Case sont étenduës les unes sur les autres & couvertes de feüilles de balisier amorties, ou de quelques méchantes toiles, couvertures, ou nattes avec des planches par dessus, & des pierres pour les tenir en sujettion ; c'est ainsi qu'on les laisse trois ou quatre jours, pendant lesquels elles fermentent, ou pour parler comme aux Isles, elles ressuent, après-quoi on les fait secher.

On fait ressuer & fermenter les plantes.

J'ai dit ci-devant qu'on avoit disposé des traverses au dessus des sablieres pour recevoir les extrêmitez des gaulettes ou roseaux où l'on attache les plantes. On se sert pour cela d'aiguillettes de mahot ; c'est la seconde écorce d'un bois tendre & leger, dont j'ai parlé en un autre endroit, qui se tille aisément, & dont on fait des cordes de toutes grosseurs, presque aussi bonnes que celles de chanvre. On attache les plantes entieres aux gaulettes la pointe en bas, assez éloignées les unes des autres pour ne se pas toucher, parce qu'étant onctueuses, elles se colleroient ensemble & se gâteroient.

Comme toutes les plantes n'ont pas esté mises en terre en même-temps, aussi meurissent-elles successivement ; & par consequent on ne peut les couper que les unes après les autres. Elles demeurent ainsi renfermées & suspenduës dans la Case douze ou quinze jours, quelquefois plus, quelquefois moins, mais toûjours jusqu'à ce qu'on s'apperçoive qu'elles sont devenuës tout-à-fait maniables, grasses, raisineuses, d'une couleur brune ou tannée, flétries & amorties d'une maniere à pouvoir être torses ou torquées sans danger qu'elles se rompent. Pour lors on les détache des gaulettes ; & après avoir separé les feüilles des tiges, on les étend les unes sur les autres sur des étables ou tables longues chacune à peu près de lon sa grandeur, mais avant cela on les éjambe, c'est à-dire, qu'on ôte la g. osse côte qui est au milieu de chaque feüille. C'est le travail à quoi on s'occupe le soir après soupé, ce qu'on appelle la veïllée, travail long & ennuyeux, car les Maîtres ou leurs Commandeurs ne donnent pas moins d'une douzaine de gaulettes chargées de plantes à éjamber à chaque serviteur ou esclave, qui quelque habile qu'il puisse être, ne sçauroit avoir fini sa tâche que long-temps après minuit ; de maniere qu'il ne leur reste jamais qu'environ cinq heures pour reposer, supposé même qu'ils ne soient pas obligez de se dérober une partie de ce temps pour aller chercher des crabes, des grenoüilles, ou autres choses pour augmenter le peu de nourriture qu'on leur donne. Mais ce n'est pas ici le lieu de reprocher aux Habitans de l'Amerique leur dureté à l'égard de leurs serviteurs, c'est-à-dire, de leurs engagez & de leurs esclaves. On ne se sert d'aucun outil pour ce travail, les ongles & les dents doivent faire l'office de couteaux & de de ciseaux.

Après que les feüilles sont éjambées & placées sur les établis, on les torque, c'est-à-dire, on les file à peu près com-

1700.

On éjambe le Tabac, travail appellé la Veillée.

me une corde. C'est le métier d'un Ouvrier qu'on appelle Torqueur, dont l'habileté consiste à faire sa corde bien égale, à manier son roüet, de maniere qu'elle ne casse point, & à la bien monter, ou mettre en rouleau ou rôle. On employe les plus grandes feüilles à faire l'exterieur, l'envelope, ou comme l'on dit, la robe de la corde, & les petites à la remplir; c'est pour cela qu'elles sont mises chacune à part selon leur grandeur sur un établi à la droite du Torqueur, avec un vase plein d'eau de mer, où il trempe ses mains de tems en tems, & dont il arrose legerement les feüilles qu'il employe, pour les rendre plus souples, & pour empêcher par la salure de l'eau la corruption, qui pourroit gâter la corde, supposé que les feüilles qui la composent y eussent quelque disposition. Dès que le Torqueur a filé une quantité de corde suffisante pour faire un rôle, il la met en œuvre: car il ne faut pas lui donner le tems de se secher, elle deviendroit roïde & cassante, & ne s'arrangeroit plus, ni si bien, ni si facilement sur le tour.

Au lieu d'eau de mer toute simple, on employe quelquefois une liqueur composée, qui donne plus de force au tabac, & qui lui communique en même-tems une odeur des plus agreables. On prend pour cet effet, toutes les costes que l'on a tirées des feüilles en les éjambant, les feüilles de rebut, & les tiges, on les pile dans un mortier, & après en avoir exprimé tout le suc par le moyen d'une presse ou autre instrument équivalent, on le met sur le feu avec de l'eau de mer, des feüilles & des graines de bois d'Inde, des écorces de canelle bâtarde, un peu de gomme blanche ou autre gomme odoriferente & de gros sirop de Sucre, & on fait boüillir & cuire tout ce mêlange jusqu'à ce qu'il soit en consistence de sirop. Les Torqueurs en aspergent les feüilles à mesure qu'ils les mettent en œuvre, & s'en frottent les mains de tems en tems. Il est certain que cette composition donne une très-bonne odeur au tabac, qu'elle augmente sa force, & le conserve parfaitement contre tout ce qui pourroit le gâter. Cette maniere est si aisée, & coûte si peu de soin & de dépense, que les Habitans ne devroient assûrement pas la negliger.

L'aissieu ou l'ame de chaque rôle est un bâton d'un bois dur, rond & pesant, autour duquel les feüilles mises en corde

1700.

Eau ou sirop dont on humecte les feüilles.

sont roulées & arrêtées. La longueur de ce bâton est arbitraire. Elle est ordinairement de trois pieds pour les rôles de cent à deux cent livres. Il ne doit avoir qu'un pouce de diametre à chaque bout, on lui en donne davantage dans son milieu, ce qui le fait ressembler à un fuseau. On le pose horizontalement sur deux pieces de bois plantées en terre, dont les extrêmitez échancrées en demi cercle le soûtiennent, & donnent la facilité au Torqueur de le tourner à mesure qu'il roule la corde autour. On garni les deux bouts de l'aissieu de deux morceaux de lattes qui se croisent, & qui y sont cloüez, qui servent à entretenir les tours de la corde, & les empêcher de se separer. C'est en cela que paroît l'adresse du Torqueur, qui doit rouler sa corde si proprement, & si serrement, que tous les tours ne se débordent point, qu'ils ne se relâchent point, lorsqu'ils viennent à secher, & qu'ils ne se dérollent point, lorsqu'on a ôté les aîlettes qui y étoient à chaque bout. Le travail languiroit si on n'avoit qu'un homme pour faire la corde, & ensuite pour monter les rôles. On en employe ordinairement deux, dont l'un ne fait que monter à mesure que l'autre file.

Ce métier est fort lucratif, & si les Torqueurs étoient employez toute l'année, il est certain, qu'ils gagneroient considerablement ; mais comme leur travail ne dure qu'autant que la recolte, ou comme on parle dans le païs, autant que la levée, ils ne sont employez que trois ou quatre mois, & ils ont ainsi plus de tems qu'il ne leur en faut, pour consommer ce qu'ils ont gagné : de sorte, qu'il est très-rare d'en voir qui soient à leur aise. D'ailleurs la plûpart des Habitans qui cultivent le tabac ont été Torqueurs avant d'avoir une Habitation ; ainsi ils torquent eux-mêmes leur tabac, ou bien ils enseignent le métier à quelques uns de leurs Esclaves dès qu'ils en ont, qui ravis d'apprendre quelque chose qui les distingue de leurs Compagnons, & qui leur procure quelque gratification de leur Maître, s'y appliquent avec soin, & y réüssissent à merveille. Il y a donc à present fort peu de personnes, sur tout ceux des Isles du Vent, qui ne fassent autre chose que le métier de Torqueur, d'autant plus, que depuis que le Tabac a été mis en parti, on en a presque entierement abandonné la culture, pour s'attacher à faire des marchandises, dont le Commerce étant

Métier de Torqueur lucratif, mais presque inutile à present.

libre, étoit aussi plus agreable & plus lucratif.

Differentes grosseurs du tabac.

On file le tabac de differentes grosseurs. Le plus gros n'excede pas un pouce de diametre, & le plus petit n'a jamais moins de cinq lignes. C'est ce petit tabac appellé briquet, dont on faisoit autrefois un Commerce si considerable à Dieppe, ce qui étoit la baze du Commerce que les Diépois & autres Normands faisoient dans le Nord. On fait les rôles de differentes grandeurs, & de differens poids, c'est-à-dire, qu'on en fait depuis dix jusqu'à deux cent livres. Les rôles qui viennent du Brésil sont pour l'ordinaire couverts d'un cuir verd, c'est-à-dire, d'une peau qui n'a point été apprêtée. Cette précaution pour les conserver est très-bonne, on s'en est servi quelquefois à Saint Domingue, mais elle n'a jamais été pratiquée aux Isles du Vent, où les peaux ont toûjours été trop rares, pour être employées à cet usage.

A mesure que les rôles sont achevez, on les porte au magasin : on les y couvre de feüilles de Balisier amorties au feu ou au soleil, & on évite qu'ils prennent l'air. C'est-là que le tabac acheve de se perfectionner, les sucs se cuisent par la fermentation que la chaleur & le mouvement du tour & du roüer ont excitée dans ses parties, il devient gras, luisant, compacte, de bonne odeur, & également propre à être employé en poudre ou en fumée.

Quoique la plus grande partie du tabac qui sort de l'Amerique, soit en rôles, on ne laisse pas d'employer les feüilles de trois autres manieres; sçavoir, en andoüilles, en torquettes, & en paquets.

Les andoüilles sont de differentes grosseurs, & de differens poids aussi-bien que les torquettes. Pour l'ordinaire, les unes & les autres ne passent jamais dix livres, & ne sont guéres moins de cinq. On les appelle andoüilles, quoiqu'elles ne soient pas d'une égale grosseurs dans toute leur longueur, comme les andoüilles ordinaires sont. Celles de tabac sont plus grosses dans le milieu qu'aux extrêmitez, de maniere qu'elles ressemblent assez à un fuseau tronqué par les deux bouts. Voici comme on les fait. On étend sur une table des feüilles éjambées, prêtes à torquer, les plus grandes & les plus saines, on en met de plus petites par dessus, & comme c'est dans le milieu qu'elles se croisent l'une sur l'autre, cela fait que l'andoüille est plus grosse dans cet endroit-là qu'aux extrêmitez. On roule ensuite ces feüilles qui servent de moule ou d'ame à celles qu'on étend, & qu'on roule par-dessus jusqu'à ce que l'andoüille ait la grosseur qu'on lui veut donner. Alors on la couvre d'un morceau de grosse toile imbibée d'eau de mer, ou de la liqueur dont j'ai parlé ci-devant, & on la lie avec une petite corde d'un bout à l'autre, le plus fortement, & le plus serrement qu'il est possible, de maniere que tous les tours de la corde se touchent, & on le laisse en cet état jusqu'a ce qu'on juge, que les feüilles sont tellement liées les unes avec les autres, qu'elles ne sont presque plus qu'un même corps, & que le tout est suffisamment sec. Pour lors on ôte la corde & la toile, & on en coupe un peu les deux bouts, pour faire voir la qualité du tabac. On en fait beaucoup de cette maniere à Saint Domingue, qui est excellent. Lorsque les andoüilles sont bien faites, & qu'elles ont bien ressué, elles se conservent très-bien, & peuvent être transportées par tout sans danger de se gâter.

Tabac en Torquette. Les torquettes se font à peu près de la même maniere que les andoüilles. On observe seulement de les faire plus longues; & comme il est facile de les visiter par le dedans, on y met beaucoup moins de petites feüilles. Lorsqu'on a étendu les unes sur les autres la quantité de feüilles dont on veut composer la torquette, on les roule selon toute leur longueur, puis on ploye ce rouleau par le milieu en tortillant les deux moitiées l'une avec l'autre, & on cordonne ces deux bouts ; pour les tenir en sujettion. On met les torquettes dans des Barriques vuides de vin, & si on ne fonce pas les Barriques, on les couvre bien avec des feüilles ou autres choses. Elles ressuent, & en achevant de fermenter, elles acquierent une belle couleur, une odeur douce, & une force qui fait plaisir à ceux qui aiment le tabac. Il est rare qu'on transporte les torquettes hors du païs, elles tiendroient trop de place dans un Vaisseau, & ne peseroient pas assez ; & comme les feüilles qui les composent ne sont pas pressées, elles prendroient facilement l'humidité, contracteroient quelque mauvaise odeur, & se gâteroient. On les employe ordinairement pour faire le tabac en poudre, ou pour les bouts que l'on fume.

On ne se sert guéres de pipes à l'Amerique, les Espagnols, les Portugais,

1700.

Bouts ou Cigales de tabac tiennent lieu de pipes.

beaucoup de François & d'Anglois, presque tous nos Negres, & tous nos Caraïbes fument en bouts, ou comme disent les Espagnols en cigales.

Cigale ou bout de tabac est un petit cilindre de six à sept pouces de long, & de cinq à six lignes de diametre, composé de feüilles de tabac coupées de cette longueur, enveloppées dans un morceau de feüille qu'on appelle la robe tourné proprement autour de celles qui composent le milieu, dont on arrête le bout avec un fil. C'est cette partie qu'on tient à la bouche pendant que l'autre est allumée. C'est comme on voit une pipe naturelle, qui porte avec elle le tabac, & l'instrument pour le fumer.

Commodité de l'usage des cigales.

On prétend qu'il est plus naturel, & plus propre de fumer en cette maniere pour plusieurs raisons. La premiere, parce que la fumée ne contracte point de mauvaise odeur en passant par le canal d'une pipe de terre, qui ne manque jamais de sentir mauvais aussi-tôt qu'elle a servi cinq ou six fois. En second lieu, on ne risque point de gagner des élevûres aux levres comme il arrive souvent quand on se sert de pipes où d'autres personnes ont fumé. Et enfin, parce qu'on attire à soi la fumée du tabac bien plus pure, & remplie de tous les sels, & de tous les esprits dont elle s'est impregnée en passant le long de la cigale.

Il est rare de trouver un Espagnol sans sa provision de cigales. Ils la portent ordinairement dans de petites gibecieres, à peu près comme des porte-lettres, de cuir de senteur; & ils ne manquent jamais de presenter de leur cigales à la Compagnie où ils se trouvent, sur tout après le repas, elles sont très-proprement accommodées, & d'un tabac ou on n'a rien épargné pour lui donner toute la bonté, la force, & la bonne odeur qu'on y peut souhaiter.

On ne fait point commerce de tabac en poudre hors de nos Isles, tout celui qu'on y prépare de cette façon s'y consume. C'est aussi en partie pour en faire, que les torquettes sont destinées : car comme il faut derouler le tabac, & en étendre les feüilles pour les faire secher, afin de les pouvoir piler, & passer au tamis; il est bien plus aisé d'étendre les feüilles d'une torquette, que celles qui ont été torquées & filées au roüet.

Maniere de mettre le tabac en poudre.

Ceux qui se piquent d'avoir du tabac excellent, ne se contentent pas qu'on ait ôté la grosse coste de chaque feüille en l'éjambant, ils ôtent encore toutes les costes ou nervûres, qui soûtiennent le corps de la feüille, & n'employent que le corps, & pour parler ainsi que la chair de la feüille, à qui il semble que les costes grosses & petites tiennent lieu d'os.

Après que les feüilles sont seches, on les pile dans un mortier bien propre, & on les reduit en poudre très-fine, que l'on passe au tamis de soye, après quoi on la lave dans de l'eau commune une ou deux fois, & lorsqu'elle est seche on la passe encore au tamis de soye le plus fin.

Tabac d'Espagne. Le tabac préparé de cette maniere peut passer pour tabac d'Espagne, où de la Havanne, sur tout, si on a soin de lui en donner la couleur en cas qu'il ne l'ait point de lui-même, ce qui est très-facile, puisqu'il n'y a qu'à colorer la derniere eau, dans laquelle on le lave avec un peu de cochenille, ou de roucou tiré sans feu, ou de jus de pommes de raquettes.

On doit enfermer le tabac dans des boëtes de plomb, si on veut le conserver, & l'empêcher de s'éventer.

Ceux qui lui veulent donner une odeur des plus douces, & des plus agreables, n'ont qu'à mettre dans les boëtes quelques fleurs de franchipans. Mais il n'est jamais permis de faire cela au tabac qu'on veut faire passer pour tabac d'Espagne;

car la bonté de ce tabac consiste à n'avoir point d'odeur, que celle qui lui est naturelle, & on doit avoir un très-grand soin qu'il n'en contracte aucune autre.

Rien n'est plus aisé que de faire du tabac grené. Après que les feüilles sont reduites en poudre, & bien lavées, on fait secher la poudre, & on la passe au tamis de soye le plus fin : après quoi on la met dans une bassine ou autre grand vaisseau, où on l'arrose doucement, & comme en l'aspergeant avec de l'eau simple, ou de fleur d'orange, & en même-tems, on la remüe fortement avec les mains. Ce mouvement & cette humidité font que les parties presque insensibles de la poudre s'unissent, & on leur donne tel volume que l'on veut en les moüillant, les remuant, & les faisant passer par differens tamis où le grain se forme de telle grosseur qu'on le souhaite. Ce qu'il faut observer, est de ne donner de l'eau qu'autant que la poudre en peut absorber sans avoir besoin d'être remise au sec.

Il est encore aussi rare qu'on transporte hors des Isles des feüilles de tabac en paquets : & cela pour les mêmes raisons que je viens de marquer en parlant des torquettes. Cela arrive pourtant quel-

Tabac grené.

quefois. On n'employe à cet usage que le tabac de verine, que la petitesse de ses feüilles y rend plus propre que celles des autres especes, qui sont trop grandes, & qui seroient embarassantes. On n'éjambe point les feüilles qu'on veut mettre en paquets. On se contente après qu'elles ont été à la pente à l'ordinaire de les détacher de la tige, & de les mettre les unes sur les autres bien étenduës sur des feüilles de balisier amorties. On les couvre d'autres feüilles de même espece avec quelques planches, & des pierres par-dessus, pour les tenir étenduës, & leur faire prendre cette situation en ressuant & sechant doucement. Après quoi on en fait des paquets de vingt-cinq feüilles chacun, que l'on lie par les queües qu'on a eu soin de laisser, avec une aiguillette de mahot. On les conserve dans un lieu, qui ne soit, ni trop sec, ni trop humide, jusqu'à ce qu'on les veüille mettre en usage.

Le tabac accommodé de cette maniere n'est susceptible d'aucune fraude : on le voit de tous côtez, & on est sûr qu'il n'est point mêlangé de feüilles de rebut, ni de rejettons, qu'il est aisé de distinguer de celles que la plante a produites d'abord.

J'ai

J'ai remarqué ci-devant qu'on coupe les plantes à un pouce ou deux de terre, & qu'on ne les arrache pas. La plante en peu de tems pousse de nouvelles tiges, & de nouvelles feüilles que l'on coupe lorsqu'elles ont atteint leur maturité ; c'est ce qu'on appelle tabac de rejetton. Mais comme la plante s'étoit presque épuisée dans la production des premieres feüilles, ces secondes se ressentent de sa foiblesse ; elles ne sont jamais ni si grandes, ni si charnuës, ni si fortes que les premieres ; leur suc & leur substance n'ont presque aucune vigueur, ce sont des feüilles, mais ce n'est plus du tabac. Cependant les Habitans ne laissent pas de les mêler avec les premieres, leur économie leur persuadant qu'ils peuvent tirer d'une plante tout ce qu'elle peut produire, & que tout est bon, quand on trouve le moyen de le faire passer. Il y en a même qui vont jusqu'à cet excès d'avarice, d'employer les troisiémes feüilles que la plante produit après qu'on a coupé les rejettons, se mettant peu en peine que leur marchandise soit bonne, pourvû qu'ils en ayent une plus grande quantité.

C'est cette économie mal entenduë, & ce mêlange des seconds & troisiémes

1700.

Tabac de rejetton.

Tromperie qui se fait avec le tabac de rejetton.

rejettons qui ont décrié les tabacs des Isles, qui avoient toûjours été de pair avec les meilleurs tabacs du Bresil, pendant qu'on les faisoit avec soin & fidelité ; mais qui sont déchûs infiniment quand on en a voulu augmenter la quantité par ce mêlange de feüilles de rebut & de rejetton.

1700.

Ce qui a décrié le tabac des Isles.

Je croi bien que les Portugais du Bresil, les Espagnols des grandes Isles, & de la côte de Terre ferme, les Anglois de la Virginie, & même nos François de Saint Domingue ne negligent pas les feüilles de rejetton, & qu'ils les employent avec les premieres ; mais ils me permettront de leur dire, qu'ils feroient beaucoup mieux de ne s'en point servir, & que leur tabac en seroit infiniment meilleur. Il est vrai que le terrain où ils le cultivent étant plus gras, plus uni, plus profond, & souvent plus neuf que ne l'est pour l'ordinaire celui des Isles du Vent, les plantes reçoivent plus de nourriture, & sont par consequent plus en état de fournir la substance necessaire à la production des nouvelles feüilles ; mais on ne me pourra jamais nier, que ces secondes & troisiémes productions ne soient toûjours beaucoup inferieures à la premiere. Or si cela est vrai dans des

Raisons pour prouver qu'on ne se doit point servir des feüilles de rejetton.

terres fortes, & d'une aussi grande ressource que le sont celles dont je viens de parler, cela ne le sera-t-il pas encore plus dans des terres legeres, peu profondes, assez maigres pour l'ordinaire, dont une grande partie étant en côtieres, sont facilement dégraissées par la plante, qui devore beaucoup, & par les pluyes, qui emportent ce qu'elles ont de meilleur, telles que sont la plûpart des terres des Isles du Vent.

Quand cette économie auroit pu être tolerable dans les commencemens que les Isles ont été habitées, & qu'on a commencé a y cultiver le tabac, parce que c'étoit pour lors des terres vierges, qui avoient toute leur force; il est certain qu'elle est pernicieuse à present, sur tout si on veut se servir des terres qui sont depuis long-tems en valeur. Si on veut se remettre à la culture du tabac, & lui redonner la reputation qu'il avoit autrefois, il faut le cultiver dans des terrains neufs, qui sont encore en très-grande quantité dans nos Isles, sans compter ce que nous possedons en Terre ferme, & défendre absolument le tabac de rejetton, & pour cela, ordonner que les plantes seront arrachées au lieu d'être coupées à deux pouces de terre, comme on

Sentiment de l'Auteur sur le Commerce du tabac.

a fait jusqu'à présent. Pour lors on aura du tabac, qui ira de pair avec celui du Bresil, & de la nouvelle Espagne, & qui surpassera de beaucoup celui de la Virginie, & de la nouvelle Angleterre; & on rétablira un Commerce, qui fera la richesse de la France, & de nos Colonies de l'Amerique.

Il est constant que nos terres de Cayenne & de Saint Domingue sont aussi bonnes, & aussi propres pour le tabac, que les meilleures que l'on connoisse dans les deux Ameriques; & nous avons encore des terrains tout neufs, & très-considerables dans les Isles de la Guadeloupe, de la Grande-Terre de la même Isle, dans celles de la Desirade, Marie Galande, la Grenade, Saint Martin, Saint Barthelemy, Sainte Croix, & dans quelques quartiers de la Martinique, aussi propres qu'on en puisse souhaiter pour la culture du tabac, qui sont à présent incultes, & qui demeureront bien des siecles sans Habitans, si on ne remet pas sur pied cette marchandise. Car il ne faut pas s'imaginer qu'on les puisse mettre en valeur autrement que par la culture du tabac. Tout le monde n'est pas en état de commencer un établissement par la construction d'une Sucrerie : on a pu voir par ce que j'ai dit du Sucre, qu'il en coûte infiniment, pour faire de pareils établissemens, & que quand il se trouveroit des gens assez riches pour fournir à cette dépense, il faudroit toûjours un nombre considerable d'années pour dégraisser le terrain qu'ils auroient défriché, & le rendre propre à produire des cannes, dont on peut tirer de bon Sucre, & sur tout du Sucre blanc. D'ailleurs le nombre des Sucreries est déja si grand, que le Royaume n'est pas en état de consommer la moitié du Sucre qui se fait à present dans nos Colonies.

C'est donc à la culture du tabac qu'il faut penser sur toutes choses & se souvenir que c'est à la culture de cette plante qu'on est redevable de l'établissement de nos Colonies. C'étoit le Commerce libre du tabac qui attiroit cette multitude de Vaisseaux de toutes sortes de Nations, & un si prodigieux nombre d'Habitans, qu'on comptoit plus de dix mille hommes capables de porter les armes dans la seule partie Françoise de l'Isle de Saint Christophle, au lieu que depuis que ce Commerce a été détruit, parce que le tabac a été mis en parti, on été obligé de s'attacher presque uniquement à la fabrique du Sucre, ce qui a tellement diminué le nombre des Habitans, qu'on n'a jamais pû rassembler depuis ce tems-là deux mille hommes dans cette même Isle. La Martinique, la Guadeloupe, & les autres Colonies Françoises sont dans le même cas; & ceux qui les ont connuës il y a quarante ou cinquante ans, ne peuvent voir sans gemir, l'état où elles sont à present, dépeuplées d'Habitans blancs, & peuplées seulement de Negres, que leur grand nombre met en état de faire des soûlevemens, & des revoltes, ausquelles on n'a resisté jusqu'à present, que par une espece de miracle. C'est le nombre des Habitans blancs qui est l'ame, & qui fait la force des Colonies, la multitude des Esclaves est utile pour le travail, mais très-inutile pour la défense du païs; elle lui est même pernicieuse, lorsqu'il est attaqué. Mais la multitude des Habitans ne peut être composée que de petits Habitans, & ces petits Habitans ne peuvent subsister que par la culture, & le commerce libre du tabac.

Je viens de dire, qu'il n'étoit pas possible de commencer un établissement par la construction d'une Sucrerie : je puis dire la même chose d'une Indigoterie, & d'une Cacoyere. Il faut cinq 1700. ou six années de travail & d'avances, avant que les arbres soient en état de donner un commencement de profit. Les frais qu'on est obligé de faire, pour mettre une Indigoterie sur pied sont toûjours au-dessus des forces & des moyens des Habitans qui commencent à s'établir, comme on le verra dans la suite de ces memoires ; il n'y a que dans la culture du tabac que ces inconveniens ne se rencontrent pas, & voici comment.

Deux ou trois hommes s'associent, ou comme on dit aux Isles, s'amatelottent : ils obtiennent la concession d'une terre de deux ou trois cent pas de large sur cinq cent pas de hauteur ; ils travaillent de concert, abatent des arbres, défrîchent, & plantent du tabac & des vivres, c'est-à-dire, du manioc & des legumes, & dans le cours de l'année, ils font une levée ou recolte de trois ou quatre milliers de tabac, qui leur produisent suffisamment de quoi s'entretenir, payer les avances qu'on leur a faites, & se mettre bien-tôt en état d'acheter des serviteurs esclaves, ou engagez, pour pousser plus vivement leur travail, & faire des établissemens plus considerables. C'est ainsi que les Isles se sont établies. C'est le grand nombre de planteurs de tabac qui les ont défrichées, & les ont défenduës contre les Caraïbes, les Espagnols & autres Européens, qui jaloux des progrès de nôtre Nation, les ont souvent attaquées, mais toûjours à leur honte, & à leur confusion tandis qu'elles ont été remplies de ce grand nombre de petits Habitans, que la culture & le commerce libre du tabac y attiroient de tous les endroits du Royaume, & même des autres païs. C'étoit ce grand nombre d'Habitans qui rendoit le commerce considerable par la consommation qu'il faisoit des marchandises, & des denrées d'Europe dont on avoit besoin; au lieu que ce commerce est presque entierement tombé quand le tabac ayant été mis en parti, & cessé d'être marchandise libre, ce grand nombre d'Habitans planteurs de tabac s'est dispersé, & les Sucreries se sont établies en leur place.

J'avoüe que le Commerce & la Manufacture des Sucres est très-considerable, mais il faut aussi avoüer, que c'est ce qui a dépeuplé nos Isles, & les a affoiblies au point où nous les voyons aujourd'hui, parce que le terrain necessaire pour une Sucrerie, sur laquelle il n'y a que quatre ou cinq blancs, & souvent bien moins, étoit occupé par cinquante ou soixante Habitans portant les armes, par consequent plus en état de défendre le païs, & qui faisoient une consommation de denrées, & de marchandises d'Europe infiniment plus considerable que ne le peuvent faire les Maîtres & les Esclaves d'une Sucrerie en tel nombre qu'on les veuille supposer.

Tout le monde sçait que quatre ou cinq aulnes de grosse toile avec un peu de bœuf salé suffit pour l'entretien & la nourriture d'un Esclave, on ne lui donne ni bas, ni souliers, ni chapeau, ni chemise, étoffes, cravates, perruques, gands, & mille autres choses dont les blancs ont besoin pour s'habiller, & se mettre selon les modes d'Europe. Les esclaves ne consomment ni vin, ni eau-de-vie, ni liqueurs, ni fruits secs, ni huile, ni farine de froment, ni épiceries, ni emmeublemens, argenterie, draps, dentelles, étoffes d'or & de soye, armes, munitions, & une infinité d'autres choses, dont les Habitans blancs se font une necessité d'être toûjours très-abondamment pourvûs. Or ce sont ces denrées & ces marchandises qui font le fond d'un Commerce immense, que la France peut avoir avec les Colonies, qui en lui procurant le débouchement de ce que son terrain & son industrie produisent, lui donnent des moyens seurs & infaillibles de s'enrichir, en faisant rouler ses Manufactures, & en employant une infinité d'Ouvriers qui croupissent à l'heure qu'il est dans l'oisiveté, & de Matelots qui faute d'occupation sont obligez d'aller servir nos voisins, & souvent nos ennemis.

La qualité de marchandise libre, que je demande pour le tabac, ne doit point effaroucher ceux qui ont soin des revenus du Roi. Bien loin de les diminuer, je prétens que cela les augmentera considerablement ; & pour s'en assûrer, il n'y a qu'à supputer ce qui peut se consommer de tabac tous les ans en France, & le charger d'un droit d'entrée raisonnable, & on verra que ce droit produira au Roi beaucoup plus que ce que la Ferme lui donne, & que ce revenu augmentera tous les jours par l'augmentation de la consommation qui s'en fera : car il est sûr qu'on pourra l'avoir à bien meilleur marché qu'au Bureau, & chez les Regratiers, & qu'il sera infiniment meilleur. Les Habitans des Colonies trouveront leur compte à le donner sur les lieux à un prix mediocre, où à l'envoyer pour leur compte en France, comme ils envoyent leurs autres marchandises. Les Marchands de France, outre l'avantage de pouvoir choisir, trouveront le leur à le donner à un prix raisonnable, afin d'en faire un plus grand débit ; & ceux qui en usent seront invitez par le bon marché, & la facilité de trouver à contenter leur goût, à en faire une plus grande consommation, ce qui doit necessairement produire une augmentation très-considerable pour les revenus du Roi.

Je laisse une infinité d'autres raisons, qui prouvent invinciblement, que l'unique moyen de rétablir nos Colonies affoiblies, les étendre, les fortifier, tenir nos voisins de l'Amerique dans le respect, diminuer les forces, le commerce, & les richesses de ceux d'Europe, remettre sur pied nôtre Navigation, & faire fleurir le negoce de la France avec les Colonies, & tout le reste du monde, est la culture, & le commerce libre du Tabac.

On a presenté sur cela des Memoires très-amples au Roi & à son Conseil, ausquels je renvoye le Lecteur.

Fin de la quatriéme Partie.

TABLE
DES MATIERES
contenuës dans la quatriéme Partie.

A

Affection des Negres pour leurs Maîtres, 148
Allarme causée par un Serpent, 74
Anglois. Ils veulent s'établir à la Dominique, & sont chassez, 312
Anglois de la Barbade. Leurs richesses, leur politesse. La délicatesse de leur table, & leurs manieres de vivre, 411
Arcangeli, Habitant de la Grenade, & puis de Marie Galante. Son Histoire, & sa mort, 427
Anguilles en quantité à la Dominique parce que les Caraïbes n'en mangent point, 304
Archevêque de Saint Domingue, nommé Dom Ferdinand de Cariaval de

DES MATIERES.

Ribeira arrive à la Martinique. Histoire de ce Prelat, 78

L'Archevêque de Saint Domingue donne la Confirmation à la Martinique, & à la Guadeloupe 85. Il va au Fort Roïal 86. Il passe en France dans un Vaisseau du Roi 87. Presens que lui firent les Jacobins, 88

Arrivée du Pere Paul Superieur general des Missions des Jacobins à la Martinique, 75

Assassinat commis à la Martinique. Punition, & mort très-chrétienne de l'assassin, 239

L'Auteur est attaqué du mal de Siam. Effets extraordinaires de cette maladie sur lui, 1

Il court risque d'être mordu d'un gros Serpent, 95

Il s'embarque pour la Guadeloupe. Ce qu'il voit dans son voïage, 299

Il arrive à la Guadeloupe, & les occupations qu'il y eut. 377

Il est attaqué de la fiévre, de la dissenterie, & du flux de sang : accidens de ces maladies, 223

B

Baleine vûë par l'Auteur sous la Dominique, 356

A a ij

Barbade, Isle Angloise. Sa vraie position. Description de son Port, appellé la Baye de Carlille, & des Forts qui le défendent, 386
Bellair, Gouverneur de la Grenade. Son Histoire, 428
Boucan de Cochon, Festin champestre. Sa description, 214
Braguez (le Pere) Jacobin. Son voïage à Juda en Guinée, & ses entretiens avec le Roi, & le Marabou ou Prêtre de ce païs-là, 120
Burgans de Teinture. Espece de Limaçons de mer. Leur description, & la maniere d'en tirer la couleur de pourpre, 26

C

Cabasson (le Pere) est reconnu pour la seconde fois Superieur des Missions des Jacobins, 212
Calenda, danse favorite des Negres, mouvemens & disposition des danseurs. Les Religieuses Espagnoles la dansent par devotion; elle ne laisse pas d'être très-justement défenduë chez les François, 155
Calomnie contre les François au sujet des Negres. Comment on les visite

avant de les acheter, & comment il faut traiter les Negres nouveaux, 143
Capucin, Curé de l'Isle Saint Martin, est assassiné par un Caraïbe qui le servoit, 253
Carme mort de la maladie de Siam à Saint Christophle, 252
Cas de conscience touchant les Negres, proposé & resolu en Sorbonne, 119
Cases ou maisons des Negres. Leur construction. Ils y ont toûjours du feu, 166
Ceremonies des Caraïbes à la mort de quelque Sauvage, & à la connoissance de leurs enfans. Ils reconnoissent deux principes. Ils sont souvent obsedez, & maltraitez par le diable, 307
Caraïbes de la Dominique, autrefois instruits par les Missionnaires Jacobins. Ils n'usent point de sel, mais beaucoup de piment, 307
L'heure de leur lever. Leur maniere de se Rocoüer. Leurs repas, leurs occupations, leurs festins ; ils ne sont point antropophages, 314
Caraïbes. Ils conservent une très grande autorité sur leurs femmes. Ils sont tous libres & égaux. La viëillesse est chez eux le seul titre qui les fait respecter.

A a iij

Occupations des femmes, 317
Ils ont trois sortes de langages. Conjectures de l'Auteur sur leur origine, 331
Ils sont extrêmement adroits à se servir de l'arc. Leur vanité. Leur maniere de faire la Guerre. Précaution qu'il faut prendre en se battant avec eux, 337
Leur maniere de faire du feu, & la situation où il faut être pour y réüssir, 343
Ils sont excellens nageurs. Histoires sur ce sujet, 349
Ils sont sujets à l'Epian aussi-bien que les Negres Creolles. Remede des Sauvages de Mississipi pour cette maladie, 364
Caratas, Espece d'Aloës. Ses fleurs, son jet. Usages qu'on fait de son jet & de ses feüilles, & ses proprietez, 345
Cerillac (le Comte de) achete l'Isle de la Grenade. Mort du premier Gouverneur qu'il y établit, 423
Châtaignier, arbre. Sa description, son fruit. Usage qu'on en peut faire, 50
Cochenille, Insecte, dont on fait la couleur d'écarlatte. Description de l'Insecte, des lieux où on le trouve, de sa nourriture, comment on l'éleve, & comment on le recüeille, 39
Coûtume des Anglois quand ils logent

chez leurs amis, 413
Colibry, ou oiseau mouche. Sa description, & maniere de l'élever, 11
Commerce de Guinée & de Sénégal, en quoi il consiste, & comment il se fait, 132
Coq d'Inde purgatif. Maniere de le préparer, 486
Cigalles ou bouts de tabac, dont on se sert pour fumer en Amerique, 524
Coullet, Lieutenant de Roi de l'Isle de Ré, Chevalier de Saint Loüis, 291
Combats des François contre les Anglois en 1666. qui rendent les François maîtres de l'Isle de Saint Christophle, 265
Croix. Elle délivre les Negres, & les Caraïbes de l'obsession du diable, 371
Corsaire Anglois fait une descente au Marigot de la Martinique: succès de son entreprise, 65
Corsaire Anglois, qui tente une descente à l'Habitation des Jacobins, & est repoussé, 70
Couleuvres ou Couresses. Serpens sans venin. Leur description, 97
Couleuvres de la Dominique appellées Tête de Chien. Leur graisse admirable pour plusieurs maux, & même pour la goutte. Maniere de s'en servir, &

précautions qu'il faut prendre dans les païs froids, 106

Cousin, Plante. Sa description, & son usage pour la dissenterie, 229

D

Danses des Negres de Corgo, & de la Mine, 158

De Guiraut (le Chevalier) est obligé de rendre l'Isle de Saint Christophle aux Anglois, 284

De Sales (le Chevalier) Gouverneur de Saint Christophle, est tué dans le second combat contre les Anglois, 271

De Saint Laurent (le Chevalier) est mis à la tête de la Colonie de S. Christophle : il acheve de vaincre les Anglois, & est fait Gouverneur de cette Isle, 273

Descente d'un Corsaire Anglois nommé Georges Roche, au Marigot de la Martinique : son mauvais succès, 65

Description de la Ville du Pont en l'Isle de la Barbade, 392

Description de la côte de la Barbade, depuis la Ville du Pont jusqu'au Bourg de Jorhtoun, 396

De l'Isle, Geographe du Roi. Son erreur sur la position & la figure de la Gre-

DES MATIERES. 547
nade, 418
Different de l'Auteur avec le sieur de Marcüil Lieutenant de Roi, au sujet de la Garde, 68
Difference des Serpens ou viperes d'avec les couleuvres, 108
Dominique. Isle des Sauvages. Sa description, & la prétenduë mine d'or, 308
Du Lion (l'Abbé) son procès avec les Jacobins de la Guadeloupe. Son Histoire, 465

E

Eclipse totale du Soleil, 43
Eau chaude. Le Chevalier Reinau en vouloit établir l'usage à la Guadeloupe. Histoire sur ce sujet, 381
Effet merveilleux du tonnerre, 10
Effet de la teinture de Scamonée, 225
Epian, ou mal venerien. Son origine. Maniere dont les Caraïbes le traitent, 358
Expedient de l'Auteur pour fortifier la Guadeloupe, 380
Experience de l'Auteur sur les Cochenilles, 43
Etablissement des Anglois à la Barbade. Nature du Terrain. Manufactures qui y sont établies. Beauté des

A a v

Habitations, 403
Evenement prodigieux causé par une Negresse Sorciere, 138
Espadon ou Pesce Spada. Sa description & sa Pesche. 354

F

Feste celebrée à Juda, pour consulter le Serpent, 128
Figuier sauvage. Sa description. Erreur du Pere du Tertre à ce sujet, 54
Fols en quantité à la Martinique en 1699. 248
Fond du grand Pauvre, terrain situé à la Grenade appartenant aux Jacobins, 435
Fort de la Grenade, Bourg & Port. Leur description, 431

G

Graisse de Serpent. Comment on la conserve. Maniere de s'en servir, & ses vertus pour plusieurs maladies, 98
Grenade Isle. Sa description 419. Etablissement des François dans cette Isle, & les Guerres qu'ils ont eu à soûtenir contre les Caraïbes, 423

DES MATIERES.

Grenadins, petites Isles voisines de la Grenade: leur description, 443
Grives ou Tourdes, oiseaux. Il y en a de deux especes, 57
Espece de Guitarre dont les Negres se servent. 159

H

Hincelin, Seigneur de Morache, donne ses biens aux Religieux de la Guadeloupe, 383
Histoire d'Aniaba fils d'un Roi d'Isigni sur la côte de Guinée, 228

I.

Jacobins. Le Pere Estret leur Procureur est noyé en passant leur Riviere, 255
Jeu de Coquilles, ordinaire aux Negres, 153
Ipecacuana, Plante medicinale de trois especes. Description, préparation, & vertus, 234
Jesuites. Le Superieur de leur Mission à Cayenne est étouffé dans une piece de Cannes où le feu s'étoit mis, 252
Isle de Saint Christophle. Sa description, 263

Isles d'Aves ou des oiseaux,

L

LA Bruneliere Directeur du Domaine du Roi aux Isles, 251

La Freche (le Pere) Superieur general des Missions des Jacobins. Son arrivée à la Martinique 92. Sa mort, 211

La Guarigue, famille de distinction, établie à la Martinique, & auparavant à Saint Christophle. Charges & services du sieur de la Guarigue Colonel des Milices de Saint Christophle, 259

La Guarigue (Jean de) Lieutenant de Vaisseau, & Capitaine d'une Compagnie détachée de la Marine, 287

La Guarigue (Jacques Antoine) sieur de la Tournerie, Colonel d'un Regiment d'Infanterie à la Martinique, 289

La Guarigue (Michel de) sieur de Savigny, Lieutenant de Roi de la Guadeloupe, Chevalier de S. Loüis, 290

La Guarigue (Claude de) sieur de Survilliée, Colonel d'un Regiment d'Infanterie à la Martinique, 291

La Guarigue (Philippe de) sieur de Raucourt, Capitaine d'une Compa-

DES MATIERES.

gnie détachée de la Marine, 298
Langues differentes qui sont en usage sur les côtes d'Afrique, 135
Le Breton (le Pere) Jesuite Missionnaire aux Caraïbes de Saint Vincent, 448
Lianne à Sang. Sa description & son usage, 28
Lianne à Eau. Son usage, & son utilité, 29
Lianne Jaune. Son usage, 31
Lianne percée. Erreur du Pere Plumier sur la prétenduë vertu de cette Lianne, 48
Lits des Negres & autres meubles de leurs cases. 169

M

La Martiniere, Medecin entretenu par le Roi, 227
Milices de la Barbade. Leur nombre & qualitez, 399
Ministre de Spiketonn. Son honnêteté, & celle de sa famille pour l'Auteur, 397
Mort du Superieur general des Jacobins, attaqué du mal de Siam. 211

N

Negres. Ils éventent les Serpens, comme les Chiens de chasse éven-

tent le gibier. Histoire, 103
Negres Esclaves que l'on apporte aux Isles : d'où ils viennent, comment on les prend, qui sont ceux que l'on vend, qui sont ceux qui les enlevent dans leur païs, 114
Negres : leur prix dans leur païs, 120
Raisons qui empêchent leur conversion, 125
Negres. Ils sont naturellement éloquens 148. Leur maniere d'agir quand ils ont des differens entr'eux 149. Comment ils faut les punir quand ils vont marons 152. ils aiment le vin, l'eau-de-vie, la danse, le jeu, & les femmes, 153
Negres. Ils ont un soin particulier de prier Dieu pour les morts, 162
Ils font un Festin le jour de leur Fête, & les enfans le continuent après la mort de leurs Peres ou de leurs parains. Comment se passent ces Festins, 164
Negres Aradas aiment beaucoup la chair de Chien, 165
Negres. Ils sont tous enclins dès leur jeunesse au vice de la chair. Histoire sur ce sujet, 168
Negres. Ils sont extrêmement railleurs 172. Leur fidelité les uns envers les autres. Leur maniere de cacher ce

DES MATIERES.

qu'ils ont volé 174. Ils sont pleins de vanité. Deux Histoires sur ce sujet, 175

Negres. Leur simplicité touchant l'écriture, 178

Leurs habillemens. Il est rare qu'ils soient chaussez 180. Habillement des Negresses 181. En quoi consiste leur beauté 182. Ils sont extrêmement patiens. Exemple de leur intrepidité, 183

Negres. Leurs mariages, 186

Ils n'aiment pas les herbes cruës 187. Ils affectent quelquefois de paroître plus simples qu'ils ne sont 188. Ils sont fort vindicatifs, 189

Negres empoisonneurs. Remede assûré contre toutes sortes de poisons, 198

Negres en très-grand nombre à la Barbade. Manieres dures dont ils sont traitez. Supplices affreux dont on les punit, 401

O

OR de Guinée en poudre & en grains. Tromperie que les Negres font en le vendant, & la punition qu'on en fait, 134

Or de la Dominique, 308

Ordonnance qui défend de rien acheter des Negres, sans un billet de leurs

TABLE

Maîtres, mal executée, 171
Ouvernard (Madame) vieille femme Caraïbe, son portrait, 300

P

Pantouflier ou Zigene, poisson vorace. Sa description, 351
Perruques. Elles doivent leur origine à l'Epian, 361
Petit Arpenteur & Conseiller au Conseil Souverain de la Martinique, 419
Pierres à l'œil. Leur description, & leur usage, 375
Pistaches, plante & fruit. Vraies & fausses. Leur description, usage, & qualitez prétenduës. Erreur du Pere du Tertre sur ce fruit, 58
Plan du Convent que l'Auteur a fait bâtir pour son Ordre à la Martinique, 207
Plumier (le Pere) Minime Botaniste. Son voïage à la Martinique avec le Medecin Surian. Leur Histoire 20. Erreur du Pere Plumier sur la couleur de pourpre, 25
Pomet, Marchand Droguiste. Son erreur sur la Cochenille, 44
Poudre reduite en charbon par le Tonnerre, 10
Poulain, Major de la Martinique. Son entreprise pour enlever les Negres de S. Vincent.

S. Vincent. Il y est tué en 1719, 445
Presens que l'Auteur reçût à la Barbade, 416
President de S. Domingue conduit en Espagne, les fers aux pieds. Il meurt en chemin, 89

R

Racine pour les dents. Leur figure, & la maniere de s'en servir, 376
Raquette, ou Poirier piquant. Sa description, & ses effets, 31
Raquettes, qui couvrent la Forteresse de Saint Thomas, 35
Raquettes. Maniere de cueillir le fruit, & de l'accommoder, 36
Raquettes. Elles sont excellentes pour faire de la gelée, 47
Raphaël (le Pere) Carme. Il vouloit établir ses Religieux dans les Paroisses des Jacobins à la Martinique, 16
Reception faite à l'Auteur à la Ville du Pont à la Barbade, 390
Religieux de la Charité. Le Pere Casimir Turelure leur Superieur est écrasé par la chûte d'un arbre, 254
Religion des Negres, 136
Remede pour tirer les épines des Raquettes, & pour les dislocations, 34
Remede admirable pour la diarée, & le

flux de sang, 219
Requête de l'Abbé du Lion contre les Jacobins de la Guadeloupe, 473
Respect des Negres pour leurs Parains, & pour les vieillards, 145
Respect que les Negres exigent de leurs femmes. Histoire sur ce sujet, 160
Reynau (le Chevalier) Ingenieur general de la Marine, & le sieur de la Boulaye Intendant, visitent les Isles, & font divers projets. 378

S

Saison où les Serpens quittent leur peau, 103
Sainte Alousie. Isle habitée autrefois par M. Duparquet. Histoire de cette Colonie, 450
Saint Vincent. Isle habitée par les Caraïbes, & les Negres marons, 442
Sensitive, plante. Description de ses trois especes 200. Erreur du Pere du Tertre. Experience de la vertu de la racine de la sensitive épineuse, 204
Serpens. Leurs œufs, & leurs petits, 96 Comment ils s'accouplent, & les Isles où on en trouve 105. Comment ils tuent les animaux, 109
Superstition des Negres touchant les Ser-

DES MATIERES. 557
pens, 101
Superstition d'un Habitant de la Martinique, 191
Singes. Histoire à ce sujet, 132
Sujet du second voïage du Pere Plumier Minime à la Martinique, 24
Surian Medecin Provençal. Sa vie, & sa mort, 20

T

Tabac, plante. Sa découverte & son origine 476. Par qui elle fut introduite en France 477. Differens entre les Medecins sur le Tabac 479. Vertus qu'on lui attribuoit 481. Tabac en machicatoire, & en fumée. Leurs vertus 483. Eau de Tabac 485. Plusieurs Princes s'opposent à l'usage du Tabac 489. Theses de Medecine contre le Tabac 491. Bulles des Papes contre l'usage du Tabac dans les Eglises 494. Quatre especes de Tabac 496. Description de ces quatre especes, de leurs fleurs & graines 500. Terrain propre pour le Tabac 503. Culture de cette plante 504. Nombre des plantes qu'on peut mettre dans un espace de cent pas en quarré 508. Cases à travailler le Tabac 509. Manufacture du Tabac 512. Torqueur de Tabac 516. Tabac en Rolle 520. Tabac en Andoüilles 521. Tabac en Torquettes 522. Maniere de mettre le Tabac en poudre 525 Tabar de rejetton 529. Sentiment de l'Auteur sur le Commerce libre du Tabac, 531

Tambours dont les Negres se servent pour danser le Calenda, 155

Tol, tige du Caratas. Bois mol & leger dont on se sert au lieu de meche, 344

V

LE sieur de Valmeinier est établi Gouverneur de la Grenade, 424

La petite Verole fait de grands ravages chez les Caraïbes, 356

Voïage de l'Auteur à la Cabesterre de la Dominique, 302

Voïage du même à la Grenade, 384

Visite que l'Auteur fait au Gouverneur de la Barbade, 394

Fin de la Table des Matieres de la quatriéme Partie.

www.ingramcontent.com/pod-product-compliance
Lightning Source LLC
Chambersburg PA
CBHW070413230426
43665CB00012B/1341